LA EXPRESION CULTURAL Y EL DESARROLLO DE BASE

Publicado bajo la dirección de Charles David Kleymeyer

Fundación Interamericana
Ballston Metro Center
901 N. Stuart Street, 10th floor
Arlington, Virginia 22203
EE.UU.

La expresión cultural y el desarrollo de base
Charles David Kleymeyer

Título en inglés:	*Cultural Expression and Grassroots Development* (de próxima publicación)
	Número de ficha del catálogo de la Biblioteca del Congreso de EE. UU.: 93-70166
Coedición:	INTER-AMERICAN FOUNDATION 901 N. Stuart Street, Arlington, Virginia 22203, EE. UU. Télf: (703) 841-3800 Fax: (703) 841-0973
	Ediciones ABYA-YALA 12 de Octubre 1430 y Wilson Casilla 17-12-719 Télf: 562-633 Fax: 506-255 Quito-Ecuador
Traducción y revisión:	Stella Covre y Leyda Appel
Diseño de la portada:	Isabel Ullauri Solórzano
Fotografía de la portada:	Esta titiritera boliviana, auspiciada por Capacitación Integral de la Mujer Campesina (CIMCA), se especializa en temas de importancia para las mujeres indígenas, como los derechos humanos, la agricultura, y la salud y nutrición de la familia.
Diagramación:	ABYA-YALA Editing Quito-Ecuador
Impresión:	Gráficas Modelo Cayambe-Ecuador

Nota de Reconocimiento

Me parece que no hay obras totalmente individuales en la vida; más bien, todo trabajo es en cierto sentido colectivo. Así es con este libro, pero no solamente por ser en gran parte una colección de artículos escritos por integrantes, donatarios, y otros colegas de la Fundación Interamericana. La labor conjunta en este caso va mucho más allá de eso.

En primer lugar, incluye a los que me ayudaron a conceptualizar el libro:

Marion Ritchey Vance y el Comité Cultural de la Fundación Interamericana, el cual ella encabezó en los años setenta y ochenta;

Sheldon Annis, quien recalcó la necesidad de escribir un libro sobre la conexión entre la expresión cultural y el desarrollo de base;

todos los editores de la revista *Desarrollo de Base* de la Fundación Interamericana, especialmente Sheldon Annis, Kathryn Shaw y Ron Weber, quienes idearon y pulieron más de una veintena de artículos sobre cultura y desarrollo de base que han sido publicados en dicha revista durante las últimas dos décadas; Caryl Ricca, asistente de investigación contratada para el estudio que forma la base del libro; los miembros del comité de asesoramiento del libro: David Bray,

I

Patrick Breslin, Kevin Healy, Caryl Ricca, Marion Ritchey Vance y Julie Sutphen Wechsler; y numerosos activistas culturales y pensadores de Latinoamérica y el Caribe, quienes son los verdaderos artesanos del marco conceptual, en especial Juan García Salazar y Carlos Moreno Maldonado, aunque en realidad han sido centenares de personas en el curso de muchos años.

Obviamente hay que reconocer la visión y la labor de todos los autores y coautores del libro, quienes aportaron sus variados puntos de vista, experiencias y antecedentes para hacer del libro una obra mucho más amplia y profunda que la que un solo autor hubiera podido lograr.

También participaron en el trabajo colectivo, con comentarios y contribuciones detalladas a la redacción del texto:

Diane Bendahmane, Patrick Breslin, Charles Reilly, Kathryn Shaw y Ron Weber.

Dos personas han desempeñado un papel clave en esta edición en español: Stella Covre, la traductora, y Leyda Appel, la jefa de traducciones de la Fundación Interamericana, quienes han hecho una labor realmente sobresaliente de traducción y revisión del texto.

Además, deseo agradecer el trabajo y la dedicación de la editorial Abya-Yala, especialmente de Juan Bottasso, José Juncosa, Patricia Wattel, Pilar Arias y Martha Vinueza.

Finalmente, quiero agradecer a la Fundación Interamericana y su Oficina de Aprendizaje y Divulgación --sus integrantes y colaboradores-- por haberme dado tiempo y espacio y por haberme eximido de los quehaceres cotidianos, facilitando así este trabajo colectivo que he tenido el honor de coordinar: Sheldon Annis, Leyda Appel, María Barry, Linda Borst, Patrick Breslin, Comunidec (el Servicio de Apoyo Local de la Fundación Interamericana, en Quito, Ecuador), Christine Krueger, Pam Palma, Bill Perrin, Ann Prestidge, Walter Price, Charles Reilly, Marion Ritchey Vance, Kathryn Shaw, Deborah Szekely, Anne Ternes, David Valenzuela, Steve Vetter y Ron Weber.

Pero sobre todo, reconozco la dedicación y la creatividad de cada cuentista, cantante, músico, bailarín, actor, titiritero, decimero y artesano tradicional que lleva la antorcha que alumbra el camino desde el pasado hacia el futuro. Son ellos los que dan inspiración, orgullo y energía cultural al pueblo en su constante esfuerzo por construir una sociedad más humana y más justa para nuestros hijos.

Prólogo

El tema de este libro es un enfoque innovador del desarrollo de base en América Latina y el Caribe basado en la cultura. En la obra se describen los esfuerzos para fomentar cambios socioeconómicos aprovechando y fortaleciendo las tradiciones culturales de los sectores de bajos ingresos y las distintas etnias. Este enfoque prometedor ha surgido de la experiencia adquirida en los países en desarrollo, así como en las zonas sumidas en la pobreza y los enclaves étnicos del mundo industrializado. Arraigándose en el respeto por la sabiduría y la manera de ser de las etnias y de la población e general, este enfoque procura conservar los aspectos aficaces y contribuciones especiales de su cultura, facilitándoles al mismo tiempo realizar los cambios necesarios en su situación socioeconómicos.

La tesis del libro es que el patrimonio cultural de un pueblo es el factor fundamental en el cual se basa el desarrollo equitativo y sostenible. La "energía cultural" (concepto que se presenta por primera vez en este libro) que se aprovecha y se orienta en este proceso es entonces lo que impulsa el desarrollo. Se ha escrito muy poco sobre este tema, y su exposición en un libro integrado, útil y muy ameno a la vez, será muy bien recibida en los círculos del desarrollo, el gobierno y los centros de estudios e investigación.

La Fundación Interamericana tiene una vasta experiencia con esta estrategia cultural que no ha sido emulada por ninguna otra institución de financiamiento. Ha apoyado actividades de ese tipo en más de 30 países de América Latina y el Caribe durante 17 años. De 1973 a 1990, la Fundación Interamericana proporcionó

US$ 20.900.000 a grupos de base, instituciones de asistencia para el desarrollo y particulares, a fin de que pudieran llevar a cabo 215 proyectos con un componente de expresión cultural. Los proyectos que se analizan en este libro abarcan desde la producción de artesanías y el establecimiento de centros de alfabetización del adulto y panaderías comunitarias hasta la recopilación de narraciones del folclore negro y canciones indígenas de la cosecha, la reforestación de zonas andinas y la conservación de un bosque tropical.

Varios autores describen y analizan estas experiencias. Algunos de ellos son expertos en ciencias sociales y otros son los mismos protagonistas; cada uno encara el tema de la cultura y el desarrollo desde un ángulo diferente. La mayoría de los capítulos, muchos de los cuales han sido actualizados, se publicaron primero en *Desarrollo de Base*, revista de amplia circulación de la Fundación Interamericana. Charles D. Kleymeyer, bajo cuya dirección se ha publicado la obra, reúne estas experiencias diversas, estableciendo un marco conceptual enriquecido por visitas de campo para observar 70 de los 215 proyectos. En la conclusión, Kleymeyer (el compilador de esta obra) examina los asuntos y problemas relacionados con el desarrollo basado en la cultura y formula recomendaciones sobre la manera de fortalecerlo y facilitarlo.

Charles David Kleymeyer el compilador de esta obra es sociólogo. Obtuvo el doctorado en estudios sobre el desarrollo en la Universidad de Wisconsin y una licenciatura en composición literaria en la Universidad Stanford. Es representante de la Fundación Interamericana y ha trabajado en el campo del desarrollo de base de los países andinos y centroamericanos desde 1966. Su comprensión del desarrollo basado en la cultura ha sido agudizada por dos décadas de participación en el movimiento de la cultura folclórica americana en calidad de cuentista y organizador de festivales.

Prefacio

David Maybury-Lewis

Desde la antigüedad se ha especulado sobre la forma de mejorar el destino moral y físico de la humanidad. Durante los años que siguieron a la Segunda Guerra Mundial, los economistas y los organismos internacionales se sentían optimistas porque finalmente habíamos aprendido a hacerlo y teníamos los medios necesarios a nuestra disposición. Lo que ahora resulta curioso, al realizar un análisis retrospectivo de esa era de inocencia, es que los especialistas en el campo relativamente nuevo del desarrollo internacional creían que eliminar las privaciones y elevar el nivel de vida en todo el mundo eran problemas técnicos para los cuales existían soluciones técnicas de aplicación universal. La ética protestante quizás haya tenido algo que ver al principio con el espíritu del capitalismo, pero llegó a creerse que las técnicas del capitalismo, desprovistas de todo elemento ético o cultural concomitante, mejoraría la vida de quienes las empleasen correctamente, fuesen musulmanes o marxistas. Se supuso, por supuesto, que los marxistas no estarían dispuestos a usar estas técnicas ni estarían en condiciones de hacerlo. Después de todo, tenían sus propias recetas para el desarrollo, que creían que eran aún más científicas e inmunes a consideraciones culturales que las capitalistas. En consecuencia, los teóricos y profesionales del Primer Mundo y del Segundo enseñaban a los pueblos del llamado Tercer Mundo a mejorar el nivel de vida.

Una generación después, cuando resultó evidente que sus recetas no daban muy buenos resultados (y en muchos casos no surtían efecto alguno), los teóricos del desarrollo se acordaron de la cultura. Este concepto, que afortunadamente gozaba de gran flexibilidad, resultó muy conveniente para "explicar" por qué las cosas habían salido mal o, al menos, no habían marchado según los planes. Por lo tanto, la cultura tenía generalmente connotaciones negativas. Gunnar Myrdal culpó a la cultura de la India por los problemas del país en *Asian Drama* (El drama asiático), y los teóricos se lamentaban de que los factores culturales frenaban el desarrollo en otros países del mundo. Todavía se suponía que el proceso de desarrollo era unilineal y que, tal como señaló Daniel Bell en *The Coming of the Post-Industrial Society* (El advenimiento de la sociedad postindustrial), los países que buscaban el desarrollo se volverían cada vez más industrializados, modernizados y occidentalizados. En las teorías de los principales sociólogos y economistas, la cultura se había convertido en algo parecido a una categoría residual. Era tratada como un factor externo, como arena que atascaba los engranajes de la teoría correcta. Por supuesto, había especialistas en cultura, antropólogos, pero en la medida en que intervenían, su trabajo consistía en tratar de eliminar los residuos culturales, limpiar los motores del desarrollo, por así decirlo, para que funcionaran bien.

Esta forma de pensar sobre el desarrollo derivaba no sólo de teorías económicas simplistas según las cuales los países "despegarían" apenas cobraran suficiente impulso, sino también de las teorías de la modernización que estaban vigentes en esa época y que suponían que la modernización, que se parecía mucho a la occidentalización, estaba normalmente acompañada por el individualismo y la secularización. Por lo tanto, los países en desarrollo que quisieran elevar el nivel de vida tendrían que soportar los males sociales que afligen al occidente: falta generalizada de fe, debilitamiento de los lazos que unen a los integrantes de la comunidad, desarraigo individual, etc. La renuencia a pagar este precio se interpretaba como un signo de atraso y subdesarrollo. Era como si se pensara que el desarrollo traería aparejado no sólo el abandono de creencias anticuadas, sino también de culturas anticuadas.

Los tecnócratas no eran los únicos que pensaban de esta manera. Frantz Fanon, que se opuso apasionadamente al colonialismo y a las pretensiones de desarrollo que se usaban para justificarlo, sostiene en *The Wretched of the Earth* (Los desdichados de la Tierra) que la única salvación para los colonizados consistía en librarse de su cultura, que había sido deformada por el colonialismo y, por lo tanto, debía ser reemplazada. Para el autor, el desarrollo era el proceso por el cual nuevas culturas y nuevos individuos, con una integridad y una dignidad propias, surgirían como el ave fénix de las cenizas del colonialismo. La idea evoca el énfasis que solía darse hasta hace poco al "nuevo hombre soviético", cuyo surgimiento facilitaría y aseguraría el éxito del comunismo en la Unión Soviética.

En la actualidad, al presenciar con asombro el derrumbe espectacular de las pretensiones revolucionarias soviéticas, resulta fácil comprender que fracasaron en su intento de volver a moldear las diversas culturas del imperio ruso. Sin embargo, el pensamiento occidental sobre el desarrollo todavía tiende con demasiada frecuencia a suponer que las culturas no sólo se pueden rehacer, sino que se deben rehacer, y lo supone en forma casual, como si ello ocurriera tangencialmente a los importantes cambios del "desarrollo" planeados. En mi opinión, dicho pensamiento está errado. Eso no significa que las culturas no cambien o no deban cambiar. Por el contrario, la cultura, en su sentido antropológico amplio, que significa la forma de vida de un pueblo y, en particular, los principios compartidos que la sustentan, cambia constantemente. El desarrollo también es un proceso de cambio, a menudo de cambio inducido. La cuestión es, entonces, qué clase de cambio se prevé, con qué celeridad se producirá y si vale la pena soportar los trastornos que provoca en vista de las ventajas que traerá aparejadas.

El desarrollo, tal como señala Charles Kleymeyer en este libro, es una cuestión profundamente cultural, en el sentido de que está entrelazado con toda una forma de vida de la gente y la afecta. Sin embargo, en su marcha no siempre respeta la cultura de los pueblos. El ejemplo más notorio de la época contemporánea es el de Irán bajo el gobierno del Sha. El Sha fue elogiado en el occidente por la modernización de su país, aunque algunos se preguntaban si no estaba avanzando demasiado rápido. Se hacía caso omiso del hecho de que lo estuviera haciendo en una forma que agraviaba profundamente los valores de muchos de sus súbditos. En consecuencia, la explosión de indignación popular tomó al occidente por sorpresa y precipitó a Irán en una revolución. Como resultado de la misma, el mundo ha tenido que convivir desde entonces con una nación iraní amargada, antioccidental y antimodernista.

La cuestión es que el Sha y todos los que aplaudieron su política pensaban que las tradiciones iraníes que estaba ultrajando eran arcaicas y tenían que cambiar. Esta opinión, aparte del hecho de que condujo a políticas desastrosas, plantea preguntas muy difíciles. ¿Quién decide si se deben condenar las tradiciones de un pueblo, o quizá toda su forma de vida, y por qué motivos? Estas decisiones normalmente están en manos de los poderosos y se basan en prejuicios y motivos engañosos.

En las Américas, por ejemplo, los invasores europeos han sostenido desde la conquista que las culturas indígenas son atrasadas y deberían desaparecer. Los indios eran considerados salvajes porque algunas costumbres, como el canibalismo y los sacrificios humanos, eran reprobables. Los indígenas que no tenían esas costumbres eran considerados salvajes porque andaban desnudos. Si usaban ropas, eran tachados de salvajes porque eran demasiado igualitarios o porque no eran cristianos. Estos juicios fueron emitidos, sin ninguna ironía, por europeos que practicaban la esclavitud y la tortura judicial, por ejemplo. Ahora nos resulta claro que las justificaciones que usaban los conquistadores eran explicaciones racionales de su determinación de apoderarse de las nuevas tierras y dominar a sus habitantes.

Al principio, los invasores se sentían justificados porque afirmaban que estaban convirtiendo a los indios al cristianismo. Después sostenían únicamente que tenían la obligación de civilizarlos. Otros insistían simplemente en que los indios, por ser salvajes, tenían que hacerse a un lado para permitir el avance de las fuerzas civilizadoras. Esa era la opinión de Teddy Roosevelt, quien la resumió en *The Winning of the West* (La conquista del Oeste) en los siguientes términos: "No podríamos haber permitido que este gran continente nuestro fuese un patio de recreo para unos salvajes escuálidos".

En el siglo XIX, incluso muchos que simpatizaban con los indígenas pensaban que las culturas indígenas de las Américas tenían que desaparecer. Creían que la única forma en que los indígenas podían escapar a la discriminación era abandonar su identidad y ocupar el lugar que les correspondía como individuos en la civilización que los había absorbido.

Actualmente se utilizan argumentos similares, pero la moderna explicación racional es el desarrollo. Según esta corriente, las culturas indígenas deberían dejar de existir, ya sea porque se interponen en el camino del desarrollo económico o porque la presencia de grupos indígenas no asimilados socava el desarrollo político. Estos argumentos a menudo se consideran evidentes, pero yo pondría ambos en tela de juicio.

En Brasil, por ejemplo, se ha usado el desarrollo como excusa para los ataques recientes a los pueblos indígenas. Sin embargo, es obvio que el modelo brasileño de desarrollo favorece a los intereses comerciales y agroindustriales, al mismo tiempo que margina no sólo a los indígenas, sino también a todos los pobladores rurales pobres. Ninguna de estas dos categorías de personas constituye un obstáculo para el desarrollo. Por el contrario, ambas son víctimas de un conjunto particularmente sesgado e indefensible de políticas de "desarrollo" que han beneficiado a unos pocos, empobrecido a muchos y llevado al país a la crisis económica. El clamor actual de los indígenas por el derecho de conservar su cultura tampoco amenaza el desarrollo político del estado. Después de todo, los indígenas representan menos del uno por ciento de la población de Brasil, y están dispersos en pequeñas colectividades en los lugares más inaccesibles del país. Este clamor amenaza sólo la imagen de Brasil como crisol de raza y obliga a los brasileños a hacer frente a la pregunta de si están dispuestos o no a permitir el pluralismo étnico en su país.

Tampoco se puede afirmar que en los lugares donde la población indígena es más numerosa (como en los países andinos o en Guatemala) los indígenas obstaculicen el desarrollo económico o político al conservar su cultura. Por el contrario, en esas sociedades los indígenas han sido utilizados como víctimas propiciatorias y como caballos de tiro. El desarrollo nacional ciertamente ha tomado un rumbo deformado, pero ello se debe a la política de las elites, que históricamente han impedido la plena participación de la mayor parte de la población de sus respectivos países en la vida nacional. Por lo tanto, la renuencia de esos países a considerar la posibilidad de una autonomía cultural de los indígenas, o a veces incluso a admitir la existencia de su población indígena, deriva de su falta de inclinación a reflexionar sobre las desigualdades tradicionales de los estados neocoloniales.

Esta clase de racionalización no se limita de ninguna manera a las Américas. Se han llevado a cabo programas de desarrollo dirigidos a los pastores africanos, con el propósito de poner fin a su nomadismo, que supuestamente contribuye a la desertificación. Sin embargo, se ha comprobado que no es el pastoralismo lo que crea desiertos, sino las presiones que los asentamientos humanos ejercen sobre los pastores. Asimismo, los gobiernos de todo el mundo tratan de impedir la práctica de la agricultura de roza y quema porque empobrece el suelo. También en este caso, en un estudio tras otro se ha comprobado que la agricultura de roza y quema no es inherentemente perjudicial para el suelo. Por el contrario, a menudo es la forma más eficaz de agricultura disponible para las personas que disponen de pocos implementos o de otros recursos agrícolas. Los problemas surgen sólo cuando la presión sobre estas personas reduce su base territorial y se ven obligadas a acortar el período de barbecho antes de volver a sembrar. La verdadera razón por la cual los pastores y los agricultores que emplean el método de roza y quema reciben tanta atención negativa es que normalmente son grupos marginados, menospreciados por su forma de vida "atrasada", y por lo tanto se los considera como blancos apropiados de la modernización.

Quisiera dejar en claro que con esto no quiero decir que las prácticas tradicionales invariablemente sean más acertadas de lo que se supone. Simplemente quiero decir que eso ocurre con frecuencia. Por lo tanto, conviene partir de la suposición de que los pobladores locales saben lo que hacen y tratar de comprender sus costumbres desde el punto de vista de ellos. Sin embargo, en el ámbito del desarrollo a menudo se hace caso omiso de este simple precepto. Los expertos en desarrollo tienden a suponer que hay un solo camino, cuya superioridad se puede demostrar, para alcanzar el desarrollo, y que los expertos son quienes mejor lo comprenden. Yo no estoy de acuerdo con esta opinión, para la cual no encuentro ninguna prueba convincente. En cambio, me parece que los profesionales del desarrollo pueden realizar una contribución importante, pero diferente. Poseen los conocimientos generales y la experiencia necesarios para colocar las observaciones locales en contexto y así comprenderlas mejor, pero no pueden prescindir de este conocimiento local. Cuando lo toman en serio y basan su razonamiento en la dialéctica de lo general y lo particular, obtienen los mejores resultados.

Eso implica un enfoque diferente del desarrollo: abandonar el pensamiento monolítico del pasado y adoptar un enfoque pluralista. Este pluralismo no debería confundirse con el enfoque ecléctico de "encarar cada caso según la forma en que se presente", que es incapaz de aprender de la experiencia adquirida en otros tiempos o en otros lugares. En cambio, es un enfoque más abierto, que trata constantemente de modificar sus proposiciones generales a la luz del conocimiento particular y está dispuesto a adaptar su planificación y sus prácticas a las circunstancias locales.

Este enfoque presenta otra gran ventaja. Por su misma índole, depende de la cooperación de los beneficiarios (o los destinatarios, como a veces son llamados con mayor corrección) de la política de desarrollo. En efecto, los incluye en el proceso de planificación del desarrollo. Dicha inclusión es un excelente precepto. Los peores desastres e injusticias cometidos en nombre del desarrollo se producen cuando se excluye a la gente de las decisiones que la afectan, o cuando ni siquiera se la toma en cuenta al adoptar decisiones de ese tipo.

Por consiguiente, el pluralismo que propongo comprende una amplia variedad de estrategias de desarrollo y trata abiertamente con las personas que serán afectadas por dichas estrategias. Además, acepta su derecho a ser diferentes, si así lo desean. Eso es especialmente importante cuando los grupos son diferentes del resto de la sociedad desde el punto de vista cultural o étnico.

Aquí también es necesario abordar algunos conceptos erróneos. El carácter étnico a menudo ha sido considerado como una fuerza atávica y explosiva que debe ser abolida o por lo menos mantenida a raya en aras del progreso y del fortalecimiento nacional. En otras obras he criticado la fascinación del mundo moderno con el estado nación y he afirmado que los efectos divisivos de los nexos étnicos han sido sistemáticamente exagerados y comparados con los beneficios hipotéticos del estado nación idealizado.[1] Si reexaminamos el papel de las subculturas étnicas, particularmente en los países del "Tercer Mundo", observamos que los gobiernos a menudo utilizan alegaciones de divisiones étnicas, atraso y separatismo para encubrir la explotación, el autoritarismo y los privilegios hegemónicos. Eso es especialmente irónico, ya que nuestra preocupación moderna por el estado nación y sus necesidades deriva de la idea del estado acuñada en la Revolución Francesa, que se basa en la igualdad y la fraternidad para todos. Sin embargo, en la actualidad se recurre a lo étnico en muchos lugares del mundo como una clase de movimiento de defensa de los derechos civiles, a fin de alcanzar el tratamiento igualitario que se ha negado en nombre de la modernización o el desarrollo. Entonces, necesitamos reflexionar nuevamente sobre las supuestas "necesidades" del estado y, en particular, sobre la relación entre el estado y los grupos demográficos que lo componen.

Sin embargo, la gente no se aferra a su cultura simplemente para usarla como estrategia interétnica. Lo hace porque mediante su cultura comprende el mundo y se comprende a sí misma. Sabemos que cuando la gente se ve obligada a abandonar su cultura, o cuando la abandona demasiado rápido, por lo general las consecuencias son un desmoronamiento social acompañado de desorientación personal y desesperación. Por lo tanto, la adhesión de la gente a su cultura corresponde a una necesidad humana fundamental.

Por esa razón, los programas de desarrollo que se basan en las tradiciones culturales tienen las mayores probabilidades de éxito. En este libro se describen programas de ese tipo. Los ensayos compilados en esta obra son demostraciones prácticas de la postura teórica que he trazado. Básicamente, he postulado que no existe una ciencia monolítica del desarrollo que pueda servir de guía infalible para la acción. En consecuencia, las estrategias de desarrollo son programas políticos y técnicos, cuyo éxito depende de una combinación de factores culturales, sociales y económicos. De ello se desprende que ninguna política de desarrollo debería considerarse exenta de cuestionamiento, ni debería ponerse en práctica hasta que las alternativas se hayan ponderado minuciosamente, incluso desde el punto de vista de quién se beneficiará y quién sufrirá. Es por eso que he destacado el pluralismo y la inclusión: son los mejores medios a nuestra disposición para evitar la arrogancia y la injusticia.

Me complace especialmente presentar los ensayos compilados en esta obra, ya que demuestran que lo que preconizo no es impracticable. Tampoco es fácil, como demuestra Mac Chapin en su artículo sobre la ciencia tradicional de los kunas de Panamá. No obstante, el ensayo de Chapin es más optimista de lo que parecería tras una primera lectura. Tal vez a los jóvenes kunas ya no les parezca que vale la pena pasar por el arduo proceso de aprendizaje de las costumbres tradicionales de los kunas. Sin embargo, los kunas han mantenido un firme sentido de identidad y han defendido celosamente su forma de vida y su autonomía local. Esa forma de vida cambiará y algunos aspectos de la tradición kuna quizá se pierdan en la marcha, pero la impresión que uno se lleva es que se trata de un pueblo que es capaz de tomar sus propias decisiones y que está en condiciones de hacerlo. Esa es la esencia de la supervivencia cultural.

Esta obra contiene una serie de ejemplos de cómo encarar el desarrollo de base, campo en el cual la Fundación Interamericana ha realizado una labor pionera. La mayoría de los ensayos tratan de la expresión cultural de los pueblos que reciben asistencia: su arte, su música, las danzas, el teatro, el teatro de títeres, etc. En ellos se describen con palabras conmovedoras la forma en que la inversión de cantidades relativamente pequeñas de dinero en la expresión cultural de un pueblo sirve para promover su cohesión social y mejorar la imagen de sí mismo. Cuando los leí, recordé las numerosas sociedades indígenas de las Américas que ahora quieren escribir su historia. Sienten que las han echado a un lado o que se ha tergiversado su historia en las obras de autores no indígenas; por eso, quieren escribir su propia historia y que sus hijos la aprendan, para que la próxima generación tenga una idea de la dignidad de sus antepasados.

Este es un aspecto que a veces se pasa por alto. La dignidad es tan importante para el desarrollo como el consumo.[2] Las producciones culturales que se describen en esta obra pertenecen al ámbito de la vida humana que con frecuencia se denomina folclore, especialmente cuando hablamos de minorías étnicas, o incluso de mayorías étnicas desfavorecidas en los demás aspectos. A su vez, en los círculos del desarrollo el folclore generalmente no se toma en serio. Tiende a ser considerado como un producto exótico de culturas atrasadas o, cuando es cultivado por minorías étnicas apropiadamente "modernas", como una mirada retrospectiva sentimental de una forma de vida que ha desaparecido. Estos ensayos demuestran cuán equivocada es esa idea. La expresión cultural de un pueblo, que constituye la médula de su folclore, tiene un profundo significado. Es una expresión poderosa de los sentimientos más hondos y de lo que da sentido a la vida. Si florece, también florece su forma de vida. La falta de recursos económicos no es sinónimo de pobreza cultural. Eso resulta claro en los ensayos compilados en esta obra, que demuestran que este entendimiento es no sólo la substancia de la poesía, sino también la base de un desarrollo sensato y sensible, cuyo propósito es, después de todo, mejorar la calidad de la vida de la gente.

DAVID MAYBURY-LEWIS es el presidente y fundador de Cultural Survival, y Profesor de Antropología en la Universidad Harvad (Cambridge, Massachusetts, EE.UU).

Notas

1   Véase David Maybury-Lewis, "Living in Leviathan: Ethnic Groups and the State", en David Maybury-Lewis (Ed.), *The Prospects for Plural Societies* (Actas de 1982 de la Sociedad Etnológica Estadounidense, Washington, DC, 1984).
2   Véase Patrick Breslin, *Desarrollo y dignidad* (Rosslyn, Virginia: Fundación Interamericana/Westview Press, 1987).

Introducción

Charles D. Kleymeyer

Tras varios años de espera, llegó la electricidad a una aldea remota de Africa. Una de las primeras cosas que los pobladores hicieron fue una colecta para comprar un televisor de un vendedor que pasaba por el lugar. Mucha gente de afuera de la aldea les había hablado maravillas de la televisión.

Durante los dos meses siguientes, hubo muy poco de nuevo en la aldea, ya que todos permanecieron pegados al televisor. Entonces, uno por uno, los habitantes de la aldea se fueron cansando, hasta que casi todos dejaron de mirar televisión.

Un día volvió el hombre que les había vendido el televisor, esperando vender muchos más. Extrañado, preguntó: "Díganme, ¿por qué no están mirando su nuevo televisor?"

"Oh, no lo necesitamos", respondieron los pobladores. "Tenemos nuestro propio narrador."

"¿No creen que el televisor sabe muchos más cuentos que su narrador?", preguntó el vendedor.

Los pobladores permanecieron un rato en silencio. Finalmente, un anciano dijo: "Tiene razón. El televisor sabe muchos cuentos. Probablemente más que nuestro narrador". Hizo una pausa y continuó diciendo: "Pero nuestro narrador... nos conoce".

Cuento narrado por Ron Evans, indígena norteamericano, en el Festival Nacional de la Narración, Jonesboro, Tennessee, octubre de 1982.

La cultura es uno de los aspectos centrales de la experiencia humana. Es una fuerza importante que influye en la conducta y en la estructura social, a la vez que es formada y reformada por los efectos acumulados de dicha conducta y estructuras. La cultura ayuda a determinar quiénes somos, qué pensamos de nosotros mismos y cómo actuamos frente a los demás, tanto dentro como fuera de los grupos a los que pertenecemos. De la misma forma que tenemos necesidades materiales, los seres humanos tenemos necesidades sociales y culturales: relacionarnos con los demás, sobrevivir y realizarnos por medio de esfuerzos colectivos, y expresar lo que percibimos, sentimos y ansiamos. Nuestras necesidades materiales y socioculturales son inseparables. Para sobrevivir, los seres humanos debemos no sólo satisfacer nuestras necesidades físicas y materiales, sino también conservar y elaborar nuestras tradiciones culturales y órdenes sociales, reformándolos continuamente a fin de adaptarlos a los cambios en las circunstancias. Tal como se infiere de la narración precedente, el narrador y la expresión cultural en general pueden desempeñar un papel decisivo.

En este libro se describen actividades de fomento del desarrollo en América Latina y el Caribe que han promovido cambios socioeconómicos basándose en las tradiciones culturales de distintas etnias y de los pueblos de bajos ingresos, fortaleciéndolas al mismo tiempo. Este enfoque prometedor del desarrollo de base, que en gran medida todavía no ha recibido mucha atención, ha surgido de la experiencia en los países en desarrollo, así como en zonas afectadas por la pobreza y enclaves étnicos de países industrializados. Está arraigado en el respeto de la sabiduría y las costumbres de las etnias y de los pobres en general, y procura conservar los elementos positivos y las contribuciones especiales de su cultura, y aportes, permitiéndoles al mismo tiempo realizar los cambios necesarios en su situación socioeconómica. El propósito no es idealizar a estas personas, ni mantenerlas en un estado estático y prístino (incluso si eso fuese posible), sino más bien mejorar sus posibilidades de supervivencia y bienestar promoviendo cambios que ellos mismos controlen y ejecuten. De esta manera, su propio patrimonio cultural se convierte en la base de un desarrollo equitativo y sustentable.

Los casos que se describen en este libro representan actividades de desarrollo socioeconómico apoyadas por la Fundación Interamericana en más de 30 países de América Latina y el Caribe durante 17 años. De septiembre de 1973 a septiembre de 1990, la Fundación proporcionó US$20.900.000 (casi siete por ciento de los fondos destinados a financiamiento) a más de 200 grupos, instituciones e individuos para que pudieran llevar a cabo 215 proyectos que tenían un componente clave de expresión cultural. Entre los beneficiarios de estos recursos se encuentran federaciones étnicas, cooperativas agropecuarias, grupos juveniles, comunidades, grupos de artesanos, instituciones de educación popular, programas de radio, organizaciones eclesiásticas, institutos de ciencias sociales, folcloristas, expertos en ciencias sociales, escritores, artistas, actores, músicos y otros ejecutantes, investigadores y activistas. Estos grupos e individuos realizaron las siguientes actividades, entre otras: producción de artesanías, centros de alfabetización de adultos, panaderías comunitarias, recopilación de cuentos folclóricos de la población negra y de cantos indígenas de las cosechas, proyectos de reforestación en el altiplano andino y conservación de la selva. El apéndice que figura al final de este libro contiene una lista completa y una descripción de estos proyectos y de los grupos que los llevaron a cabo.

Expresión cultural

Los proyectos señalados incluyeron actividades que pueden llamarse de "expresión cultural", es decir, música, danza, teatro popular, teatro de títeres, artesanías, confección de carteles, pinturas murales y tradición oral. La expresión cultural es la representación del patrimonio colectivo de un grupo determinado (su historia, valores estéticos, creencias, observaciones, anhelos, conocimientos, sabiduría y opiniones) por medio del lenguaje, símbolos, acciones y otras manifestaciones, para la gente de dentro y fuera del grupo. Comprende elementos materiales, como tejidos o piezas de madera tallada, e inmateriales, como danzas, canciones o leyendas. A veces, lo material se combina con lo inmaterial, como en un libro ilustrado de cuentos sobre animales, un desfile teatral callejero con enormes carteles de colores y figuras humanas, o una pieza de arpillera y retazos con un motivo histórico. Estas formas de expresión cultural se presentan por medios muy variados: festivales, teatro callejero y en salas, exposiciones de obras de arte e históricas, programas de radio y de televisión, clases, fotografías, películas y videos. Se manifiestan también espontáneamente en la vida diaria: en el hogar, en la calle y en otros lugares de reunión. Algunas de estas actividades generalmente no se consideran artísticas; por ejemplo, las técnicas, los productos y las formas de trabajo tradicionales. Sin embargo, desde el punto de vista de los indígenas amazónicos, por ejemplo, la belleza física de sus implementos para cocinar y para comer no se puede separar de sus aspectos utilitarios. Por lo tanto, la fabricación de un cuenco de cerámica o de una canasta de caña es una forma de expresión cultural, aunque los objetos sean también utilitarios. Para los quechuas andinos, la *minga* (cuadrilla comunitaria tradicional) a menudo está imbuida de su propia cultura, que se expresa por medio de la canción, la comida y la ropa. Los festivales locales no son simplemente expresivos, en un sentido cultural, sino que desempeñan funciones políticas y económicas: son también "productivos" o "utilitarios" en el sentido occidental. Digo esto para advertir a los lectores sobre ciertos usos ocasionales del término expresión cultural que quizá resulten poco convencionales en las sociedades industrializadas, pero que se acercan más a la forma en que muchos pueblos aborígenes perciben el mundo.

Uno de los temas clave de este libro es que el desarrollo basado en la expresión cultural puede aportar ideas sobre la forma de enfrentar la pobreza abyecta en los estratos más bajos de la sociedad y, especialmente, entre los llamados grupos "tradicionales" o "minoritarios". Estos grupos, si bien no son ni inmunes ni contrarios a la modernización, tratan al mismo tiempo de mantener su patrimonio cultural, no en un estado estático, sino adaptándose continuamente a la nueva realidad y a las culturas que los rodean. Ese fenómeno se observa a lo largo de la historia. Los grupos humanos dedican tiempo, energía y recursos para cambiar, pero no niegan sus orígenes ni se dejan asimilar completamente por otras culturas. En cambio, prefieren integrarse en la sociedad a su manera, sin negar quiénes son. Aceptan y afirman su identidad étnica, pero no las condiciones materiales y sociales a las cuales están sujetos. De hecho, sus raíces étnicas pueden adquirir mayor importancia si sienten que son víctimas de discriminación.

El término minoría o grupo minoritario se usa en esta obra en su sentido sociopolítico, y no en un sentido demográfico, puesto que en algunos países o regiones de América Latina y el Caribe los indígenas o los negros representan la mayoría de la población desde el punto de vista estadístico, pero social y políticamente funcionan como minorías. Sufren las consecuencias de la falta de poder sociopolítico, la discriminación y la explotación basadas en sus rasgos físicos, sus creencias, su forma de vida, su idioma, su ropa y otras características. Otros grupos que viven en América Latina y el Caribe (norteamericanos, europeos, personas originarias del Medio Oriente y asiáticos) quizá constituyan una minoría cuantitativamente, pero ejercen el dominio político y económico.

Como se demostrará en este libro, sabemos por experiencia que el orgullo y una firme identidad cultural, así como la solidaridad y la energía colectiva resultantes, son el mejor sustento del desarrollo de base con una amplia participación de los beneficiarios. La expresión cultural, con toda su riqueza y variedad, es un medio importante para generar y orientar una fuerza social vital que puede llamarse *energía_cultural*. Esta fuerza es una fuente primordial de motivación que impulsa a la gente a hacer frente a los problemas, buscar soluciones y participar en su puesta en práctica.

En cambio, el debilitamiento de la identidad y una imagen colectiva negativa constituyen obstáculos para el desarrollo y reducen la motivación y la energía. Además, disminuyen la claridad de los propósitos y de la dirección. Nadie puede saber adónde quiere ir si no sabe de dónde viene. Para muchos grupos minoritarios, su historia oral, sus canciones y otras formas de expresión de sus tradiciones son la mejor fuente de su historia, si no la única. El educador ecuatoriano Carlos Moreno señala:

Solamente cuando recuperemos nuestra historia y críticamente seamos capaces de analizar y conocer la realidad en la que vivimos, estaremos listos para cambiarla, para transformarla, para volver a ser los autores de la nueva historia y empezar la construcción de la sociedad justa y solidaria que todos anhelamos[1].

> *Carlos Moreno Maldonado Coordinador de la publicación Alzamientos Indígenas de la Audiencia de Quito: 1534-1803, Segundo Moreno Y. (ed.), Quito: Ediciones Abya Yala, 1987, p.3*

El desarrollo de base

El tema central de este libro es la relación entre la expresión cultural y el desarrollo de base, en contraste con otros ámbitos de la actividad humana en los cuales la expresión cultural puede desempeñar una función importante, como el entretenimiento, la publicidad, las campañas políticas, el proselitismo religioso e incluso los conflictos entre grupos. El desarrollo de base es un proceso en el cual los desfavorecidos *se organizan* para superar los obstáculos que se interponen a su bienestar social, cultural y económico. Entre las estrategias que emplean se encuentran los proyectos de desarrollo basados en el esfuerzo personal, las presiones para obtener recursos de instituciones públicas y privadas y la representación de los intereses comunes del grupo ante organismos públicos y el Estado.

En condiciones ideales, los miembros de los grupos de base *participan* plenamente en la determinación de los problemas, la asignación de prioridades, la formulación de estrategias y programas, y su ejecución. Estas actividades normalmente consisten en esfuerzos prácticos y en pequeña escala de organizaciones tales como asociaciones de aldea o de vecinos, cooperativas de producción o de servicios, grupos culturales, asociaciones de trabajadores, coaliciones étnicas o federaciones de organizaciones de estos tipos, con el propósito de introducir cambios. El alcance y la intensidad de la participación que este método generalmente promueve son unas de sus mayores ventajas en comparación con otros métodos de desarrollo

Este enfoque del desarrollo basado en la participación popular a menudo se llama "desde las bases hacia arriba", en contraposición al método más común "desde arriba hacia abajo". Cuando el desarrollo se produce desde las bases hacia arriba, los beneficiarios potenciales toman la iniciativa para indicar los problemas y las posibles soluciones, y después abordan estos problemas con sus propios recursos humanos y materiales, y a veces con ayuda externa. El enfoque desde las bases hacia arriba por lo general se caracteriza por una perspectiva singular de los problemas y las soluciones, arraigada en las tradiciones culturales de los estratos más bajos de la sociedad. Sus respuestas a los dilemas socioeconómicos a menudo son imaginativas, no convencionales y sumamente innovadoras.

En el enfoque desde arriba hacia abajo, que es más común, son personas ajenas, que generalmente se encuentran en un nivel más alto de la escala socioeconómica y política, quienes seleccionan los problemas que se abordarán, indican las soluciones e incluso las ponen en práctica, consultando a veces en mayor o menor medida con los presuntos beneficiarios. En el desarrollo de base desde las bases hacia arriba con frecuencia también participan personas ajenas al grupo de beneficiarios, pero basándose más en la colaboración. Normalmente proporcionan servicios, asistencia técnica y recursos, como materiales o fondos, y toman las decisiones junto con los organizadores del proyecto y los beneficiarios o las dejan enteramente en manos de ellos. La clave es que estos extraños generalmente responden a las iniciativas de las organizaciones locales y colaboran con ellas, brindándoles apoyo.

Las actividades para promover el desarrollo de base a menudo se fundamentan en un concepto más amplio de privación y bienestar que los programas impuestos desde arriba. En vez de limitarse a metas económicas y materiales, las organizaciones de base y los profesionales que las apoyan con frecuencia tratan de alcanzar también objetivos económicos, sociales y culturales. Como generalmente creen que los cambios económicos deben tener una base social y cultural sólida, incluyen entre sus metas, por ejemplo, el fortalecimiento de la confianza colectiva y el respeto por sí mismo o la promoción de una identidad colectiva positiva, en particular si los miembros del grupo forman parte de una minoría cultural.

Los resultados de las actividades para impulsar el desarrollo de base pueden ser intangibles: la mejora de la habilidad para comunicarse, del liderazgo, de la gestión o de la producción; el aumento del orgullo del grupo y fortalecimiento del sentido de identidad; la obtención de libertades civiles; el derecho a usar tierras y agua; o mayores posibilidades de obtener servicios del Estado. Los resultados también pueden ser tangibles: un aumento de la producción agrícola o de productos manufacturados; un edificio que se usará para actividades de la organización o del proyecto; una carretera o un sistema de abastecimiento de agua que utilizarán varias comunidades.

Una estrategia de desarrollo de base está necesariamente orientada a la gente y hace más hincapié en la formación de recursos humanos, que en la infraestructura física. Surge de la convicción de que el desarrollo sostenible con una base amplia en los niveles más bajos de la sociedad es principalmente el producto de la promoción y el fortalecimiento de las organizaciones locales. En el marco de esta estrategia, el mayor poder y la democratización reemplazan a la beneficencia y al tratamiento de los síntomas de la pobreza. La mejora de la capacidad institucional y para resolver problemas es decisiva para cada grupo, al igual que la formación de coaliciones, federaciones y redes de apoyo mutuo entre organizaciones con una orientación similar.

En resumen, el objetivo a largo plazo del desarrollo de base es producir organizaciones locales más viables, productivas y eficaces que sean capaces de realizar más actividades de desarrollo por su cuenta, mucho después que un proyecto concluya.

Para alcanzar sus metas, muchas de estas actividades de desarrollo de base emplean la expresión cultural como método primordial, conscientemente o no, combinada con otros métodos. La música, la danza, los cuentos, los mitos y leyendas, el teatro popular y el teatro de títeres, las artesanías y las obras de arte a veces se usan como fin en sí mismos; por ejemplo, para mantener ciertos aspectos de una cultura a fin de robustecer el sentido de identidad y el orgullo colectivos o como fuente de energía cultural. Se usan también como medio para alcanzar fines programáticos de mayor alcance, como el fomento de la participación mediante el aprovechamiento de la energía cultural, la enseñanza de nuevas prácticas o conocimientos, o la concientización colectiva respecto de un problema o una posible solución. Estos usos constituyen uno de los temas más importantes de esta obra.

El trasfondo social e histórico

La mayoría de los esfuerzos realizados en el pasado para promover el desarrollo desde arriba o importarlo del exterior, en apariencia con el propósito de beneficiar a grupos tradicionales o minoritarios, han fracasado, y a veces estrepitosamente. Las razones de esos fracasos son múltiples y complejas. Los programas de ese tipo a menudo tienden a hacer caso omiso de la cultura de los beneficiarios o a restarle importancia, yendo a veces hasta el extremo de convertir a la cultura tradicional en víctima propiciatoria o meta de los cambios. En vez de basarse en los aspectos positivos y las estrategias de la cultura existente, estos proyectos de desarrollo impuestos desde arriba han importado soluciones y estructuras de culturas ajenas, que a veces han competido o rivalizado con el grupo tradicional durante varias generaciones.

Estos proyectos por lo general definen la pobreza y el desarrollo en términos relativamente estrechos, poniendo de relieve los fines materiales y la tecnología importada y restando importancia a necesidades humanas básicas tales como la autoestima, el amor propio, un firme sentido de identidad, la cohesión del grupo, la creatividad y la libertad de expresión. Los programas orientados sólo a fines materiales, como aumentar la producción de los cultivos comerciales para exportación, a menudo no comprenden qué produce mejoras duraderas en la productividad del grupo y en su capacidad para desarrollarse. Tampoco comprenden lo que los pobres sienten que necesitan. La falta de dignidad, autoestima y solidaridad colectiva puede conducir a un sentimiento de pobreza cultural y social, además de la marginación material.

Tras décadas de fracasos de los intentos de promover el desarrollo entre las etnias minoritarias, y en un contexto de rápida modernización y cambios en la coyuntura política, se está ensanchando la brecha entre las minorías y los estratos más altos de la sociedad. La modernización, las guerras y las crisis económicas han afectado a los grupos tradicionales más que a la mayoría y los han dejado más vulnerables que nunca. Los desplazamientos masivos, las políticas nacionales de integración que ponen de relieve la homogeneización cultural y la asimilación por el sector dominante de la sociedad, y la penetración en sus comunidades y hogares de los valores y las necesidades de la sociedad urbana de consumo de tipo occidental por los medios de comunicación de masas a menudo abruman a los grupos tradicionales marginados y políticamente débiles.

Eso disminuye las oportunidades que la vida puede ofrecerles y aumenta el sufrimiento de toda clase. Pero eso no es todo. En muchos casos (por ejemplo, en la cuenca del Amazonas) lo que está en juego es la supervivencia física de las etnias tradicionales, además de la supervivencia cultural.

Cuando uno de estos grupos desaparece, la sociedad en conjunto se empobrece. Las tragedias de este tipo reducen drásticamente el acervo moral de la sociedad y su diversidad cultural. Los conocimientos prácticos de las etnias tradicionales son fundamentales en los campos de la salud, la agricultura sostenible, la explotación forestal racional e incluso la organización social y política. Si una etnia desaparece, sus conocimientos se extinguen con ella.

El problema de la pobreza extrema de las etnias minoritarias y el desafío de la supervivencia cultural son importantes no sólo en los países en desarrollo, sino también en los países industrializados. En los Estados Unidos, por ejemplo, muchos afroestadounidenses e indígenas están atrapados en una clase subordinada con pocas esperanzas de mejorar sus perspectivas. En Australia, los aborígenes luchan por la tierra, los derechos civiles y la integridad cultural. En el Japón, la colectividad ainu y muchos inmigrantes coreanos son víctimas de la pobreza persistente y la discriminación.

Más allá del complejo problema de la pobreza hay otro tema importante que nos lleva a adoptar enfoques culturales del desarrollo. Durante todo el siglo XX, la labor de construcción nacional y consecución de la paz ha zozobrado continuamente en los escollos de los conflictos raciales y étnicos y la discriminación. La pregunta de cómo lograr la coexistencia étnica, e incluso un pluralismo cultural mutuamente beneficioso, en su mayor parte sigue sin responder, y no sólo en los países en desarrollo, sino también en Europa oriental y occidental y en los Estados Unidos, como nos recuerdan diariamente los titulares de los periódicos.

Los casos son muchos y el número de personas afectadas es grande, lo cual destaca la importancia de los conflictos étnicos en esta coyuntura de la historia mundial. Jason Clay, de Cultural Survival, grupo que se dedica a la defensa de los derechos humanos y apoya los esfuerzos de las etnias indígenas para conservar su integridad física y cultural, expone el problema en términos muy severos:

> Las perspectivas de los pueblos indígenas, que suman 600 millones en todo el mundo y viven en más de 15.000 grupos, están empeorando. Más de cinco millones y medio de personas de distintas étnias han muerto como consecuencia de la guerra librada por sus propios gobiernos desde la Segunda Guerra Mundial y 150 millones han sido desplazadas. En este siglo hemos presenciado la extinción de más pueblos indígenas que en ningún otro siglo.[2]

Cabe destacar que varios grupos de base de diversas culturas de las Américas y del resto del mundo están haciendo frente a la discriminación étnica, la desintegración social y los malentendidos, que amenazan su propio bienestar. Sus estrategias con frecuencia utilizan la expresión cultural para cambiar la forma de pensar de un grupo con respecto a otro y el tratamiento recíproco. El primer paso a menudo consiste en poner en tela de juicio los estereotipos perjudiciales de las etnias minoritarias, educando a los integrantes de otros grupos para que cambien sus percepciones y expectativas respecto de las minorías.

Los proponentes del desarrollo basado en un enfoque cultural están convencidos de que la libertad de elección es un elemento decisivo para el desarrollo justo de cualquier grupo, pero especialmente para las etnias minoritarias. La adopción de decisiones es el aspecto crucial de la autodeterminación, la cual, además de ser un derecho humano, es la forma más eficaz de promover a la larga cambios equitativos y de amplio alcance. Rex Nettleford, director artístico de la Compañía Nacional de Danzas de Jamaica, dice:"No quiero *entrar* en la corriente de nadie; quiero contribuir a *formarla*".[3]

Las expresiones culturales pueden ofrecer un foro rico para analizar distintas opciones y tomar decisiones. Explica el folclorista ecuatoriano Juan García:

Opción significa que hay alternativas con las cuales se puede comparar, y las actividades culturales presentan esas alternativas. Ofrecen a la gente opciones entre las cuales pueden escoger y asumir el control de su vida. Sin esas opciones, la gente no es libre; les imponen valores y formas de vida.

Enfoques actuales de la expresión cultural en el desarrollo de base

El enfoque del desarrollo con una base cultural no es una panacea para el sufrimiento humano y las desigualdades. Es una faceta de un enfoque ecléctico que abarca muchos métodos que se refuerzan mutuamente, entre ellos la educación y capacitación populares, los servicios jurídicos y la defensa de los derechos humanos, el fortalecimiento institucional, el crédito y la asistencia técnica. Un enfoque basado en la cultura marcha paralelo a otros enfoques, como los que hacen hincapié en facultar a la gente para que pueda tomar decisiones mediante el fortalecimiento de organizaciones y coaliciones, la creación de cooperativas para aumentar la productividad, el fomento de la capacidad individual y colectiva con la concientización y técnicas de educación popular, o la producción agrícola sostenible basada en métodos más acertados desde el punto de vista ambiental.

La gente de *todos* los niveles de la sociedad, y no sólo las etnias minoritarias y los pobres, utiliza el nexo entre expresión cultural y desarrollo socioeconómico, aunque quizá no lo reconozca como tal. Cuando un país celebra el día de la independencia con espectáculos públicos, desfiles y fuegos artificiales, cuando una cadena de restaurantes especializados en hamburguesas saca una canción y un baile pegadizos para promover su producto, cuando una campaña contra las drogas utiliza carteles artísticos y conjuntos musicales o de "rap", cuando una banda militar marcha por la calle, cuando el coro de una iglesia sale de gira, se están usando formas culturales para preservar y promover ideas o una identidad determinada o para influir en la conducta de la gente.

Evidentemente, la expresión cultural en sí no produce cambios sociales o económicos, pero puede apoyarlos o acelerarlos al aprovechar la energía cultural, impulsando a la gente a analizar la situación y a actuar. No sería atinado considerar todas las formas de expresión cultural como actividades universalmente positivas y aceptables, puesto que pueden usarse también para controlar o manipular la sociedad. Este uso indebido de las expresiones culturales es común en las sociedades militaristas y totalitarias, aunque todas las sociedades son susceptibles.

La perspectiva de la Fundación Interamericana respecto de la cultura

La Fundación Interamericana fue fundada en 1969 por el Congreso de los Estados Unidos como programa experimental de ayuda exterior, con el fin de apoyar las actividades autogestionarias de desarrollo de los sectores desfavorecidos de América Latina y el Caribe. Tal como se indica en la ley por la cual se creó la Fundación, su propósito es:

(1) fortalecer los lazos de amistad y entendimiento entre los pueblos de las Américas;

(2) apoyar los esfuerzos de autoayuda orientados a ampliar las oportunidades para el desarrollo individual;

(3) estimular y facilitar la participación efectiva y creciente de la población en el proceso de desarrollo; y

(4) fomentar el establecimiento y el crecimiento de instituciones democráticas, tanto privadas como gubernamentales, que sean compatibles con los principios de soberanía nacional de los países de las Américas.

En vez de exportar soluciones del Norte al Sur, la Fundación responde a las iniciativas de organizaciones locales de América Latina y el Caribe, basándose en estrategias que las mismas organizaciones trazan y ponen en práctica para abordar los problemas que consideran prioritarios. La Fundación concede donaciones directamente a los grupos beneficiarios o a organizaciones de apoyo, sin pasar por canales gubernamentales y sin imponer condiciones de índole política o religiosa.

La Fundación Interamericana ha mantenido siempre su carácter apolítico, secular y no partidario. Su primer presidente, William Dyal, describió la postura de la institución con las siguientes palabras:

La Fundación Interamericana jamás ha tratado de establecer una fórmula precisa para el desarrollo o el cambio social. Reconocemos que hay muchos caminos y muchos enfoques que dependen del ambiente político local, el grado de desarrollo y los deseos de las personas más involucradas...
Escuchando a grupos en Latinoamérica y el Caribe, la Fundación Interamericana ha aprendido, por ejemplo,

que los pueblos no aspiran necesariamente a la clase de modernización ni a la forma de crecimiento económico a que aspira el pueblo norte-americano. Frecuentemente consideran que el crecimiento económico es secundario ante otras aspiraciones humanas. El donante debe comprender las preocupaciones cualitativas de la gente. Es aquí donde hay armonía entre nuestros valores básicos y los de ellos. Nos preocupa percibir cuál será el potencial para el cambio y los logros mucho más de lo que nos preocupa saber cuáles han sido los logros alcanzados.

La capacidad para responder, por lo tanto, quiere decir poder escuchar, comprender y apoyar con aportes las actividades que los grupos mismos están llevando a cabo. Significa facilitar lo que otros desean hacer sin intervenir en dichas actividades, sin crearlas o reformarlas. Como donantes nos preocupa la mente y el espíritu. Hemos aprendido que el conocimiento, la historia, la experiencia y los privilegios pueden ser tiránicos cuando son impuestos o utilizados contra otros.[5]

Debido a que la Fundación Interamericana responde a las iniciativas de los beneficiarios, no ha financiado proyectos de desarrollo con una base cultural como parte de una estrategia preconcebida ni ha llamado a que se presenten propuestas comprendidas en este campo temático, sino que distintos grupos de individuos de América Latina y el Caribe han llegado en forma independiente a la conclusión de que dicho enfoque es prometedor y posteriormente lo han usado para formular y llevar a cabo proyectos, a menudo con el apoyo de la Fundación.

Los pueblos de los países en desarrollo reconocen que existe una relación entre la cultura y el desarrollo, y prefieren conservar ese nexo en sus esfuerzos para mejorar las condiciones en que viven. Una persona que ha observado muy de cerca el apoyo brindado por la Fundación Interamericana a este enfoque lo explica de la siguiente manera:

La Fundación ha comprendido la importancia de los aspectos culturales del desarrollo, porque ha aprendido *de* la gente que estos aspectos son importantes para ellos. No ha introducido una nueva variable ni combinado caprichosamente dos elementos desconectados —la cultura y el desarrollo económico— sino que simplemente ha reconocido que los aspectos culturales y económicos están estrechamente entrelazados cuando se los observa en su estado natural. De hecho, la cultura es un concepto integral: los aspectos económicos son uno de los elementos del todo. En vez de tener que justificar la *inclusión* de consideraciones culturales en el proceso de desarrollo, sería más lógico que los "expertos en desarrollo" más conservadores tuvieran que justificar el aislamiento de los factores económicos y la atención desproporcionada que les prestan al mismo tiempo que *excluyen* otros factores relevantes.[6]

Otras instituciones bilaterales e internacionales también han apoyado la expresión cultural. Entre ellas se encuentran la Fundación para el Desarrollo Africano (organización gemela de la Fundación Interamericana), CEBEMO (organismo donante holandés), Coordination in Development, Inc. (CODEL), Cultural Survival, la Fundación Ford, International Development Exchange (IDEX), la Organización de Estados Americanos, Oxfam-América y Oxfam-Inglaterra, el Fondo de los Hermanos Rockefeller, Tradiciones para el Mañana y la UNESCO, especialmente el Fondo Internacional para la Promoción de la Cultura. La UNESCO ha declarado el período de 1988 a 1997 "Decenio Mundial para el Desarrollo Cultural". Cabe destacar, no obstante, que la labor de todas las organizaciones internacionales representa sólo una pequeña fracción de las actividades que se están realizando en los campos de la expresión cultural y el desarrollo de base. La *gran* mayoría de estas actividades reciben apoyo localmente de los mismos participantes, quienes contribuyen su tiempo, materiales, equipo, fondos e instalaciones.

El presente estudio

En 1978 un grupo de funcionarios de la Fundación Interamericana (el Comité de Aprendizaje sobre Conciencia Cultural) publicó "Expresión cultural y cambio social", informe sobre 25 proyectos patrocinados entre 1973 y 1977 que estaban relacionados con las artes escénicas, como el teatro, la música y la danza. El informe despertó tanto interés que se dedicó un número especial de la revista de la Fundación al tema de "Expresión cultural y cambio social".[7] Durante los diez años siguientes se publicó una serie de artículos sobre proyectos de desarrollo con una base cultural (pueden encontrarse ejemplos en la bibliografía bajo los siguientes autores: Breslin, Breslin y Chapin, Chapin, Cotter, Dorfman, Palmer, García, Goff, Healy y Zorn, Herrera y Lobo-Guerrero, Kleymeyer, Kleymeyer y Moreno, Colectiva de Teatro Sistren, y Wali). Esta obra contiene nueve de esos artículos, varios de los cuales han sido revisados y actualizados.

Todos estos estudios fueron pasos importantes para describir los asuntos, las técnicas y los problemas en torno al uso de la expresión cultural en las actividades de desarrollo de base. Es hora de que examinemos el alcance y la profundidad de esta rica experiencia. Durante un período sabático en 1988, comencé un estudio metódico de los 215 proyectos que la Fundación Interamericana ha apoyado en el campo de la expresión cultural y el desarrollo de base. Viajé a Bolivia, Chile, Colombia, Ecuador, Jamaica, México, Panamá y Perú para observar personalmente más de 70 proyectos de desarrollo con un componente de expresión cultural importante. Además, me entrevisté con más de veinte personas en los Estados Unidos (muchas de ellas de América Latina y el Caribe que estaban de paso por Washington, D.C.). La antropóloga Caryl Ricca colaboró conmigo en la preparación de la extensa bibliografía y el inventario de proyectos, y recopiló datos cualitativos sobre alrededor de 100 de los proyectos que más probabilidades tenían de ofrecer información sobre el nexo entre expresión cultural y cambio social.

El libro comienza con un panorama conceptual de los usos y las funciones de la expresión cultural (Kleymeyer) y un análisis de la importancia decisiva de la identidad y el respeto por sí mismo (Breslin). Después se presentan casos que ejemplifican el uso de la acción cultural en la práctica como estrategia del desarrollo de base. Dos capítulos demuestran el papel de la expresión cultural en la generación de la energía necesaria para promover actividades de desarrollo de base e impulsar a la gente a reflexionar sobre su situación (Kleymeyer y Moreno, y la Colectiva de Teatro Sistren). En los tres capítulos siguientes se describen las medidas para conservar y revivir las tradiciones culturales, especialmente las tradiciones orales, que constituyen una fuente de energía cultural y, a la vez, de respuestas modernas a preguntas de viejo cuño sobre la supervivencia y el progreso humano (Chapin, García Salazar y Palmer). Después hay una serie de capítulos sobre la aplicación práctica de la metodología del desarrollo basado en la cultura a campos decisivos de la actividad humana, como la artesanía y la educación (Goff), la producción textil y el turismo (Healy y Zorn), la producción agrícola (Chumpí Kayap, Jempékat, Moreno y Kleymeyer), la productividad general de los campesinos (Wali) y la salud (Herrera y Lobo-Guerrero).

Esta obra tiene tres metas principales. La primera es presentar a los lectores una *descripción* de las formas en que los grupos desfavorecidos y las organizaciones que los apoyan utilizan la expresión cultural en el desarrollo. ¿Cómo emplean exactamente la expresión cultural en su trabajo y por qué lo hacen? ¿De qué forma lo hacen y cuáles son los resultados? Varios casos se describen más de una vez, en artículos de distintos autores y en distintos momentos, a fin de presentar a los lectores un panorama longitudinal de estas actividades desde diversos puntos de vista. En lo posible, quienes describen los casos son los mismos activistas culturales, que dan voz a los profesionales con una perspectiva desde dentro.

La segunda meta es ofrecer a los lectores algunos instrumentos útiles: la bibliografía, el inventario de proyectos estudiados y ciertos conceptos analíticos que se presentan en los distintos capítulos. El propósito de estos instrumentos es que los lectores comprendan mejor el enfoque de los cambios sociales basados en la cultura. Por ejemplo, la bibliografía ayudará a los lectores a encontrar las dan mejor el enfoque de los cambios sociales basados en la cultura. Por ejemplo, la bibliografía ayudará a los lectores a encontrar las mejores obras disponibles en más de una docena de categorías temáticas sobre expresión cultural y desarrollo de base. La finalidad del inventario de proyectos es presentar resúmenes breves de los proyectos de expresión cultural e ilustrar el alcance y la diversidad de los proyectos actuales con un componente de expresión cultural. Los conceptos comprenden los dos temas principales del análisis (la expresión cultural y el desarrollo de base) y otros temas conexos, como el rescate cultural, el mantenimiento y la revitalización de la cultura, y el activismo cultural.

La tercera meta del libro es señalar los asuntos y las preguntas clave relativos a un enfoque del desarrollo de base con una base cultural que deben abordar quienes utilizan este método. En general, ¿cuán viable es este enfoque basado en la cultura? ¿Vale la pena gastar los escasos recursos (tiempo, dinero y materiales) en la expresión cultural? ¿Cuáles son algunos de los efectos positivos? ¿Cuáles son los riesgos y las trampas? Sería prematuro hacer declaraciones concluyentes sobre su efecto, pero cabe esperar que en esta obra se demuestre que existe una conexión y, por encima de todo, dejar en claro que los beneficiarios de la asistencia para el desarrollo ven esa conexión cuando se les permite elegir.

CHARLES DAVID KLEYMEYER es representante para la Región Andina de la Fundación Interamericana (Arlington, Virginia, EE.UU).

NOTAS

1 Esta cita, de Carlos Moreno Maldonado, ha sido tomada de la introducción de un libro publicado bajo la dirección de Segundo Moreno Y., *Alzamientos indígenas de la audiencia de Quito: 1534 -1803* (Quito: Ediciones Abya Yala, 1987), pág. 3.

2 Jason Clay, "Radios in the Rain Forest", *Technology Review*, vol. 92, No. 7 (octubre de 1989): 52-57. En una conversación telefónica con Clay, en abril de 1992, se actualizaron los datos de la cita.

3   En un seminario realizado en la Fundación Interamericana, Rosslyn, Virginia, 18 de septiembre de 1988.

4   En un debate en el Encuentro Nacional de Programas de Educación Bilingüe, Latacunga, Ecuador, julio de 1989.

5   William Dyal, "Informe del Presidente", *Informe anual de 1979* (Fundación Interamericana, 1980), págs. 5-6.

6   Felisa M. Kazen, "Culture and Development: An Inquiry into Policy and Practices in Selected International Agencies and Private Foundations", informe inédito (1982): 4-5.

7   Patricia Haggerty et al., "Expresión cultural y cambio social", *Revista de la Fundación Interamericana*, tercer trimestre (1979): 1-15.

Parte 1
Panorama general

Capítulo 1

USOS Y FUNCIONES DE LA EXPRESIÓN CULTURAL EN EL DESARROLLO DE BASE

Charles David Kleymeyer

Durante las últimas décadas, en todo el mundo en desarrollo y en las zonas pobres de los países industrializados se han llevado a cabo muchas actividades prometedoras para fomentar el desarrollo aprovechando y fortaleciendo las tradiciones culturales. Sin embargo, la mayoría de estas actividades han pasado desapercibidas. Algunas veces, la expresión cultural es un fin en sí misma; un ejemplo es la publicación de folletos con antologías de cuentos populares de la población negra para que los niños aprendan las aventuras del Conejo[1], además de las del Pato Donald. Otras veces es un medio para alcanzar un objetivo; por ejemplo, cuando un grupo usa canciones o títeres para despertar el interés en un programa de desarrollo[2]. En cualquier caso, la expresión cultural es fundamental para el desarrollo.

Las personas que trabajan en el campo del desarrollo de base y los grupos comunitarios han demostrado que es posible conservar las contribuciones y los elementos culturales positivos y singulares de las etnias y de los pobres en general al mismo tiempo que se logran importantes cambios socioeconómicos. Su experiencia revela que se necesita una identidad cultural cohesiva y capaz de adaptarse para lograr el desarrollo justo y duradero de las etnias y de otros grupos que han sufrido discriminación: los minusválidos, los que practican religiones minoritarias o las personas menospreciadas debido a su ocupación. Según los partidarios de este enfoque, para que una definición de desarrollo en las bases sea aceptable debe tener en cuenta las dimensiones *socioculturales* de la privación y el bienestar, además de las dimensiones económicas. Los sectores de bajos ingresos de América Latina y el Caribe a menudo recurren a su propia cultura popular para expresarse y afirmar su identidad, porque comúnmente son marginados en un mundo donde otros tienen mucho más acceso a los medios de comunicación e influencia política y comercial.

La privación sociocultural, que se manifiesta en el deterioro del sentido de identidad, la discriminación racial, la falta de autonomía étnica o la alienación respecto de las raíces culturales, puede ser tan perjudicial y limitativa como las privaciones materiales.

Desafortunadamente, las estrategias y los programas de desarrollo actuales se centran en gran medida, cuando no exclusivamente, en las privaciones materiales. Léopoldo Sédar Senghor, ex presidente de Senegal, describe con elocuencia el posible efecto del empobrecimiento cultural:

> Hombres blancos; id por los poblados perdidos de mi tierra con vuestras grabadoras, vuestras cámaras fotográficas, y recoged lo que cuentan los chamanes, los juglares, los viejos, los últimos guardianes de una larga historia humana, tan sólo confiada a sus voces. Cuando ellos mueran, será como si para vosotros, para vuestra civilización se quemaran todas las bibliotecas[3].

Tal como demuestra este libro, los usos conscientes y las funciones inconscientes de la expresión cultural en el desarrollo de base son numerosos y diversos. En este capítulo se examinan ocho formas en que la expresión cultural puede influir en el desarrollo. Todas están al alcance de las personas que trabajan en el campo del desarrollo y desean adaptar sus programas para que sean apropiados desde el punto de vista cultural y para que faciliten y encaucen la plena participación y creatividad de los beneficiarios. No hay nada que motive más a la gente que la expresión cultural. La expresión cultural libera y dirige energía y fuerzas creadoras que, de lo contrario, permanecerían inactivas o pasarían desapercibidas.

Las categorías que se presentan aquí no son una tipología completa, sino más bien ejemplos de varios usos y funciones de la expresión cultural. Varias categorías tienen puntos de coincidencia, y muchos de los usos y funciones están relacionados entre sí y se refuerzan mutuamente. El capítulo concluye con un análisis de quién controla la evolución y el uso de la expresión cultural.

Fortalecimiento de la identidad colectiva, la organización social y la comunidad

> *Nuestras organizaciones nos ofrecen vida.*
> *Sin ellas, desapareceremos.*
> Un dirigente indígena de la región amazónica ecuatoriana.

Un firme sentido de identidad compartida puede comunicar energía e inspirar a la gente a esforzarse colectivamente para mejorar su vida. Las personas que se enorgullecen de formar parte de una cultura tienden más a organizarse y a trabajar para conseguir cambios. Las organizaciones construidas sobre una base sólida de identidad cultural parecen estar en mejores condiciones de detectar los problemas comunes y buscar soluciones apropiadas colectivamente.

Sin un sentido de comunidad, los individuos se retraen en la familia o en sí mismos, en vez de colaborar en los esfuerzos para sobrevivir y mejorar su situación. Pueden trabajar individualmente para aumentar la productividad y perfeccionarse, pero la acción social basada en la colaboración languidece o ni siquiera se inicia.

La supervivencia de muchos grupos, especialmente indígenas, depende de la percepción colectiva de su singularidad con respecto a otros grupos como ente discernible y viable. Esta singularidad puede basarse en características físicas, la ropa, los rituales, las tradiciones, la geografía o un enfoque étnico general del mundo. Cuando la noción colectiva de singularidad se pierde o se debilita, también se pierde o se debilita el sentido de pertenecer a una comunidad, y la organización social es la primera víctima.

Ciertas expresiones de la cultura, como los días festivos, el trabajo colectivo, las celebraciones, las canciones, las danzas y los trajes típicos, establecen y refuerzan el sentido de identidad y el orgullo de un grupo. En vista de ello, muchos grupos promueven actividades de ese tipo como parte integrante y vital de la vida cotidiana.

Los Yumbos Chahuamangos, conjunto de músicos y bailarines quechuas de la región amazónica del Ecuador, son un ejemplo de este uso de la expresión cultural. Los integrantes de Los Yumbos provienen de una gran cooperativa agrícola formada por 11 comunidades y 500 familias[4]. El conjunto ofrece regularmente espectáculos de música, canciones y danzas en festivales locales y reuniones importantes de la cooperativa. Al inyectar vitalidad en los procedimientos, atraen a más participantes, y con las letras de las canciones y con el ejemplo enseñan y promueven la participación institucional. En una de sus canciones, explican en quichua cómo funciona una cooperativa. Los integrantes del conjunto también promueven la participación en una federación indígena local.

Otro ejemplo de reconocimiento comunitario de la importancia de las tradiciones culturales es el siguiente pasaje de una propuesta presentada a la Fundación Interamericana por los habitantes de la isla Taquile, del lago Titicaca, en el sur del Perú[5]:

...queremos hacer un pedido que pensamos es de mucha importancia para nuestro futuro y el de nuestros hijos. Pedimos un fondo para construir y equipar un pequeño museo "de sitio" en nuestra isla. Razones económicas y de presión turística nos han forzado a vender tejidos de herencia dejada por nuestros antepasados, de las que ignorábamos su valor. Somos un pueblo de artesanos y el tejer es nuestro corazón y los visitantes conocen de ésto y es el porqué de sus visitas. Deseamos una sala de exposición para mostrar nuestra cultura y más importante quizás guardar nuestro patrimonio y tradición. De esta forma evitaríamos vender nuestro patrimonio y tendríamos con qué enseñar a nuestros hijos el arte de tejer y no perderíamos algo que es difícil de recuperar.

La expresión cultural también fomenta el sentido de identidad compartida, la solidaridad del grupo y la fuerza necesarias para defenderse colectivamente de las incursiones de extraños. Por ejemplo, los kunas de Panamá[6], los kayapós de Brasil y los shuaras del Ecuador usan diversas formas culturales como autodefensa, desde leyendas y canciones hasta símbolos físicos de ferocidad. Los kunas ahuyentan a los intrusos de sus tierras con espíritus guardianes de madera colocados en lugares conspicuos, y los shuaras promueven su imagen de un pueblo que ni los incas ni los españoles pudieron conquistar. Otros grupos, como los mapuches de Chile y los zapotecas y mixtecas de México, se dieron cuenta de que corren el riesgo de perder su integridad cultural e incluso sus tierras, y están promoviendo el rescate de sus formas de expresión cultural por medio de la música, la danza, los museos comunitarios, el teatro al aire libre y otras expresiones similares.

Los riesgos que acarrea promover la solidaridad del grupo en forma chauvinista o agresiva son la discriminación inversa y el aumento de las fricciones entre etnias. Un buen ejemplo es la intensidad de los conflictos étnicos en ciudades como Nueva York, para no mencionar las tensiones raciales en todo el mundo o extremos como el Ku Klux Klan o la ideología nazi. El orgullo étnico puede fomentar tendencias separatistas que llevan a los grupos a rechazar la asistencia, a provocar a los enemigos y a romper alianzas. La clave es poner de relieve los aspectos positivos de la solidaridad y la comunidad, en vez de los impulsos negativos del temor y el odio.

Un antídoto contra el deterioro del sentido de identidad, el complejo de inferioridad compartido y la alienación

Mantener nuestra cultura nos da un sentido de orgullo, de vigor.
Dirigente kuna, islas San Blas, Panamá, junio de 1987.

A diferencia del efecto vigorizante de la expresión cultural, son pocas las cosas que desalientan más a los seres humanos que un sentido negativo de su identidad étnica o de sí mismos, un complejo de inferioridad compartido y la falta de valoración en una estructura social. Las personas que se sienten inferiores o menospreciadas participan menos y se desempeñan en forma deficiente.

Los estereotipos negativos pueden limitar el acceso de las etnias a las oportunidades que la sociedad ofrece; por ejemplo, educación, servicios sociales y otros recursos. Vistas a través del prisma de estos estereotipos (por ejemplo, que los negros de los países andinos no tienen cultura o que los indígenas carecen de inteligencia e iniciativa creadora), las condiciones de denigración y pobreza parecen inevitables. Por ejemplo, los negros del Ecuador observan que aunque los pueblos indígenas sean menospreciados, por lo menos figuran en los libros de historia. Juan García señala en uno de los capítulos de este libro que los negros del Ecuador no figuran en la historia, son una población invisible de origen incierto. Incluso en la industria del turismo, para vender artesanías negras los comerciantes tienen que ofrecerlas como si fueran productos indígenas. García afirma: "Debemos probar que estamos aquí. Debemos decir quiénes somos. Y si *nosotros* no sabemos quiénes somos, ¿quién va a saber?"

Por lo tanto, uno de los aspectos decisivos del desarrollo es proyectar una imagen más positiva de las etnias y de los sectores de bajos ingresos en general. Una cultura vigorizada y revalorizada ayuda a las etnias a contrarrestar los estereotipos negativos que hayan internalizado, así como aquellos que la sociedad podría tener de ellos. La expresión cultural puede contrarrestar el sentido negativo de la identidad al reforzar la imagen que los individuos tienen de sí mismos y al mostrar a los extraños la riqueza, complejidad y capacidad creativa de un sistema cultural diferente al de ellos. Ello podría llevar al mundo que rodea a estos grupos estigmatizados a revalorizarlos, lo cual tendría un efecto positivo en la imagen que los grupos tienen de sí mismos.

Más importante aún es que el sentido de valoración compartida constituye la base del esfuerzo personal (la actitud de que "podemos hacerlo", por ejemplo), impulsando al grupo a aprovechar al máximo sus propios recursos internos, en vez de recurrir demasiado, con demasiada frecuencia o demasiado pronto a extraños. El difunto Bob Marley, famoso cantante de reggae jamaiquino, reconoció ese aspecto en la canción "Redemption Song", en la cual aconseja a los pueblos de las sociedades postcoloniales que se "emancipen de la esclavitud mental".

La expresión cultural puede contrarrestar de forma particularmente eficaz los estereotipos negativos que las colectividades tengan unas de las otras porque las formas tradicionales de expresión cultural son un vehículo muy eficaz de comunicación con las etnias y entre ellas. Por ejemplo, en los territorios ocupados del Medio Oriente, las colectividades en conflicto han formado grupos teatrales para abordar las tensiones sociales frente al público local. Se ponen en escena incidentes de la vida real. Los actores israelíes y palestinos representan el papel de los integrantes del *otro* grupo (un muchacho que arroja piedras y un soldado de patrulla, quizás). Después surge una discusión entre los actores y el público.

La revitalización cultural también puede servir de medida preventiva o antídoto contra la alienación inherente a la pobreza abyecta, especialmente en las etnias. En su mayor parte, la teoría y la práctica del desarrollo siguen guiándose por estrategias de cambio social que consideran la modernización como un proceso uniforme y categóricamente deseable, y el cambio económico como prácticamente la única base de una vida mejor. Se insta a las etnias de los países en desarrollo a incorporarse al mundo moderno, en gran medida mediante la asimilación en naciones con una orientación urbana. Por medio de este proceso, se les pide que abandonen lo que muchos profesionales del desarrollo consideran como costumbres tradicionales pintorescas pero contraproducentes, y a menudo se les empuja a migrar a la ciudad. Sin embargo, la infraestructura de los núcleos urbanos de los países en desarrollo ya está abrumada por una carga excesiva. Aunque los habitantes de muchos barrios urbanos demuestran tener gran creatividad y energía para hacer frente a los desafíos, otros constituyen una subclase urbana apática de personas culturalmente desposeídas que a menudo carecen del sentido de identidad y solidaridad colectivas que necesitan para resolver sus problemas. Estas personas se sienten amargadas, no saben quiénes son, están desconectadas de los grupos sociales y las instituciones, son profundamente desconfiadas y manifiestan pesimismo en cuanto a las perspectivas de cambios positivos.

Las etnias que no quieren negar quiénes son ni aferrarse al pasado y perder la oportunidad de llevar una vida mejor y de aliviar el sufrimiento prefieren un enfoque del desarrollo (a diferencia de la modernización) que respete los sistemas culturales existentes y se base en ellos. Por consiguiente, la labor de revitalización cultural puede mejorar o fortalecer las perspectivas de lo que un pueblo puede lograr en el plano individual y colectivo. La música, la danza y la tradición oral pueden contrarrestar el pesimismo y los efectos del desarraigo cultural y de la alienación, así como reforzar el sentido de pertenecer a un grupo y una imagen positiva tanto individual como colectiva. Eso es imprescindible para lograr cambios sociales.

La enseñanza y la concientización

La historia étnica es como un arco y una flecha. Cuanto más se estire la cuerda, más lejos llegará la flecha. Lo mismo ocurre con la visión histórica: cuanto más atrás se remonte uno en la historia, más lejos se puede ver en el futuro. Si la cuerda se estira sólo un poco, la flecha recorre un trayecto muy

> *corto. Lo mismo ocurre con la historia: si uno se remonta a un período corto en la historia, la visión del futuro será igualmente corta.*
>
> Alocución de un maestro navajo en un foro público sobre educación intercultural en la Reserva de los Navajos, octubre de 1985.

Las distintas formas de expresión cultural almacenan y transmiten información. Pueden preservar la historia local y la ciencia popular, describir y delimitar un grupo cultural y sus raíces, definir e interpretar dilemas y transmitir enseñanzas, especialmente a los jóvenes. Desempeñan un papel fundamental en el descubrimiento de nuevas posibilidades y en el fomento de la reflexión y la conciencia colectivas con respecto a la pobreza y el desarrollo. Los integrantes de grupos de base dicen con frecuencia que necesitan saber de dónde vienen, dónde están y por qué, a fin de hacer planes para el futuro.

Las formas de expresión cultural también pueden constituir vehículos de enseñanza muy eficaces porque atraen la atención de la gente y cautivan su imaginación en formas que otros medios de comunicación no pueden hacerlo. En esencia son culturalmente apropiados, y utilizan un lenguaje y símbolos comprensibles para transmitir mensajes en programas de educación popular y de enseñanza escolar o en la vida cotidiana. Según Juan García, folclorista y promotor comunitario[7], las tradiciones orales de los negros ecuatorianos enseñan "cuándo se debe sembrar y qué se debe sembrar, cómo se debe vivir, amar y criar a los hijos". Si la tradición oral muere, las enseñanzas desaparecerán con ella. García afirma que la eficacia del narrador radica en su capacidad para simplificar e interpretar mensajes tradicionales que son relevantes para la experiencia actual de un grupo. Valdemar Neto, educador popular brasileño[8], señala que atraer la atención de la gente en un contexto de esparcimiento y diversión es una manera muy eficaz de transmitir un mensaje. En consecuencia, su organización (el Centro Luiz Freire) usa el humor, el teatro y las narraciones en sus programas comunitarios por televisión "T.V. Viva". Asimismo, Teatro

Nuestro, conjunto teatral y musical bilingüe de Eugene, Oregón, hace giras por la costa oeste de los Estados Unidos presentando a los trabajadores agrícolas obras de teatro educativas sobre los peligros de los plaguicidas. Una de las obras, *La quinceañera*, se puso en escena con la colaboración de trabajadores migrantes y representantes de servicios jurídicos. En Washington, D.C., un conjunto de "rap", formado por jóvenes negros que escriben e interpretan todas sus obras, lleva a cabo uno de los programas más populares contra las drogas. En la misma ciudad, "Blue Sky", una compañía de titiriteros brillantes e irreverentes, transmite otro mensaje contra las drogas y el alcohol y hace morir de risa a los niños (y a los adultos), que alientan y responden de viva voz a los personajes. En comparación con un discurso de un funcionario en el auditorio de la escuela, este uso del teatro y la participación parece ser mucho más eficaz para transmitir mensajes y fomentar la reflexión.

Muchos otros programas de cambio social de todo el mundo usan distintas formas de expresión cultural para la enseñanza y la concientización. A menudo, el mensaje es claro y directo, y abarca desde lo específico y lo práctico en los programas de salud maternoinfantil ("hierva el agua para evitar la diarrea infantil") hasta el mensaje general y abstracto de una actuación de Los Yumbos Chahuamangos en un festival amazónico ("la participación en nuestra federación local es el primer paso hacia el progreso"). Otros usos educativos y sensibilizadores de la expresión cultural son menos directos; por ejemplo, cuando los rastafarios de Jamaica o el conjunto musical Los Masis[9] de Bolivia transmiten sus mensajes sobre el valor intrínseco de sus respectivas etnias.

Si la expresión cultural se usa en forma autoritaria o condescendiente, puede desconcertar a los destinatarios. Un ejemplo es la costumbre de agregar una moraleja obvia a los cuentos populares de los campesinos que se difunden por radio. En Lima tuve la oportunidad de ir a una estación de radio que difunde programas de ese tipo. La radioemisora había recibido un casete de un campesino con una nota que decía: "¡No me cambies mi voz!" El campesino quería que los medios de comunicación difundieran sus tradiciones sin que fuesen adulteradas por intermediarios culturales.

La expresión cultural se puede usar para manipular a la gente a fin de que consuma, bajo el pretexto de "educarla" para que actúe "correctamente" o para que las mujeres sean buenas "madres modernas". El uso de la cultura tradicional en las campañas publicitarias intensivas de fórmula para lactantes en los países en desarrollo es un ejemplo. A fin de contrarrestar la disminución de la lactancia materna, los programas de base usan métodos de expresión cultural similares, como canciones y dramatización, para convencer a las madres de que amamanten a sus bebés. A fin de cuentas, vemos a la publicidad trabada en una lucha con la labor de concientización para ganarse a las madres de bajos ingresos. La propaganda política hace lo mismo, pero en mayor escala. Generalmente, lo distorsionado y objetable no es la estrategia en sí, sino el *contenido* y la *intención*.

Por lo menos un autor[10] preconiza abiertamente el uso de las tradiciones folclóricas para objetivos tanto comerciales como relacionados con el desarrollo:

> ...Espero que, además de ser útil como guía para agentes de extensión, promotores rurales, personal publicitario y encargados de programas de radio y televisión, proporcionen material para nuevos puntos de vista a publicistas, promotores de ventas y expertos en relaciones públicas.

Esto es un ejemplo de la línea divisoria muy tenue que existe entre la promoción y educación, por una parte, y la aplicación de técnicas sociales a la comercialización, e incluso la manipulación política, por la otra.

Juan Díaz Bordenave, experto en comunicación de la Organización de los Estados Americanos, realiza un análisis elocuente del aspecto negativo del enfoque utilitario de la expresión cultural:

> Veo en este descubrimiento mucho bien y mucho mal. Lo bueno es que los medios tradicionales de comunicación son posesiones legítimas del pueblo, una parte intrín-

seca de la cultura y por lo tanto tienen el derecho a que se les respete, apoye y utilice. No obstante, y éste es el aspecto malo, la obsesión de los desarrollistas con el logro de resultados y no con la formación humana puede aprovechar todos estos medios tradicionales como instrumentos para cambiar la forma de pensar del pueblo, sus sentimientos y comportamiento. Y este no es el propósito ni la función de los medios tradicionales de comunicación. Su propósito es la expresión, relación, comunión, escape, fantasía, belleza, poesía y adoración; nunca el de convencer a la gente de vacunarse, utilizar dispositivos intrauterinos, combatir los parásitos o comer verduras. Me temo que tan pronto la gente se dé cuenta de que se han utilizado sus canciones populares, poemas y arte para hacer propaganda sutil, los dejarán perecer. Obviamente las formas contem-poráneas de los medios tradicionales de comunicación deben reflejar las nuevas preocupaciones de un pueblo que marcha hacia el progreso. Surgirán naturalmente nuevos sueños y ansiedades en las canciones y en los poemas de las masas[11].

Creatividad e innovación

> *Sin tradición, no hay creación. Sin creación, no se puede mantener una tradición.*
> Carlos Fuentes, en su disertación "Crisol de ficciones" en la Universidad George Mason, 14 de abril de 1988.

El pensamiento creativo a menudo se manifiesta por medio de metáforas. Según muchos científicos e inventores, una imagen que chispea en la mente ilumina un problema aparentemente inconexo. A veces, al reflexionar sobre un problema difícil se cuela otro pensamiento y, misteriosamente, uno se acerca más a una solución o a la comprensión. En los casos en que un razonamiento directo haya cerrado las puertas a otras posibilidades, observar una situación

Una radiolocutora indígena de Radio Latacunga trasmite en quichua noticias locales a sus oyentes campesinos en más de 600 comunidades de la provincia de Cotopaxi, Ecuador. Esta emisora también ofrece programas bilingües de revitalización de la cultura local para los cuales los campesinos graban canciones, cuentos y adivinanzas en la emisora o en ocho cabinas comunitarias. (Véase EC-136 en el Apéndice.) ((Miguel Sayago))

paralela a la propia, pero no idéntica, puede propiciar la receptividad. De pronto aparece la respuesta al problema en forma de una metáfora. Nos encontramos en el mundo relativamente libre del "es como si".

¿Qué tiene esto que ver con la expresión cultural y el desarrollo de base? ¿Qué es el Conejo si no es una metáfora de los débiles que tienen que recurrir a su astucia para escapar del peligro o prevalecer frente a los fuertes? El Conejo está siempre presente entre los negros de la provincia ecuatoriana de Esmeraldas. Según Juan García, el Conejo se menciona en las reuniones cuando una persona o un grupo parece estar en un aprieto similar al de uno de los conocidos personajes populares. La mayoría de las adivinanzas de los quechuas de los Andes son nada más que metáforas[12]: un bocón en el bosque que se mantiene silencioso en la pampa es un hacha. Embarazada de noche y de parto todas las mañanas es la cama. Un pan arrojado a una llanura sembrada de granos de maíz secos es la luna y las estrellas. Estas adivinanzas quizá tengan una relación menos directa con los dilemas humanos que los cuentos del Conejo, pero enseñan a la gente (especialmente a los jóvenes) a pensar metafóricamente y a asociar imágenes o ideas aparentemente inconexas. Muchos bailes populares también son metafóricos, y varios tratan de la dominación y la defensa. Por ejemplo, en algunos bailes folclóricos centroamericanos y andinos se satiriza a la policía, los militares, los terratenientes y los sacerdotes, dando rienda suelta al disgusto colectivo por los abusos del pasado. La *capoeira* brasileña es el producto de la transformación de un tipo ilegal de artes marciales practicado por los negros en una danza folclórica. Por supuesto, en las Américas muchos bailes y disfraces de carnaval son sumamente simbólicos.

Todas las formas de expresión cultural son fuentes primarias de creatividad colectiva e individual. Ofrecen a los seres humanos la rara oportunidad de mirar al mundo con nuevos ojos. Dan a los jóvenes lecciones de creatividad y expresión. Inspiran a personas de todas las edades a expresarse e innovar, que son dos procesos esenciales del desarrollo de amplio alcance. Al ofrecer la oportunidad de evaluar las nuevas posibilidades y ponderar la realidad local en términos de cómo podrían ser las cosas, este ejercicio de reflexión imaginativa puede ser el primer paso del proceso de desarrollo. La expresión cultural se convierte en un campo en el cual se pueden plantear, definir y redefinir los problemas y las posibles soluciones. A medida que la conciencia comunitaria va aumentando, se pueden formular estrategias más eficaces, como los sociodramas presentados por la Feria Educativa en el Ecuador, que llevan a los pobladores locales a reflexionar sobre un problema persistente, como el analfabetismo de los adultos[13].

La participación en actividades de expresión cultural prepara a la gente para un futuro desconocido en el cual habrá problemas nuevos y viejos, interesantes y aterradores, vitales y letales, igual que en los cuentos y las canciones populares. Esa participación es especialmente importante para las personas que no tienen acceso a publicaciones interesantes o a las artes creativas y escénicas que a lo largo de la historia han forjado la conciencia colectiva y el alma de los grupos y las sociedades. Al desarrollar y fomentar la imaginación humana, las artes creativas y escénicas promueven la idea de que el cambio es posible y que se puede trabajar por un futuro mejor. Esta perspectiva, caracterizada por el optimismo y la iniciativa y nutrida por una imaginación fértil, es imprescindible para lograr cambios sociales desde las bases.

Las estrategias de desarrollo más eficaces se apoyan en una base sociocultural sólida, pero capaz de propiciar el crecimiento sustentable. Algunos suponen que las formas tradicionales de expresión cultural son inmutables por naturaleza, pero lo cierto es que han evolucionado a lo largo de generaciones en un proceso sin fin de invención y eliminación, así como de incorporación de elementos de otras culturas.

Ese cambio es importante no sólo para el desarrollo de la cultura, sino también para la cultura del desarrollo. Debido a que las formas de expresión cultural son creativas y dinámicas, son especialmente compatibles con lo que deberían ser los elementos básicos del desarrollo: la creatividad y el dinamismo. Por lo tanto, la cultura tradicional y el desarrollo socioeconómico no tienen que ser procesos contrarios, sino dos facetas del proceso integral mediante el cual el ser humano enfrenta, interpreta y en última instancia transforma su realidad. En pocas palabras, la expresión cultural y el desarrollo socioeconómico humano son, en la práctica (aunque no siempre en teoría), manifestaciones paralelas de la creatividad humana que a menudo se refuerzan mutuamente.

El vínculo con la producción

> *Lejos de ser aspectos periféricos, las escalas de valores y la ética son las variables dominantes y determinantes de todo sistema económico y tecnológico.*
> Hazel Henderson, economista, en una alocución pronunciada en la Sociedad Mundial del Futuro, Toronto, Canadá, 1980, citada por Joanna Macy en *Dharma and Development*, pág. 19.

Las formas tradicionales de expresión cultural están relacionadas con la producción, aunque la relación es frecuentemente más contextual que directa, especialmente en el medio rural, donde la música y la danza no están separadas del resto de la actividad humana como mero entretenimiento, sino que forman parte del trabajo y de la estructura social. Por ejemplo, la *minga* andina, sistema de trabajo colectivo precolombino que se utiliza a menudo en la cosecha o en proyectos comunitarios, comúnmente se moviliza y se anima con canciones y comidas especiales, y después del trabajo se hace una gran fiesta[14]. Las cooperativas y las empresas dirigidas por los trabajadores también usan medios de expresión cultural para promover la solidaridad y el orgullo colectivos. Aunque tengan muy pocos recursos, estos grupos encargan canciones, organizan festivales y preparan estandartes coloridos (que presentan con orgullo a los invitados de honor), entre otras cosas. Eso es una clara señal de que la expresión cultural forma parte del proceso productivo del grupo.

En varios proyectos de desarrollo de base se ha aprovechado esa conexión y se han promovido la producción de artesanías tradicionales (como tejidos, bordados, objetos de cuero y madera tallada) y el uso de métodos agrícolas tradicionales (como la *minga* y sistemas hídricos, plantas, granos y animales domésticos precolombinos)[15]. Con muchos proyectos se trata de rescatar o preservar productos tradicionales como estrategia para mantener la identidad étnica y la solidaridad, además de crear fuentes de ingresos y mejorar la alimentación. Esos esfuerzos quizá tengan éxito desde el punto de vista social, pero fracasan económicamente. Sin embargo, a veces los productos y sistemas tradicionales son claramente mejores que aquellos que los han reemplazado (como variedades de plantas importadas, aumento de la dependencia respecto de la mecanización y plaguicidas peligrosos).

Preservación de la autonomía y del carácter básico de las subetnias: El desafío del pluralismo

> *Aquí yacen enterradas muchas cosas que, si se leyeran con paciencia, podrían revelar el extraño significado de ser negro aquí en los albores del siglo XX. Este significado le interesa a usted, Amable Lector, porque el problema del siglo XX es el problema de la línea de color.*
> W.E.B. Du Bois, en su prefacio de 1903 a *The Souls of Black Folk: Essays and Sketches.* Greenwich, Connecticut: Fawcett Publications, 1961.

Las etnias minoritarias con frecuencia están atrapadas en los estratos más bajos de la sociedad y comúnmente se les culpa por sus problemas o se les acusa de retardar el desarrollo de la sociedad o de obstruir la integración nacional. Eso se hace a menudo mediante un proceso de rotulación: "el problema de los indígenas", "el problema de los negros", etc. Las soluciones que generalmente se ofrecen para estos "problemas" constituyen un desafío para la esencia misma del carácter étnico del grupo, ya que amenazan asimilarlo a la cultura dominante.

Mantener la autonomía étnica y la autodeterminación cultural es un derecho humano básico del grupo y es fundamental para el desarrollo de amplio alcance. Este derecho se enuncia en varias declaraciones internacionales, entre ellas dos muy importantes de las Naciones Unidas: la Declaración Universal de los Derechos del Hombre y el Convenio Internacional sobre Derechos Civiles y Políticos. Este concepto se examina en detalle en la publicación de la UNESCO titulada *Los derechos culturales como derechos humanos*[16].

El pluralismo étnico contribuye a la riqueza y la amplitud de las opciones que ofrece la sociedad. Quizá cada subcultura de una sociedad domine una pieza del rompecabezas del desarrollo, o varias piezas, pero no todas. En la búsqueda del desarrollo, las preguntas tal vez sean las mismas, pero las respuestas son diferentes. Las distintas formas de expresión cultural ayudan a mantener vivas tecnologías y enfoques del mundo diversos, al transmitirlos y sustentarlos en una trama cultural más amplia. Los esfuerzos para crear una sociedad monocultural a menudo exacerban los conflictos y la alienación, y a la larga nos empobrecen a todos.

La situación actual de la cuenca del Amazonas es un ejemplo vívido de la necesidad de fusionar tecnologías autóctonas y occidentales a fin de promover el uso sustentable de los recursos en aras de la supervivencia humana, tanto local como internacional. En los lugares donde se han perdido las tecnologías autóctonas, las posibilidades de un desarrollo de amplio alcance y duradero han disminuido radicalmente. El mundo occidental con frecuencia ha adaptado técnicas autóctonas de agricultura, nutrición, protección ambiental y atención de salud. Las farmacias y los almacenes de comestibles están abarrotados de productos que fueron descubiertos o inventados por aborígenes americanos. Aunque no hay que idealizar estas culturas, tampoco hay que desecharlas por extrañas, primitivas o inútiles. Tampoco se les puede pedir que abandonen su patrimonio tecnológico pragmático para adoptar sistemas cuestionables impuestos desde afuera.

La expresión cultural desempeña un papel decisivo en el trazado de los lindes interétnicos y en la conservación de la autonomía y el carácter básico de los subgrupos, manteniendo así el pluralismo étnico de una sociedad determinada y la supervivencia de las culturas minoritarias. Muchos grupos de base trabajan con empeño para preservar su identidad cultural singular frente a otros grupos mediante festivales públicos, la fotografía, la música grabada y la publicación de transcripciones de las tradiciones orales[17].

Un instrumento del discurso democrático y de la mediación social

> *Creemos que Intercambio Cultural no se limitará a expresar las culturas seculares o nacionales, sino que también unirá todos los eventos y nos colocará un paso más adelante en el camino hacia las actitudes mundiales y culturales a favor de la paz mundial, puesto que hay una sola raza: la raza humana. El poder de la cultura es un lenguaje, no sólo desde el punto de vista lingüístico, sino el ritmo general de la vibración humana que es imprescindible para el esfuerzo mundial por la paz.*
>
> Samuel J. Clayton, de Mystic Revelation of Rastafari Cooperative Society and Cultural Centre (véase JA-034 en el Apéndice), Kingston, Jamaica, en una carta de marzo de 1978 a la Fundación Interamericana.

La expresión cultural puede servir de foro público para tratar problemas tales como la pobreza y la discriminación racial, así como de base para el acercamiento de distintos grupos con el propósito de fomentar el entendimiento, la conciliación y la tolerancia. Alberto Minero, director ejecutivo de Theatre of Latin América (TOLA; véanse LA-046 y LA-052 en el Apéndice)[18], explicó el papel de las artes en una propuesta que se presentó a la Fundación Interamericana en 1982:

Debido a la universalidad de su "lenguaje", durante mucho tiempo las artes han servido para promover la comunicación. El mundo tecnológico moderno tiende a olvidar que las artes -y el teatro en particular- son instrumentos útiles para el análisis. Una de las funciones históricas del teatro ha sido presentar una crítica social, estimular el pensamiento creativo y proponer alternativas. Las artes desempeñan también un papel fundamental en toda comunidad de naciones o etnias para corregir los malentendidos y los estereotipos prevalentes. El elemento común que vincula a los participantes en la red fortalecida por TOLA es la dedicación de cada grupo al teatro como espejo de los fenómenos sociales contemporáneos. Las personas vinculadas a TOLA están convencidas de que el teatro es una fuerza revitalizadora en los grupos social y culturalmente marginados de América Latina y el Caribe.

Muchos activistas culturales y artistas de las Américas comparten la opinión de Minero sobre la función de las artes en la sociedad. Dos temas que se destacan son la expresión cultural como instrumento tanto del discurso democrático como de la mediación social.

El discurso democrático hace falta en muchas sociedades. Con frecuencia, los desfavorecidos son marginados de la vida política y del debate público. En las sociedades represivas, la mayoría de la población puede estar marginada de ese modo. Por medio de la intimidación se impide que la gente exprese sus opiniones y presione abiertamente al gobierno. En esos casos, los ciudadanos amenazados recurren a distintas formas de expresión cultural -frecuentemente canciones populares y humor- para dar a conocer sus ideas, protestar contra las injusticias y, en algunos casos, simplemente para reafirmar el consenso social. Los carteles y los murales desempeñan una función similar.

En Chile, la cultura de la protesta alcanzó un alto grado de desarrollo durante los últimos veinte años. Las canciones de protesta y los conjuntos chilenos que las interpretan se encuentran entre los más populares de América Latina, y la poesía y el teatro chilenos no tienen parangón como comentario social. La exitosa "Campaña del no", dirigida por la oposición durante el referéndum de 1989 sobre el gobierno de Pinochet, se basó en canciones, videos, carteles y otras manifestaciones culturales brillantemente ejecutadas, que llegaron al corazón mismo del pueblo chileno y lo conmovieron. Durante un tiempo hubo otras dos formas de expresión que transmitieron mensajes poderosos a chilenos y extranjeros, aunque no tuvieron una difusión tan amplia: la "cueca sola" y las innovadoras arpilleras con escenas de desapariciones, injusticias y esperanza colectiva[19].

En la "cueca sola", varias mujeres esperan en fila en silencio. Tienen puesta una blusa blanca con una fotografía de un pariente desaparecido prendida a la blusa. Una a la vez, las mujeres pasan al frente y levantan un pañuelo a la altura de los ojos. Al ritmo de la música folclórica, las mujeres se van turnando para bailar la cueca, que es el baile nacional de Chile. La cueca siempre se baila en pareja (un hombre y una mujer), pero estas mujeres bailan solas. La cueca sola presenta a los chilenos una imagen visual impactante del dolor y la injusticia de las desapariciones. El conocido cantante Sting difundió esta imagen por todo el mundo con su canción *They Dance Alone* ("Ellas bailan solas").

Las arpilleras son una forma de expresión que surgió espontáneamente durante los primeros años de la dictadura de Pinochet. Varias mujeres pobres, muchas de las cuales habían perdido familiares a causa de la represión, comenzaron a hacer pequeños tapices de arpillera y retazos con escenas impactantes. Las arpilleras constituían un vehículo para expresar su dolor y también una oportunidad para ganarse unos pesos y mantener a su familia. La idea fue adoptada por grupos peruanos que se han vuelto tan diestros como sus vecinos chilenos. En ambos países, estas artesanías hechas por mujeres de bajos ingresos se encuentran entre los mejores ejemplos de la forma en que la gente común ha sobrevivido períodos desesperantes de la historia. Constituyen un medio de comunicación con la generación actual y un testimonio imperecedero de valor incalculable para informar a las generaciones futuras.

La expresión cultural se ha usado desde tiempos inmemoriales, en sociedades tanto democráticas como totalitarias, para protestar y presionar a las autoridades. El calipso caribeño y el vallenato colombiano son canciones que frecuentemente contienen una

Estas mujeres de Santiago, Chile, todas con parientes desaparecidos, han sabido usar la artesanía haciendo las famosas arpilleras, como una forma de expresión sociopolítica, bajo el auspicio de la Vicaría de la Solidaridad. (Véase CH-324 en el Apéndice.) ((Marcelo Montecino))

crítica. Un ejemplo muy conocido es los calipsos del cantante Sparrow. Tal como señala Juan García en su capítulo, el tema de muchos poemas orales de los negros del Ecuador, llamados décimas, es el comentario social. Sirven de libro de historia y de periódico, puesto que testimonian y divulgan eventos actuales y pasados y opiniones al respecto. Un ejemplo revelador es la décima "Denuncia contra el ferrocarril", que describe un incidente en el cual varios niños de la localidad fueron atropellados por un tren[20].

La expresión cultural también puede desempeñar un papel en la mediación social. En las circunstancias apropiadas, puede ayudar a aliviar los conflictos al reducir las disparidades socioculturales entre la gente. En ciertos casos, si no fuese por los medios de expresión cultural el contacto entre algunos grupos de personas sería escaso o nulo. Una forma de expresión tan elemental como una obra artesanal puede superar las barreras del idioma, la raza y la clase social y acercar a la gente, por lo menos momentáneamente, sobre una base común de valoración mutua. Las artesanías pueden mejorar la imagen de un grupo desfavorecido ante los ojos de los demás mucho más que las súplicas verbales o los programas de educación formal. A medida que estos objetos de un valor estético y práctico obvio van pasando de mano en mano, las percepciones y los significados se transforman en una forma muy personal, pero eficaz.

Otras formas de expresión cultural se usan más conscientemente para la mediación social. En una zona de Oaxaca, México, donde los conflictos intrarregionales han persistido durante mucho tiempo y la cooperación entre comunidades ha sido escasa, los conjuntos musicales pueblerinos viajan a los pueblos vecinos para actuar, manteniendo abiertas las líneas de comunicación. En Ecuador, los dos principales enclaves negros (en la provincia de Esmeraldas y en el valle del Chota) están separados por barreras geográficas y culturales. En el transcurso de la historia han mantenido algunos vínculos económicos, pero el intercambio cultural ha sido escaso. El Grupo de Danza, Teatro y Música Angara Chimeo[21] está trabajando para cambiar esta situación, promoviendo los primeros encuentros culturales entre los dos grupos. Estos contactos han sido recibidos con entusiasmo en ambas regiones, ya que la gente reconoce el patrimonio común y sus variaciones.

Sin embargo, cuando la política entra en juego, las actividades de promoción e intercambio culturales pueden tomar un giro negativo. Los partidos políticos a veces manipulan a las etnias. Los gobiernos pueden absorber a los activistas culturales, como ha ocurrido en México, o establecer una superestructura hueca, como en El Salvador. En México, los dirigentes de grupos culturales a menudo son también funcionarios del gobierno, lo cual limita enormemente su capacidad para actuar en forma independiente y cultiva un estilo suplicatorio y pasivo. En El Salvador, las Casas Culturales del Ministro de Cultura sirven principalmente de prebendas para los partidarios leales y para lograr la movilización política cuando es necesario.

La expresión cultural, el discurso democrático y la mediación social quizás estén menos conectados al desarrollo de base que otros usos y funciones que se abordan en este capítulo. No obstante, para que el desarrollo de base sea verdaderamente participativo y de amplio alcance y para que responda a las necesidades señaladas a nivel local, es necesario abordar ciertos problemas complejos que tienen que ver con el debate público equitativo, las tensiones sociales y los conflictos entre grupos. La expresión cultural es una forma flexible, y a menudo singular, de abordar los conflictos de ese tipo.

La generación de energía cultural

> *La frase de nuestra tradición oral "nosotros, gente" tiene mucha fuerza para generar la energía necesaria para movilizar a la gente. En otra época, nosotros éramos los dueños de nuestro mundo, cuando nosotros éramos capaces. Y todavía podemos recuperar esa capacidad.*
> Juan García, folclorista ecuatoriano, en el Highlander Center, New Market, Tennessee, julio de 1989.

Después de observar 45 proyectos de desarrollo de base en 1983, Albert O. Hirschman desarrolló de modo inductivo el útil concepto de "la conservación y mutación de la energía social", según el cual la energía social es una fuente renovable de motivación para sumarse a un movimiento colectivo de acción cooperativa, a pesar de las penurias, la adversidad e incluso el fracaso, y a veces debido a estos motivos[22]. Al realizar mi propio trabajo inductivo para este libro, descubrí un concepto complementario, llamado energía cultural, que puede ayudarnos a comprender las amplias fuerzas que motivan y movilizan a los seres humanos.

La energía cultural no sólo proporciona la fuerza colectiva necesaria para iniciar y mantener la acción de grupos, sino que también es la fuerza que permite que una cultura se renueve. Se podría incluso afirmar que una cultura se mantiene viva en la medida en que se genere y mantenga energía cultural.

La energía cultural abarca tanto la conducta individual como la conducta social o colectiva, y también la conducta y los sentimientos que comparten sin saberlo las personas que no pertenecen a un grupo conscientemente. Estos dos aspectos la distinguen de la energía social.

La energía cultural es una de las bases primordiales de la motivación, la cohesión y la persistencia humanas. Tal como señala Hirschman, hay muchas otras fuentes de energía colectiva, entre ellas los intentos previos de movilización que han resultado infructuosos, el instinto colectivo de supervivencia física, los desastres naturales y sociales y las amenazas externas. En cambio, la expresión cultural es una fuente económica de energía social que está más al alcance de la gente y bajo su control.

La energía cultural es un producto de la expresión cultural y a la vez influye en ella, modificándola y perpetuándola. Las numerosas formas de expresión cultural que se abordan en este libro (las canciones de la Feria Educativa, las obras de Sistren Theatre Collective, las canciones shuaras, la tradición oral de la costa de Talamanca y de los kunas, los productos textiles de Taquile y el trabajo colectivo de los quichuas) son fuentes importantes de energía cultural en la vida del grupo. A su vez, todas estas formas de expresión cultural se transmiten de una generación a otra y van transformándose por medio de la aplicación práctica.

No cabe duda de que la energía cultural es imprescindible para el desarrollo de base de amplio alcance. Aunque es difícil de medir, se hace sentir (algunas veces de inmediato, otras, mucho después) y su efecto es fácil de notar. La expresión cultural puede impulsar a los participantes e inculcarles sentimientos férreos de orgullo colectivo, reafirmación, optimismo, fuerza colectiva y vitalidad. Es especialmente eficaz para generar energía colectiva y dirigirla hacia las metas compartidas.

Se pueden encontrar ejemplos en proyectos de desarrollo y en movimientos sociales. En Jamaica, los integrantes de la sociedad *Mystic Revelation of Rastafari* (véase JA-034 en el Apéndice) me explicaron cómo usan la música, acentuada por los instrumentos de percusión tradicionales, para crear un sentido de identidad y orgullo en sus miembros e imprimir energía a sus programas de formación juvenil[23]. En la región montañosa del Ecuador, estuve presente cuando una nueva federación campesina de 26 localidades puso en marcha un importante proyecto de desarrollo. Se había invitado a cada localidad a que enviara un conjunto de músicos o bailarines a la inauguración de la federación.

En un número de danzas, una yunta de bueyes hizo un surco alrededor de toda la plaza al compás festivo de un conjunto musical de la localidad. Detrás del arado iban en fila mujeres indígenas ejecutando una danza sinuosa, agachándose en cada compás para colocar una semilla en el surco. Alrededor de la plaza había 3.000 campesinos locales, hombres y mujeres, con pochos o chales de color rojo vivo: se habían congregado para sembrar las semillas de la primera federación de organizaciones de la región. Cada organización comunitaria había traído su propio conjunto de músicos y bailarines, todos diferentes, y todos esperaron su turno para contribuir a este acontecimiento histórico y reafirmar su identidad indígena. Fue la reunión más grande de ese tipo que se recuerde convocada por una organización indígena local, y despertó un entusiasmo en la labor de organización que tuvo efectos duraderos en la población de los alrededores.

A veces, la expresión cultural se usa para aprovechar la energía cultural como medio para promover la participación en un programa específico. Presencié esto en una campaña sanitaria rural en Tarabuco, Bolivia, cuando un médico del Centro Cultural Masis (véase BO-087 en el Apéndice) se llevó la zampoña a los labios y comenzó a tocar una canción andina. Cientos de campesinos indígenas se amontonaron alrededor de un nuevo botiquín traído de Alemania. Cuando terminó la canción, el médico llenó un vaso con aguardiente local y la vertió lentamente sobre la tapa de aluminio del botiquín. Era un rito inaugural tradicional. La muchedumbre prorrumpió en un aplauso entusiasta. Este artículo occidental importado (el botiquín y el programa de salud que representaba) se había convertido en algo *de ellos*, de hecho y simbólicamente, y así se profundizaba su compromiso de hacer que el programa de salud funcionara.

Algunos movimientos sociales, como el movimiento de defensa de los derechos civiles en los Estados Unidos en los años cincuenta y sesenta, utilizaron deliberadamente la expresión cultural. Son inolvidables las escenas de los negros en las iglesias de Alabama o Misisipí cantando canciones de su tradición folclórica antes de salir marchando a hacer frente a los perros policiales, los chorros de agua a presión y la muchedumbre amenazadora[24]. La canción también desempeñó un papel importante en el levantamiento popular contra la dictadura de Marcos en las Filipinas. Algunas canciones fueron tomadas de otras culturas. Por ejemplo, el movimiento de liberación filipino usó canciones de protesta del repertorio del conjunto Peter, Paul and Mary, que fue invitado a la celebración del primer aniversario de la caída del régimen de Marcos.

El material casuístico contenido en este libro ilustra el concepto de energía cultural y demuestra la forma en que los activistas culturales generan esa energía y la dirigen hacia los fines que se han descrito en este capítulo. Es un método que puede usarse tanto para fines constructivos como erróneos, y da resultado sólo si está bajo el control de los participantes en las actividades de desarrollo de base.

El control de la expresión cultural

> *La cultura es una manera de hacer las cosas, de determinar cuáles son las necesidades prioritarias. En la nación iroquesa, este conocimiento existe en gran medida en las tradiciones orales familiares, en las costumbres y en los cuentos. Estas cosas son importantes; después de todo, los iroqueses convirtieron la democracia representativa y la federación de naciones tribales en un sistema práctico mucho antes del nacimiento de la democracia norteamericana. Los hombres que escribieron la Constitución de los Estados Unidos lo sabían. Lo importante es que se reconozca que esta cultura es nuestra y que sigue siendo nuestra.*
> John Mohawk, jefe de redacción y escritor seneca-iroqués, en una conferencia en la Institución Smithsonian, Washington, D.C., 1988.

Hemos visto que el enfoque cultural puede usarse indebidamente como instrumento de control social y explotación o con fines políticos, religiosos o comerciales. La línea divisoria entre el estímulo y la manipulación, entre la promoción y la agitación propagandística, es muy tenue. La advertencia de Juan Díaz Bordenave en este capítulo debería impulsarnos a proceder con cautela y no a abandonar el intento.

¿Tenemos algo que perder si adoptamos un enfoque utilitario de la expresión cultural? ¿Un enfoque de ese tipo le resta vitalidad a las formas de expresión cultural o tiene un efecto de regeneración o ampliación que las empuja hacia nuevos fines? ¿Comenzarán algunos a sentir que les están arrebatando su cultura para convertirla en un mero instrumento o, peor aún, que la están usando contra ellos? ¿Qué pueden hacer entonces los activistas culturales para que la gente recupere el control?

La cuestión no es *si* la cultura tradicional debería cambiar, sino cómo pueden las etnias seguir siendo dueñas de las formas y el contenido de su propia expresión cultural y controlar su evolución. ¿Quién decidirá cómo se producirá el cambio? ¿Estará dirigido desde arriba o por subgrupos autónomos de la sociedad? Aquí existe un paralelo con ciertos principios del desarrollo desde las bases: las etnias deberían desempeñar un papel primordial en la supervisión de la evolución de su propia cultura, así como en la determinación de las prioridades y estrategias del desarrollo y en la formulación de los programas que afectan a su comunidad. Si eso ocurriera, podrían lograr lo que el dirigente shuar Ampam Karakras señala como meta de los pueblos indígenas del Ecuador: "Lo que buscamos es la integración *sin* asimilación"[25].

Muchos de los casos que se mencionan y analizan en este libro muestran la forma en que una metodología de acción cultural puede aumentar al máximo las posibilidades de éxito de la labor en pro del desarrollo de base, especialmente cuando esa metodología está bajo el control de los grupos beneficiarios. El control por los beneficiarios es una salvaguardia contra el uso indebido del método. Debería promoverse y estudiarse más por medio de evaluaciones y en la práctica.

Ninguna de las cuestiones que surgen del uso de la expresión cultural en el desarrollo es sencilla o inequívoca. Por ejemplo, *¿quién* debería encargarse de cambiar ciertas formas de expresión cultural? Un miembro del grupo no es automáticamente más sensible que un extraño a las cuestiones del valor y la preservación. A menudo, las fuerzas que afectan a un grupo, tanto externas como internas, son más fuertes que la capacidad del grupo para trazar su rumbo, y raramente se puede mantener el control sobre la manera en que otros se apropian de las formas de expresión cultural de un grupo y las utilizan.

Uno de los aspectos positivos obvios de una estrategia cultural como parte de un enfoque más amplio del desarrollo de base es su índole democrática: la cultura es hecha por el pueblo, para el pueblo. ¿Pero qué repercusiones tiene el hecho de que personas ajenas al grupo o del mismo grupo conviertan la expresión cultural en una herramienta muy útil? ¿Quién tendrá la potestad de determinar cuándo el uso se ha convertido en abuso? Todas estas cuestiones requieren un debate abierto.

Debemos informarnos mejor sobre lo que da resultado, cuándo y cómo en esta intersección de la expresión cultural y el desarrollo de base. Sin embargo, determinar la utilidad y las repercusiones no es tarea fácil. Tal como señala Lourdes Arizpe: "La cultura ya ha sido reconocida como un motivo de preocupación básico en las políticas de progreso nacional, pero todavía no se ha planteado como uno de los aspectos fundamentales de los principales problemas del desarrollo internacional. Ello se debe en parte a que es un concepto evasivo, puesto que es a la vez un código, un instrumento, una industria y un sueño"[26].

CHARLES DAVID KLEYMEYER es representante para la Región Andina de la Fundación Interamericana (Arlington, Virginia, EE.UU.).

NOTAS

1 Véase EC-074 en el Apéndice.
2 Véase el capítulo de Kleymeyer y Moreno, así como EC-053 y EC-165 en el Apéndice.
3 Tomado de *Gente*, octubre de 1978, No. 84, pág. 21.
4 Véase EC-083 en el Apéndice.
5 Véanse PU-093 en el Apéndice y el capítulo de Kevin Healy y Elayne Zorn.
6 Véase el capítulo de Mac Chapin.
7 Véanse EC-074 en el Apéndice y el capítulo de García.
8 Véase BR-644 en el Apéndice.
9 Véase el capítulo de Patrick Breslin.
10 Shyam Parmar, en su prefacio a *Traditional Folk Media in India. Nueva Delhi: Gekha Books, 1975.*
11 En Patricia Haggerty et al., "Expresión cultural y cambio social", *Boletín de la Fundación Interamericana*, tercer trimestre de 1979, pág. 11.
12 Véase Kleymeyer, 1990.

13 Este proceso se describe y se documenta en el capítulo de Kleymeyer y Moreno sobre "la Feria Educativa".

14 Véase Moreno en el capítulo "Trabajo y tradición".

15 El Apéndice contiene ejemplos de proyectos de estos tipos en BO-026, BO-213, BO-222, BR-509, CH-402, CO-072, CO-121, CO- 306, EC-053, EC-165, ME-217, ME-282, PU-093, PU-117, PU-256 y SK-007.

16 UNESCO. *Cultural Rights as Human Rights*. París: UNESCO, 1970.

17 Véanse, en el Apéndice, BO-087, BO-213, BR-275, BR-314, CH- 398, CO-046, CR-042, CR-103, EC-053, EC-074, EC-082, EC-116, EC-165, HO-046, LA-070, ME-106, ME-262, PY-025, SU-004 y US- 115.

18 Véanse LA-046 y LA-052 en el Apéndice.

19 Véase CH-324 en el Apéndice.

20 Véase el capítulo de Juan García.

21 Véase EC-198 en el Apéndice.

22 En Albert O. Hirschman, "El principio de conservación y mutación de la energía social", se analiza e ilustra el concepto de la energía social. *Desarrollo de base*, Vol. 7, No. 2, 1983. Se puede encontrar un análisis similar en el cuarto capítulo de *El avance en colectividad: Experimentos populares en la América Latina*, Nueva York: Pergamon Press, 1984, págs. 42-57, y en Annis y Hakim (véase la bibliografía).

23 Véase JA-034 en el Apéndice.

24 Hay una película documental excelente sobre el tema, dirigida por Jim Brown: *We Shall Overcome: The Song that Moved a Nation*. Nueva York: Ginger Group Productions, 1989.

25 Conversación con el autor, 1985.

26 Lourdes Arizpe, en "Culture and International Development". Ponencia presentada en la XIX Conferencia Mundial de la Sociedad para el Desarrollo Internacional, Nueva Delhi, India, marzo de 1988; publicada en *Development* (revista de la Sociedad para el Desarrollo Internacional) 1 (1988): pág. 17.

Parte 2
La expresión cultural como estrategia

Capítulo 2

IDENTIDAD Y AUTOESTIMA

Patrick Breslin

Nota de la Redacción: Este capítulo es una versión actualizada de dos artículos que se publicaron en Desarrollo de base: "La tecnología de la autoestima: Proyectos culturales de los indígenas aymaras y quechuas" (Vol. 6, No. 1, 1982) y "El sentido de identidad" (Vol. 10, No. 2, 1986).

"¿Quién soy yo? ¿De dónde vengo? ¿A qué grupo humano pertenezco?" En la penumbra de las últimas horas de la tarde, mientras oscuras nubes de tormenta retumban en el cielo sobre Quito, Juan García recita las preguntas que le han obligado a convertirse en comisión de folclore para su gente, los descendientes de los esclavos negros traídos al Ecuador en los tiempos de la colonia. En una de las paredes detrás de él hay una estantería repleta de casetes con las entrevistas que grabara en el transcurso de cinco años mientras exploraba las riberas del Esmeraldas, en los llanos de la costa ecuatoriana, o las laderas resecas del valle del Chota, en busca de los ancianos que llevan en su memoria la historia, las leyendas, los mitos y la poesía de su raza.

Los interrogantes de Juan García se formulan con frecuencia en América Latina y en el Caribe. Se oyen en español, inglés, portugués, francés y *créole*, o en cualquiera de las varias docenas de lenguas indígenas, en tono a veces de curiosidad intelectual, a veces de dolor e ira, con frecuencia de desesperación. Estas preguntas se refieren a algunos de los problemas más profundos y delicados de la región: la tensión entre la identidad étnica y la integración nacional, los efectos destructivos del prejuicio racial, la lucha por la independencia cultural y la identidad personal y por la dignidad. Los esfuerzos por hallar respuesta a estas preguntas han llevado a una comprensión más completa del desarrollo.

Por lo general se piensa que el desarrollo significa un mejoramiento del nivel de vida o, al menos, un esfuerzo por alcanzar esa meta. Si se quiere mejorar el nivel de vida material, normalmente se requieren muchos otros cambios en la sociedad: cambios en las pautas de utilización, tenencia y distribución de la tierra; en las formas de propiedad, gestión y empleo en el trabajo; en el acceso a los flujos de capital, crédito y productos básicos y en su control; en la observancia de los derechos civiles y humanos; en el trato dado a las minorías.

Sin embargo, existe otro elemento del desarrollo además del cambio. A veces, la gente debe fortalecer su base humana antes de lanzarse a cambiar el mundo. Por muy grande que sea la pobreza material, la gente siempre cuenta con recursos: inteligencia, imaginación, idioma, habilidad manual, historia, sentido de identidad, patrimonio cultural, orgullo, un pedazo de tierra. A veces, el proceso de desarrollo no se refiere tanto al cambio como a la conservación y al fortalecimiento de esos recursos. Sin ellos, las preguntas de Juan García quedan sin respuesta.

Estas preguntas se remontan a sus días de escolar. Su padre era español y llegó a la costa de Esmeraldas, en Ecuador, hacia 1940. Se hizo minero y se casó con una mujer negra de la localidad. "Allá, en la costa, decimos que uno recibe su cultura con la leche materna. Si tu madre es blanca, eres blanco; si es negra, eres negro." Pero en la escuela empezó a preguntarse a qué grupo pertenecía. "La identidad del Ecuador es española e india a la vez. Los indígenas han conseguido insertar elementos de sus tradiciones en la escuela. Se han levantado monumentos a los caciques. Pero yo era un muchachito negro y tenía el problema de no encontrar nada con que identificarme en Ecuador. En la escuela, los niños aprenden a conocer a los héroes españoles e indígenas. Nada se dice de los negros. Nadie se identifica con ellos y los negros no encuentran ningún antepasado en los libros de historia que leen en la escuela. A los negros no se les han erigido monumentos."

García nació junto al mar y sus más tempranos recuerdos son de rápidos viajes al mercado en el sur de Colombia, navegando las corrientes del Pacífico en canoas de batanga; y luego, el largo retorno, impulsando las canoas con las pértigas en la penumbra de los manglares, pasando las noches en casuchas aisladas, construidas sobre pilotes en la ribera del río, mientras los viejos narraban historias increíbles. De joven, siguió viajando y finalmente terminó en Bogotá, la capital de Colombia, donde dirigió una pequeña fábrica. Fue a la universidad, asistió a algunas clases y conversó con los estudiantes. "Allí aprendí que uno debe tener una tradición cultural propia. Empecé a pensar en el Ecuador y decidí volver a mi país para hacer algo. Todavía no sabía qué."

De vuelta en su hogar, se encontró cuidando a su abuelo, que estaba moribundo, y dando clases en la escuela del lugar. La enfermedad del abuelo fue larga. "Es porque sabe tantos secretos", decía la gente. "No puede morir hasta que se los cuente a alguien." El abuelo empezó a contar sus historias y leyendas a García. "Entonces se despertó mi interés por los viejos y el cúmulo de historias que guardan. Luego empecé a buscar en los libros. ¿Quiénes somos nosotros, los negros del Ecuador? ¿De dónde vinimos? No encontré nada. Nadie sabía nada. Nadie había escrito nada.

"Empecé a viajar por los ríos en mi propia canoa para hablar con la gente. Siempre que veía a una persona de edad, me paraba a hablar. Comencé a descubrir que había un tesoro maravilloso en todas las tradiciones, pero que estaba a punto de morir, de desaparecer. ¿Por qué no tratar de recopilar este material?, pensé. Pero no tenía los medios para hacerlo bien. Hablé con una mujer que sabía hacer guarapillo, una bebida medicinal, y me dijo que recogía 100 hierbas para hacerla. ¿Cómo iba yo a recordar los nombres de 100 hierbas?

"Fui a una fundación, aquí en Quito, y me sugirieron que escribiera una propuesta, que ellos la enviarían a alguien." García no sabía nada de la Fundación Interamericana, pero un día le presentaron a Charles Kleymeyer, el representante de la Fundación para Ecuador. "Les dije que lo que más pena me daba era la pérdida de esta tradición, porque cada vez que volvía a los ríos, otro anciano había muerto."

"La Fundación cumplió su palabra", dice García. "Pude conseguir el equipo necesario para grabar el material. Comencé pues a grabar cintas. Al principio décimas, nuestra poesía. Luego empezaron a surgir otras cosas, leyendas que ni yo había escuchado nunca. Historias de magia negra y blanca, de un hombre que podía convertirse en una gallina o en un racimo de plátanos cuando lo buscaba la policía. Los policías pateaban la gallina a un lado o arrancaban un par de bananas, y luego el hombre andaba cojeando o le faltaban dos dedos."

Algunas de las historias tratan de oscuros tratos con el diablo a cambio de riqueza. En una de ellas, un hombre forma una familia a partir de una docena de huevos que incuba con embrujos, y sus hijos e hijas acaban siendo, como él quería, expertos ladrones, cuatreros, piratas y espías, y amasan grandes riquezas para su padre. En otra leyenda, un padrino viola la ceremonia del bautismo y hace que la bendición del cura no vaya al niño sino a una moneda que él oculta en un puño. El pequeño queda espiritualmente desamparado, pero la moneda tiene ahora un poder mágico para atraer todas las demás con que entra en contacto, atrayéndolas a la casa de su dueño. Historias como éstas, de conjuros y poderes sobrenaturales, expresan la impotencia de la vida de los esclavos.

Otras narraciones cuentan la historia de los negros del Ecuador; cómo sus antecesores llegaron de Colombia; cómo algunos obtuvieron su libertad luchando en la guerra de la independencia; cómo llegó al fin la emancipación, en 1860, pero sólo después de que los amos recibieron compensación. Historias religiosas, cuentos de niños, fábulas de animales muy parecidas a las del Br'er Rabbit (Hermano Conejo) del sur de los Estados Unidos.

Al ir adentrándose más y más en el folclore de su gente, García empezó a ver en estos viejos narradores los monumentos que en vano había buscado en su niñez. "Comprendí que estos son los únicos monumentos que tenemos. Pero nadie va a erigirlos. Así pues, me dije que lo más parecido a un monumento es un papel escrito, que había que poner las historias por escrito.

"Pero, la cuestión es qué hacer con todo este material. Yo quiero transmitirlo a los jóvenes. No quiero que otros niños negros tengan el mismo problema que yo tuve de falta de sentido de identidad. ¿No ve qué alienante es el sistema de educación? En ninguna parte, ni en piedra ni en papel, se encuentran recuerdos de nuestro pueblo. Y éste es un problema serio para la integración del país. Es como decir que tú no estás aquí, que no existes. Esa es la razón de mi trabajo."

De unas 1.500 horas de entrevistas ya grabadas, García ha transcrito más de 300 y ha publicado más de una docena de folletos con muestras del material recogido. Confía en que todo esto se pueda introducir gradualmente en el sistema educativo. Pero también sabe que su tarea real es para la posteridad. "Esta colección probablemente no se use durante muchos años, hasta el día en que el país se dé cuenta de lo que ha perdido. Especialmente los negros. Dentro de cincuenta años, quizás, alguien andará buscándola, diciendo: 'Hubo un tal García, que recopilaba historias'. Para eso estoy trabajando."

Entretanto, García ha conseguido reavivar el interés por los viejos narradores. "En algunos sitios hemos reactivado la tradición de los viejos de contar historias. Ibamos, por ejemplo, a la casa de uno de ellos y acordábamos volver al día siguiente para grabar algunas historias. En estas casas suele haber grandes espacios abiertos. Siempre llevábamos algunos paquetes de cigarrillos. Poco a poco, otras personas se acercaban: viejos, muchachos. A veces nos quedábamos hasta la madrugada. Después, los muchachos nos preguntaban a dónde iríamos al día siguiente. De este modo, al cabo de un mes en un pequeño pueblo, habíamos revivido toda una tradición."

Un puesto de avanzada de enseñanza de inglés

Hace casi veinte años, cuando Juan García volvió a Esmeraldas, una joven maestra estadounidense que había emprendido un largo viaje llegó a Cahuita, al sur de Limón, en la costa caribeña de Costa Rica. Paula Palmer dice que sólo estaba buscando una buena playa al llegar a Cahuita. Lo que encontró, sin embargo, fue una oportunidad para contribuir a la conservación de una cultura única en su género que estaba comenzando a desaparecer, tarea que la ha absorbido desde entonces. "Supongo que en aquel tiempo yo era una especie de *hippie*. Había participado en el movimiento a favor de los derechos civiles en mi país, y luego viajé por México y trabajé con algunos grupos de indios. Seguí viajando hasta que llegué a Costa Rica."

Al descubrir que Palmer era una maestra con experiencia, una mujer de Cahuita la instó a que prolongara su estancia y enseñara inglés a sus siete nietos. Palmer no comprendió por qué la mujer insistía tanto, si bien accedió a quedarse. Cuando fue a dar su primera clase se encontró con 35 niños. Palmer convocó una reunión de padres y descubrió que el deseo de que sus hijos aprendieran inglés era enorme. Pronto contaba con 85 estudiantes y ningún material de lectura.

Mientras tanto Palmer había estado aprendiendo *créole,* la lengua de la región de Limón, y la historia local. La población negra de habla inglesa de la región era originaria de las islas del Caribe. Algunos eran pescadores y cazadores que habían seguido a las tortugas a lo largo de la costa de Panamá. Después llegaron campesinos de Jamaica y más tarde los empleos en los ferrocarriles y las plantaciones de banano atrajeron a muchos más trabajadores.

Hasta mediados de siglo, la región de Limón mantuvo su identidad cultural. Los niños iban a las escuelas inglesas. Se mantenían los vínculos con los pueblos afrocaribeños de otros lugares de la cuenca del Caribe. Hasta floreció una rica tradición teatral. "En 1915 se ofrecían representaciones de Macbeth en Puerto Viejo", dice Palmer.

En la década de 1950 se produjeron cambios importantes. El Presidente José Figueres se empeñó en integrar a la nación y en derribar las barreras que separaban a Limón del resto del país. Bajo su guía, el español reemplazó al inglés en las escuelas de Limón. "De esta manera", prosigue Palmer, "la gente comenzó a perder todo lo que había recibido de la escuela inglesa, todas las actividades culturales que habían creado el sentimiento de identidad afrocaribeña."

Al escuchar de los viejos del lugar la historia de su comunidad, Palmer pensó que podría usar estas narraciones en sus clases de inglés. Comenzó pues a grabar la historia oral y luego a transcribirla. Como las historias circulaban en la comunidad, los vecinos le pidieron que dedicara todo su tiempo a recopilarlas. Se daban cuenta de que muchos ancianos se estaban muriendo y, con ellos, los vínculos con su propio pasado. Por fin, después de enseñar durante tres años, Palmer les hizo caso. Dos años más de grabaciones dieron como resultado el libro del que es autora, titulado *What Happen: A Folk History of Costa Rica's Talamanca Coast*. "Aun cuando la gente mostraba gran interés", añade Palmer, "les preocupaba que sus hijos no tuvieran ninguno. Ello me llevó a pensar que debería enseñar a los alumnos de escuela secundaria a recopilar las narraciones ellos mismos, en vez de hacerlo yo. Y eso es lo que hicimos."

Una cooperativa agrícola local, muchos de cuyos socios eran padres de los alumnos de Palmer, obtuvo una donación para un proyecto de investigación sobre la cultura local y designó a Palmer como coordinadora. Pronto muchos de los muchachos de la localidad se habían dedicado a recoger el material necesario. "La gente me decía que era muy importante que yo fuera extranjera. Decían que los chicos aceptaban de mí como cierto que su historia y sus tradiciones eran valiosas y fascinantes. No habrían creído a sus abuelos si les hubieran dicho lo mismo."

La recopilación de la historia oral llevó a la renovación de acontecimientos y prácticas culturales que habían caído en el olvido. Por primera vez en veinte años, la gente empezó a celebrar el Día de la Esclavitud, en conmemoración de su liberación. Se jugó una partida de *cricket* por primera vez después de 35 años. Se comenzó a honrar con ceremonias especiales a los viejos del lugar.

Al cabo de un tiempo los estudiantes habían reunido suficiente material para publicar tres libros sobre historia, cultura y economía de las poblaciones negra e indígena de la región. Sorprendido gratamente por su calidad, el gobierno de Costa Rica los reimprimió para su distribución por todo el sistema escolar con el fin de aumentar la conciencia pública del patrimonio nacional. Palmer, no obstante, cree que el efecto principal del proyecto se hará sentir entre la gente de la costa. "Más importante que lo que podamos enseñar al resto del país sobre esta región es lo que pasa en el ánimo de estos mil niños y lo que éstos harán en Costa Rica como consecuencia de la idea que tienen de sí mismos."

La tecnología de la autoestima

Sesenta por ciento de los seis millones de bolivianos son indígenas y los demás son criollos. Como ocurre a menudo en América Latina, lo que los separa es la cultura y la historia, más que la raza. Indígena es quien procede de una comunidad india, viste como indio y habla una de las treinta lenguas indígenas, principalmente quechua, aymara o guaraní. Criollo es el blanco o mestizo, normalmente habitante de una ciudad, que conserva la lengua y las tradiciones españolas.

Desde la Conquista, "indígena" ha significado también gente explotada. Avidos de la riqueza mineral de los Andes, los españoles obligaron a los indígenas a trabajar en las minas y luego en las haciendas que fueron surgiendo en torno a los centros mineros. Sistemas institucionalizados de trabajo forzoso mantuvieron la condición de siervos de los indígenas durante más de un siglo tras la independencia. Una práctica común, llamada *pongiaje*, de la palabra aymara que significa puerta, obligaba al indígena a proteger la casa del amo por la noche, durmiendo acurrucado en el umbral. Incluso hoy, la palabra *indígena* está tan cargada de connotaciones de opresión y degradación que se considera un insulto. El término "campesino", más neutral, la ha reemplazado en el lenguaje culto.

A pesar del progreso realizado desde la revolución de 1952, un abismo de desconfianza separa a indígenas y criollos. Muchos bolivianos insisten en que la inestabilidad política y el caos económico que han dado fama al país son sólo la manifestación superficial de estas profundas diferencias. Ven escasas probabilidades de un genuino desarrollo nacional en tanto no exista dignidad y respeto mutuo entre los diferentes pueblos de Bolivia.

Por lo general, el desarrollo implica producción. Pero para numerosas sociedades con diferentes etnias, aún como las muy pobres de Bolivia, la necesidad de integración cultural no es menos aguda que la de crecimiento económico, o más bien, ambas están ligadas. Lo uno es condición para lo otro.

Jorge Arduz, presidente de uno de los grupos que se describen a continuación, expresó la necesidad de la siguiente forma: "El factor decisivo en todo tipo de desarrollo es el factor humano. Para ser productivo, el hombre debe valorarse, lo cual significa ser capaz de comprender cuál es su sitio en la sociedad y en la historia. Es por esto que, para nosotros, el desarrollo cultural y el desarrollo económico marchan paralelos."

Pero, ¿cómo? ¿Qué tecnología podría restaurar el respeto después de cuatro siglos de degradación? En estos últimos años, muchos bolivianos -campesinos, promotores comunitarios, maestros- han examinado sus tradiciones. Estas personas consideran que su cultura da impulso al desarrollo. Han encontrado recursos en su música, lenguaje, cuentos populares, artesanías y danzas. Ven estas formas culturales como las bases para programas educativos que enseñan a valorarse. Invirtiendo los símbolos asociados con la vergüenza, crean una especie de capital cultural que es tan importante y de tanto valor como la tierra, el agua o la semilla.

Proyecto Ayni: Los esopos de los Andes

La luz del árbol de Navidad en la ventana de la sala de control estaba en rojo. Dentro del estudio, tres aymaras, inclinados hacia sus respectivos micrófonos, comenzaban a dramatizar la fábula del granjero y el zorro. En la sala de control, una mujer aymara con un poncho de alpaca manejaba hábilmente los cuadrantes de los equipos de grabación, vigilando las agujas oscilantes y ajustando los niveles de sonido. El sombrero de copa redondo que usualmente corona su cabello, trenzado y renegrido, estaba a su lado, en una repisa.

Esta escena se repite tres veces a la semana en el estudio de Radio San Gabriel en La Paz. Se graban cintas de quince minutos y luego se transmiten al altiplano, donde se estima que viven dos millones de aymaras — el 75 por ciento en Bolivia y el resto al otro lado de la frontera, en el sur del Perú. Hace quinientos años -antes de la conquista europea— esta zona era próspera. Ahora, las tierras altas donde viven los aymaras son de las más inhóspitas y pobres de las Américas.

Las personas del estudio de grabación son miembros del Centro de Promoción Cultural Campesino Ayni. Están tratando de revivir las antiquísimas fábulas del pueblo aymara y utilizan la radio como vehículo. "Los aymaras", dice el jesuita español que dirige la Radio San Gabriel, "son como los japoneses: tradicionales y progresistas a la vez".

La radio es el medio de información pública en la Bolivia rural. Los periódicos circulan únicamente en las ciudades, y sólo entre la minoría que lee español. Las antenas de televisión brotan de los techos en las ciudades, pero en el campo sólo llega la radio, prácticamente a cada casa. Muchos aymaras -como los reclutas del ejército asignados a lejanos rincones de Bolivia- escriben a sus familias a la dirección de "Radio San Gabriel". La emisora transmite una lista de correo, y las cartas (más de 50.000 al año) son rápidamente recogidas en su oficina. Es la única estación que transmite exclusivamente en aymara, y de las 48 personas que trabajan ahí, sólo cuatro no son aymaras. Debido a que Radio San Gabriel difunde diversos programas culturales y educativos, la idea de Ayni de disponer de un espacio para las fábulas tradicionales es óptima.

Los siete jóvenes aymaras que forman el Grupo Ayni se definen como "promotores del desarrollo popular". De extracción campesina, la mayoría de sus integrantes terminaron la escuela pri-

Por muchos siglos las comunidades andinas han utilizado el trabajo comunitario (minga) para realizar obras públicas y productivas. En esta foto, la comunidad de Querarani, en el departamento de Oruro, Bolivia, limpia el campo de cebollas de un terreno comunitario. La minga es una tradición reforzada por otras tradiciones relacionadas con la comida, el vestido, el cuento, la adivinanza y el canto. (Véase el Capítulo X.) ((Mitchell Denburg))

maria y sólo unos pocos cursaron uno o dos años de la secundaria. Todos participaron en programas de formación de dirigentes para campesinos y luego comenzaron a trabajar en proyectos de desarrollo rural. Como aymaras, están conscientes de su larga historia de pueblo oprimido. Conservan un amargo recuerdo de las "haciendas" y de la degradación de los trabajos forzados.

Una típica y reciente actividad de Ayni fue colaborar con el Ministerio de Educación en un proyecto para enseñar tejido, sastrería, reparaciones eléctricas y preparación de alimentos. Se ofrecieron cursos cortos en varias provincias rurales. Grupos de 20 ó 30 hombres y mujeres asistieron a las clases, compartiendo sus aptitudes para la subsistencia, y aprendieron nuevas formas de generar ingresos.

Los miembros de Ayni, grupo pequeño pero creciente de líderes rurales aymaras, comparten la visión de que la cultura es una base sobre la que se construye. Hablan de la revitalización educativa y cultural. Algunos de sus proyectos son tan elementales como la construcción de "centros culturales comunitarios" que sirven también de salas de reunión y aulas. Otros son tan avanzados como el proyecto de educación de Radio San Gabriel.

El director de Ayni, Félix Tarqui, explica la evolución del grupo en la siguiente forma: "Todos somos campesinos. Cada uno de nosotros comenzó tomando un curso que estaba orientado a prepararnos para el trabajo educativo en el campo. Pero a medida que avanzábamos comprobamos que, para que la educación sea eficaz, debe desarrollar las aptitudes del individuo y no reforzar los sentimientos de inferioridad. Debe basarse en la cultura propia de los educandos".

En Bolivia, el sistema educativo es motivo de controversias y los aymaras comentan sus fallas con vehemencia. "La educación de este país intenta colonizarnos", dijo uno de sus dirigentes.

"En Bolivia, la escuela rural es simplemente una cárcel para los niños", señaló otro.

"Todo es en español. ¿Cómo puede *no* ser una educación alienante?", se quejó un lingüista aymara.

Ayni no puede reemplazar el sistema educativo nacional, pero
su programa radiofónico ofrece una experiencia educativa con la
cual los aymaras pueden identificarse. No sólo es efectiva porque
usa el idioma de sus oyentes, sino porque, como lo ilustra el ejemplo
siguiente, las narraciones son percibidas por el aymara como un
método de enseñanza y aprendizaje, en este caso sobre las consecuencias de la flojera de los hijos que no siguen las instrucciones de
sus padres.

En otra serie de fábulas se narran las aventuras de un zorro.
Nadie pasa por alto el simbolismo del zorro, que representa al intermediario falaz. En algunas fábulas, la alegoría del zorro representa a los mismos aymaras, que contraponen la inteligencia a la
fuerza bruta de bestias de mayor tamaño y ferocidad. Las narraciones refuerzan los valores aymaras tradicionales de sagacidad,
laboriosidad y respeto por los mayores.

Para recopilar cuentos, los tres miembros de Ayni que trabajan en el programa de radio recorrieron primero las comunidades
esparcidas por el altiplano. Sin embargo, una vez que el programa
salió al aire, comenzaron a recibir por correo un torrente de material escrito por los oyentes. En la actualidad, llegan dos o tres
cuentos diarios a la estación de radio, muchos escritos laboriosa-
mente en una mezcla de aymara y español. Otros oyentes, en vez de
escribir sus cuentos, viajan a La Paz a contarlos en persona.

Los integrantes de Ayni preparan un libreto, escribiendo
líneas para cada personaje. Con frecuencia, los mismos personajes
aparecen en varias historias. Por ejemplo, el abuelo sabio, así como
Susana y Paulino que recurren a él en busca de consejo:

ABUELO: Paulino, andas vagando como una oveja desca-
rriada. ¿No tienes nada que hacer? ¿No has oído el
dicho que dice: A los holgazanes, como al polvo, se
los lleva el viento?

PAULINO: No abuelo, nunca lo he oído.

SUSANA: Bien, ahora que lo sabes, nunca más debes ser
flojo.

En más de 70 comunidades del altiplano boliviano, Capacitación Integral de la Mujer Campesina (CIMCA) utiliza títeres y tradiciones orales como medios de comunicación en programas educativos sobre temas como la producción agrícola y la salud. ((Mitchell Denburg))

PAULINO:	El abuelo siempre es buen consejero. Su experiencia lo hace sabio.
SUSANA:	Correcto. Siempre debemos prestar atención a sus consejos. Abuelo, ¿qué cuento nos relatará hoy?
ABUELO:	Una historia que me contaron en la provincia de los Andes, acerca de una viuda que tenía tres hijos flojos. Esto fue en tiempos remotos. Un día, ella los mandó a sembrar papas.
MADRE:	Hijos míos, es tiempo de la siembra. Lleven estas semillas al campo. Siémbrenlas y vuelvan de inmediato.
ROBERTO:	Está bien mamá, así lo haremos.(Transición musical)
ROBERTO:	Oye, las semillas de papas son pesadas.
MANUCHO:	Estos azadones y picos me están cansando a mi también.
SANTICO:	¡Oooh! Yo me siento como apaleado. ¿Por qué mamá nos hace caminar hasta tan lejos? Necesito descansar. Ara tu la tierra.
ROBERTO:	Pero, ¿cómo es que quieres descansar, Santico? Si trabajamos juntos podemos terminar más temprano
SANTICO:	No, no puedo. ¿No te dije que estoy rendido?
MANUCHO:	Entonces olvidémoslo. Nosotros dos estamos cansados también.
ABUELO:	Así, los tres hijos flojos no sembraron las papas, sino que las cocinaron, y después, no siendo capaces de comérselas todas, se entretuvieron lanzándoselas unos a otros. Cuando se hizo tarde, volvieron a casa donde su vieja madre los esperaba.

(Transición musical y sonido de viento)

ABUELO:	Transcurridos seis meses, la madre mandó a sus hijos a recoger la cosecha. Ninguno quería hacerlo, así que la madre decidió emprender el trabajo

	por su cuenta. Cuando recién había sacado algunas pocas plantas, apareció un hombre.
EL HOMBRE:	Oiga mujer, ¿por qué está usted recogiendo mis papas si no ha sembrado las suyas?
MADRE:	Pero señor, mandé a mis hijos a que lo hicieran...
EL HOMBRE:	Sus hijos fueron holgazanes. El día que todos nosotros estábamos trabajando, ellos no sembraron una sola papa. Se pasaron todo el día comiendo y jugando.
ABUELO:	La pobre madre volvió a casa, llena de amargura por sus hijos. No teniendo qué comer en casa, se cortó un trozo de carne de su propia pierna y, silenciosamente, se la sirvió. Poco después murió, y sus hijos compredieron lo que habían hecho. De pronto, ellos se transformaron uno en viento, otro en escarcha, y el último en granizo.
PAULINO:	¡Qué castigo! Por eso nuestros abuelos no son holgazanes.
ABUELO:	Así es, nietos míos. De otra forma, como la historia nos enseña, les habría ocurrido lo mismo.

¿Cómo reaccionan los oyentes aymaras a los programas radiales de Ayni? En una granja aislada al sudoeste de La Paz, una mujer dijo: "La mayoría de la gente de aquí los escucha. Es más que un entretenimiento. Es importante porque cada historia hace pensar y, a menudo, después de escucharla, los jóvenes piden que les relaten más cuentos".

Otros están menos convencidos. En un pueblo cerca de La Paz, alguien dijo: "A algunos no les gusta oír que nosotros éramos así. Piensan que eso confirma la idea que los blancos tienen de nosotros: primitivos, supersticiosos, con creencias extrañas. Algunos creen incluso que eso nos perjudica".

En Bolivia se considera que los aymaras son mucho más impenetrables que otras sociedades indígenas. Se han protegido del mundo exterior encerrándose en sí mismos. Un organizador rural a quien le preguntaron acerca de la falta de comunicación intercultural respondió: "Por ahora, es importante conservar la cultura para nosotros mismos. Cuando vamos a algún lugar, la gente nos mira y nos pregunta: '¿Qué pueblo son ustedes: quechua o aymara?' Cuando respondemos que somos aymara, desean indagar qué clase de pueblo somos y cuáles son nuestras costumbres. Primero, nosotros mismos necesitamos saber quiénes somos para entonces poder decirlo a los demás. Más adelante podremos pensar en llevar nuestra cultura a otros pueblos".

Centro Cultural Masis: Armonización de la cultura boliviana

Cuando un grupo de jóvenes interpreta la música quejumbrosa de los Andes, la cultura discordante de Bolivia parece de pronto más armoniosa. Esta armonía cultural está representada en los instrumentos: la guitarra traída de España; el charango, versión india de la guitarra, hecho con un caparazón de armadillo; los tambores cubiertos de piel; las quenas y las zampoñas, tan andinas como las nieves del Illimani. Juntos, estos instrumentos crean una música rítmica, desgarradora, con matices que expresan la desolación del altiplano.

Una tarde asoleada en Sucre, que fue la capital de Bolivia en el siglo XIX, cuatro adolescentes se dirigían por la calle Pérez al edificio blanqueado de estilo colonial, donde se encuentra el Centro Cultural Masis. Iban por la calle brincando, soplando quenas y zampoñas, preparándose para su clase de música. Las personas que pasaban por la vereda estrecha sonreían.

No siempre hubo sonrisas para la quena y la zampoña. Sucre es tal vez la ciudad colonial mejor conservada de América del Sur y siempre se ha ufanado de su herencia española, que incluye una actitud despreciativa hacia todo lo autóctono. Hasta 1952 ningún indígena vestido a la usanza tradicional se atrevió a cruzar la plaza central. Por eso, cuando los jóvenes que formaron el grupo original, Los Masis, comenzaron a tocar instrumentos autóctonos en Sucre, a veces les tiraban tomates y mucha gente los consideraba "hippies".

En esos días, los espectáculos musicales se limitaban a visitas ocasionales de algún artista europeo. La música "seria" *no* incluía sonidos como los que producen las flautas y los tambores de los campesinos de Tarabuco, que con sus zuecos de madera de siete centímetros de espesor y ruidosas espuelas hacían vibrar la tierra con el zapateo de sus danzas monótonas. Sin embargo, cuando en la década de los sesenta llegaron voces desde París y Roma de que los grupos de música andina estaban haciendo furor, muchos bolivianos empezaron a escuchar con mayor interés.

En 1969, varios estudiantes universitarios de Sucre formaron un grupo llamado "Los Masis", para interpretar música andina. Roberto Sahonero, uno de los miembros originales, explicó el nombre: "Es una palabra quechua. Significa alguien de su misma clase, su igual, alguien que no es ni más ni menos que usted. Un amigo íntimo, casi un hermano". Durante la década siguiente, Los Masis prosperaron. Grabaron varios discos y recorrieron miles de kilómetros dando conciertos.

Los Masis, compuesto por universitarios, empezaron a perder miembros a medida que éstos acababan sus estudios y se dedicaban a sus asuntos. Tito Tapia, otro de sus integrantes, piensa que fue esta inestabilidad inherente lo que llevó a algunos miembros a comenzar a enseñar música y danza a los niños en Sucre. Después de 1975, se encontraron dedicando más y más tiempo a la enseñanza y, en 1980, el grupo original conocido como Los Masis ejecutó su último concierto. Para entonces el Centro Cultural Masis se había afianzado. Posteriormente, el grupo se volvió a reunir, hizo varias giras por Europa, grabó cinco discos y continuó trabajando en el Centro.

Desde 1980 el centro ha venido ofreciendo clases nocturnas de guitarra e instrumentos musicales andinos. En su taller, los estudiantes aprenden a construir y tocar instrumentos tradicionales. Lo que es más importante, aprenden a valorar su propia cultura. También hay clases de teatro, mímica y quechua. A los estudiantes que pueden pagar, se les cobra cuatro dólares por los cursos de dos o tres meses. A los que continúan demostrando interés en la música, se les incentiva para que formen sus propios grupos.

El efecto del Centro Masis en la vida de Sucre es variado. Por ejemplo, el Centro ha puesto su sello en el carnaval de Sucre — celebración de cuatro días antes de la cuaresma— al revivir las tradicionales danzas sincronizadas. En las semanas que anteceden al evento, el Centro ofrece clases de danza tradicional; el número de participantes se ha duplicado cada año. El Centro dirige un programa agotador de entrenamiento físico y prácticas nocturnas. Este año, 500 niños, adolescentes y adultos se anotaron para un acondicionamiento riguroso de cinco semanas: todas las mañanas de seis a ocho, más una hora de danza, seis noches a la semana.

Los esfuerzos del Centro Masis se notan especialmente en los barrios pobres de las afueras de Sucre. Allí, varios trabajadores migrantes pobres de habla quechua libran a diario una batalla para sobrevivir en un mundo extraño. Muchos de los habitantes de los barrios son niños del campo; sus padres los envían a vivir con parientes durante el año escolar. "Nos llegan niños llorando porque les han llamado indios", dice una maestra extranjera en uno de los barrios. "Tienen leyendas preciosas, tradiciones bellísimas; pero no las valoran y, por ende, no se valoran a sí mismos. El problema es enseñarles a apreciar esas cosas de nuevo, frente a un mundo moderno que destruye las tradiciones."

El Tejar es uno de esos vecindarios pobres: oscuro, formado por casas de techos bajos amontonadas a lo largo de la vía férrea en la parte baja de la ciudad. Un sábado por la noche, en febrero, 250 personas llenaron el salón parroquial, mientras docenas más trataban de ver desde las puertas y ventanas un programa que incluyó obras en que estaba trabajando el grupo de teatro del Centro, un audiovisual educativo de festivales locales y música tradicional de cuatro conjuntos nuevos.

Esa noche, después de la actuación de cada barrio, se adjudicaron tres becas para clases de música. De hecho, ahora toman clases en el Centro estudiantes de todos los vecindarios cercanos, y los instructores están comenzando a trabajar en barrios más lejanos.

El audiovisual de El Tejar fue preparado por la unidad de investigación del Centro, que documenta el legado cultural de la región de Sucre. En las escuelas se presentan audiovisuales similares. Nanta Ruaspa, programa radial quincenal del Centro (que en quechua significa "abrir un camino"), utiliza esos materiales. Tiene oyentes tanto en el campo como en las ciudades. Los escolares en general han aprendido a valorar la cultura extranjera y denigrar la propia. Este es el primer esfuerzo sistemático en la región por utilizar la cultura, historia y geografía de los pueblos de los alrededores como instrumento educativo.

Un grupo llamado "Raíces", formado por siete adolescentes que han tocado juntos desde que tenían diez años, ahora enseña en San Juanillo, un vecindario pobre en las afueras de Sucre. "Raíces" es un claro indicador de la capacidad del Centro para formar músicos consumados e infundirles respeto por la cultura tradicional. Ya han ganado importantes premios en festivales regionales y nacionales. Su repertorio se ha ampliado desde los días en que, como señaló uno de sus integrantes, "si el público pedía más, teníamos que tocar lo mismo otra vez. Sólo sabíamos dos canciones". El Grupo ejecuta la música y las danzas con trajes indígenas tradicionales, el mismo vestuario que, fuera del Centro, aún provoca el desprecio de la clase media. Los Masis saben que el desafío es que el traje indígena infunda el mismo respeto en la calle que el que infunde ahora en el escenario.

El crecimiento y la diversificación del Centro han más que colmado las esperanzas de los jóvenes músicos que dejaron su carrera para fundarlo. Cuando le preguntaron si añoraba sus días de giras con Los Masis, Tapia respondió: "Sí, un poco, pero enseñar en el Centro me mantiene en contacto con la música. Más importante aún, tengo la sensación de que hay algo permanente. Detrás de mí hay 35 ó 40 jóvenes que he ayudado a formar. Hemos transmitido no sólo la música, sino también la tradición de enseñar. Raíces, que se compone de jóvenes de apenas dieciséis años, ya está enseñando a otros de menos edad".

Pan y rosas

En 1912, las muchachas que trabajaban en los talleres de Lawrence, Massachusetts, hicieron una huelga bajo el lema "Queremos pan y también rosas". Muchos bolivianos, al observar la pobreza y el desorden en que está sumido su país, han llegado a la conclusión de que pan y rosas -desarrollo económico y cultural- son inseparables y que, en efecto, el último bien podría ser un requisito para el primero.

Ayni y el Centro Cultural Masis son dos reacciones frente a las divisiones culturales que afligen a Bolivia. Ambos proyectos ponen de relieve los valores de asistencia mutua, igualdad y solidaridad característicos de quechuas y aymaras. Los miembros de Ayni y del Centro Cultural Masis creen que hasta que los criollos comprendan mejor los valores de la mayoría de los habitantes de la nación, el futuro de Bolivia permanecerá sombrío. El lingüista Juan Yapita de Dios señala: "Lo que se necesita aquí es disminuir la ignorancia del criollo y enseñarle la importancia de los valores autóctonos. La discriminación del criollo contra el indígena y todas las distorsiones resultantes en la educación, el trabajo y las posibilidades de progreso son lo que frena el desarrollo de Bolivia".

El Centro Cultural Masis contribuye a ese proceso educativo legitimando la cultura indígena. Se distingue de los conjuntos musicales de Bolivia por su compromiso social con los pobres y sus actividades educativas dirigidas hacia un cambio de actitud y valores.

Desde mi viaje de 1981, el Centro Masis ha extendido mucho su labor. Ha enseñado a cientos de jóvenes músicos a tocar instrumentos tradicionales, lo cual condujo a la creación de más de 30 conjuntos de música folclórica en Sucre, donde antes no había ninguno. Esto ha abierto permanentemente las puertas a la expresión andina tradicional en la zona, y no sólo eso, lo ha hecho en una ciudad que se aferra a las tradiciones de su glorioso pasado colonial. Los indígenas bailando carnavalitos por las calles empedradas de Sucre irritan perceptiblemente a algunos pobladores locales, pero la verdad es que Los Masis han cautivado como nadie la imaginación de los jóvenes de las ciudades y de los indígenas del campo. Además, actualmente el único centro cultural de Sucre es el local que Los Masis compraron hace poco. En consecuencia, el Centro Masis, con su orientación indígena, es uno de los principales artífices de la reforma de la identidad local, en una época de grandes desafíos y cambios en que los habitantes de Sucre y del departamento de Chuquisaca se hacen la eterna pregunta: "¿Quiénes somos?"

Durante los últimos años, el Centro Cultural Masis también ha abordado el problema de la pobreza y el desarrollo rurales. Los integrantes del grupo han trabajado con un pueblo de indígenas tarabucos que viven a varias horas de Sucre, promoviendo el desarrollo conforme a las prioridades y la forma de proceder de los indígenas. Después de trabajar en los barrios de Sucre con personas llegadas del campo y de establecer lazos con el campo por medio de músicos indígenas que viven allí, cuyas canciones adoptaron, Los Masis entraron con desenvoltura en el terreno incierto del desarrollo comunitario intercultural. Si bien han tenido éxito inicialmente y algunas decepciones en esta nueva empresa, pasarán muchos años hasta que sepan con certeza si su estilo de activismo cultural da fruto cuando lo llevan más allá de la música y la danza, que son su fuerte.

Tierra y cultura

Los proyectos que acabamos de describir se basan en la convicción de que si se puede restaurar un patrimonio cultural, éste fortalecerá la capacidad de la gente para hacer frente a las dificultades que les rodean. Pero, ¿puede demostrarse que esta fe está justificada? Si la gente puede responder con seguridad a las preguntas de Juan García, ¿tendrá más éxito al tratar de resolver otros problemas? Quizás el mejor sitio para ponderar esa cuestión sea una isla del golfo de San Blas, en la costa caribeña de Panamá.

Cuando un indígena kuna despierta en una de las pequeñas islas de coral en que vive la mayoría de su pueblo, su mirada vaga desde los bohíos de sus vecinos hacia los cayucos de los agricultores que navegan rumbo a sus parcelas en tierra firme; de allí se desliza sobre más de una milla de agua reverberante hasta el espesor verde de la selva que crece, virgen y exuberante, y se detiene finalmente en las montañas de la cordillera de San Blas. A sus espaldas, el sol se levanta lentamente sobre las aguas tranquilas del Caribe y sus primeros rayos desgarran los bancos de niebla que flotan como copos de algodón entre los cerros. Durante muchas generaciones, este panorama, sereno y eterno, ha saludado al amanecer al pueblo kuna.

Sin embargo, a 800 metros de altura, en la cima de la cordillera de San Blas, este mismo kuna vería al otro lado de las montañas un panorama menos tranquilizador. Grandes extensiones de espesa vegetación han caído víctimas del machete y el fuego. Troncos quemados y cenicientos se alzan sobre el suelo desnudo, restos esqueléticos de lo que un día fuera selva imponente.

Desde hace ya varios años los campesinos del interior de Panamá, cada vez más árido, avanzan como hormigas implacables hacia las tierras kunas talando y quemando la vegetación. Las explotaciones ganaderas, productoras de carne para el mercado internacional, expulsaron a muchos de ellos de sus antiguas granjas, y ahora el ganado los vuelve a asediar. Dentro de tres o cuatro años, cuando la tierra desmontada y arrasada ya no pueda rendir los cultivos de subsistencia de bananas, arroz, yuca y maíz, plantarán forraje y tratarán de vender sus propiedades a los ganaderos. Al cabo de unos años, los frágiles suelos estarán tan agotados que no servirán ni siquiera para criar ganado. Las huellas del futuro pueden ya descubrirse en las laderas del sur y en las estribaciones de la cordillera de San Blas, donde ya es visible la erosión que inevitablemente terminará por devorar los terrenos desmontados.

Hasta hace poco las tierras de los kunas parecían a salvo de esta amenaza. Aunque a menos de 160 kilómetros de la ciudad de Panamá, eran prácticamente inaccesibles hasta que el gobierno anunció sus planes de construir un ramal de la carretera Panamericana, que atravesaría la vertiente norte de la cordillera de San Blas y llegaría hasta la costa del Caribe. La reacción de los kunas fue ambivalente. Acogieron con agrado la idea del transporte más fácil de personas y mercaderías entre San Blas y Panamá. Pero también sabían que la carretera ya había traído colonos a las vertientes del sur y temían la invasión de las tierras tribales. Con un fino sentido geopolítico, comprendieron que el punto de máximo peligro era un lugar llamado Udirbi, por donde la carretera penetraría en su territorio. Tenían, pues, que afirmar su presencia precisamente allí.

Primero trataron de establecer su propia colonia agrícola en la selva virgen. Tras fracasar a causa de la pobreza del suelo, los kunas empezaron a estudiar la posibilidad de crear un parque para investigaciones científicas. A medida que el plan se desarrollaba, fueron viendo mayores ventajas en la idea. Veinte kilómetros cuadrados en torno a Udirbi tendrían límites claros y vigilados, para rechazar a los intrusos. Además, si la amenaza persistía, los círculos científicos internacionales, beneficiarios de una zona de selva tropical no estudiada todavía y dotada de fauna y flora únicas, sumamente ricas, serían aliados influyentes en las luchas futuras.

Finalmente los kunas acudieron a instituciones de asistencia para el desarrollo y a varios organismos científicos y de conservación. Ahora están construyendo viviendas e instalaciones de investigación en Udirbi y están abriendo senderos forestales hasta los puntos de observación.

La creación del parque detendrá una seria amenaza a las tierras de los kunas, pero la decisión de protegerlas surge de impulsos mucho más profundos que su deseo de conservar sus propiedades. Para los kunas, esta tierra es un recurso no sólo físico, sino también espiritual. "Creemos que esta tierra es nuestra madre", explica Leonidas Valdez, uno de los tres caciques portavoces de toda la población kuna. Según las tradiciones tribales, la tierra, vestida de verde, es el cuerpo de la Gran Madre. En un comienzo, dicen, estaba desnuda. Su unión con el Gran Padre produjo toda la vegetación —su atuendo—, los animales y, finalmente, el hombre. "La tierra es también la cultura", continúa Valdez. De aquí procede todo lo que necesitamos para nuestra cultura, las ramas que usamos para las ceremonias de iniciación, los manjares para nuestras fiestas comunales, los materiales que emplean los artesanos y los que usamos para construir nuestras casas. Todo nos viene de la selva. Si perdiéramos esta tierra, no habría cultura; no tendríamos alma."

Los kunas no tiene dificultad en contestar a las preguntas de Juan García. Ellos constituyen uno de los escasos pueblos indígenas que sobreviven en el siglo XX con su cultura, su organización social y su identidad intactas. Gracias a su confianza en sí mismos, han sido capaces de acercarse a la cultura occidental como compradores cautos en un gran almacén. Ellos escogen de entre lo que la cultura occidental les ofrece, seleccionan las ideas y las técnicas que les parecen útiles, adaptándolas luego a sus propias tradiciones. Todo ello es posible, creen firmemente los kunas, porque están basados en la tierra, a la que retornan siempre en busca de fuerza y plenitud. Su experiencia histórica enseña que los pueblos con fe en sí mismos, que saben de dónde vienen y cuya seguridad personal y orgullo colectivo se basan en esta misma conciencia, son los más preparados para aceptar y llevar a cabo los cambios que sus sociedades requieren.

PATRICK BRESLIN es representante para la Región Centroamericana de la Fundación Interamericana (Arlinton, Virginia, EE.UU.).

Capítulo 3

LA FERIA EDUCATIVA
Una fuente de ideas y orgullo cultural

Charles David Kleymeyer y Carlos Moreno

En la plaza del pueblo, a gran altura en los Andes ecuatorianos, una docena de campesinos con ponchos rojos de lana hilada a mano y sombreros oscuros de fieltro formaban un grupo apretado alrededor de una persona. Cientos de campesinos vestidos de igual manera se arremolinaban en la plaza, preparándose de mala gana para el viaje de regreso mientras sus sombras se alargaban en el crepúsculo. Sin embargo, era evidente que los campesinos apretujados frente a la capilla de adobe blanqueado no tenían intenciones de marcharse. Todos tenían la mirada fija en el que estaba en el centro, y hablaban por turno, resueltamente, sacando una mano de debajo del poncho para hacer un gesto, pero solo el tiempo necesario para enfatizar algo, y volviendo a colocarla en el calor de su abrigo.

El hombre que estaba en el centro hablaba muy poco. Estaba a la merced de los demás, y de vez en cuando se encogía de hombros o levantaba las manos a la altura de los hombros en señal de protesta. La chaqueta de nailon que llevaba puesta indicaba una posición social más alta que la de los campesinos envueltos en ponchos que se apretujaban alrededor de él, pero su cara broncínea y el sombrero de fieltro revelaban que la diferencia era muy poca.

Al cabo de media hora de intensa discusión, el hombre del centro comenzó a asentir lentamente con la cabeza. Uno por uno, los campesinos le estrecharon la mano y el grupo se dispersó rápidamente.

Nos apuramos para averiguar qué había sucedido. Esos campesinos habían llegado de un pueblo vecino a fin de asistir a un espectáculo de la Feria Educativa. La Feria -un grupo de jóvenes músicos indígenas- había pasado toda la tarde del domingo en la plaza del pueblo tocando canciones quichuas[1] tradicionales, presentando sociodramas y teatro de títeres, y animando al público a hacer comentarios sobre la relación entre las situaciones presentadas por los actores y los problemas locales, y sobre lo que se podría hacer para encontrar soluciones.

El sociodrama que recibió la respuesta más entusiasta fue el de un tipo astuto que se aprovechó de un campesino analfabeto al leerle una carta importante y engañarle en cuanto a su contenido. Durante esta escena de la obra, muchos espectadores asentían con la cabeza y murmuraban, recordando incidentes similares.

Después de la última canción, cuando se apagó la voz del charango, la mayoría de los espectadores se fueron, a excepción de los hombres del pueblo vecino que habían reconocido a un instructor del nuevo programa gubernamental de alfabetización. Lo rodearon rápidamente y le exigieron que fijara una fecha para ir a su pueblo y ayudarles a establecer su propio centro de alfabetización del adulto. Se habían identificado con el campesino analfabeto del sociodrama y consideraban que era hora de hacer algo. No estaban dispuestos a aceptar ninguna excusa.

El instructor, que todas las noches estaba ocupado enseñando en su propio pueblo, finalmente aceptó ir el domingo siguiente. Agregó que llevaría al supervisor de la zona, que era la persona que asignaría un maestro al nuevo centro de alfabetización si los pobladores se salían con la suya (eso fue lo que ocurrió).

Los efectos de la labor de la Feria rara vez son tan inmediatos. Su objetivo es abrir camino culturalmente para un programa amplio de desarrollo con la participación de las organizaciones campesinas de la provincia de Chimborazo. Con frecuencia, la Feria Educativa representa el primer contacto entre los campesinos de Chimborazo y este programa, que está dirigido por el Servicio Ecua-

Residentes de la comunidad indígena de Bazán, en la provincia de Chimborazo, Ecuador, expresan su reacción a una obra de teatro de títeres presentada por la Feria Educativa. (Véanse el Capítulo III y EC-165 en el Apéndice.) (Julia Weise-Vargas))

toriano de Voluntarios-Chimborazo (SEV)[2]. El Programa del SEV surgió en 1986 de un proyecto anterior de la Unidad de Educación para el Desarrollo[3], cuyo principal objetivo era llevar a cabo la campaña nacional de alfabetización iniciada por el nuevo gobierno democrático ecuatoriano en 1979. En esa tarea participaron muchas de las personas que trabajan en el programa actual. Los dos programas sucesivos usaron la educación del adulto como base para diversas actividades de desarrollo en las comunidades indígenas, como centros de alfabetización, panaderías comunales, talleres artesanales autogestionarios y reforestación.

Durante los 15 años comprendidos entre 1975 y 1989, las actividades de desarrollo de base de la Unidad y del SEV, en los cuales la Feria desempeño una función muy importante, recibieron US$ 1.200.000 de la Fundación Interamericana. Se recaudó la suma adicional de US$1.100.000 en concepto de donaciones de contrapartida (en efectivo, mano de obra, materiales y tierras) de comunidades indígenas y entidades públicas y privadas.

A fin de comprender la magnitud de la labor de la Feria y la metodología de acción cultural que la sustenta, es necesario analizar en más detalle la historia del desarrollo de base en Chimborazo. La provincia tiene uno de los porcentajes más elevados de indígenas pobres del Ecuador e incluso de América del Sur. Los 250.000 habitantes indígenas de la provincia están distribuidos en más de 1.000 comunidades, a una altitud que a veces sobrepasa los 4.000 metros, y hace muy poco han emergido de un sistema de latifundio que los explotaba, limitando considerablemente sus posibilidades de autosuficiencia, progreso social y crecimiento económico. La naturaleza no ha sido más benigna; la tierra ha sido azotada por sequías, heladas, avalanchas y una intensa erosión del suelo.

Durante más de dos decenios, numerosas organizaciones nacionales e internacionales se instalaron en Chimborazo, ofreciendo ayuda y promoviendo cambios. Generalmente, los representantes de esas organizaciones eran profesionales con características socioculturales muy distintas a las de los pobladores locales. Solían ir en automóvil hasta las comunidades a las que se puede llegar por la carretera Panamericana y reunirse con un grupo pequeño de dirigentes, invariablemente hombres, para explicarles en español la manera en que la institución que representaban mejoraría la vida de los pobladores locales. A fin de dar la impresión de que promovían "la participación popular", a menudo había una sesión de preguntas y respuestas que concluía con un llamado a que los representantes campesinos asistieran a todas las reuniones futuras. Después, los visitantes volvían a subirse a los "jeeps" para el viaje de tres horas de regreso a Quito. Lamentablemente, a pesar de la buena voluntad y el gasto astronómico de fondos nacionales y extranjeros, la mayoría de esos programas fracasaron y, en la actualidad, se observan muy pocos indicios de su existencia.

A pesar de esas experiencias, los pobladores de Chimborazo no han perdido las esperanzas, tantas veces enunciadas, de un proceso de desarrollo con una base amplia en un marco de justicia social. Los programas de desarrollo de base más fructíferos surgieron de la provincia misma, es decir, de sus comunidades, federaciones y organizaciones privadas de apoyo formadas en las ciudades. En el caso de la Unidad /SEV, varias personas, muchas de ellas nacidas en comunidades indígenas, creían que podían ser más eficaces que los forasteros. Muchos habían participado en los proyectos iniciales y conocían muy bien los aspectos positivos y las deficiencias.

En 1974 algunas de esas personas formaron la primera Feria Educativa, principalmente con jóvenes indígenas de la localidad, para promover la revitalización de la cultura, el orgullo étnico y los proyectos de desarrollo basados en el esfuerzo de los beneficiarios en las comunidades quichuas, utilizando su propio idioma y en sus propios términos. Después de varias fases de capacitación, perfeccionamiento y maduración, la Feria comenzó a perfilarse como un motor importante del desarrollo en toda la provincia, facilitando una amplia gama de estrategias y metodologías que contrastan considerablemente con los intentos anteriores.

Por encima de todo, el objetivo de la Feria es establecer una relación de confianza con las comunidades indígenas. Como es de suponer, los campesinos de Chimborazo, cuya historia se caracteriza por la conquista, la represión y la explotación en sus relaciones con la hacienda y la ciudad, desconfían de los planes importados. Desde el punto de vista de los campesinos, los programas impuestos desde afuera ocultan planes, metas y valores incompatibles con los suyos.

La Feria Educativa tiene un enfoque notablemente diferente. Va a las comunidades únicamente por invitación. Los integrantes de la Feria, que también son hombres y mujeres indígenas, visten ropas tradicionales, tocan música local, cantan en quichua e invitan al público a bailar y a cantar con ellos. Por una noche, la Feria es radio, televisión, escenario y periódico para gente ávida de información y nuevas perspectivas en un mundo que puede parecer inexorablemente rígido y hostil para los indígenas. A menudo, sus integrantes son retenidos hasta bien pasada la medianoche. Cantan canciones sobre acontecimientos históricos, la naturaleza, el amor, festivales, ceremonias, la muerte, la siembra y la cosecha, el orgullo de ser indígena, los problemas del alcoholismo, animales domésticos, comidas favoritas, la religión, el crimen y la política; en otras palabras, la totalidad del drama humano.

Solamente después de ganarse la confianza del público los miembros de la Feria instan a los espectadores a expresar sus problemas más importantes. La Feria Educativa no ofrece respuestas ni promesas sobre proyectos específicos. Los sociodramas y el teatro de títeres por lo general se usan para presentar en líneas generales un problema común: el analfabetismo, la insensibilidad o el abuso de las autoridades, la discriminación contra los indígenas que emigran a la ciudad, la pobreza, la deforestación, la erosión del suelo y la falta de escuelas y maestros. Entonces, casi a la mitad del espectáculo interrumpen la actuación y ceden la palabra a los espectadores, muchos de los cuales hasta ese momento habían estado haciendo comentarios, conversando o riéndose, a veces incómodos, al reconocer una situación que les es familiar.

A veces, por ejemplo, una mujer propone establecer un mercado local semanal, o un hombre pregunta cómo hizo una comunidad vecina para abrir una panadería comunitaria o plantar árboles en la ladera de una montaña. Sin embargo, a menudo la gente se limita a hacer comentarios sobre la actuación y sobre las similitudes o diferencias respecto de sus propias experiencias. Según la estrategia de la Feria, ese reconocimiento colectivo de las raíces de un problema en la realidad local es un requisito para que los pobladores se decidan a buscar soluciones y ponerlas en práctica, así como para reunir la energía y creatividad necesarias. La clave es concientizar a los campesinos para sentar las bases de una acción constructiva posterior, en vez de dejarlos más amargados y frustrados que antes. A veces, la acción es inmediata; otras veces no pasa nada. Generalmente, la visita de la Feria es sólo el primer paso de un largo proceso de reflexión y planificación que lleva a una acción posterior.

Este método democrático para ayudar a los pobladores a analizar la situación, sin dirigirlos, recurre a la percepción que los pobladores tienen de su propio mundo, después de cautivarlos con sus propias canciones y bailes. Eso significa *escuchar* las nuevas ideas que surgen de la gente misma. El diálogo es eficaz debido a que la Feria habla el idioma local, usa símbolos locales y mantiene una corriente constante de energía y humor. Eso no es algo adquirido: es innato, ya que todos los miembros de la Feria nacieron y se criaron en una comunidad quichua de Chimborazo. No sólo expresan la esencia de los pobladores locales, sino que también la personifican.

Para los sociodramas, la Feria generalmente usa un libreto o por lo menos una guía, y ensaya, pero los actores a veces improvisan sociodramas basados en los problemas particulares de un grupo determinado, A menudo, los comentarios del público provocan respuestas directas de los actores, y viceversa, o incluso los lleva a alejarse del libreto. El teatro de títeres se presta mucho a este intercambio, y la Feria con frecuencia aprovecha la oportunidad para tomar el pelo a los dignatarios visitantes con algún títere que representa el papel de ellos, pero siempre con buen humor.

Muchas veces, algunos espectadores van más allá de la participación verbal en la obra y literalmente se meten en ella. Los actores de la Feria fomentan la participación de este tipo. Si nadie lo hace espontáneamente, colocan el micrófono ante alguien que parece dispuesto a hablar o lo llevan de la mano hasta el escenario.

Generalmente, el público estalla en aplausos para el nuevo actor y el sociodrama toma una nueva dirección, escapándose un poco de las manos de la Feria.

En general, hay dos clases de sociodramas y teatro de títeres: las obras que culminan en un plan de acción y las que fomentan la reflexión o ponen en tela de juicio ciertas ideas antiguas. El sociodrama del campesino analfabeto es un ejemplo del primer tipo. Otro presenta el problema de la destrucción generalizada del medio ambiente en Chimborazo, mostrando situaciones que cada campesino debe enfrentar diariamente: la erosión causada por el agua y por el viento, avalanchas, inundaciones, etc. Eso lleva a un debate sobre las medidas que los campesinos pueden tomar, como programas de reforestación y evitar el pastoreo excesivo.

Uno de los sociodramas "abiertos" de la Feria ganó hace poco el segundo premio en un concurso de teatro popular. Presenta la historia del campesino ecuatoriano en seis escenas, desde la conquista hasta la época actual, pasando por la colonización y la independencia. El objetivo es incitar a la reflexión y al autoanálisis colectivo y evitar las conclusiones condicionadas por perspectivas ajenas y filtros ideológicos.

Algunos sociodramas combinan los dos tipos. Por ejemplo, en dos sociodramas se muestran las dificultades de los campesinos que se reúnen con funcionarios públicos o que viajan a Quito en autobús. Estas obras abren las puertas a la reflexión sobre los derechos civiles de los campesinos y la forma en que pueden hacerlos valer defendiendo sus intereses en los laberintos burocráticos del mundo moderno. Estos sociodramas se mueven constantemente entre el mundo de lo concreto (estrategias reales y técnicas para conseguir algo) y lo abstracto (el derecho que la ciudadanía otorga a los campesinos a tener el mismo acceso que el resto de la población a los bienes y servicios del gobierno y a la dignidad humana).

Otros elementos del trabajo de la Feria, como las canciones, los cuentos y la danza, también muestran a los campesinos el valor social de la necesidad instintiva de conservar la música, los festivales con sus bailes y trajes característicos, los cuentos populares, las adivinanzas metafóricas y, por encima de todo, la lengua quichua. Este mensaje es implícito y explícito, y se transmite por medio de material impreso y casetes, así como en talleres y en las actuaciones en público.

El resultado más importante de una visita de la Feria puede ser una reafirmación de la cultura y la comunidad indígenas. Canciones tales como "Jacu Villa Mariaman" contribuyen a ello, al evocar escenas de la labor cotidiana en un pueblo, mencionando el ganado, los cerdos, las ovejas, la lana, el cuero y los cuyes y expresando afecto hacia estas actividades y las personas que las realizan (véase el recuadro). La comida que generalmente se organiza cuando la Feria va de visita también crea un sentido de solidaridad, ya que todos participan en el agasajo, y no sólo los invitados de honor, como ocurre cuando llegan dignatarios de afuera.

JACU VILLA MARIAMAN	VAMOS A VILLA MARIA
Jacu villa Mariaman *jacu Santa Rosaman;* *jala Rosa María* *jala Pachu Francisco.*	Vamos a Villa María vamos a Santa Rosa; hola Rosa María hola Pacho Francisco.
Cambac cuchi catuna, *mana saquichishachu;* *cambac huagra catuna* *mana shitachishachu.*	En tu negocio del chancho no te voy a hacer perder; y cuando vendas tu vaca no voy a dejar de hacer.
Alli cuyi catuni, *alli lulun catuni;* *mana canta shuyani,* *mana canta chapani.*	Yo vendo muy bien los cuyes y vendo muy bien los huevos; yo no espero por ti, ni espero nada de ti.
Jacu villa Mariaman	Vamos a Villa María

jacu Santa Rosaman;   vamos a Santa Rosa;
jala Rosa María   hola Rosa María
jala Pachu Francisco.   hola Pacho Francisco.

Esta es una canción quichua tradicional que la Feria Educa-
tiva adoptó del pueblo de Amulá, parroquia de Cacha, cantón
Riobamba, provincia de Chimborazo.

Los miembros de la Feria saben que ofrecer sugerencias
pedantes o simplistas puede ofender. Saben por experiencia que decir a los campesinos lo que tienen que hacer es no sólo degradante,
sino que también despierta sospechas de planes ocultos. La Feria se
ha dado cuenta de que los campesinos por lo general saben qué hay
que hacer, aunque tal vez no les resulte claro exactamente cómo
hacerlo; por consiguiente, su trabajo se centra en estrategias y no en
metas preconcebidas. Es más, como los pobladores locales preparan
sus propios planes, rara vez es necesario convencerlos de que adop-
ten un programa. Las solicitudes de apoyo para proyectos dirigidos
a Unidad/SEV han excedido constantemente los recursos disponibles.

Un elemento decisivo de la labor de la Feria es el seguimiento. La música y el sociodrama pueden sembrar semillas en un
suelo fértil, pero así como la semilla no germina sin agua y luz, el
trabajo de la Feria generalmente no da fruto si no va acompañado
del apoyo de la Unidad /SEV o de otras organizaciones. Ese apoyo
puede consistir en asistencia técnica o en presionar al gobierno o a
instituciones privadas para que provean servicios, y no se impone
sino que se ofrece cuando la comunidad manifiesta interés.

Aunque con cifras solamente no se puede describir de manera
apropiada el impacto de la Feria en las comunidades y organizaciones de Chimborazo, resultan interesantes:

-   En 1974, cuando se creó la Feria, había sólo dos conjuntos musi-
    cales de campesinos en la provincia que promovían la música
    tradicional. En 1990 había más de 100 conjuntos independientes
    que interpretaban música tradicional, muchos de los cuales

también se dedicaban a recopilarla y conservarla. Por lo menos 12 de ellos estaban integrados por mujeres.

- La Feria Educativa ha ofrecido 16 programas de capacitación para músicos jóvenes, ha colaborado en la formación de casi todos los conjuntos musicales nuevos, ha patrocinado cuatro festivales de música y danzas tradicionales, ha grabado tres casetes para la venta local, ha publicado un libro de canciones, así como varios folletos sobre historia local y artes tradicionales, y ha recopilado y presentado innumerables canciones, cuentos, adivinanzas y danzas.

- Desde 1979 la Feria ha visitado más de 800 comunidades de toda la provincia, algunas más de una vez.

- Esos contactos ayudaron a abrir el camino para el establecimiento de 1.050 centros comunitarios de alfabetización, logrando así una cobertura prácticamente total de la provincia y convirtiéndose en el programa de más éxito en su género en el Ecuador.

- Gracias a la labor promocional de la Feria, la Unidad de Educación para el Desarrollo abrió 32 panaderías comunitarias y 45 talleres dirigidos por artesanos, y ayudó a varios pueblos a construir 145 centros comunitarios y a plantar más de 200.000 árboles como parte de diversos programas de reforestación.

- En parte como resultado de la labor comunitaria de la Unidad/SEV, se han estado formando federaciones locales. En 1990 había 12, que representaban a más de 200 comunidades y organizaciones. Muchas de esas federaciones patrocinan sus propios programas de revitalización cultural y los incorporan en las actividades de capacitación, producción y desarrollo comunitario.

No todos esos resultados se pueden atribuir únicamente a la labor de la Feria Educativa, pero sería difícil sostener que se hubieran obtenido sin la Feria. De hecho, en otras provincias no se notan logros similares.

Otros resultados de la labor de la Feria tal vez no sean tan cuantificables; sin embargo, son evidentes. Hace diez años, en la provincia de Chimborazo las mujeres campesinas rara vez se atrevían a hablar en reuniones públicas y, hasta hace cinco años, nunca tocaban instrumentos musicales. Ahora, las mujeres hablan cada vez más en las reuniones y se han formado varios grupos musicales femeninos con la ayuda de la Feria. Esta mayor participación de la mujer ha trascendido los límites de la esfera cultural y se ha extendido a la producción. Se han organizado varios grupos femeninos para criar animales domésticos, abrir talleres de artesanías y cultivar la tierra. Ello se debe, en parte, a un cambio en la percepción del papel de los hombres indígenas mismos como líderes de organizaciones y como esposos. Antes reflejaban la influencia de modelos occidentales de desarrollo comunitario centrado en el hombre propios de sistemas que no son indígenas. Ahora se muestran más abiertos a las iniciativas de las mujeres para iniciar sus propias empresas productivas, lo cual ha sido una de las metas de la labor de la Feria.

A diferencia de lo que ocurría antes, los campesinos se enorgullecen de su idioma nativo y piden que los programas de alfabetización y enseñanza se ofrezcan en español y en quichua. Además, las canciones en quichua se oyen más a menudo. El renacimiento de la lengua quichua se debe principalmente al programa de alfabetización bilingüe que la Feria promovió en Chimborazo, y el retorno de la música tradicional, a su labor incansable de interpretación, recopilación y difusión de la música típica y organización de conjuntos y festivales musicales. Algo similar ha ocurrido con otras expresiones de la cultura tradicional, como los cuentos, las adivinanzas y la danza.

La influencia de la Feria en la organización de los habitantes de Chimborazo es visible a nivel comunitario y en las coaliciones de comunidades. La Feria ha sido el principal punto de contacto

para varios proyectos de desarrollo de base y una fuerza importante
en el surgimiento de federaciones locales en Chimborazo. Cada vez
más, estas federaciones están convirtiéndose en vehículos eficaces
para el desarrollo y para presionar al gobierno a fin de conseguir
que se respeten los derechos humanos de los campesinos y que les
proporcionen servicios. La Feria ha desempeñado un papel decisivo
en todas estas actividades, como agente de concientización, promotor, modelo y recurso.

Una de las conquistas más importantes de la Feria ha sido,
indudablemente, el fomento y fortalecimiento de un sentido colectivo de orgullo étnico y aptitud, es decir, que los indígenas de la provincia de Chimborazo tienen una cultura valiosa y son capaces de
realizar una contribución a la sociedad. Los indígenas no son tan
sumisos y manipulables como antes. Se sienten más seguros de sí
mismos, son más inquisitivos y saben tratar mejor con las buro-
cracias de estilo occidental. Al principio, las autoridades locales
criticaban el papel de la Feria en este proceso, pero ahora la mayoría
acepta el cambio de actitud y reconoce que se justificaba.

La Feria ha influido también en las escuelas, lo cual no es
sorprendente en vista de que la educación es su principal campo de
acción. La Feria surgió del programa de alfabetización del Ministerio de Educación y Cultura, arraigada en la teoría y la práctica de
la educación popular. Era natural que la Feria se mantuviera en
estrecho contacto con los maestros rurales. Al principio, fue recibida con indiferencia o resistencia por el sistema escolar. A veces, los
educadores eran el blanco de las obras de la Feria. Con el correr de
los años, muchos maestros cambiaron de actitud, quizá como resultado de su contacto con la Feria y con sus colegas indígenas. (Algunos indígenas se hicieron maestros; muchos se dedicaban a alfa-
betizar y otros eran coordinadores regionales de alfabetización.)
Ahora, los maestros con frecuencia piden a la Feria que actúe, que
ofrezca cursos para maestros o que les proporcione material didáctico para las clases.

El cambio más notable provocado por la Feria quizá sea la frecuencia e intensidad con que las comunidades indígenas aceptan y
piden asistencia para el desarrollo, cosa que antes hacían a regaña-

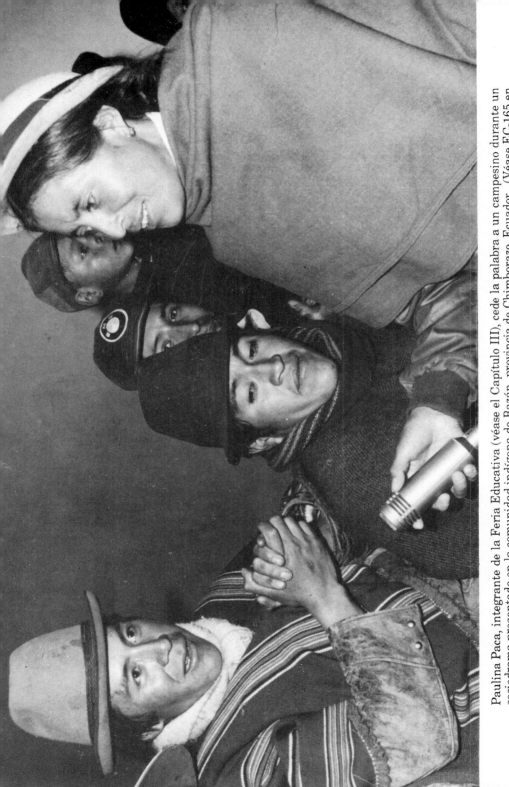

Paulina Paca, integrante de la Feria Educativa (véase el Capítulo III), cede la palabra a un campesino durante un sociodrama presentado en la comunidad indígena de Bazán, provincia de Chimborazo, Ecuador. (Véase EC-165 en el Apéndice.) ((Julia Weise-Vargas))

dientes. Los dirigentes indígenas que tenían sospechas de los programas de desarrollo anteriores ahora van en masa a las oficinas del SEV, especialmente los días de feria, para presentar solicitudes escritas a máquina pidiendo maestros, programas de capacitación o fondos para sembrar tierras comunales, construir un centro comunitario o reforestar una ladera erosionada.

Después que la comunidad presenta una solicitud, la Feria se limita a un papel secundario; por ejemplo, actuando en la inauguración de un edificio nuevo de una federación. La Feria es sólo una pieza de una metodología sociocultural mucho más amplia que usa el SEV. Por lo general, es el primer punto de contacto con una organización local y el catalizador que la mueve a actuar, pero la organización es la que, en última instancia, debe llevar a cabo la actividad. El SEV proporciona servicios complementarios, como obtención de fondos, asistencia técnica, seguimiento y evaluación, y presiona a los organismos del gobierno para que suministren servicios y otros recursos.

Al contribuir a esos cambios, la Feria misma también ha cambiado. El número de integrantes se ha duplicado, pasando de seis a doce. Dos son mujeres, y su presencia como portavoces del grupo ha tenido un efecto importante en las mujeres de toda la provincia. Muchos de los músicos que ingresaron al grupo cuando eran estudiantes han asumido responsabilidades adicionales dirigiendo la labor del SEV en pro del desarrollo o han pasado a ocupar otros cargos relacionados con el desarrollo del campesinado. Varios de ellos son maestros, otro fue funcionario municipal y dirigente de una federación hasta que entró en la facultad de derecho de Quito, y otro fue director de un importante programa de desarrollo. Entretanto, la demanda de los servicios de la Feria ha aumentado, no sólo en el campo sino también en la ciudad. Habrá que formar ferias nuevas para llenar el vacío que están estos cambios en la Feria original.

La historia de la Feria, al igual que la música que interpreta, generalmente ha sido muy animada; pero el grupo ha tenido sus dilemas y desilusiones. El mensaje y el estilo de la Feria no han tenido aceptación universal. Algunas personas de la ciudad han formulado objeciones acerca del contenido y la interpretación de las canciones de la Feria, y algunos grupos religiosos fundamentalistas alegan que la música y la danza llevan a una vida de lujuria. Una vez, una actuación en el exclusivo teatro municipal de Quito fue interrumpida abruptamente por el organizador del evento porque "no era apropiada" para el lugar. En otra ocasión, una de las autoridades de la provincia se quejó de que se permitiera a "indígenas" dirigir actividades de desarrollo. Toda esa oposición ha sido esporádica y, en última instancia, ineficaz.

Existen otras presiones sociales más sutiles y de mayores repercusiones. A medida que pasan los años, los hombres de la Feria usan el poncho con menos frecuencia, al ir integrándose más en el mundo mestizo y urbano. Sin embargo, las mujeres continúan vistiéndose a la usanza tradicional, como acostumbran las indígenas en general. El grupo ha comenzado a apartarse de la música tradicional y a interpretar más canciones al estilo de la canción de protesta moderna que es popular en toda América Latina. Los integrantes de la Feria reflejan la influencia de conjuntos de música progresiva no indígena que toman elementos de la música andina y la interpretan en discos que se venden muy bien y en giras internacionales.

La Feria Educativa también ha tenido que resistir presiones políticas y comerciales. Muchos desearían aprovecharse de un grupo que ha tenido tanto éxito en ganarse la confianza y la atención de los campesinos. La Feria ha rechazado reiteradamente ofertas para grabar su música con fines puramente lucrativos y de convertirse en músicos remunerados. Han optado por continuar sus actividades de desarrollo de base, a un sueldo modesto, y están usando sus casetes y folletos para financiar parcialmente sus actividades. Sin embargo, cuando regresaron de un viaje a Washington, D.C., donde participaron en un festival folclórico, la mayoría de los integrantes de la Feria sucumbieron a la tentación de volver a los Estados Unidos para realizar una gira extensa, abandonando su trabajo en Chimborazo. Otros conjuntos tomaron entonces la batuta, continuando así la difusión y el efecto de la metodología de la Feria. En resumen, la Feria ya no es un conjunto de músicos específicos, sino una idea que ha cuajado, una institución local preciada.

Durante todos estos años, la Feria ha evitado escrupulosamente la política partidaria. Han rechazado numerosas invitaciones a eventos patrocinados por partidos políticos. Saben que muchos campesinos desconfiarían de ellos si la Feria diera la impresión de perseguir fines políticos o de ser leal a ciertos partidos o figuras políticas. A pesar de la neutralidad política del grupo, por lo menos en una ocasión la Feria fue acusada falsamente de participar en una campaña política nacional de la oposición. Al mismo tiempo, varios funcionarios del gobierno trataban de presionar a la Feria para que asociara sus actividades al partido que estaba en el poder.

Otro problema para la Feria ha sido la incorporación de más mujeres al grupo. Las dos que han formado parte de la Feria desde el comienzo se muestran seguras de sí mismas y son oradoras elocuentes. Su presencia y laboriosidad han sido factores decisivos para el surgimiento de conjuntos musicales femeninos en toda la provincia. Sin embargo, no se han incorporado más mujeres a la Feria, en parte debido a que los campesinos no quieren que sus hijas solteras viajen por el campo de noche con un conjunto de músicos. (Las dos mujeres son la esposa y la hermana de uno de los integrantes originales de la Feria.)

Irónicamente, el mayor desafío para el grupo tal vez sea manejar su propio éxito en la promoción del desarrollo de base. Desde 1986, debido a que los miembros se han dedicado a sus nuevas funciones de administradores de proyectos del programa de desarrollo del SEV, el grupo se ha vuelto más burocrático y se concentra más en los asuntos internos. Por algún tiempo, las tareas administrativas que ese cambio impuso y el reto de convertirse en especialistas en desarrollo los llevó a un punto en que casi dejaron de actuar. Al tratar de establecer un equilibrio entre ambas funciones, corren el riesgo de no desempeñar ninguna eficazmente.

La solución quizá sea el surgimiento de nuevas ferias, formadas por los músicos que la Feria Educativa ha capacitado y alentado. Estos grupos ya se dedican a la conservación y perpetuación de la cultura viviente de la provincia. Todavía queda por verse si conseguirán los recursos financieros necesarios y adoptarán en forma permanente el enfoque filosófico y metodológico fundamental elaborado por la Feria con el correr de los años. Sin estos elementos, los grupos nuevos no estarán equipados para pasar del espectáculo al activismo cultural.

Entretanto, la idea de usar la cultura como instrumento del desarrollo en el Ecuador no se ha limitado a la provincia de Chimborazo. En otros lugares se han formado independientemente grupos culturales similares, entre ellos los más notables son los de la población negra del valle del Chota en el norte del Ecuador, de los indígenas de la Amazonía del país, y la Sociedad de Sordos Adultos de Quito[4]. Estos grupos están comenzando a colaborar, intercambiando casetes, publicaciones y otros materiales, y se invitan unos a otros para actuar en sus comunidades. En algunos casos han actuado juntos en lugares donde no existen grupos de ese tipo, como en el caso de la visita conjunta que la Feria y el Grupo de Danza, Teatro y Música"Angara Chimeo", del valle del Chota, realizaron en 1989 en ocasión del vigésimo sexto congreso anual de la Federación Shuar en la región amazónica del Ecuador.

En México, Colombia, Jamaica y Estados Unidos hay grupos similares de activistas culturales[5]. Todas estas experiencias tienen algo en común: se desarrollan en las bases. Por medio de estos grupos, las colectividades pueden conservar y difundir su patrimonio cultural y sus aspiraciones para sus propios fines y en sus propios términos.

En cuanto a la Feria Educativa, aunque está cambiando y quizá tome formas diferentes, sigue siendo una fuente rica de ideas y de apoyo creciente de los campesinos a programas de desarrollo local y fortalecimiento institucional, a nivel de las comunidades y de las federaciones. Al revitalizar la historia local, así como la identidad y el orgullo indígenas, ha sido un medio cultural para fomentar el desarrollo y, a la vez, un fin, ya que promueve la cultura misma.

Lo que quizá sea más importante es que la Feria ha impulsado a docenas de miles de indígenas locales a reflexionar sobre su vida y sus organizaciones, y ha sido un ejemplo para *todos* los pobladores de Chimborazo y del Ecuador de lo que los indígenas pueden lograr cuando aprovechan sus propios recursos y su patrimonio cultural.

Todo esto fue evidente una fría noche de luna en una comunidad remota de pastores en el sur de Chimborazo. Nos habíamos agachado bajo el techo de paja de una escuela de adobe para poder entrar por una puerta pequeña. El interior consistía en una sala tenuemente iluminada por una antigua linterna de querosén, con piso de tierra alisado por pies descalzos. Con un movimiento de cabeza saludamos a los adultos sentados en bancos de madera delante de nosotros, que asistían a una clase de alfabetización. Contamos 17 mujeres, muchas de ellas con bebés envueltos en mantas de lana cargados a la espalda. Había ocho hombres, la mayoría de más de 50 años. Todos los rostros que nos miraban fijamente reflejaban el cansancio de un día de trabajo en el campo y en el hogar.

Habíamos venido a este caserío ubicado a gran altitud en la ladera de una montaña andina a averiguar por qué se había creado un centro de alfabetización bilingüe para adultos en un lugar tan aislado y desprovisto de servicios e infraestructura. La educadora —una mujer de la misma comunidad— nos explicó:

"Hace algunos meses, un grupo de músicos indígenas que se llama 'La Feria Educativa' pasó por aquí. Actuaron en esta misma sala. Los cuentos que contaron y la música que tocaron nos hicieron reflexionar sobre nuestra propia vida, nuestra realidad y nuestras necesidades. Cuando se fueron, los miembros de la comunidad me pidieron que les enseñara a leer y escribir, y a organizarse para mejorar las condiciones de vida para nosotros y para nuestros hijos."

Dio pausa y nos preguntó si queríamos escuchar música del lugar. Aceptamos sin vacilar, y una persona salió de la sala para traer a un grupo de siete muchachas, todas menores de 18 años. Con timidez formaron una fila frente a nosotros y sacaron instrumentos sencillos que guardaban debajo de sus chales: tambores, tamborines y maracas. Una muchacha dio una señal y, con gran ímpetu, comenzaron a tocar los instrumentos y a cantar en voz alta y clara. Tocaban y cantaban con tanta inspiración que nuestros ojos se mantuvieron clavados en los rostros de las muchachas y nos olvidamos que teníamos las manos y los pies helados y el estómago vacío. Haciendo un esfuerzo, apartamos la mirada para observar al resto del grupo, y notamos que habían erguido la espalda y que los ojos les brillaban. Todos los rostros en la sala resplandecían de orgullo.

Cuando terminaron, todos aplaudieron con entusiasmo. Les pedimos que cantaran otra vez, y así lo hicieron, repitiendo la misma canción. Hubo más aplausos, esta vez entremezclados con risas. Alguien trajo una cacerola con papas humeantes, que comenzó a circular entre los presentes, y no pudimos evitar la pregunta inevitable del visitante: "¿Cómo se formó el grupo?"

La dirigente del grupo se rió nerviosamente y dijo: "Unos músicos pasaron por el pueblo y nos ayudaron". "¿Como se llamaban?", preguntamos. "¿La Feria Educativa?" "Se llamaban María", respondió, "y Paulina". Después agregó: "Son mujeres quichuas, como nosotras".

NOTAS

1   "Quichua" es la forma ecuatoriana de la palabra "quechua", que en una época fue la lengua franca del imperio incaico. Actualmente es hablada por millones de campesinos indígenas de los Andes.

2   Servicio Ecuatoriano de Voluntarios de la Provincia de Chimborazo; se describe brevemente en el Apéndice (EC-165).

3   Unidad de Educación para el Desarrollo; véase EC-053 en el Apéndice.

4   Estos grupos se describen brevemente en el Apéndice (EC-198 y EC-116).

5   Sna Jtz'Ibajom (ME-262), Teatro Identificador (CO-046), SISTREN Theatre Cooperative (JA-047), Mystic Revelation of the Rastafari Community Cooperative (JA-034), Lati-Negro de Washington, D.C. y Teatro Campesino de California.

También hay varios casos de activistas culturales que llegan de afuera para ayudar a distintas etnias a alcanzar sus metas de desarrollo. Algunos ejemplos son el Grupo Proyecto Aty-Ne'e de Paraguay (PY-016), la Fundación Cultural Teatro Taller de Colombia (CO-127), Garifuna Theater of Identity de Honduras (HO- 046), Los Comediantes de Chile (CH-075), el Centro de Indagación y Expresión Cultural y Artística, también de Chile (CH-170), Joven Teatro de Bolivia (BO-138), el Centro Cultural Masis, también de Bolivia (BO-087) y la Casa de Teatro en la República Dominicana (DR-040).

CHARLES DAVID KLEYMEYER es representante para la Región Andina de la Fundación Interamericana (Arlington, Virginia, EE.UU.).
CARLOS MORENO es el presidente y cofundador de COMUNIDEC -- Sistemas de Investigación y Desarrollo Comunitario (Quito, Ecuador).

Capítulo 4

EL TEATRO DE MUJERES EN JAMAICA

Colectivo Teatral Sistren

Sistren -que significa *hermanas*- es la única compañía teatral del Caribe que se desarrolló por iniciativa de mujeres obreras. En base a sus propias experiencias de aislamiento social, las integrantes de Sistren escriben y presentan obras que aumentan la conciencia del público sobre los problemas que enfrentan las mujeres, especialmente en esta región del mundo.

Las mujeres que integran Sistren se conocieron en 1977, en un programa especial del gobierno de Jamaica donde las estaban entrenando como ayudantes de maestros. Cuando las eligieron para ese programa estaban trabajando en el *Programa impacto*, un proyecto del gobierno para crear trabajos, como el de limpiadoras de calles, para miles de mujeres desempleadas.

Durante el entrenamiento, le pidieron a las 13 mujeres que hicieran una obra de teatro para la celebración de la Semana de los Trabajadores. Ellas se dirigieron a la Escuela de Drama de Jamaica, para solicitar que un director les ayudara a preparar su presentación, y así fue como conocieron a Honor Ford-Smith en la vieja y destruida escuela de Swallowfield. Cuando les preguntó, "¿Sobre qué quieren hacer una obra?", ellas le respondieron: "Queremos hacer obras sobre nuestro sufrimiento como mujeres". Ese mismo día, mientras hablaban sobre sus vidas, surgió *La opresión se lleva un golpe*, su primera obra teatral, sobre un grupo de mujeres que forman un sindicato en una fábrica de ropa y consiguen lo que están exigiendo.

Sistren nació a partir de ese espectáculo. Las mujeres decidieron seguir juntas, continuar colaborando con la directora y hacer más obras teatrales. La primera producción importante de Sistren fue *Bellywoman bangarang*, en 1978. La forma en que se creó esa obra ilustra claramente el trabajo en conjunto y el crecimiento de la compañía. La obra se desarrolló con un método basado casi exclusivamente en tradiciones populares. Las actrices jugaban juegos infantiles, hacían adivinanzas y cantaban temas que les traían recuerdos. Una de ellas contaba una historia o la actuaba y, cuando otra se identificaba con el relato, mostraba su experiencia a través de cuentos o acciones. De estas improvisaciones, surgió el tema de las adolescentes embarazadas y los ritos de transición de la niñez a la edad adulta.

Después de crear una escena, la actriz tenía que escribir el libreto en *créole*. Esto demostró que algunas tenían más facilidad para leer y escribir, y ellas se encargaron de ayudar a las demás. Cuando se montó la segunda producción de Sistren, todas podían leer su propio libreto. Este proceso informal de aprendizaje se vio reforzado más tarde con varios talleres de investigación. Se crearon ejercicios físicos basados en el alfabeto, y una coreografía para deletrear palabras. La escritura de los ejercicios se vinculó con escenas destinadas a solucionar conflictos, aumentar la conciencia personal y desarrollar el grupo. Algunas de la integrantes preparaban este tipo de escenas sobre un problema específico, luego hacían una pausa y le consultaban al resto del grupo cómo resolver el problema. Después de la discusión, se actuaba la escena que representaba la solución. Así fue como el deseo de hacer teatro aumentó su interés de adquirir nuevos conocimientos.

Este crecimiento ha continuado a lo largo de cuatro grandes producciones. Las integrantes del conjunto no solo han tenido que aprender a ser actrices, sino también profesoras, directoras de escena, secretarias, artistas gráficas, contadoras, diseñadoras e impresoras. El grupo ha iniciado un proyecto textil, y sus integrantes aprendieron a cortar moldes y a hacer serigrafía para fabricar bolsos, delantales y otros objetos que se venden en ferias artesanales y en las presentaciones teatrales.También han impreso camisetas y carteles, que ilustran algunas de las principales producciones de Sistren. Este trabajo artesanal no solo complementa el ingreso de las integrantes, sino que además contribuye a lograr los objetivos del grupo.

Como Sistren tiene una estructura cooperativa, cada uno de sus miembros ayuda a evaluar el trabajo de todos. El grupo no está constituido solamente por las actrices y el director artístico. También cuenta con personas que trabajan *detrás del escenario* en trabajos administrativos, de recolección de fondos y publicidad. Después de seis años de trabajo conjunto las metas de Sistren hoy consisten en

-hacer presentaciones teatrales en comunidades obreras,
-crear obras que se refieran a la situación de la mujer,
-buscar posibles soluciones de los problemas que enfrentan las mujeres en su lucha diaria, y
-dar a las integrantes del grupo la posibilidad de participar en una organización cooperativa autosuficiente.

Para lograr estos objetivos, Sistren monta grandes producciones teatrales cuyos temas provocan y estimulan las preguntas sobre la situación de la mujer. El grupo también realiza talleres teatrales en que se utiliza el teatro como un medio para solucionar problemas. Aunque generalmente estos talleres son gratuitos, son tan importantes como las presentaciones. Las escenas en las que se aplica lo aprendido en los talleres de investigación, se presentan en cárceles, centros comunitarios y pueblos remotos. Se crea un sentido de comunidad, para que el público se vea expuesto a temas ignorados o tabúes sobre las mujeres y tenga que enfrentarlos. Las escenas, que dejan el final abierto, no reflejan en forma pasiva la realidad, sino que tratan de materializarla mediante su conocimiento. Al enfrentarse a situaciones que se han considerado indecentes o simplemente fuera de lugar, las actrices manifiestan su rechazo ante las fuerzas que las frustran.

Aunque nos basamos en las experiencias de nuestros integrantes, en Sistren tratamos de explorar las experiencias de *todas* las mujeres. Hacemos investigaciones minuciosas sobre el tema de las obras, pero algunas veces en los talleres comunitarios surgen información y temas nuevos. En las reuniones con mujeres que trabajan en diferentes lugares, desde las fábricas hasta las escuelas, o con obreras de las industrias azucareras o las mujeres desempleadas de las ciudades, muchas se describen a sí mismas exclusivamente en relación con el trabajo que hacen en el hogar y para el hogar. En los informes y las investigaciones sobre nuestra sociedad faltaba información relacionada con estos temas. En una serie continua de talleres, titulada *Escenas domésticas*, se analiza el trabajo en el hogar, la emigración en busca de trabajo de las áreas rurales a las urbanas e incluso fuera del país, y se trata de informar a la sociedad mediante obras teatrales basadas en lo que se va descubriendo en los talleres.

Algunas veces, la investigación permite descubrir el pasado. La obra *Nana Yah* relata la historia de un personaje real, una niñera que encabezó un movimiento guerrillero de independencia contra los británicos en el siglo XVII. Al comprender nuestro pasado y nuestros orígenes africanos, los jamaicanos podemos tomar conciencia de nuestro presente. Como lo expresa la directora Jean Small en el comentario de la obra,

So mi min fall pon Nanny and mi aks misself ow Nanny diddo wha she di do. ¿Is whey she get de courage, eddication'n tins an strenk fe fight eeh? an mi see seh is causen Nanny ad she culcha an she belief an all dat appen is dat Nanny did believe dat she cudda dwit and she dwit. Strenk is a tin come outa de pas, an yuh av it deh all de time inna yuh ead an wen yuh noa seh is dat you believe yuh jes mek yuh spirit guide yuh and dwit.

"Entonces pienso en Nanny y me pregunto cómo hizo lo que hizo. De donde sacó la valentía, el conocimiento y la fuerza para luchar. Y veo que fue porque Nanny tenía su cultura y sus creencias, y todo lo que pasó fue que Nanny creía que podía hacerlo, y lo hizo. La fortaleza es algo que viene del pasado, y está siempre en la mente y, cuando te conoces, tú crees y simplemente dejas que tu espíritu te guíe y, lo haces."

Durante los últimos seis años, Sistren ha estado siguiendo a su espíritu, recibiendo el reconocimiento de los críticos y viajando mucho. En 1979 la Comisión Interamericana de Mujeres le otorgó a Sistren un certificado de mérito por su trabajo y un premio por el mejor proyecto de comunicación masiva destinado a estimular el desarrollo de las mujeres, especialmente por *Bellywoman bangarang*. Después de eso, recibió el Premio de los Críticos de Teatro Nacional por Q.P.H. (Queenie Pearlie y Hopie). Hace poco tiempo, Sistren terminó sus giras a Canadá y al Caribe oriental, que fueron todo un éxito, y pronto iniciará otra por Europa. La compañía se presentará en el Festival Internacional de Teatro de Londres y ofrecerá talleres teatrales en comunidades de toda Inglaterra donde viven los emigrantes de las Indias Occidentales. Más tarde actuará en Berlin y Amsterdam. Además de la publicidad que significan estas giras, permiten al grupo obtener el dinero que tanto necesitamos para los talleres educativos. En cualquier lugar que estemos, nuestro trabajo sigue centrándose en las mujeres del Caribe: como madres, como trabajadoras, como hermanas y como compañeras de nuestros hombres.

Todo no puede ser tan serio
Lillian Foster

Soy de Kingston. Estudié ciencias domésticas en la Escuela Técnica Secundaria de Kingston —ahora a eso le llaman economía doméstica— para poder estudiar enfermería en el Hospital Público de Kingston. Pero empecé a tener niños demasiado temprano. Tuve que dejar de ir a la escuela, y eso echó a perder mis posibilidades.

Aunque tuve hijos cuando era muy joven, yo no era una muchacha muy independiente. Mi madrina me controlaba: de la escuela a la casa y a la iglesia. No podía ir a ninguna otra parte. Ni siquiera podía ir hasta la reja para mirar hacia afuera. Por eso, cuando quedé embarazada de mi primer hijo, todos en el vecindario se preguntaban cómo había pasado. Era como un corderito que alguien había llevado al sacrificio. No creo que esa sea la mejor forma de que los padres controlen a los hijos, teniéndolos encadenados como esclavos. Porque quizá a la menor oportunidad que encuentren...

Los problemas empezaron cuando tuve me primer hijo. Mi madrina no quería que yo siguiera viviendo en su casa, pero decidió hacer como si nada y seguí viviendo ahí. Cuando quedé embarazada de mi segundo hijo, me echó de la casa. Sí, me echó. Tuve que irme a vivir con mi hermana pero en realidad no me podía quedar hasta tener mi hijo, porque ella tenía un solo cuarto. Bueno, había un hombre que decía que siempre me veía cuando iba a la escuela. Pero él no sabía que yo ya había tenido un bebé. Entonces, cuando estaba esperando a mi segundo hijo él me vio y me preguntó qué me había pasado, y yo le dije "¿No ves lo que pasó? Estoy embarazada."

Entonces él me dijo, "¿Donde está el hombre que te dejó embarazada?"

En esa época, el padre de mis dos primeros hijos estaba por viajar a Inglaterra. Y este otro hombre, cuando vio que estaba embarazada, decidió llevarme a vivir con él. Arrendó un cuarto y nos puso a los dos ahí. Era la primera vez que iba a vivir con un hombre. Me trataba muy bien. Me daba ropa, comida, todo lo que necesitaba. Pero era un poco violento, porque era muy celoso. No quería que hablara con nadie, ni con un hombre ni con una mujer. Pero así siguió todo hasta que de repente descubrí que estaba embarazada de mi tercer hijo. Pero yo no podía soportar sus celos y tuve que dejarlo cuando el niño tenía seis meses. Y hasta el día de hoy no he vivido con otro hombre. No, porque él me asustó. Yo no vivo con el padre de mi otra hija, que conocí después de eso. Tuve dos niños y dos niñas: cuatro hijos de tres padres distintos. Una de las niñas murió, así que el mayor de mis hijos tiene 24 años, el otro tiene 20 y mi niña tiene 13.

Trabajé durante ocho años como vendedora. Después dejé eso para ir a trabajar como enfermera, pero hice un error. Me fui a trabajar en un sanatorio. Ahí había un doctor que quería ayudarme a conseguir un empleo en el hospital, pero una señora me dijo que si quería trabajar en un sanatorio, ella me iba a enseñar. Yo tenía que mirarla a ella y las demás enfermeras y hacer todo lo que ellas hacían. Me quedé ahí durante unos seis meses sin que me pagaran, y gasté todo el dinero que tenía para comprar uniformes y todas esas cosas. Todo eso lo perdí: yo creía que ella realmente me quería enseñar algo, pero lo único que quería era que alguien hiciera su trabajo. Si hubiera seguido a ese doctor, habría llegado muy lejos, porque cuando uno sabe una cosa aprende lo demás rápidamente. Lo que yo quería era ser enfermera, pero me desilusioné y dejé de trabajar.

Estuve un año sin trabajo. Entonces apareció este *Programa especial de empleo,* y yo me dije "Bueno, voy a hacerlo, porque estoy trabajando decentemente para ganarme el pan". Poco después de eso, empezó Sistren, en 1977. Y ahí estoy hasta ahora, desde hace casi cinco años. Hacemos nuestras obras con improvisaciones. Tomamos nuestra propia experiencia (las adolescentes embarazadas, las experiencias entre madres e hijos y ese tipo de cosas), y las juntamos todas para hacer una obra. Y nosotras inventamos nuestras propias canciones. Sí, es fantástico. Somos muy diferentes de otros grupos. Por eso, cuando hacemos un espectáculo, la gente siempre quiere venir a ver lo que estamos haciendo. La mayoría de los grupos usa libretos pero nosotras improvisamos. Después escribimos el libreto y decimos exactamente lo que está escrito.

Nuestra primera producción en grande fue sobre adolescentes embarazadas. Vimos a muchachas que estaban yendo a la escuela, que quedaban embarazadas y sus madres las echaban de la casa; a los hombres que las dejaban embarazadas y después se iban, y ellas quedaban solas criando y cuidando su bebé. Es una cosa muy complicada. La obra se llama *Bellywoman bangarang* y tiene dos actos: en el primer acto, hay unas seis escenas cortas. Las jóvenes que trabajan, van a la escuela, juegan, hasta que empiezan a crecer y a tener novios. Las madres que ven cuando las niñas tienen la regla y después de un tiempo dejan de tenerla, quedan embarazadas y el tipo se escapa y las deja, y la madre se tiene que hacer cargo de todo.

Quizá la madre no puede soportar que la hija tenga más de un hijo así, y la echa de la casa. Cosas así. Pero dentro de la seriedad de esas escenas, hay un poco de humor entremedio, porque no todo puede ser serio. Esa es la primera parte de la obra.

En la segunda parte de la obra, mostramos otro tipo de problema que tienen las mujeres: la violación. Me gustaría tanto que vieran esa obra. Cuando se muestra la violación, no lo hacemos con un hombre y una mujer. Nosotras somos todas mujeres, así que lo hacemos de otra manera. Y les puedo asegurar que sale bien. Alguna gente llora.

Otra obra importante que hemos hecho es Q.P.H. Nuestra directora, Pencer Lindsay, nos dijo una vez que le encantaría hacer una obra sobre el incendio del hogar de ancianos Eventide. El 22 de mayo del año antepasado, hubo un incendio en Eventide. Entonces nosotras contamos la historia de tres personas —Queenie, Pearlie y Hopie (por eso la obra se llama Q.P.H.)— y lo que les pasó. Pearlie es una mujer que viene de una familia con dinero, pero su madre la echó de la casa. Ella empezó a tomar y se convirtió en una borracha y también se hizo prostituta. Fue una de las prostitutas más famosas de Jamaica. Y se fue a Eventide, donde murió de vieja. Hopie era lisiada desde joven. Iba por todas partes mendigando, hasta que terminó en Eventide, donde murió en el incendio. Queenie todavía está viva, todavía en Eventide, en la parte que no se quemó en el incendio.

Yo les quiero contar que también hicimos investigaciones sobre eso. Después del incendio, fuimos allá y hablamos con la gente. Habían tantos cuerpos carbonizados: nada más que huesos, puros huesos. ¡Dios mío!

En la obra, empezamos con la vida de las tres mujeres y después contamos cómo se fueron a Eventide. Cuando llegamos a la escena del incendio, todas envejecen en ese momento. Imagínese que es una persona vieja y que este edificio es viejo y que usted no se puede mover para salir de aquí. Alguien tiene que ayudarle, y los únicos que pueden hacerlo son otros viejos. Los más fuertes trataban de ayudar a los más débiles. Cada vez que hacemos esa escena, mucha gente del público se pone a llorar.

Nuestra obra *Bandoolu version* trata de la vida de tres mujeres que viven en un conventillo de un barrio pobre, y de los problemas que tienen con sus hombres. Dos de ellos son ladrones y a una de las mujeres no le gustan esas cosas. No puede soportar que su hombre sea un ladrón. Las otras dos la están insultando todo el tiempo y le echan maldiciones y quieren pelear con ella. Hasta quieren romperle la puerta de su casa y robarle lo que tiene adentro, igual que lo que pasa aquí ahora. Por eso hicimos la obra con ese tema.

Otra obra, *Nana Yah*, es sobre esa guerrera tan fuerte de nuestra historia, Nanny. Ustedes han oído hablar de Nanny y los guerrilleros que lucharon por su libertad. Bueno, en eso se basa *Nana Yah*. Igual que en las otras obras, juntamos pedazos de aquí y de allá. Usamos nuestras propias palabras para hacer esta obra. Pero todo lo que decimos y hacemos se basa en investigaciones. Uno no puede empezar a hacer algo y decir "Esto pasó en tal y tal época", y que no sea verdad. Primero hay que saber lo que pasó y después se trabaja alrededor de eso para hacer la obra. Hicimos investigaciones en St. Elizabeth para ver el tipo de bailes que hacen, el ritual: cómo ponen la mesa para alimentar a los espíritus. Ponemos distintas comidas en la mesa, y ron y todas esas cosas. Hacemos el baile -que le llamamos Etu- y sabemos por qué hacen ese baile. Esa es *Nana Yah*. Es fantástico ver a las mujeres que van y vienen como hombres, como soldados, luchando por su libertad.

También hacemos talleres que se relacionan sobre todo con las mujeres, para que tomen más conciencia. No dejamos fuera a los hombres, pero somos un grupo que se preocupa de los problemas de las mujeres. Vamos a zonas rurales, a cárceles, a escuelas, a centros comunitarios. Compartimos nuestras ideas con otros grupos y ellos comparten sus opiniones con nosotras. Y también hemos viajado al extranjero: fuimos a Barbados y a Canadá. Fue fantástico. La gente se quejaba de que el tiempo era muy corto. Querían que nos quedáramos. Quizá vayamos de nuevo, porque quieren que volvamos, pero nuestros bolsillos están casi vacíos.

Siempre enfocamos problemas de la gente pobre
Cyrene Stephenson

Yo le dedico a Sistren la mayor parte de mi tiempo. Sistren significa mucho para mí, porque me da más fuerzas. Lo que quiero decir es que me muestra un camino que yo puedo seguir y hacer algo por mí. Me enseña a conocer gente. Porque, algunas veces, cuando estoy en el campo, puedo llegar a aislarme. Pero ahora que estoy conociendo a tanta gente, tengo que hacerme más sociable.

Nosotras siempre nos concentramos en los problemas y los sufrimientos de la gente pobre: las mujeres tienen muchos niños y quizá tengan que salir a venderse, o se encuentran con un hombre y la madre las echa de la casa. Y terminan teniendo un niño que ni siquiera quieren. El hombre las deja y la madre tiene que aceptarlas de nuevo. Si ustedes asistieran alguna vez a uno de nuestros talleres, verían que nosotras le enseñamos a la gente pobre a cuidarse; no a depender de otra gente, sino cuidarse y cuidar a sus niños. Tratamos de mostrarle a la madre que cuando el niño comete un error, tiene que sentarse al lado de él y enseñarle. Tiene que hablarle con calma para que el niño entienda, en vez de pegarle y gritarle.

En los talleres, nosotras conversamos con la gente y todos participan. De esa manera, siempre usamos sus problemas para mostrarles cosas en las escenas. Cuando hicimos una escena en un taller en Clarendon, una señora se levantó y dijo "¿Quién les contó a ustedes mi problema?" Y cuando terminamos, se ve la diferencia en la gente. Incluso los hombres. Cuando fuimos a la cárcel, un tipo dijo que después de que saliera iba a pegarle a la mujer por la que había caído preso. Pero cuando terminamos la escena, había cambiado y... bueno, no sé si habrá hecho lo que pensaba cuando salió, pero en ese momento entendió nuestras ideas y se olvidó de las suyas.

Mi novio es una persona ignorante y hasta hablar con él es difícil. Yo trato, pero cuesta mucho entenderse con él. No tiene empleo todo el tiempo, porque en el trabajo de construcción que él hace hay mucha gente haciendo lo mismo. A veces puede conseguir trabajo en una casa, dos veces al año; dos casas en todo un año. Así que la mayor parte del tiempo está sin trabajo. Y Sistren me ha ayudado, porque a veces yo también me pongo ignorante y me largo y me olvido de algunas cosas. Pero en vez de dejar a una persona sola, hay que tratar de ayudarle. Yo misma me enojo con mis hijos. Y ellos me dicen "¿De qué sirve que vayas allá a enseñarle a otra gente si tú no aprendes nada?"

Estamos tratando de mostrarle a las mujeres que no deben depender solamente del hombre, y que no deben decir que las mujeres no pueden hacer ciertas cosas. Siempre tienen que tratar de hacer lo que quieren. Algunas personas piensan que la mecánica es un trabajo para hombres, que la plomería es para hombres y todos esos trabajos. Pero si uno decide que quiere hacer algo, hay que hacerlo.

Si tuviéramos más educación, podríamos manejarnos mejor. A veces, vamos al extranjero y la gente dice que no nos entiende cuando hablamos. Nuestro inglés no es bueno; tenemos que hablar en dialecto. Ahora hasta estoy trabajando en una producción y tengo que hacer esfuerzos para hablar bien, porque esta mujer se supone que sea muy educada, una aristócrata. Lo que me gustaría es que todas volviéramos a la escuela, a estudiar inglés, matemáticas, y un poco de historia también.

"Todo lo que necesito es que me enseñen un poco, para saber qué hacer"
Lana Finnikin

Yo nací el 19 de enero de 1954, en St. James. Mi niñez fue muy interesante, porque mi familia era grande -con hermanas, primos, tías, tíos- y vivíamos todos juntos. Eramos diez en total. Yo era la única hija de mi padre y no vivía con mi madre: crecí con mis abuelos. Así que fui una niña mimada.

Mi madre me tuvo cuando estaba tomando sus exámenes locales. Quedó embarazada cuando estaba por entrar al tercer año. Mi abuela se quedó conmigo y le dijo que volviera a la escuela. Ella vuelve y queda embarazada de mi segunda hermana, que murió.

Después de eso mi abuela le seguía diciendo que volviera a estudiar, pero ella se arrancó y se fue a la ciudad. Nadie sabía nada de ella: nunca escribía y todo el mundo estaba preocupado.

Yo tenía seis años cuando ella volvió al pueblo. Tenía tres niños más y los dejó con mi abuela. Al mismo tiempo, mi padre volvió de Inglaterra y andaba preguntando por mí. Una mañana, yo me estaba preparando para ir a la escuela cuando veo a este señor que viene y pregunta si mi abuela está adentro. Yo le digo "Sí, señor." Corro para adentro y digo "¡Oooh! Viene un hombre negro grande..." Me acuerdo que me dio un par de zapatos blancos y un corte de género. Mi abuela me dijo que si yo quería, me quedara con las cosas, pero que ella no las aceptaba. Yo tomé lo que él me dio y ella me hizo una falda. Al domingo siguiente, me acuerdo que me puse la falda y una blusa y los zapatos para ir a la escuela religiosa. Estuve todo el domingo presumiendo delante de los niños más chicos, diciendo que mi padre había vuelto y que lo había visto por primera vez. Después de eso, nunca volví a verlo. Tengo 28 años, voy a cumplir 29 y desde esa vez no lo vi más.

Me fui de St. James y vine a la ciudad cuando tenía 11 años, iba a cumplir los 12. Era como si yo fuera la que mandaba en la casa, porque mi madre hacía trabajo doméstico y tenía que venir tarde y salir temprano. En esa época, éramos cinco, seis, y todos teníamos que ir a la escuela. Nos levantábamos en la mañana y limpiábamos la casa, después volvíamos en la tarde, y cocinábamos y lavábamos y nos acostábamos. Cuando mamá volvía, siempre decía que estaba orgullosa de nosotros.

Me acuerdo cuando tenía 17 años y empecé a ir a una escuela para aprender a escribir a máquina y cosas por el estilo. Una mañana en clase el director nos dio un diario para leer. Había algunas muchachas que son... usted sabe, uno se da cuenta cuando las mira que son de una familia de clase media. El director les dio a *ellas* el *Gleaner* de esa mañana y a *nosotras* nos dio unos diarios viejos para que leyéramos. Entonces yo dije "Yo no leo noticias viejas. Las leí la semana pasada. Quiero leer algo nuevo esta mañana." Entonces él me sacó de la clase y me llevó abajo y tomó un pedazo de neumático y me dio como seis azotes. Cuando me miré el cuerpo era como si la sangre se me hubiera detenido adentro. Entonces tomé mis libros y me fui a la casa a esperar a mamá. Ella me preguntó qué estaba haciendo ahí y yo le mostré mi ropa interior... no podía quitarle las manchas. Entonces fuimos al doctor y él le dijo que le iba a dar un certificado para que lo llevara a la policía y le pusiera un pleito al profesor o lo acusara de algo. El doctor dijo que el profesor no tenía ningún derecho a usar un pedazo de neumático, que tendría que haber usado un bastón o alguna otra cosa. Yo le dije a mi mamá "No voy a volver allá."

En Sistren tenemos equipos: un equipo secretarial, un equipo de relaciones públicas y un equipo de finanzas. Cada equipo está formado por tres personas. Yo trabajo con las cuentas desde hace cuatro años. Yo no sabía nada de contabilidad. Pero tomé las cuentas de Sistren y empecé a hacerlas. Tenemos una contadora que viene y me muestra lo que tengo que hacer y cómo tengo que organizar los libros y cosas de ésas. El otro día vino y revisó los libros, y dijo que estaba todo bien. Todo lo que necesito es que me enseñen un poco para saber qué hacer. Si yo aprendo, ya no voy a necesitar que venga ningún contador a revisar los libros. Pero el problema es que hay que dedicarle tiempo a los ensayos y esas cosas, y no nos queda nada de tiempo para estudiar. Yo también soy directora de escena del grupo; es un trabajo que exige mucho tiempo y responsabilidad, porque algunas veces hay que hacer de directora también. Yo ya he dicho "El próximo año no cuenten conmigo para hacer ese trabajo. Yo voy a ir a estudiar para sacar el Certificado General y tomar algunos cursos de contabilidad."

Empezamos desde el primer escalón y vamos subiendo de a poco
Pauline Crawford

Yo nací en Kingston. Cuando tenía unos tres meses mi padre me separó de mi madre y me llevó a vivir con su esposa, y su esposa me cuidó hasta que yo tenía unos tres años. Entonces ella me llevó al campo para que viviera con su madre. Cuando tenía como 11 años, la mujer murió de una enfermedad y yo tuve que volver a la ciudad y vivir con mi madrastra y mi padre. Mi padre es un hombre sencillo, y no se preocupaba mucho de lo que hacía mi madrastra. Ella no me quería mucho. A veces me pegaba. Me fui de la casa cuando tenía unos 12 años.

Primero dije que iba a buscar trabajo y me quedé con una mujer por un tiempo, pero ella me dijo que no me podía quedar más allí. Por suerte, cuando guardo mis cosas y ya me estoy yendo, veo un aviso en el *Gleaner* de un trabajo en Kingston. Me fui allá y trabajé hasta que tenía 17 ó 18 años. Mi madrastra vino a buscarme y yo volví a vivir con ellos de nuevo.

Cuando empezó el Programa impacto, mi madrastra consiguió un trabajo, pero me dijo "Anda a hacerlo tú." Y como yo estaba viviendo debajo de su techo, tenía que ir a hacerlo. Mis amigos se reían: yo estaba trabajando y tenía que darle la plata a ella porque estaba trabajando con su nombre. Entonces cambié el nombre por el mío y una noche no le llevé nada de plata. Ella me dijo que no me podía quedar y me echó a la calle después de las 12 de la noche.

Ahora estoy trabajando en Sistren y toda la plata que gano la recibo de Sistren. Después de Bellywoman bangarang, el gobierno cambió y nos dijeron que no pensaban que nosotras pudiéramos trabajar en las escuelas como ayudantes, así que perdimos ese trabajo. Ahora recibimos una asignación de unos J$200 (US$67) al mes. Todos los meses gasto US$40 ó US$50 en pasajes de autobús. Yo me mudé a este barrio porque el arriendo es barato. Me gustaría vivir en una zona mejor, pero tendría que pagar unos J$100 por mes nada más que de arriendo, y con la asignación que recibo no puedo pagar el arriendo, no puedo comprarme ropa. Pero estoy agradecida porque puedo comer y tomar, no mucho, pero puedo comer y tomar de lo que hay para el grupo.

Empezamos con Sistren desde el primer escalón y vamos subiendo de a poco. Así se lo explico yo a la gente que conozco. Les digo que antes de que empezáramos ni siquiera soñamos nunca que podríamos viajar; nunca nos imaginamos que podríamos recibir una pequeña asignación por estar en el grupo; nunca nos imaginamos que hasta iba a durar tanto tiempo. Lo más importante es estar juntas. A veces es difícil, pero es bueno que un grupo de 13 mujeres pueda juntarse y que a pesar de todo el esfuerzo y todos los problemas (la casa, los niños), todavía sigamos juntas después de cinco años. No nos pagan nada por la mayoría de los talleres. Pero no pensamos en la plata. En el fondo es como si estuviéramos satisfechas con lo que hacemos.

Ahora estamos haciendo telas. Si pudiéramos venderlas, tendríamos una entrada más. No estamos recibiendo ninguna ayuda del gobierno. Si Sistren recibe más ayuda y más reconocimiento de nuestro país -si el gobierno se pudiera poner de nuestro lado- yo pienso que avanzaríamos. Porque tenemos un mensaje que dar.

No hay que ser profesora o enfermera para ser importante
Jasmine Smith

Cuando estaba teniendo mis hijos, cuando no estaba trabajando, me quedaba en casa sin hacer nada. No podía ir a ninguna parte, a menos que pudiera gastar dos dólares, entonces me iba al cine. Después que conseguí este trabajo y formamos el grupo, estaba contenta porque ya no tenía que quedarme en casa. Pero también estaba asustada: tenía problemas y creía que era la única persona con ese tipo de problemas. Pero cuando nos juntamos y empezamos a hablar entre nosotras, entonces descubrí que la gente como uno tiene problemas parecidos.

En nuestras producciones, hablamos de las relaciones entre una madre y una hija, y de que no sabemos relacionarnos bien con nuestras hijas. Por ejemplo, en *Goddie e Yvonne*, Yvonne tiene su primera regla y Goddie trata de decirle que no tiene que salir, pero de una manera difícil que a ella le cuesta entender. Deberíamos avisarle a nuestras hijas antes. Yo le dije a mis dos hijas (una tiene 8 años y la otra 13) hace mucho tiempo. Así, cuando les pase, van a saber qué hacer y no van a tener miedo. Y hablamos de que los hombres violan a las mujeres y de que la gente, la iglesia por ejemplo, trata de dejar a la muchacha que violaron fuera de la sociedad... pero no es culpa de ella. Ese es mi papel cuando hago el personaje de Marie, una muchacha a la que viola un tipo. También hago el papel de una niña y mi madre no me quiere y me deja con otra mujer. Y esta mujer al único lugar que me deja ir es a la iglesia. Y yo no sé nada de lo que pasa alrededor mío. Para mí es fácil hacer esos papeles, porque he vivido muchas cosas parecidas.

¿Qué le diría yo a todas las mujeres? Que no tienen que tener muchos certificados, no tienen que aprobar exámenes para estar arriba; pueden subir de a poco haciendo algo que vale la pena. Todas queremos que nuestras hijas aprueben los exámenes, y queremos que sean profesoras o enfermeras pero no hay que ser profesora o enfermera para ser importante. Uno puede ser importante a su manera. Yo sé que el trabajo que estamos haciendo ahora es muy importante. Yo le diría a todas las mujeres que se mantengan en lo suyo y que hagan algo que valga la pena. Así van a estar en el primer plano.

Ahora tengo alguien con quien hablar
Mae Thompson

A mí me crió mi madre sola; ella era mi único apoyo. Yo le ayudaba en su trabajo. Ella tenía una granja en St. Catherine, con caña y bananas y ñame y todas esas cosas. Yo cobraba el dinero de la caña y las bananas. Vivíamos las dos solas. Ella me mandó a una escuela técnica a aprender algunas materias básicas, como inglés, ciencias y un poco de diseño de ropa. Cuando tenía 16 años, quedé embarazada y tuve que dejar de ir a la escuela. Mi madre se molestó, porque ella quería que yo hiciera algo en la vida. Y me echó de la casa.

Yo esperaba hasta que ella salía a los matorrales, entonces entraba corriendo en la casa y robaba un poco de dinero, porque yo sabía donde estaba. Y robaba un poco de comida. Una vez tenía una olla con sopa de carnero en el fuego, y yo entré y me llevé la olla. Pero estaba caliente y se me cayó, y ella entró por la puerta gritando "¡Ladrona, ladrona!" Entonces algunas personas le hablaron y ella me aceptó de vuelta.

Tengo un niño, pero incluso él creció sin padre: mi madre nunca quiso que su padre entrara a la casa. Entonces yo me fui después de un tiempo y mi hijo se quedó con mi madre. En Kingston entré a estudiar en las tardes; no trabajaba porque mi madre me mantenía. Cuando estaba esperando a mi segundo hijo, ella me dio todo. Eso realmente me conmovió, porque ella se enfermó. Me mandó un telegrama para que yo fuera, diciendo que se podía morir en cualquier momento. Yo dije "Voy a ir mañana." Pero ella murió antes. Se había sacado un diente y eso le dio una hemorragia y la hemorragia la mató.

Después de que tuve a mi niña, la tercera de mis hijos, conseguí un poco de trabajo. Mi madre siempre me decía: "Cuando una mujer trabaja para mantenerse, puede ponerse de pie y crecer. Pero cuando tienes que depender de un hombre es un problema." Mi novio tiene un trabajo, pero yo quiero tener mi propio dinero. Cuando empezó el *Programa impacto*, gané un poco de dinero y me compré lo que quería, muebles y otras cosas. Tuve tres hijos, pero al segundo, un niño, lo mató un auto. Y el primero, que tiene 16 años, se fue solo. La niña está conmigo.

Ahora me cuesta pensar. Estoy haciendo esta obra y a veces me preocupo. El padre de mi hija no está de acuerdo conmigo. Me dice "Ahora estás en el teatro. Pronto te vas a ir con otro hombre." A veces, cuando salgo de la casa no cocino porque la comida se va a enfriar. Entonces espero hasta la noche para cocinar y a veces él se enoja conmigo. La primera vez que llegó a la casa antes que yo, me dijo "No lo vuelvas a hacer." Así que ahora generalmente mi hija me ayuda bastante. Yo preparo todo, pongo la comida que quiero cocinar en la mesa y cuando vuelve de la escuela a las dos de la tarde, ella me ayuda.

Estoy contenta de estar en Sistren, porque es la primera vez que trabajo con otras mujeres y conozco a tanta gente diferente. Porque yo crecí sola con mi madre. Ella me decía "Aléjate de las mujeres. No hay que tenerles confianza ni tratar mucho con ellas." Ahora que estoy en Sistren tengo con quien hablar. Y algunas veces la gente del grupo me dice "Tienes que animarte. Tienes que tenerte confianza."

La primera vez que me subí al escenario y vi a tanta gente mirándome, me dio terror. A veces tiemblo tanto. Cuando subimos al escenario, yo me puse delante del cartel que dice *Huelga*, porque estaba temblando. Pero ahora siento que me puedo controlar cuando subo al escenario. Tengo confianza. Por el bien del grupo, yo espero que podamos seguir trabajando juntas, mientras el grupo siga creciendo.

EL COLECTIVO TEATRAL SISTREN es un grupo de teatro integrado por mujeres (Kingston, Jamaica).

Capítulo 5

RECUPERACIÓN DE LAS COSTUMBRES ANCESTRALES:
El saber tradicional y la ciencia occidental entre los Kunas de Panamá

Mac Chapin

Introducción[1]

A principios de la década de 1980, los kunas fueron el primer grupo indígena de América Latina en delimitar un gran sector de selva virgen de su territorio (alrededor de 60.000 hectáreas) para convertirlo en una zona silvestre protegida. Este proyecto encuadraba perfectamente en la creciente preocupación mundial por la deforestación de los trópicos, y fue muy bien recibido por los grupos dedicados a la conservación de la naturaleza. En 1983, con fondos proporcionados por la Fundación Interamericana (IAF), la Agencia para el Desarrollo Internacional (AID), el Instituto Smithsonian de Investigaciones Tropicales (STRI) y el Fondo Mundial para la Defensa de la Naturaleza (WWF), los kunas pusieron en marcha oficialmente el Proyecto de Estudio para el Manejo de Areas Silvestres de Kuna Yala (PEMASKY).

El centro del proyecto se estableció en Nusagandi, en el punto donde la carretera El Llano-Cartí intersecta la divisoria continental e inicia el descenso hacia la costa atlántica (véase el mapa). Allí comenzaron a llegar biólogos interesados en realizar estudios en la zona. El personal indígena pronto aumentó a 17 personas, entre ellas seis guardabosques y siete integrantes de un equipo técnico. El proyecto fue organizado y dirigido por los kunas, inicialmente con la asistencia de asesores externos contratados. Durante los primeros años, los kunas trabajaron con entusiasmo y energía. Redactaron un plan de manejo del parque, construyeron edificios en Nusagandi, demarcaron los límites de su territorio legalmente reconocido (la Comarca de Kuna Yala)[2] y dieron a conocer su trabajo entre los kunas de las islas. Además, se pusieron en contacto con entidades de todo el mundo dedicadas a la protección de la naturaleza y asistieron a conferencias y talleres en lugares muy alejados de su territorio, como Inglaterra, Bélgica, Estados Unidos y Brasil. Como resultado, el "parque Kuna", como se lo llama generalmente a nivel internacional, quizá sea una de las obras más comentadas de su género en el mundo. Eso no significa que sea muy conocida. Excepto por algunos detalles superficiales y la idea de que los kunas están tratando de salvar una parte de la selva, pocas personas de afuera saben mucho sobre lo que se está haciendo en Nusagandi.

Uno de los aspectos más intrigantes de la obra es la combinación de elementos científicos modernos y amerindios tradicionales. Desde el comienzo, los kunas que trabajan en el proyecto no tuvieron mayores dificultades para incorporar conceptos ecológicos tales como "ecosistema" y "vertiente" en su manera de pensar, y los ancianos tradicionales que viven en los pueblos dispersos a lo largo de la costa se mostraron muy receptivos —o por lo menos daban esa impresión— a las ideas que ponían de relieve el carácter relacionado y sistémico del mundo. No fue necesario explicar la importancia de la diversidad biológica, puesto que los kunas dependen en gran medida de la variedad del mundo natural que los rodea y saben mucho al respecto, y la idea de convertir un sector de la selva en parque protegido era compatible con su manera de pensar.

Al principio, esta relación parecía tan armoniosa que muchas de las personas vinculadas a PEMASKY, tanto kunas como de otras razas, comenzaron a hablar de la fusión natural de la sabiduría tradicional y los conceptos modernos de biología, especialmente para el componente del programa relacionado con la educación ambiental. Los técnicos kunas, que habían cursado estudios universitarios en Panamá y en otros países, comenzaron a referirse a los ancianos de Kuna Yala como grandes defensores de la naturaleza y hombres muy doctos en el mundo natural. Afirmaban que, en realidad, muchos de los conceptos ecológicos que plantean actualmente los biólogos no son nuevos, sino que los ancianos ya comprendían nociones tales como ecosistema y biósfera desde un punto de vista práctico y teórico, aunque en un idioma diferente del idioma de la ciencia occidental. De hecho, en su propia lengua especial, la visión kuna tradicional del mundo tiene un fuerte componente de conservación: el respeto por la naturaleza y la necesidad de cuidar de la Tierra y de las criaturas vivientes. Los ancianos, por su parte, no objetaban que los jóvenes formularan los programas con tanto detalle y estaban de acuerdo con la meta de demarcar y patrullar los límites de la Comarca.

Lamentablemente, los esfuerzos para armonizar los conocimientos tradicionales y científicos modernos no avanzaron mucho después de la etapa inicial de deliberaciones. A pesar de que todos tenían las mejores intenciones, el equipo técnico no logró asimilar gran parte de la esencia de la antigua visión del cosmos y los ancianos nunca se interesaron mucho en la biología occidental.

Este ensayo es un análisis de algunas de las razones por las que esta fusión no se concretó sino en forma fragmentada y, a la vez, una reflexión sobre la pérdida del saber tradicional y de los rituales en general. Con el propósito de fundamentar el análisis, he resumido los principales elementos de la tradición oral kuna y destacado las teorías kunas sobre el funcionamiento del universo, prestando especial atención a los conceptos vinculados a la naturaleza y el aprovechamiento de los recursos. Después traté de colocar este sistema de creencias tradicionales en el contexto actual de rápidos cambios socio-culturales que han caracterizado en forma persistente a Kuna Yala durante los últimos 50 años, aproximadamente. Un aspecto central de este análisis es la introducción de la enseñanza occidental en la región, ya que en este ámbito la visión que los ancianos tienen del mundo entra en contacto con el pensamiento científico occidental.

Los kunas y la visión tradicional del mundo

El grupo más numeroso de kunas vive en la Comarca de Kuna Yala, una faja de selva de 200 km de la costa atlántica que se extiende desde la región de Cartí al oeste hasta Armila, justo antes de la frontera colombiana. La Comarca abarca una faja ancha de selva que va desde la cresta de la divisoria continental hasta la costa, reapareciendo en más de 300 pequeñas islas de coral hasta una distancia de alrededor de un kilómetro y medio de la costa. En más de 40 de esas islas y en 12 poblados de tierra firme viven entre 40.000 y 50.000 personas. Todos los poblados están situados estratégicamente cerca de la costa para facilitar el acceso a tierra firme, donde se practica la agricultura y se consiguen recursos esenciales tales como agua dulce, leña, materiales de construcción, etc.

Los kunas se han mantenido geográficamente aislados desde la llegada de los europeos al Nuevo Mundo y se las han arreglado para conservar un grado excepcional de autonomía política y cultural hasta la actualidad. En 1938 consiguieron que su territorio fuese declarado comarca, y debido a la falta de carreteras en la zona, han permanecido relativamente aislados. Los únicos habitantes de Kuna Yala que no son kunas son un puñado de maestros, comerciantes colombianos y misioneros. En este entorno, el sistema político kuna, que consiste en una institución llamada la "asamblea", impone orden y da una razón a la vida de los kunas.

Las asambleas generalmente se celebran cada noche en la mayoría de los poblados kunas[3]. Son presididas por un órgano directivo formado por tres jefes como mínimo, algunos "intérpretes" oficiales de los jefes, varios ancianos de los poblados y hombres más jóvenes que intervienen en la vida política y tienen influencia en los asuntos comunitarios. Es aquí donde se tratan y se resuelven los asuntos comunitarios, donde los pobladores reciben sermones sobre moralidad y donde se enseña la visión kuna del mundo. Eso se hace, en su mayor parte, por medio de largos cantos narrativos que pertenecen a una tradición llamada "El Camino del Padre". Estos cantos constituyen una crónica de la historia colectiva de los kunas y explican con lujo de detalles el funcionamiento del cosmos. Los cantos comprenden textos básicos de historia, moralidad, ciencias naturales y civismo, y se complementan con análisis, a menudo bastante largos, de los "intérpretes", quienes establecen una relación directa entre el contenido de los cantos, los oyentes y los problemas del mundo contemporáneo.

Los kunas aprenden sobre el mundo natural escuchando los cantos históricos en las asambleas, participando en ceremonias rituales de diversos tipos y analizando en contextos menos oficiales todas las formas del saber sobre el mundo espiritual y sus habitantes. Las bases filosóficas del sistema kuna provienen principalmente de los dirigentes comunitarios y de los especialistas en rituales; la substancia del sistema está formada por la experiencia acumulada por los kunas durante toda una vida de relación con la naturaleza, en la selva, en los arrecifes costeros y en los manglares. En los viajes que los hombres, en particular, realizan diariamente a tierra firme para cultivar la tierra, pescar, cazar, conseguir materiales de construcción y leña y realizar otras tareas, adquieren un conocimiento profundo del medio, que a su vez constituye la base de las tradiciones orales. Los cantos describen lugares que existen en la selva y a lo largo de los estuarios costeros, describen el aspecto y el comportamiento de los animales, la germinación y el ciclo de crecimiento de las plantas, y muchos otros fenómenos naturales que no serían más que abstracciones si los oyentes no tuviesen experiencia como participantes en el mundo que los rodea. En ese sentido, los cantos son tranquilizadores: catalogan cosas conocidas, reafirmando una forma de vida coherente y satisfactoria, y eso representa una buena parte del significado para los oyentes. Sin esta experiencia del diario trajín "tradicional", los cantos carecerían de sentido, serían textos que describen una realidad muy alejada de su vivencia. No causa sorpresa que los ancianos consideren esta visión del mundo, expresada en la ciencia sagrada popular, como la esencia —o como ellos la llaman, el "alma"— de su identidad kuna.

El cosmos según los kunas[4]

Según la tradición kuna, la Tierra es el cuerpo de la Gran Madre, que en un comienzo se apareció desnuda. De su unión con el Gran Padre nació toda la vegetación, los animales y los seres humanos. Cuando la Gran Madre y el Gran Padre llegaron, pensaban en el futuro: "sus pensamientos no tenían fin", y prepararon su creación para que recibiera mucho después a la "Gente Dorada", es decir, los kunas. En esa época, el mundo era espíritu puro, y todos los niños nacidos de la Gran Madre también eran espirituales.

Cada hijo de la Madre recibió un nombre e instrucciones sobre sus deberes en la Tierra, de la misma manera que la Madre fue aleccionada cuando llegó. Se informó a las plantas medicinales sobre su función en la curación de enfermedades; a algunos animales se les dijo que los kunas los usarían para alimentarse; varios árboles de madera dura se enteraron de que serían utilizados como material para construir viviendas; etc.

Cuando la primera fase de la creación concluyó, la Gran Madre dio a luz a un espíritu llamado Muu (literalmente, "abuela" o "partera") y lo instaló en una casa grande en la orilla del Río de las Neblinas. Después llegó otra pareja de espíritus —un hombre llamado Olobenkikiler y su compañera, Olokekebyai— que fueron colocados en la Región de los Arboles, cerca del territorio de Muu. La Madre y el Padre renunciaron a sus deberes reproductivos, asignando a Muu la tarea de engendrar todos los animales y seres humanos de allí en adelante. A la pareja de espíritus que vivía en la Región de los Arboles se le asignó la tarea permanente de reproducir todas las plantas de la Tierra.

En el comienzo, el mundo era un paraíso. La Madre, vestida de la vegetación de la selva, vivía sola en la ribera de un río inmenso que fluía suavemente, y cuidaba a todas sus criaturas. En esa época se llamaba Olodililisobi y su cuerpo, la Tierra misma, era tan blando como el de un recién nacido[5]. Los árboles no tenían una corteza dura, la madera era blanda y fácil de cortar, y de ellos brotaba una savia dulce y de deliciosa fragancia. No había plantas con espinas. Las plantas comestibles daban fruto cada cuatro días.

Los jabalíes eran tan mansos como sus primos domesticados, y los guacos eran tan dóciles como los pollitos. Cuando la Madre tenía hambre, lo único que tenía que hacer era decir: "Quiero comer jabalí" o "Quiero comer agutí", y el animal que ella mencionara se aparecía en el patio. Ella lo mataba con el machete, lo descuartizaba y lo asaba. Para conseguir pescado, colocaba una canasta en la orilla del río y los peces saltaban obsequiosos a la canasta.

No existía la miseria, ni el sufrimiento, ni la enfermedad. Las corrientes del río eran mansas. El sol brillaba suavemente y sus rayos eran aterciopelados como los de la luna. La lluvia caía blandamente sobre la Tierra delicada. Atravesaba la selva una brisa serena cargada de dulces fragancias. No había insectos dañinos ni animales ponzoñosos. En la Tierra no había espíritus que causaran enfermedades, y no se sabía lo que era la muerte.

Fue en este paraíso utópico que aparecieron los primeros seres humanos, un hombre llamado Piler y su esposa, Pursobi. Tuvieron cinco hijos, todos ellos chamanes poderosos, que engendraron un sinnúmero de hijos que los kunas llaman "hombres animal". Estos hombres animal no eran animales, pero sus rasgos físicos y su manera de comportarse los vinculaba a animales específicos de la selva. Entre los que nacieron en esa época se encontraban el hombre tapir, el hombre jaguar, el hombre agutí, el hombre serpiente, el hombre avispa y otros. Uno de los hijos de Piler y Pursobi fue el padre de una serie de espíritus virulentos que causaban parálisis, tumores, furúnculos, vómitos podridos, la "enfermedad amarilla" y un sinnúmero de otras enfermedades. Otro hijo fue el padre del frío y de los vientos huracanados.

A medida que los hombres animal fueron esparciéndose por la faz de la Tierra, la corrupción se volvió frecuente y comenzó a propagarse. En esa época, los habitantes del mundo a menudo se emborrachaban en jolgorios en que medían sus fuerzas unos contra otros, riñendo en forma indiscriminada y haciendo estragos con su magia caótica. Al hombre tapir le encantaban los torneos alocados de lucha libre con el hombre manatí, en los cuales se caían por los huecos de las paredes y partían árboles por la mitad. El padre del frío traía ciclones y tempestades de nieve simplemente para hacer alarde de su habilidad, en tanto que el padre de las enfermedades se divertía propagando el sufrimiento y la muerte. El veneno de las avispas era letal. Bastaba que las serpientes miraran a sus víctimas para hacerlas temblar y ocasionarles la muerte.

La corrupción que había mancillado a los habitantes de la Tierra produjo un cambio fundamental en la naturaleza de las cosas. La madre tomó el nombre de Olokwatule[6]. Su carne se endureció, y la vida en la Tierra se volvió penosa y precaria. Los árboles y los arbustos se volvieron duros y fibrosos, y exudaban una savia amarga que quemaba la piel. La selva se llenó de olores fétidos. Crecieron espinas y las plantas comestibles mezquinaban su fruto. Los animales de la selva se convirtieron en bestias salvajes y peligrosas. En la estación de las lluvias, los ríos crecían, formando torrentes arrolladores, y el sol calcinaba la piel. La naturaleza en general perdió su actitud benigna y protectora, y se volvió impredecible y traicionera. Fue en esa época que la substancia se extendió sobre la esencia espiritual de la Tierra.

El Gran Padre, preocupado, envió ola tras ola de "hombres buenos" con la misión de aconsejar a los descarriados y guiarlos de vuelta a la senda moral. Estos emisarios viajaron por todas partes, hablando y cantando en las aldeas de la Tierra, advirtiendo sobre los castigos inminentes que recibirían del Gran Padre si no abandonaban sus hábitos libertinos. Pero los pobladores no los escucharon. Dijeron a los emisarios que sabían muy bien lo que estaban haciendo, que ellos habían llegado primero a la Tierra y que eran descendientes directos de Piler, el hijo del Gran Padre y de la Gran Madre. El respeto se había perdido en tal grado que a veces interrumpían los cantos en el recinto de las asambleas con ventosidades ruidosas.

Al ver que sus intentos de cambiar el curso de los acontecimientos eran inútiles, el Gran Padre envió ciclones y terremotos para castigar a los habitantes. La superficie de la Tierra se dio vuelta, y todo y todos fueron arrojados al cuarto nivel del cosmos, donde todavía residen en forma espiritual. El Cosmos estaba formado por ocho niveles; los dominios del Gran Padre se extendían en el octavo, donde velaba por el espíritu de las personas "buenas" después que se morían en la superficie de la Tierra. Muu continuaba con sus funciones reproductivas en el cuarto nivel, al igual que la pareja encargada de hacer germinar las plantas de la Tierra. De hecho, el cuarto nivel se convirtió en el lugar donde se llevaban a cabo todas las actividades reproductivas de la Tierra y en la fuente de la lluvia, los ríos y los mares.

Otra vez la población de la Tierra aumentó, y ello trajo aparejados más corrupción y desorden. El Gran Padre envió a un hombre, llamado Mago, para aconsejar a los habitantes aviesos. Dos de los hijos de Mago, un niño y una niña, tuvieron una relación incestuosa, y de su unión nacieron ocho niños. El más destacado fue Tad Ibe, el primer gran héroe de la cultura kuna[7]. Tad Ibe y sus hermanos se propusieron aprender los principales cantos y remedios curativos, y con esos conocimientos lograron reducir el terrible poder de los malos espíritus de la Tierra a una leve sombra de lo que habían sido en otros tiempos.

Tras una vida de lucha contra el mal, Tad Ibe y sus hermanos se fueron al cielo, y la historia de la Tierra continuó desarrollándose. Cuatro veces fue poblada la Tierra y después purificada de la corrupción que crecía y cundía desenfrenada: primero por vientos huracanados, después por el fuego, más tarde por la oscuridad y finalmente por una gran inundación. Cuando las aguas bajaron, apareció el Pueblo de Oro. Poco después, el Gran Padre envió al segundo gran héroe de la cultura, Ibeorgun, y a su hermana, Olokikadiryai, para que educaran a los nuevos habitantes. En esa época, los kunas no sabían nada de su historia y vivían en un estado similar al de los animales. Vagaban por la Tierra semidesnudos, no conocían ninguna ceremonia, no sabían lo que eran los lazos de parentesco y dejaban que los muertos se pudrieran en el suelo cerca de sus aldeas. Ibeorgun y su hermana viajaron mucho. Fueron a todas las aldeas kunas y enseñaron a los pobladores su cultura.

Gran parte de lo que enseñaron a los kunas fue los conocimientos que Tad Ibe y sus hermanos habían adquirido mucho tiempo antes, pero que se habían perdido durante las catástrofes sucesivas. Una vez cumplida su misión, Ibeorgun y Olokikadiryai se fueron de la superficie de la Tierra y llegaron nueve chamanes poderosos para continuar la labor de enseñanza. Fue en este período que aparecieron en Kuna Yala los forasteros de piel blanca que venían de un lugar llamado *Yurup*, al otro lado del océano.

El mundo espiritual de los kunas

El mundo, tal como existe en la actualidad, tiene una naturaleza dual: está formado por lo que se llama "el mundo espiritual" y "el mundo substancial". El mundo espiritual no se puede percibir por medio de los sentidos; sin embargo, rodea todas las cosas materiales y reside en cada una de ellas. Los seres humanos, las plantas, los animales, las rocas, los ríos y los poblados tienen "almas" invisibles que son copias espirituales del cuerpo físico[8]. El mundo del espíritu sustenta al mundo de la substancia y le da su fuerza vital. Al mismo tiempo, se extiende en todas direcciones por los ocho niveles del cosmos, que no tienen duplicados materiales. Estos niveles constituyen un orden diferente de la realidad, donde ya no existen puntos de referencia conocidos, y los espíritus humanos que viajan por allí pueden desorientarse, confundirse y perderse fácilmente. Muy pocos especialistas en rituales kunas dejan que su espíritu deambule por este reino, salvo que sea absolutamente necesario, y sólo después de preparativos minuciosos y de tomar las debidas precauciones.

El reino del espíritu influye constantemente en la vida cotidiana de los kunas. Periódicamente, los espíritus atacan a los débiles e indefensos, causando enfermedades, deformaciones y la muerte. Los espíritus merodean por los poblados kunas ocultos bajo el manto de la oscuridad, asustando a los transeúntes solitarios en las calles oscuras y robándoles el alma. Los niños, y especialmente los recién nacidos, son sumamente vulnerables a los ataques de los espíritus, y hay que vigilarlos con mucho cuidado día y noche. Los hombres que andan solos por la selva se encuentran con espíritus cara a cara y se ven obligados a huir para salvarse. No obstante, la vida en general es relativamente benigna para los que se comportan conforme a las normas de la moral y toman las precauciones necesarias. Los espíritus generalmente respetan a las personas que cumplen las reglas, las cuales están plasmadas en la tradición kuna y son fortalecidas por esta tradición.

Según la tradición kuna, hay ciertos lugares fuera del perímetro del poblado que son santuarios de los animales y plantas espirituales, o "demonios". Hay comunidades de espíritus que viven en las colinas y las montañas en tierra firme, en "remolinos" debajo de la superficie del mar, de los lagos, de los ríos y de los pantanos, y en las nubes que flotan en el cielo. Los kunas a menudo describen los dominios de tierra firme como "corrales" llenos de animales terrestres. Cada vez que una especie de la jungla se agota, los "guardianes" sueltan animales de los corrales para reponer la especie. Asimismo, durante los meses en que los ríos se desbordan y los mares se alborotan, de los remolinos de la Tierra brotan peces, tortugas y toda clase de criaturas marinas. Las nubes gigantes que se hinchan y ruedan sobre la tierra firme en el apogeo de la estación de las lluvias llevan animales y los dejan caer sobre la selva con la lluvia. Es por medio de una substancia fluida colectiva —la sangre menstrual de la Madre— que fluye desde el centro del cosmos hacia la superficie de la Tierra que la selva y el mar se llenan continuamente de seres vivientes.

Sustentada y animada por el reino del espíritu, la Tierra de los kunas es a la vez un ser vivo y manantial de vida. Es el cuerpo de la Madre, que continúa su eterna tarea de regenerar el planeta con plantas y animales nuevos que salen de su seno en las profundidades del cosmos. La espesa capa de selva que recubre las montañas y los valles son las "vestiduras verdes" de la Madre. Para los kunas, los ríos son a la vez la vagina de la Madre, por su función reproductiva, y su pecho, ya que nutren a las criaturas con la leche materna. Ella da a los kunas alimentos, materiales de construcción, leña y un sinnúmero de otros objetos que necesitan para sobrevivir. En las asambleas nocturnas, los jefes kunas advierten constantemente a su pueblo que deben tratar con respeto a la Madre y a todas sus criaturas.

Los kunas y la conservación de la naturaleza

Esta visión cósmica constituye la base filosófica de lo que podría llamarse la "ética kuna de conservación de la naturaleza". El elemento aglutinante es el respeto por la Tierra y la necesidad de que la humanidad cuide el legado natural que se ha colocado sobre la Tierra para su beneficio. De hecho, los kunas han dado un carácter tan personal a la naturaleza que tratan a los animales, las plantas y los espíritus de toda clase como si fueran seres humanos. Deben tratarlos con respeto, alabarlos y negociar con ellos. Por ejemplo, antes de recoger plantas medicinales, los curanderos kunas les explican su misión. Después siguen normas muy estrictas al cortar ciertas partes de las plantas, envolviéndolas en hojas y colocándolas en canastas de fibras para el viaje de regreso. Cuando los remedios están listos para usar, el curandero "aconseja" al alma de las plantas en cuanto a lo que se espera que hagan en el cuerpo del enfermo. Todo eso se hace en una forma sumamente civilizada, e incluso cuando tratan con espíritus que causan enfermedades, los kunas que dirigen los rituales se comportan con cortesía y deferencia.

La idea de crear el parque Nusagandi como "jardín botánico" surgió de la creencia kuna en los "santuarios de los espíritus" en la selva que son el dominio exclusivo de colonias de espíritus. Aunque muchos de estos santuarios están ubicados en tierras cultivables muy fértiles a poca distancia de los poblados kunas, no se puede destruir la vegetación natural. En particular, algunos de los árboles más grandes no se pueden talar porque en sus ramas los espíritus cuelgan las cuerdas para secar la ropa. Cuando se transgreden estas zonas, en forma consciente o inadvertida, los espíritus que allí habitan comúnmente se enfurecen y se vengan desencadenando epidemias y pestilencias sobre la comunidad del transgresor. Sin embargo, se puede ir sin peligro a estos territorios de los espíritus para recoger plantas medicinales, tarea que se realiza con sumo respeto. Si bien la zona que ocupa el parque Nusagandi a lo largo de la divisoria continental no es un santuario de espíritus conocido, fue considerado explícitamente por sus fundadores como un refugio natural y jardín botánico siguiendo la misma tradición.

El resquebrajamiento de las antiguas creencias

Aunque la visión kuna del mundo está en permanente evolución e incorpora elementos nuevos con el transcurso de la historia, ha mantenido su coherencia en gran medida porque los kunas han gozado del raro privilegio de permanecer geográficamente aislados del resto del mundo, circunstancia que les ha permitido mantener intactas sus instituciones sociales y políticas. Las asambleas constituyen el centro de un sistema cultural que ha enseñado a una generación tras otra las costumbres kunas, manteniendo la continuidad y la coherencia. Al mismo tiempo, las presiones provenientes de adentro y de afuera de la sociedad kuna que se han sentido durante las últimas décadas han socavado profundamente este aislamiento, hasta tal punto que la Comarca es ahora un complejo de comunidades que van desde las que han sufrido una profunda transculturación hasta las tradicionales a rajatabla. Cualquiera que sea la situación de cada comunidad, los cambios acelerados se han convertido en un elemento fundamental de la vida de la región. Para comprender este proceso, lo mejor tal vez sea abordar primero el papel de la educación occidental.

La educación occidental en Kuna Yala

En 1904, la comunidad de Narganá, que está a una seis horas en lancha al este de Cartí, eligió como primer jefe a un kuna asimilado llamado Charly Robinson. Robinson había sido criado por una familia inglesa en la isla colombiana de Providencia, y cuando llegó a la edad adulta volvió a su isla natal con la misión de "civilizar" a su pueblo. Poco después de ser nombrado jefe, llegó a un acuerdo con el gobierno panameño para enviar a 17 niños del poblado a una escuela en la ciudad de Panamá, y en 1907 aceptó, a instancias de la Iglesia Católica y del gobierno, que un sacerdote llamado Leonardo Gassó predicara el Evangelio y dirigiera una escuela comunitaria. Si bien estos cambios fueron recibidos con ambivalencia en la isla de Narganá y en el poblado cercano de Corazón de Jesús, los demás poblados kunas, sin excepción, se opusieron con firmeza. La amenaza de una revuelta era tan grande que en 1908 Robinson solicitó y recibió del gobierno panameño una partida de armas de fuego y municiones para defender la isla de un ataque inminente.

Durante los treinta o cuarenta años siguientes, la enseñanza occidental estuvo en manos de diversas misiones religiosas alternadamente; sin embargo, fue creciendo constantemente en medio del conflicto y del recrudecimiento periódico de los disturbios. Fue extendiendo su esfera de influencia, gradualmente al principio y más rápidamente después. En los años sesenta se había implantado prácticamente en todas las comunidades de la región. Aunque los poblados cercanos a Narganá y Corazón de Jesús al principio se oponían firmemente a la penetración de la enseñanza occidental, ahora están fuertemente dominados por el sistema escolar. Cabe señalar que, a pesar de que los maestros de los poblados más tradicionales todavía están librando una batalla en la retaguardia con los ancianos de la comunidad, el efecto de la educación occidental en la mayor parte de la Comarca es notable y continúa extendiéndose.

Toda sociedad sana debe adaptarse a los cambios en las condiciones que la rodean, y es evidente que la cultura kuna ha evolucionado considerablemente con el tiempo. Por ejemplo, fue recién en el siglo XIX que los kunas se instalaron en las islas de coral frente a la costa, y en esa época las mujeres comenzaron a hacer las blusas con aplicaciones conocidas como *molas*. El acero, introducido por los españoles, revolucionó la forma en que los kunas explotan la selva en tierra firme, y el advenimiento de cultivos tales como bananas, plátanos, cocos y arroz, que ahora forman parte de la dieta de los kunas, produjo una transformación radical de la agricultura. Sin embargo, aunque estos cambios condujeron indudablemente a profundos ajustes en la visión kuna del mundo, fueron incorporados en dicha visión, y como los kunas conservaron su autonomía, lograron mantener el control del proceso de cambio.

No obstante, la introducción de la educación occidental ha desencadenado un proceso de cambio básicamente diferente de los cambios que los kunas habían experimentado antes, ya que comenzó a alterar su forma de pensar, afectando directamente a su visión del mundo. En muchos de los poblados que han sufrido una transculturación más profunda, todos los escolares deben asistir a clases hasta terminar sexto grado. En consecuencia, la escuela ha asumido gran parte de las funciones de socialización que antes desempeñaba la familia. En la práctica, esta regla saca a los niños de la selva exactamente en el momento en que, con el sistema antiguo, comenzarían a acompañar a su padre a tierra firme para aprender a cultivar la tierra, cazar, recolectar leña y realizar las demás actividades tradicionales de la selva. No se anima a los alumnos a que dediquen energía a tareas manuales, y cuando terminan las clases por la tarde temprano merodean por las islas, visitan a sus amigos, juegan al baloncesto y, de vez en cuando, estudian. De esta forma, en las islas donde hay escuelas que tienen hasta noveno grado (como Ustuppu y Narganá), muchos muchachos cumplen los 18 ó 20 años sin haber adquirido experiencia en las actividades que antes eran habituales para todos los hombres kunas. No tienen experiencia en la selva ni en el mar. No saben nada de agricultura y no están particularmente interesados en adquirir esa experiencia. Las muchachas, por su parte, dedican poco tiempo a aprender actividades femeninas. Dice una monja católica que enseñó durante más de veinte años en Kuna Yala tras su llegada en los años cincuenta:

> La mayoría de los que han recibido sólo educación primaria (hasta sexto grado) continúan cultivando la holgazanería, en vez de cultivar la tierra. Sus parientes se quejan de esta situación y dicen que cuando se mueran los viejos, que son los únicos que están interesados en la agricultura y no han ido a la escuela, el hambre azotará a la tribu debido a la holgazanería de los jóvenes; culpan a la educación moderna, a la civilización occidental, que ha producido estos cambios (Soto, 1973: 175).

Lo más triste de todo esto quizá sea que, en los poblados más asimilados, la mayoría de los jóvenes ya no aprenden mucho de sus padres. Para los jóvenes, el saber tradicional y la rica experiencia que poseen los mayores son, en gran medida, irrelevantes.

Muchos de los ancianos kunas que al principio promovieron la educación occidental no previeron el grado en que penetraría en la cultura kuna e incluso llegaría a dominarla. Un ejemplo es el caso de Nele Kantule, que tal vez sea el jefe kuna más importante de este siglo (véase Holloman, 1969:437-454; Chapin, 1983:444-467). Nele fue jefe de la comunidad de Ustuppu, que estaba aproximadamente en el centro de la Comarca, desde principios del siglo hasta su muerte en 1944. En los años veinte, Nele contrató dos maestros kunas que habían sido educados por los misioneros de Narganá y abrió una escuelita en su isla para enseñar a leer y escribir. Consideraba la educación occidental como un instrumento que permitiría alcanzar dos fines diferentes: por una parte, los kunas podrían usarla para adquirir los conocimientos de los panameños y encararlos en sus propios términos, y por otra les permitiría escribir las palabras de los cantos, transcribir las narraciones antiguas y conservarlas en libros, y así evitar la pérdida de la cultura. Al mismo tiempo, conocía los peligros de esta estrategia y predicaba constantemente contra la perversión del nuevo sistema. Además, prefería contratar maestros que fuesen kunas.

Sin embargo, por más que trataron, los kunas no lograron controlar y dirigir la fuerza que habían desencadenado. En los años cuarenta, la escuela de Ustuppu se había convertido en un edificio que albergaba seis grados, construido con planchas de madera importada. A mediados de los setenta, la escuela había crecido tanto que hubo que mudarla a un gran edificio de cemento en una isla contigua. Tenía más de 1.000 alumnos, desde jardín de infancia hasta noveno grado, con un escuadrón de 40 maestros kunas (Chapin, 1983:469).

El crecimiento de la escuela, tanto en tamaño como en número de alumnos, ha sido constante y rápido desde los sesenta, y los efectos de la difusión de la enseñanza occidental han llegado a todos los rincones. Cabe destacar que Nele fue un profeta al prever la importancia de la educación como arma defensiva a nivel nacional. En comparación con otros grupos indígenas de Panamá, los kunas han tenido mucho éxito en la esfera de la política panameña. Entre sus filas hay abogados, médicos, ingenieros agrónomos, biólogos, sociólogos, economistas y antropólogos que han cursado estudios en universidades de Europa, Estados Unidos y México, así como de Panamá; un médico kuna fue nombrado Viceministro de Salud a mediados de los ochenta. Casi todos los maestros del sistema escolar de Kuna Yala son kunas. Toda esta pericia, combinada con la cohesión y organización innatas de los kunas, les ha permitido crear instituciones que funcionan con relativa eficacia en las aguas turbulentas de la vida política panameña.

Sin embargo, la educación occidental ha tenido efectos secundarios que ni Nele ni sus colegas pudieron mantener a raya. Al parecer, Nele creía que aprender a leer y escribir era algo útil, pero de importancia relativa, algo extra y discreto, como un laminado que acabaría el todo sin invadirlo, mezclándose con la personalidad kuna básica tradicional. Nele nunca pensó que la identidad cultural de su pueblo se debilitaría y que los kunas se sentirían inclinados a convertirse en panameños, o que la educación moderna cambiaría drásticamente su forma de pensar. No obstante, eso es básicamente lo que ha ocurrido. Además de adquirir conocimientos útiles, la generación más joven de las zonas de mayor penetración de la educación occidental ha adquirido los valores sociales de un sistema foráneo, con todos sus prejuicios concomitantes, hasta tal punto que los jóvenes son fundamentalmente diferentes de sus padres. En estas comunidades hay no sólo una brecha generacional entre los ancianos y los jóvenes, sino también una brecha cultural, ya que los niños han sido formados con una visión diferente del mundo y en un idioma extranjero (español). Además, la cultura foránea ha sido presentada como algo superior a las costumbres ancestrales. Durante varios años, los alumnos escucharon en la escuela que la lengua kuna es un "dialecto" inferior y que la educación los prepararía para una vida más "civilizada" que la de sus padres, que eran simples agricultores. La historia y los rituales tradicionales se consideraban primitivos y, en el mejor de los casos, entretenidos. En un estudio comunitario realizado por los alumnos de la escuela de Ustuppu en 1973, las creencias relativas a la curación son tachadas de "supersticiones". Los autores de este estudio explican que las antiguas creencias están desapareciendo: "Por medio de la educación, poco a poco se logra cambiar esta mentalidad tradicional que en parte los afecta. La enseñanza de la ciencia les hace reconocer sus errores" (Chapin, 1983:478).

Mientras que este grado de repudio del mundo tradicional no se observa en los poblados más alejados, se cierne sobre ellos inexorablemente y ha creado confusión y ambivalencia en aquellos que han pasado por el sistema escolar. Aunque los alumnos de las islas que han experimentado el mayor proceso de transculturación se diferencian de sus padres de muchas maneras, siguen siendo kunas. Hablan un poco de español y saben leer y escribir, pero tampoco son panameños. Es común que los ancianos de estos poblados acusen a los jóvenes de no ser "kunas auténticos" porque desconocen o no comprenden la historia y los rituales tradicionales y no tienen idea de lo que es "importante" en la escala de valores tradicionales. Su identidad de "kunas auténticos" es fragmentada y su identificación con los panameños es aún más tenue. En un sentido muy real, estos jóvenes no son ni chicha ni limonada.

Los intentos para recuperar el pasado

Desde principios de los setenta, muchos jóvenes kunas de poblados que han sufrido la transculturación, y especialmente los que han cursado estudios secundarios y universitarios, han estado tratando de desenterrar sus raíces culturales y recuperar su condición de "kunas auténticos". Así surgió un movimiento incipiente de revitalización que se ha expresado en distintos grados en los poblados e individuos de la región mediante el uso de nombres kunas (en vez de nombres españoles e ingleses, como se hizo durante años), la elaboración de leyes oficiales para los poblados a fin de hacer obligatoria la participación en ciertos rituales, la construcción de edificios especiales para los rituales y la introducción de la historia tradicional en los programas de enseñanza. Entre los proyectos más importantes se encuentran la grabación y transcripción de cantos rituales y la realización de obras de arte con temas mitológicos. Los jóvenes kunas han abierto varios centros dedicados al estudio de la cultura kuna en la ciudad de Panamá y en varias de las islas más grandes, y algunos de los miembros, muchos de los cuales tienen una formación universitaria, están aprendiendo las tradiciones más esotéricas.

El proyecto PEMASKY fue concebido como un receptáculo en el cual se transportaría la antigua cultura para después combinarla con la ciencia occidental y crear algo parecido a una síntesis. Desde el comienzo, algunos kunas que trabajan en PEMASKY han sido artífices decisivos del Centro de Investigaciones Kunas (CIK), pequeño grupo de investigadores formado principalmente por kunas que son expertos en ciencias sociales. A principios y mediados de los ochenta, el CIK inició varios estudios comunitarios y llevó a cabo investigaciones sobre los métodos de caza y los sistemas de agrosilvicultura tradicionales, en tanto que la presencia de PEMASKY lo atrajo hacia la conjunción de la cultura tradicional y el manejo de los recursos naturales. La etnobotánica de los kunas se perfiló como un importante campo de investigación que podía entrelazarse con la botánica científica occidental. De la misma forma, se han suscitado grandes debates internos sobre la forma de coordinar los conocimientos tradicionales del reino animal con la zoología de los científicos del Instituto Smithsonian o de Investigaciones Tropicales. Se habló de llevar especialistas en rituales kunas al parque para que identificaran y etiquetaran plantas y de organizar seminarios y cursos de ciencia tradicional.

El renacimiento vacilante

Lamentablemente, muy pocos de los puntos del temario de PEMASKY han recibido aunque sea atención superficial. Con la excepción de algunas declaraciones muy generales sobre la importancia del saber tradicional, no salió nada substancial de los esfuerzos para incorporarlo en el programa de operaciones. No se transcribieron canciones ni se recopilaron historias relacionadas con la naturaleza, ni se preparó plan alguno para llevar a especialistas tradicionales al parque para que acompañaran a los técnicos. Se hizo una rápida incursión en los sistemas de agrosilvicultura tradicionales, pero eso también fue un fiasco y no se hizo nada más después de los estudios iniciales (y muy superficiales) realizados por un integrante del equipo técnico y un ingeniero agrónomo inglés del Centro Agronómico Tropical de Investigación y Enseñanza (CATIE). En 1987 se estableció en Nusagandi un pequeño jardín botánico de arbustos y árboles etiquetados con los nombres kunas y los nombres científicos, tarea que fue abandonada poco después.

En el mismo orden de cosas, prácticamente todos los planes de los últimos 15 años, tanto de PEMASKY como de otros centros, de grabar y transcribir historias orales y publicar libros y folletos han sido intrascendentes o ineficaces. Los intentos de los dirigentes comunitarios de las zonas asimiladas de restablecer los festivales y rituales anuales, con participación obligatoria, han fracasado sistemáticamente. Por lo general, en los poblados donde la vida tradicional se ha desgastado mucho, los programas para dar marcha atrás y recuperar el pasado no han dado resultado. En los lugares donde las tradiciones conservan su lozanía, no se considera necesario preservar los conocimientos esotéricos; la gente simplemente continúa practicando sus rituales y sumergiéndose en las historias orales, observando con nerviosismo el avance de la cultura occidental en la periferia. El proceso de desplazamiento continúa avanzando por todas partes.

En los poblados más asimilados, así como en la ciudad de Panamá, algunos jóvenes kunas han intentado dar nueva forma al saber ancestral con obras de teatro y la poesía. Estas obras son bastante interesantes, puesto que contienen fragmentos de las tradiciones orales, pero su estructura y contenido emocional son decididamente occidentales. Los cantos y la oratoria de las asambleas están cargados de metáforas e imágenes intrincadas y muy coloridas, y se caracterizan por una cadencia estoica (véase Howe, 1979). Las creaciones de los jóvenes, en cambio, son superficiales en cuanto al contenido tradicional, exhiben una relación distante con la selva (aunque ésta es invariablemente uno de los temas centrales) y presentan temas y emociones más a tono con la cultura panameña que con los kunas (por ejemplo, el amor juvenil a menudo se presenta en el marco de un romanticismo florido que no tiene cabida en la cultura kuna tradicional). Por más bien hechas que estén estas obras, que generalmente son populares entre los kunas y el público de otras razas en la ciudad de Panamá, poco se parecen a las antiguas tradiciones. Están hechas de una tela nueva y cortadas con moldes modernos.

Todos los intentos de revivir y revitalizar las historias tradicionales orales han fracasado. Me gustaría plantear algunas razones por las cuales creo que ha ocurrido eso. Han suscitado una gran resistencia por razones que están íntimamente relacionadas con los factores que entran en juego en la pérdida gradual de los conocimientos rituales en general. En primer lugar, los intentos de grabar y transcribir los cantos han tropezado con la falta de una metodología coherente y de coordinación. Una indicación de esa incoherencia es que todavía no se ha adoptado un alfabeto normalizado para la lengua kuna, que no es escrita[9]. En 1975, una lingüista del Ministerio de Educación trató de organizar un grupo de jóvenes maestros de la escuela de Ustuppu para que elaboraran un programa bilingüe y bicultural para Kuna Yala. La empresa duró menos de una semana y se empantanó en una batalla sobre la ortografía y en la confusión general de los maestros sobre la metodología. Estallaron batallas verbales entre la vieja y la nueva generación sobre el carácter sagrado de las tradiciones, y al final los ancianos votaron en la asamblea para que la lingüista fuese expulsada de la isla. Evidentemente, el desacuerdo de los kunas en torno a un alfabeto oficial entraña mucho más que consideraciones mecánicas de índole lingüística.

Sin embargo, quizá sea aún más importante el hecho de que los jóvenes consideran las historias tradicionales y los cantos para curar males como piezas curiosas de museo, y no como conocimientos prácticos que podrían utilizar en la vida diaria. Mientras que los ancianos kunas tratan las historias orales como documentos vivientes que describen, explican e interpretan un mundo en el cual son participantes activos, los jóvenes las perciben como narra-

ciones exóticas que describen un mundo foráneo, de forma muy
similar a la que los europeos de la actualidad consideran los "cuentos de hadas" de los hermanos Grimm.

Los jóvenes asimilados no están dispuestos a pasar horas y
horas en la sala de las asambleas escuchando los cantos para a-
prender las tradiciones, y están menos dispuestos aún a aprender a
ser curanderos porque todos los cantos que componen esta tradición,
que abarca el conocimiento más secreto y profundo del mundo
simbólico de los kunas, se ejecutan en un lenguaje ritual tan diferente del kuna coloquial que es ininteligible para los no iniciados
(véanse Chapin, 1983:179-206 y Sherzer, 1983:21-71). Los jóvenes
preferirían aprender las historias y teorías tradicionales del funcionamiento del mundo en forma resumida, en un libro o en una
revista que pudieran tomar de un estante y leer cuando sintieran la
necesidad. Les interesan los cantos porque creen que les dirán algo
de lo que significa ser un "kuna auténtico", pero fuera de eso significan muy poco para ellos. No están interesados en ser especialistas
en rituales como sus padres, ni están ansiosos por cantar en las
asambleas. En otras palabras, "el saber tradicional" tiene un significado fundamentalmente diferente para los ancianos y para los
jóvenes asimilados, y lo encaran en forma muy diferente.

En segundo lugar, a fin de comprender la esencia de los conceptos tradicionales del mundo, el muchacho kuna tiene que conocer la selva al dedillo. Debe ser capaz de identificar las plantas y
los animales. Debe saber cómo se comporta cada animal, cómo
cambian los ríos y la selva en cada ciclo anual, dónde viven los
espíritus y cómo se llaman sus dominios, y toda una serie de cosas
que sólo se pueden aprender con un contacto íntimo y prolongado
con la tierra firme, los estuarios costeros y los arrecifes frente a la
costa. Sin estos conocimientos, que se adquieren en forma práctica
a lo largo de años de trabajo y estudio en la selva y en el mar, los
cantos virtualmente carecen de sentido. No se pueden encontrar los
remedios y los materiales que se usan para diversas tareas
domésticas ni identificar los animales, y menos aún cazarlos. A
menos que los jóvenes se conviertan en agricultores, como sus

padres, todo intento de recuperar el pasado por medio del estudio del saber ritual será inútil y vacío.

En tercer lugar, aun los jóvenes que se interesan en volver a aprender las tradiciones orales a menudo no ven que lo que están haciendo tenga alguna utilidad particular fuera del provecho personal que puedan sacar, el cual es muy limitado. Hace muchos años, los especialistas en rituales no esperaban recibir ninguna remuneración monetaria por sus servicios. En cambio, eran considerados como servidores sociales y ocupaban un rango especial en la comunidad. Esa retribución era suficiente. Durante las últimas décadas, en las comunidades más asimiladas el prestigio de los rituales ha disminuido constantemente y la mayoría de los especialistas ahora cobran honorarios nominales por sus servicios, a fin de ajustarse a la economía monetaria que tan profundamente se ha infiltrado en la región. Sin embargo, como los ejecutantes de los rituales deben recibir un entrenamiento arduo y prolongado y ya no se hacen acreedores de dinero o prestigio, muy pocos jóvenes se muestran interesados en hacer de los rituales una carrera. En el contexto actual, existen muy pocos incentivos para aprender los ritos, ya sea para ser especialista o por puro interés en estos conocimientos. Esta profesión simplemente carece del significado social que tenía antes.

En cuarto lugar, las características demográficas han cambiado tanto durante los últimos 50 años que los pobladores de muchas comunidades ya no tienen tiempo para convertirse en especialistas en rituales y ni siquiera para participar en rituales como las ceremonias de la pubertad y el exorcismo colectivo. En los años treinta, muchas familias kunas estaban formadas por más de 20 ó 25 personas y contaban con cinco o seis hombres adultos que se encargaban de la subsistencia de los miembros de la familia. La fuerza laboral era grande y estaba bien organizada en torno a las necesidades familiares. Los alimentos, según el decir general, eran abundantes y variados. Como todos los aspectos de la subsistencia estaban plenamente satisfechos y todavía no se usaba dinero en la economía alimentaria, prácticamente todas las familias podían mantener en su seno un especialista en rituales y siempre tenían tiempo para participar en ceremonias y festivales.

Hoy en día, con la migración en masa de los hombres a los centros urbanos de Panamá, el tamaño de la familia se ha reducido a un cuarto de lo que era antes, y es común encontrar a hombres solteros (a menudo mayores de 50 años) que son los únicos proveedores de la amplia selección de productos básicos que se consiguen en la selva. En muchos poblados, menos de la mitad de los hombres de edad productiva se dedican a la agricultura, y aunque los miembros de la familia que trabajan en la ciudad de Panamá o en Colón generalmente envían un poco de dinero a sus poblados, comprar alimentos es un problema constante. En vista de ello, ya no se puede permitir que un hombre en condiciones de ser proveedor pase mucho tiempo aprendiendo rituales, recolectando plantas medicinales en los rincones de la selva u ocupándose de los largos preparativos para los rituales. Incluso participar en las ceremonias, algunas de las cuales duran de cuatro a ocho días consecutivos, constituye una carga excesiva. En pocas palabras, casi todos están absorbidos por actividades productivas que les dejan poco tiempo para cualquier otra cosa, especialmente cuando esa "cualquier otra cosa" ya no tiene el prestigio que tenía antes.

Todos estos obstáculos cobran proporciones mayores aún para los integrantes del equipo técnico de PEMASKY, ya que el parque abarca tres mundos geográfica y culturalmente diferentes: la ciudad de Panamá, donde se encuentran las oficinas administrativas del proyecto; el parque de Nusagandi, situado en el plácido aislamiento de la cresta de la divisoria continental; y los poblados de las islas de Kuna Yala. El viaje entre estos tres lugares es difícil y lleva mucho tiempo. Para ir de la ciudad de Panamá a las islas hay que volar en avioneta hasta una de las pistas de aterrizaje de arena y grava de la costa, y para pasar de una isla a otra, que están dispersas a lo largo de 200 kilómetros de costa, hay que ir en piragua con motor. El viaje desde la ciudad de Panamá hasta el centro de Nusagandi debe hacerse en un vehículo con tracción en las cuatro ruedas por un camino escarpado de lodo y grava, y dura tres horas. El camino desde el centro hasta la costa de Kuna Yala es muy peligroso. En consecuencia, el personal del proyecto nunca ha podido trasladarse fácilmente entre los tres sitios y muy pocos ancianos se han mostrado interesados en caminar 21 kilómetros a lo largo de la costa para llegar a las estribaciones de la divisoria continental. Por lo tanto, los integrantes del equipo técnico pasan la mayor parte del tiempo en la ciudad de Panamá con su familia.

Después de todo, la ciudad de Panamá es el escenario de prácticamente todos los contactos de PEMASKY con los organismos que le proporcionan asistencia técnica y financiera. Por esa razón, allí es donde se realizan la mayoría de las reuniones, trámites, llamadas telefónicas y otras actividades diplomáticas y burocráticas. En ese contexto, el dominio de la visión occidental del mundo es abrumador. Todos hablan en español. El personal ha trabajado constantemente desde que se puso en marcha el proyecto en la preparación de numerosos documentos técnicos, y la mayor parte del trabajo debe ceñirse a las pautas dictadas por el mundo ajeno a los kunas. Un ejemplo es el plan de manejo integral, que en gran medida sigue el modelo ofrecido por el Centro Agronómico Tropical de Investigación y Enseñanza (CATIE) de Costa Rica. Este documento es imprescindible para que el parque sea designado reserva de la biosfera, objetivo que los kunas vienen persiguiendo desde 1985[10]. En este marco, no causa sorpresa que, en el proyecto en conjunto, el miembro científico occidental de la supuesta ecuación cobre una prominencia mucho mayor que el saber tradicional de los ancianos de Kuna Yala.

El futuro

Los kunas se enfrentan con las décadas venideras en una etapa crucial de transición en su proceso evolutivo. El viejo mundo está desapareciendo en algunos poblados y aferrándose a la vida en otros, mientras que el nuevo mundo, con sus valores y creencias concomitantes, está llenando los espacios que van quedando vacíos. La influencia del mundo ajeno a los kunas ha llegado prácticamente a todos los rincones de la región con una intensidad que Nele Kantule nunca podría haber comprendido.

Muchos observadores han señalado la forma notable en que los kunas se han adaptado y han conservado su identidad en un mundo en evolución que cada día los constriñe más, y ponen de relieve su vitalidad e instinto de supervivencia. Es posible que los kunas logren conservar su autonomía social, política y económica durante algún tiempo y que perduren como grupo. Sin embargo, aunque eso ocurra, su sistema social sufrirá profundos cambios, que convertirán gran parte de la visión del mundo ancestral en algo anacrónico e irrelevante. Las antiguas tradiciones están tan íntimamente ligadas a la forma de vida que, a medida que la vida va cambiando, el conjunto de creencias que la explican y le dan importancia simbólica debe experimentar una transformación paralela. De ello seguramente surgirá una nueva síntesis, pero el meollo de la rica cultura expresiva de los kunas, que abarca la historia colectiva de la tribu y el complejo de creencias relacionadas con el funcionamiento del universo, puede perdurar sólo en el marco tradicional, que está desapareciendo rápidamente.

* * *

Queda pendiente una pregunta decisiva sobre el trabajo que se realiza en Nusagandi: Si el sistema de creencias tradicionales que se describe en este ensayo desaparece y ya no forma parte viva de la cultura, ¿continuarán los kunas tratando a la Tierra y a todas sus criaturas con el mismo respeto? Y si ello ocurre, ¿podrá la nueva ética ecológica de la tradición científica occidental suplantar la cultura perdida y desempeñar una función que se le asemeje aunque sea vagamente?

MAC CHAPIN es el director del Programa para Centroamérica de Cultural Survival (Arlington, Virginia, EE.UU.).

NOTAS

1 Las ideas que se exponen en el presente ensayo fueron tomando cuerpo en el curso de largas conversaciones que mantuve con James Howe du-

rante los últimos veinte años. Ambos coincidimos en que el tema no está agotado.

2   El nombre Kuna Yala significa "territorio kuna" en kuna. Hace poco, los kunas adoptaron este nombre y dejaron de lado el de San Blas, que todavía usa la mayoría de los panameños y se encuentra prácticamente en todos los artículos sobre los kunas. Herlihy (1989:21) define el concepto panameño de comarca como "territorio indígena con una organización política semiautónoma bajo la jurisdicción del gobierno federal".

3   El análisis más completo de la "asamblea" como centro de la vida política kuna es el de Howe (1986).

4   La mayor parte de la información en que se basa este apartado fue tomada de Chapin (1970 y 1983).

5   La palabra *dilidiligwa* significa "suave, blando", "como la carne de un recién nacido", según me informó un ritualista kuna.

6   De la palabra *kwa,* que significa el duramen de un árbol; da la idea de dureza.

7   Tad Ibe era el sol. Su hermano más importante era Puisku, el lucero del alba. Sus otros hermanos (Olele, Puutule, Kwatkwatule, Olowagibipilele y Olosuignibelele) eran estrellas, al igual que la única mujer del grupo, Oloawai-ili.

8   La palabra kuna *purpa* tiene muchos significados conexos y se puede traducir en distintos contextos como "alma", "espíritu", "sombra", "imagen" (como en "imagen del rostro" o fotografía), "sangre menstrual" (*purpa* roja), "semen" (*purpa* blanca), "secreto", etc. Puede interpretarse como la esencia de las cosas materiales.

9   Se han propuesto varios sistemas con el correr de los años. Los bautistas han traducido la biblia con una ortografía a la que posteriormente se aproximó el lingüista sueco Nils Holmer (1951). El sistema de Holmer fue adoptado por Sherzer (1974), Howe (1974) y Chapin (1983). Sin embargo, he dejado de lado esta ortografía porque confunde al lector (por ejemplo, la "k" se pronuncia con un sonido suave o sonoro, como el de la "g", en tanto que "kk" se pronuncia con un sonido fuerte o no sonoro, como el de la "k"), y los mismos kunas generalmente la rechazan. Los intentos de los kunas por adoptar una escritura normalizada para la

educación bilingüe han suscitado violentos debates y no se ha llegado a una solución.

10 La designación de reserva de la biosfera, patrocinada por el programa "El hombre y la biosfera" (MAB), no tiene ningún peso jurídico, pero concedería cierta protección al parque de los kunas debido a que se reconoce a nivel internacional.

BIBLIOGRAFIA

Chapin, Mac

1970   *Pab Igala: Historias de la tradición kuna.* Centro de Investigaciones Antropológicas, Universidad de Panamá, Panamá.

1983   *Curing Among the San Blas Kuna of Panama.* Tesis doctoral inédita, Universidad de Arizona, Tucson.

Herlihy, Peter H.

1989   "Panama's Quiet Revolution: *Comarca* Homelands and Indian Rights". *Cultural Survival Quarterly*, Vol. 13, No. 3, págs. 17-24.

Holloman, Regina Evans

1969   *Developmental Change in San Blas.* Tesis doctoral inédita, Universidad del Noroeste.

Howe, James

1986   *The Kuna Gathering: Contemporary Village Politics in Panama.* University of Texas Press, Austin.

Sherzer, Joel

1983   *Kuna Ways of Speaking: An Ethnographic Perspective.* University of Texas Press, Austin.

Soto L., Sor Rosa María

1973   *La estructura de la familia en la tribu cuna.* Disertación para la licenciatura en misiología, Pontificia Universidad Urbaniana, Roma.

Capítulo 6

POESIA NEGRA EN LA COSTA DE ECUADOR

Juan García Salazar

Juan García Salazar, nacido en 1944, creció en una pequeña aldea cerca de la desembocadura del río Santiago, en la provincia Esmeraldas de Ecuador. Su madre, una mujer de la zona, era negra, y su padre un español refugiado de la Guerra Civil. Cuando Juan tenía cinco años de edad, falleció su padre, y su madre lo mandó a vivir con un médico en una isla vecina, que prometió cuidar al chico a cambio de su trabajo.

Obligado a abandonar la escuela siendo muy joven para ganarse la vida, Juan es en gran medida un autodidacta. Aprendió italiano mientras estudiaba en un orfanato dirigido por sacerdotes italianos, y aprendió francés cuando vivía con una familia de habla francesa. Juan tiene un amplio conocimiento de la poesía africana escrita en francés y ha estudiado documentos que se refieren al tráfico de esclavos desde el Africa occidental francesa. Aprendió métodos de investigación y técnicas antropológicas como asistente de varios científicos en trabajos en el campo. Al mismo tiempo ha ido aprendiendo algo de inglés.

Desde su niñez, Juan ha trabajado en una u otra cosa. Cuando niño, navegaba con su madre entre las islas del estuario local hasta Tumaco, para intercambiar arroz por ropa. Más adelante aprendió carpintería. Durante varios años, estuvo a cargo de una pequeña fábrica en Bogotá, antes de regresar a Esmeraldas como asistente social y maestro de escuela voluntario en las comunidades negras que se encuentran en las riberas del río Santiago.

Después de regresar a Esmeraldas, Juan comenzó a preocuparse cada vez más por la rápida y generalizada desaparición de la cultura negra tradicional. La esencia de estas tradiciones estaba constituida por las décimas, una forma adaptada de la poesía española, y el decimero, la persona que recitaba poemas de memoria y componía nuevas décimas. Ese rico acervo oral contenía las experiencias personales y colectivas de generaciones de ecuatorianos negros. Pero sus voces estaban siendo acalladas por la radio y la televisión y los programas escolares uniformes. Como ningún antropólogo, ecuatoriano o extranjero, había mostrado mucho interés por estudiar o registrar esta tradición oral —y dado el elevado analfabetismo de la población negra— el pasado de Esmeraldas parecía próximo a desaparecer sin dejar rastros. Para evitarlo, Juan, equipado con una grabadora, una cámara, su cuaderno de notas y su habilidad como entrevistador, inició una campaña individual para recopilar, catalogar y estudiar ejemplos de cultura afroecuatoriana.

En 1978 Juan recibió una pequeña donación del Banco Central del Ecuador, que le ayudó a mantenerse mientras recopilaba las décimas. Desde 1980, una donación de la Fundación Interamericana le ha dado respaldo en el trabajo que realiza dentro de un proyecto más amplio que incluye el estudio de rituales, mitos, medicina popular, música y utensilios domésticos en las dos mayores comunidades negras de Ecuador —Chota y Esmeraldas— y la investigación de archivos sobre esclavitud.

Más allá de sus propios estudios, Juan ha dedicado muchos esfuerzos a promover la cultura afroecuatoriana y darla a conocer a todos sus compatriotas, y a los negros en particular. Ha dado charlas en el Banco Central, en Quito, en la Academia Militar, en universidades, centros culturales, escuelas y comunidades campesinas. También proporciona materiales informativos a las escuelas, y fue guía de una tésis, La esclavitud en Ecuador. En 1979 reunió en Quito un grupo de unos 15 estudiantes universitarios y profesionales, para fundar el Centro de Estudios Afroecuatorianos. El centro publicó recientemente el primero de una serie de Cuadernos Afroecuatorianos, cuyo propósito es difundir información sobre la cultura afroecuatoriana entre la población negra urbana y rural.

* * *

Los esclavos negros llegaron a América con los primeros exploradores españoles, acompañaron a sus amos en expediciones a lo largo y ancho del Nuevo Mundo. Pero hasta 1517, cuando se inició el comercio de esclavos entre Africa y América, esos negros eran nativos de Europa y habían sido convertidos al cristianismo. No se permitía la entrada de africanos a América por temor a que su religión pudiera *contaminar* a la población indígena.

Por supuesto después de que comenzó el tráfico de esclavos, los colonos miraban con desprecio a sus nuevos sirvientes y sus tradiciones, y consideraban que los africanos eran lerdos para aprender y que no tenía sentido educarles a ellos o a sus hijos. De hecho, en las colonias españolas era ilegal enseñar a los negros a leer o escribir, y la instrucción oral se limitaba a la religión y el entrenamiento para el trabajo.

La capacidad de los negros para conservar sus tradiciones ancestrales no sólo dependió de los códigos morales y legales de sus propietarios europeos, sino también de las actitudes de las poblaciones indígenas, de la geografía y del clima. Ecuador fue una zona relativamente benigna para los africanos, y las comunidades negras que vivían allí pudieron mantener gran parte de su herencia africana. Otro grupo que conservó la cultura africana fue el de los cimarrones, esclavos prófugos que fundaron comunidades independientes fuera del alcance de cualquier amo (aunque en esas sociedades clandestinas y aisladas, las tradiciones ancestrales estaban fragmentadas debido a que los cimarrones provenían de distintas tribus). Por último, se permitía a los esclavos que se divirtieran en días de fiesta, y su música, las historias que relataban, sus tambores, danzas, acertijos, y su poesía oral se fusionaron en la nueva cultura sincrética de la América negra.

Algunas de las tradiciones africanas que los esclavos conservaron a pesar de la diáspora fueron ridiculizadas por otros latinoamericanos y hasta prohibidas por la ley. Los negros libres a menudo trataban de mejorar su situación asimilándose a la cultura española, olvidando su pasado de esclavitud y renegando de su legado africano. Por lo general esos esfuerzos por mejorar su posición social y económica fracasaron, y los negros siguieron formando parte de la clase más pobre y desamparada. Cualquier uso de la tradición africana en la literatura de esa época se consideraba de mal gusto, y tanto los escritores como los críticos trataron de borrar todos sus rastros. Incluso los negros que tenían una educación rudimentaria, copiaban los modelos europeos adoptados por la clase nacional dominante.

El Movimiento de la Negritud, que iniciaron en París durante los años treinta los estudiantes negros de las colonias francesas en Africa, abrió el camino para que los latinoamericanos educados aceptaran la poesía negra. La poesía negra también se vio estimulada por un vuelco en la literatura latinoamericana que se produjo a fines del siglo XIX. Muchos escritores comenzaron a buscar una identidad nacional y una *conciencia continental*, como una forma de protesta contra las injusticias sociales heredadas del colonialismo español. El destino de los negros pasó a ser considerado como parte integral de una historia de opresión, y la nueva actitud ayudó a legitimar la literatura negra como una forma artística.

La literatura de los negros ecuatorianos se ha encontrado en la poesía oral, que recibió el nombre español de décimas, aunque su forma es muy diferente de la composición clásica creada por Vicente Espinel en el siglo XVI. La décima española es una estrofa con 10 líneas de ocho sílabas cada una y una rima estricta en abba-accddc. La décima americana que se encuentra en Ecuador es un poema que empieza con una redondilla (una estrofa de cuatro líneas) compuesta por las últimas líneas de las cuatro estrofas de 10 líneas que le siguen. Generalmente, el metro y la rima son más flexibles en la versión americana.

La décima americana es hija de las culturas africana y española. Por supuesto, el idioma que se usa es el español, como en las décimas originales, y frecuentemente aparecen temas cristianos en los poemas. Sin embargo, el marco de referencia que explica por qué estos poemas han sido tan importantes para los negros ecuatorianos, es africano. En Africa había dos clases de poetas: los cronistas y los relatores (o copleros). La poesía de ambos era oral. El poeta tenía que memorizar los versos que le habían sido transmitidos, y también tenía que componer nuevos poemas. El cronista era una persona muy respetada que conocía a fondo la genealogía de la aldea o del jefe del clan, relataba la historia de las hazañas, y recopilaba las costumbres del grupo. A menudo, las crónicas se remontaban a la creación del mundo, y se consultaba a los cronistas como si fuesen bibliotecas vivientes. Por otra parte, el coplero o relator se destacaba tanto por su ingenio como por su memoria. Los copleros preservaban los proverbios, los cuentos y las anéctodas históricas del grupo. También realizaban duelos literarios en público, que probaban la habilidad de cada poeta para componer verso espontáneo, y a veces mordaz.

En Ecuador el decimero es tanto un cronista como un coplero. Un decimero puede componer sus propias poesías o recibirlas de otros, pero el lenguaje usado es muy figurativo y rítmico para facilitar la memorización y mostrar la maestría artística. El estilo de las décimas refleja el espíritu africano, y muchas veces se emplean temas tradicionales africanos.

Básicamente existen dos tipos de décimas: las que tratan de lo humano y las que se inmiscuyen en lo divino. Las décimas a lo divino tienen sus raíces en el catolicismo, la única religión que se permitía practicar a los esclavos. El catolicismo no sólo les prometía un mundo mejor en el futuro, sino que también al convertirse a la religión de sus amos los esclavos ganaban su confianza. Aún hoy, los decimeros reciben un trato especial por su conocimiento de la Biblia. Los temas de las décimas divinas son muy amplios: desde la evocación tierna de Jesús a meditaciones sobre el pecado original y especulaciones sobre el fin del mundo.

Las décimas a lo humano se refieren a todos los aspectos de la vida social de los negros costeños. En estos versos, el poeta puede interpretar y narrar la experiencia de su comunidad. Muchas décimas relatan acontecimientos históricos, y por lo general son el único documento histórico de la comunidad. Otros poemas son satíricos y atacan a los políticos pomposos, la cultura hispana o las actitudes de la población local. Algunas décimas son, simplemente, buenos cuentos, vuelos de la fantasía.

Los poetas negros de Ecuador también participan en argumentos, o duelos poéticos. En los duelos se emplea la forma de décima, aplicada a lo divino o a lo humano (argumentos a lo divino, argumentos a lo humano). Un decimero recita un poema y el otro tiene que responderle. Basadas en la espontaneidad, estas contiendas literarias son un desafío para la destreza verbal de los poetas, para su ingenio y su conocimiento de la Biblia y temas seculares (algunos tan insólitos como las matemáticas). Los argumentos están llenos de chispa y diatribas, y crean un foro donde también los poetas jóvenes pueden desplegar sus talentos.

Durante los últimos siete años he estado grabando y transcribiendo décimas. Últimamente he centrado mi investigación en las provincias de Esmeralda e Imbabura, donde la población negra es más numerosa.

Debido a que no existe una tradición de decimeros en el Valle de Chota, mis asistentes y yo hicimos nuestra recopilación en Esmeraldas. Dividimos la provincia en dos zonas que visitamos durante 10 meses cada una. La zona norte abarcaba desde el río Verde en el sur hasta San Lorenzo en el norte, e incluía los ríos Santiago y Onzole. En esa región estudiamos siete comunidades clave: La Tola, Limones, San Lorenzo, Playa de Oro, Izquandé, Río Verde y Chontaduro. Estas comunidades están a unos 20 kilómetros una de la otra. Algunas están ubicadas en la costa y otras junto a los ríos. Es bastante difícil llegar a la región norteña y allí la cultura moderna es menos visible. Por este motivo las formas más antiguas se mantienen más puras e intactas. Todos los decimeros que encontramos que también componían sus propias poesías, provenían de esa zona.

La zona sur se extendía desde el río Grande en el norte, al río Muisne en el sur, e incluía el río Quinindé. En esa zona encontramos pueblos más grandes, como Esmeraldas y Quinindé, y formas de comunicación más modernas. El área es centro comercial y turístico. Como era de esperar, las tradiciones se están perdiendo rápidamente y ya no existen decimeros que compongan su propia obra. Visitamos muchas poblaciones pero sólo en Esmeraldas, Quinindé, Atacames y Muisne encontramos decimeros que podían recitar antiguas décimas.

Tan pronto como nos enterábamos de un decimero, en el norte o en el sur, íbamos a visitarlo. Para empezar, conversábamos con él y le preguntábamos su edad, lugar de nacimiento, trabajo y sobre su vida en general. Luego le pedíamos que nos hablara de su oficio de decimero. ¿Componía, o sólo recitaba? ¿Dónde había aprendido sus décimas? ¿En qué partes se le conocía? Por último, el decimero recitaba algunos de los poemas que sabía para que nosotros pudiéramos grabarlo. No podíamos pedirles que escribieran sus poemas, puesto que la mayoría de los recitadores eran analfabetos.

Una vez recopilado el material, hubo que transcribir las décimas procurando conservar el lenguaje, las metáforas y los neologismos creados por cada decimero. Después de esto nos pareció una buena idea preparar un glosario para hacer más comprensibles los poemas al lector común.

En total reunimos unas 300 décimas y entrevistamos aproximadamente 20 decimeros. Hace poco el Banco del Ecuador publicó una antología de estos poemas y un análisis de la tradición, lo que facilitará el acceso del público ecuatoriano al trabajo. Irónicamente, aun cuando comenzamos a hacer un registro escrito, el fin de esta tradición parece próximo. Sólo pudimos encontrar media docena de jóvenes decimeros, y la radio está desplazando a la poesía oral incluso en las regiones más remotas.

Yo no creo que mi colección de décimas vaya a invertir o detener ninguna de estas tendencias. Sin embargo, la conservación del pasado ha abierto algunas posibilidades nuevas para el futuro. Se ha logrado reunir un tesoro de información que, a su vez, ha dado origen a libros e incluso disertaciones sobre la cultura negra de Ecuador. El Ministerio de Cultura podría utilizar algunas décimas como material educativo básico y en programas de alfabetización de adultos. Las décimas también pueden usarse en forma más flexible en pequeños grupos de estudio interesados en la cultura negra. La radio, que hasta ahora ha sido una fuerza negativa, podría desempeñar un papel en la conservación de las tradiciones orales. Existen programas culturales que necesitan difundir materiales adecuados, y las décimas están allí, esperando ser usadas. Por último a partir de ahora los ecuatorianos negros podrán referirse a su propio registro escrito de una tradición literaria legítima. El orgullo por los logros del pasado refuerza el respeto a sí mismo y crea las bases para el desarrollo futuro.

DENUNCIA DEL FERROCARRIL

Hay una denuncia ante el juez,
ante el Alcalde en primera
que el tren mató a los muchachos
en la línea carrilera.

Venga acá, el "Ferrocarril"
lo llamó el Señor Alcalde
"¿Por qué mató a los muchachos que
andan andando en las calles?"
"Señor, yo no mato a nadie,
a mi me causan porque
los muchachos, hasta la vez,
son los que buscan la muerte.
No me importa que la gente
ponga la denuncia ante el Juez."

Pero el tren lleva un frenero
que él mismo debe escuchar
un bulto que esté parado
para no irlo atropellar.
Al momento hacer parar
el tren antes sus carreras.
Que la vida de cualesquiera
vale mucho en el estado

y esta denuncia lo han dado,
ante el Alcalde en primera.

Si es así no puedo yo
causar al Ferrocarril
poque nadie es responsable
del que se bota a morir
viendo que el Ferrocarril
es veloz en sus carreras
y aunque el frenero quiera
pararlo en el mismo instante,
no es posible el tren pararse
en la línea carrilera.

PONGÁMONOS DE ACUERDO

Pongámonos ya de acuerdo
los que vivimos en Limones.
Pidamos a la Sanidad
que acabe con los ratones.

La gente ya está perdida
viendo tantos ratones
ya se comen la comida
que dejan en el fogón
y ponen en comparación,
este animal no hace falta.
Ahora no caen ni en trampa
tienen el cerebro abierto
y los que vivimos en Limones
pongámonos ya de acuerdo.

Dijo un día una mujer
"Se me ha perdido el jabón"
y después que se dió cuenta
era llevado de ratón.
Un pan de jabón de olor
¿para qué se llevarían?
si ellos no se jabonan
ni menos se dan fricciones.
Pongámonos ya de acuerdo
los que vivimos en Limones.

Compré una botija de maíz
y no la dejé guardada
y al otro día amanecen
sólo las tuzas sin nada de maíz
no encuentra un grano
todo ya se ha perdido.
Ratón se los habrá comido
donde los podrá encontrar
¡Que acaben con los ratones!
pidamos a la Sanidad.

Aquí no acabo de contar
a ésto que me refiero
ratón hay en el mundo entero
y no los podrán terminar
porque el ratón se esconde
o se mete adentro de cueva
para de allí estar saliendo
de noche hacer dañaciones.
Pidamos a la Sanidad
que acabe con los ratones.

LA VACA VOLÓ EN AVIÓN

La vaca voló en avión
al puerto de Buenaventura
porque aquí en este Tumaco
la pobreza está dura.

Del puerto cogió un avión
partió para Panamá
hacerse sacar una muela
que ya no podiá aguantá
quería hacerse ensaminá
y hacerse una operación
que sufría del corazón
y que no hallaba remedio
por todo estos misterios
la vaca voló en avión.

La vaca va con su idea
de cumplir lo que ella intenta
y también por darse cuenta
de la gran guerra de Corea.
Porque la cosa está fea
para varios criaturá
sólo p'al rico hay holgura
que come y nada le falta
pero para pobre vaca
la pobreza está muy dura.

Cuando ya estuviera sana
caso juera reunida
quería hacerse una visita
a los Estados Unidos
a ver si hallaba consigo
en esas temperaturas
que quería hablar con los curas

y el jefe de la nación
por todos estos misterios
la vaca voló en avión.

EL CHIVO NEGRO

Entre la Tola y Limones,
de Limones a Borbón,
se nos pasea un chivo negro
con título de doctor.

Ningún cristiano lo ignora;
que del hombre que se trata
es el Señor Eloy Lara.
Cualquiera véale la cara
y fíjese su condición.
Porque sus malas acciones
se le notan en la frente
y se pasea esta serpiente
entre la Tola y Limones.

Si en el año novecientos
alguno le hubiera pagado,
cuando está muy descuidado,
le presenta el documento,
cobrándole el diez por ciento
y llevándolo al montón
y le dice en la ocasión:
"Usted me paga, mi amigo."
Y se pasea como digo,
de Limones a Borbón.

¡Cuántos pobres infelices
cobrándoles la existencia,
hoy están sin la camisa
por este hombre sin conciencia!

Así le cobró a Valencia
y a ese pobre de Severo.
Por eso dijo Quintero:
"Lo dejo para con Dios"
y con paso muy veloz
se nos pasea un chivo negro.

Si quiera Dios conviniera
y mandara una creciente
que sacara esta serpiente
a morir a mar afuera,
sus acciones son muy negras
que a nadie le da dolor
porque nadie tiene amor
por el tinterillo lobo.
Así nos maltrata a todos
con título de doctor.

LA PREGUNTA DEL NEGRO

Como ignorante que soy
me precisa preguntar
si el color blanco es virtud
para mandarme a blanquear.

El ser negro no es afrenta
ni color que quita fama
porque de zapatos negros
se viste la mejor dama.
Las cejas y las pestañas
y su negra cabellera,
que lo analice cualquiera
que interrogando es que estoy
me precisa preguntar
como ignorante que soy.

Pregunto sin vacilar
que ésto no comprendo yo;
si el sabio que hizo la tierra
de qué color la dejó,
de qué pasta la formó
a nuestro primer padre Adán
y el que me quiera tachar
que me sepa contestar,
como ignorante soy,
me precisa preguntar.

Pregunto porque me conviene,
si ser negro es un delito.
Desde que nací a este mundo,
letras blancas yo no he visto,
negra fue la cruz de Cristo
donde murió el Redentor,
de negro vistió María
viendo morir a Jesús.
Me precisa preguntar
si el color blanco es virtud.

El negro con su color
y el blanco con su blancura,
todos vamos a quedar
en la negra sepultura.
Se acaban las hermosuras
de las blancas señoritas,
se acaba el que más critica
y el del color sin igual
y si el color blanco es virtud
para mandarme a blanquear.

JUAN GARCÍA SALAZAR es el director y fundador de Etno-publicaciones (Quito, Ecuador).

Capítulo 7

HISTORIA E IDENTIDAD DE TALAMANCA, COSTA RICA

Paula R. Palmer

En los folletos turísticos y textos escolares, se describe a Costa Rica como un país homogéneo de población blanca. Y en gran parte es así; sin embargo, allí viven también 9.000 indígenas y 35.000 negros. Pocos en número y geográficamente aislados, los indígenas y los negros de Costa Rica han vivido al margen de la sociedad blanca dominante.

Hasta los años 50, se habían producido muy pocos cambios en la vida de los indígenas bribri del cantón de Talamanca, en la provincia sureña de Limón. Unos 3.000 bribris vivían en caseríos de paja y corteza de palmera, dispersos en los valles de los ríos y los bosques montañosos. En los hogares se hablaba la lengua nativa. Cultivaban plátano, fríjoles, cacao y maíz. Cada familia era autosuficiente, excepto en la época de la cosecha, cuando el trabajo se hacía en forma comunitaria, finca por finca. Si bien el gobierno había abolido las jerarquías reales de los bribris, los *sukias* (curanderos que conocían el uso de las hierbas medicinales) continuaban siendo los jefes locales, además de ocuparse de la atención de la salud. Ni siquiera la United Fruit Company había logrado perturbar la estabilidad de la vida comunitaria de los bribris. Cuando la compañía frutera llegó a la zona en 1910, los bribris tuvieron que trasladarse tierra adentro. Hacia 1930, cuando la compañía se retiró, los bribris regresaron.

La pauta de supervivencia cultural de los negros de Talamanca fue similar. Durante la segunda mitad del siglo XIX, grupos procedentes de las Indias Occidentales fundaron aldeas pesqueras y agrícolas a lo largo de la costa. Cien años después, esas comunidades —integradas por negros protestantes de habla inglesa— continuaban en su mayor parte sin ser asimiladas por la sociedad española. Todas las familias conservaban con veneración el libro Broadman de himnos religiosos y su ejemplar del West Indian Reader. La vida comunitaria se centraba en los cultivos de cacao y coco, y en pasatiempos de origen jamaicano-inglés como el cricket, el béisbol, el calipso y la cuadrilla.

El aislamiento de Talamanca disminuyó durante la década del cincuenta, cuando por primera vez se ofreció la ciudadanía costarricense a los nativos descendientes de los negros procedentes de la Antillas y se facilitó la naturalización. El gobierno envió maestros de la meseta central, se construyeron escuelas primarias y la generación joven comenzó a hablar castellano como segundo idioma.

Durante las dos últimas décadas ha aumentado considerablemente la influencia foránea. En los años sesenta se estableció la primera misión católica residente en el área bribri de Amubri. En la década siguiente se creó la Reserva Indígena de Talamanca, administrada por una comisión con sede en San José. En 1980 ya se habían iniciado las exploraciones petroleras dentro de la reserva. Dado que a los indígenas no se les permite tener propiedad privada en la reserva, el gobierno de Costa Rica detenta los derechos sobre los minerales. Muchos temen las consecuencias que pueden tener los nuevos proyectos mineros planeados para el área.

Las comunidades negras de la costa también enfrentan cada vez más presiones del exterior. En 1970 se estableció el Parque Nacional Cahuita, que privó a un gran número de familias negras de los derechos de propiedad de sus hogares; la situación es aún más dramática porque el Servicio de Parques, que desde el punto de vista técnico es el administrador de esas tierras, carece de fondos para indemnizar a los residentes. En 1976 se terminó de construir un camino que une a Talamanca con el puerto de Limón en la costa del Caribe. Los organizadores comunitarios gubernamentales que llegaron a la zona impusieron sus costumbres a una población habituada a cuidar de sí misma a través de sus propias organizaciones: logias, iglesias protestantes, consejos escolares de tradición inglesa y la sociedad Jamaican Burial Scheme, que ofrece un sistema de seguros incluyendo servicios funerarios y protección a las familias.

La amenaza más grave para la vida costeña surgió en 1977 con la promulgación de la Ley Marítimo-Terrestre, que elimina los derechos de propiedad privada sobre una franja de 200 metros de la orilla del mar. Así fue como los cocoteros plantados a lo largo de la costa por las primeras familias negras de Talamanca se convirtieron en *recursos naturales* del estado. En la actualidad, planificadores de desarrollo urbano de San José están preparando proyectos de zonificación para las localidades de Talamanca, de acuerdo con los cuales se eliminarían todas las residencias y fincas de la *zona turística* de 200 metros, quizá con una excepción: que se conserve una *residencia costeña típica* dentro del parque nacional, como atracción turística.

¿Cuál ha sido la reacción de los pobladores de Talamanca? Alphaeus Buchanan, miembro de la segunda generación de cultivadores de cacao y primer gerente de la cooperativa agrícola local Coopetalamanca, dice:

Nosotros no nos oponemos al progreso. Somos un pueblo progresista. Cuando llegaron nuestros abuelos, aquí no había nada. Ellos sembraron en las fincas; construyeron casas, escuelas e iglesias; organizaron clubes deportivos; abrieron caminos y tendieron puentes. Todo lo que tenemos aquí lo hemos hecho con nuestro sudor y con nuestra inteligencia.

Queremos que nuestros hijos tengan una vida mejor. Deseamos las comodidades de la vida moderna y, ¿por qué no? queremos que nuestros hijos tengan las opciones que nosotros no tuvimos. Tal vez ellos lleguen a ser abogados, mecánicos, periodistas, académicos. Los que quieren ser agricultores, tendrán que estar mejor preparados que nosotros, porque la agricultura será más sofisticada en el futuro.

Podemos aprender mucho de los maestros y de los especialistas técnicos que vienen aquí, pero ellos no nos van a enseñar cómo defender lo que es nuestro. Eso tenemos que aprenderlo por nosotros mismos. Ellos les van a enseñar a nuestros niños castellano, dactilografía, ciencia y la historia que los maestros conocen, pero nosotros debemos enseñarles nuestra historia. Nosotros tenemos que defender nuestra propiedad y nuestro estilo de vida.

El Sr. Buchanan y los 110 miembros de Coopetalamanca usan la cooperativa como base para la lucha por los derechos y necesidades de su gente. Su objetivo primordial es el desarrollo económico, pero para alcanzarlo consideran que deben derribar barreras arraigadas en la educación y en la cultura. La gente que jamás ve su experiencia reflejada en los medios de comunicación, en los programas de estudio o en las instituciones gubernamentales, no está preparada para utilizar esos medios o negociar con esas instituciones para mejorar sus niveles de vida y defender sus derechos.

A fines de los años setenta, los dirigentes de Coopetalamanca determinaron varias necesidades que su comité de educación debía considerar. En primer lugar, los costarricenses debían recibir información sobre Talamanca para que los programas de gobierno se adecuaran mejor a la realidad local. Luego debía estimularse a la población de Talamanca para que se organizara en pos de la defensa de sus derechos. Por último, los jóvenes de Talamanca debían tener una imagen fuerte y positiva de sí mismos, de su cultura y de su historia.

* * *

Yo tomé contacto con estos problemas por primera vez a través de mi trabajo sobre una historia oral de la costa de Talamanca. Desde 1974 había estado enseñando en una escuela de habla inglesa en Cahuita, organizada a nivel local. Había empezado a grabar relatos de los residentes más ancianos de la localidad, con el fin de preparar material de lectura para mis estudiantes. Los relatos del señor Johnson (de 83 años de edad) sobre la captura de tortugas marinas, el comercio en botes de vela, la cacería del tapir y la medicina tradicional eran lecturas fascinantes para los niños de Cahuita, mientras que textos en inglés como *Tip and Mitten* les resultaban incomprensibles. Los relatos locales en inglés se hicieron tan populares que el consejo de la escuela me alentó a ordenarlos cronológicamente, junto con una descripción de los problemas y aspiraciones de cada época, y a publicar la colección como una historia de la zona.

Mientras realizaba las entrevistas para ese libro —titulado *What Happen: A Folk History of Costa Rica's Talamanca Coast (Qué pasa: historia popular de la costa de Talamanca, en Costa Rica*— ocurrió algo impresionante. Los relatores, conscientes de que sus experiencias personales serían publicadas, comenzaron a reevaluar la importancia de sus vivencias. Empezaron a relacionar los acontecimientos y a extraer de ellos nuevas conclusiones. Un ejemplo:

Cuando llegó la compañía bananera, nosotros cortamos nuestras plantaciones de cacao y plantamos bananas. Después la compañía se fue. Iban a levantar los rieles, pero nosotros les hicimos dejarlos donde estaban, y construimos pequeños carros y los arrastramos con mulas y por primera vez tuvimos transporte público a lo largo de la costa. ¡Y lo hicimos todo nosotros!

Yo también fui cambiando durante esas conversaciones. Entre los relatores y yo se creó un vínculo, y de él surgió un sentido común de poder y responsabilidad. Eso me llevó a pensar que los jóvenes de Talamanca necesitaban conocer este vínculo para conocerse a sí mismos y seguir construyendo sus comunidades. Los jóvenes tenían mucho de qué enorgullecerse, pero no lo sabían.

La idea de un proyecto de historia oral en el colegio agropecuario secundario de Talamanca tomó forma durante 1980. Tenemos una deuda con los estudiantes de la escuela secundaria de Rabun Gap (Georgia), que publican la revista *Foxfire*, por su magnífico ejemplo de historia oral como método educativo. *Foxfire* proporcionó el modelo que el pueblo de Talamanca adaptó a su propia situación. Nuestra idea era enseñarles a los alumnos a realizar una investigación oral y a tomar fotografías, llevarlos a entrevistar a los residentes de la región, y luego emplear la información recogida para contar la historia de Talamanca en una revista. Para Coopetalamanca, el proyecto de la revista prometía una posibilidad de unir a la población —viejos y jóvenes, indígenas, negros e hispanos— en la búsqueda y la valoración de su identidad. La distribución de la revista a nivel local y nacional les permitiría difundir su mensaje a comunidades más amplias.

En 1980 Coopetalamanca recibió una donación de la Fundación Interamericana para poner en marcha el proyecto. El personal del colegio y del Ministerio de Educación se mostró interesado. Durante varios años, en el Ministerio se había hablado en términos vagos de *regionalizar* el programa de estudios, aunque sin especificar cómo. Los estudiantes de Talamanca reciben material educativo producido en la capital. En ninguno de esos textos encuentran fotografías de negros o de indígenas contemporáneos. No se ven imágenes de viviendas de madera construidas sobre postes, ni de madres que cocinan con leche de coco, ni de padres que pescan con arpones hechos con *pejibaye*. El proyecto de historia oral ofreció al Ministerio de Educación un modelo experimental que llevaría las características regionales a las salas de clase, en forma vívida.

En 1981 participaron en el proyecto 37 alumnos de décimo y undécimo grados de Talamanca (en 1982 fueron 48), bajo la supervisión de dos profesores más un instructor de fotografía. Yo coordiné el programa. Empezamos analizando qué sabíamos sobre la historia de Talamanca, cómo la habíamos aprendido y de quién. Se formaron grupos de trabajo en torno a temas de interés común: las antiguas costumbres de los bribris, la evolución del transporte, las historias de ciertas comunidades, el uso de hierbas medicinales, las exploraciones petroleras y las ciencias de los pescadores costeños. Cada grupo practicó el uso de grabadoras en cinta magnetofónica y cámaras, y perfeccionó las preguntas para las entrevistas. Cuando los estudiantes sintieron que ya estaban preparados, eligieron informantes entre los miembros de sus familias y entre sus vecinos, personas que habían vivido la historia y que podían contar sus propias experiencias.

Estudiantes de un colegio agrotécnico entrevistan a un hombre bribri de la Reserva Indígena Amubri de Talamanca, Costa Rica, con la ayuda de una intérprete (de pie), tía de uno de los estudiantes. Basándose en numerosas entrevistas similares, los jóvenes produjeron después varias publicaciones sobre la historia, la cultura y los problemas de la región. (Véanse CR-042 y CR-103 en el Apéndice.) ((Paula Palmer))

Casi todos los fines de semana, los grupos de estudiantes partían en el jeep anaranjado, propiedad del proyecto, y viajaban tan lejos como lo permitían los caminos de Talamanca: hacia la Reserva Indígena, hasta Sixaola en la frontera con Panamá, a lo largo de la costa del Caribe. Donde terminaban los caminos, empezábamos a caminar, cargando nuestras cámaras, grabadoras y las listas de preguntas.

Una de las experiencias más inolvidables del primer año fue una excursión de dos días a Amubri en la Reserva Indígena. Los padres de una estudiante indígena llevaron a un grupo en el bote de motor de la familia, aguas arriba, por una serie de ríos, hasta el hogar de los abuelos. De los seis estudiantes y tres maestros, sólo Ana Concepción, la estudiante indígena, había estado allí antes. Sus padres, don Tranquilino y doña Donata, guiaron el bote impulsado por el motor o empujado con pértigas, remontando los afluentes del Sixaola, rememorando su infancia en el Alto Talamanca y enseñándonos a saludar en bribri a nuestros anfitriones: *¡is a shkéna!* (buenos días).

Esa tarde y al día siguiente, los padres de Ana fueron nuestros guías y traductores durante las visitas a las chozas de paja y palma de un anciano, una mujer muy vieja y un sukia. Supimos de las costumbres y ceremonias que rodean el nacimiento y la muerte, del aprendizaje de los sukias, de los pocos jóvenes indígenas que desean aprender a curar con hierbas. Escuchamos hablar sobre el conflicto entre los indígenas más tradicionalistas que prefieren el sukia y se oponen a las exploraciones petroleras, y los indígenas *modernos* que van al puesto de salud de la misión y se alegran por los caminos que hace construir la compañía petrolera.

Durante horas, fascinados, los estudiantes escucharon risas y conversaciones en un lenguaje que jamás habían oído. Cuando la anciana doña Apolonia se rió desde su hamaca, los estudiantes también estallaron en carcajadas. Y cuando improvisó una canción en bribri, dedicada a nuestra visita, los estudiantes quedaron encantados.

Más tarde, en la sala de clases, los alumnos escuchaban una y otra vez la grabación de la canción de doña Apolonia. Un lingüista menonita les ayudó a traducir la letra de la canción, y así supieron qué les decía la anciana voz.

Como resultado de la experiencia en Amubri, los estudiantes le pidieron al director de la escuela secundaria que los autorizara a organizar un curso de idioma bribri. Aunque el curso aún no se ha iniciado, debido a problemas de programación, el director y el Ministerio aceptaron la iniciativa.

Los estudiantes que visitaron Amubri transcribieron las grabaciones, seleccionaron fotografías y escribieron un artículo para el primer número de *Nuestra Talamanca, ayer y hoy*. También enviaron fotografías y ejemplares de la revista a todos sus guías, anfitriones e informantes. Decidieron seguir la investigación por medio de entrevistas con otros informantes, sobre los temas planteados en sus primeras conversaciones: ceremonias fúnebres, la controversia sobre las exploraciones petroleras, la historia de las misiones católicas entre los bribris. Después de que se publicó el primer número, los jóvenes recibieron dos cartas: una de un indígena que se ofrecía a llevarlos a antiguos sitios de sepultura, y otra de un escritor argentino que pedía autorización para usar frases de la canción de doña Apolonia como epígrafe para la novela que está escribiendo.

Durante los dos años en que se realizó el proyecto, otros estudiantes del colegio de Talamanca escribieron acerca de la historia de sus pueblos natales, artesanía indígena, los peligros de la deforestación, las curas para las picaduras de víbora, recetas tradicionales y compositores de calipsos. Cuando se les pide a los estudiantes que describan lo que aprendieron mediante su participación en el proyecto, señalan los progresos en su expresión oral y escrita, el manejo de cámaras y grabadoras, el valor de conocer y apreciar su propia historia y la comunicación humana.

Durante 1981 y 1982, los estudiantes de Talamanca publicaron tres números de *Nuestra Talamanca, ayer y hoy* en ediciones de 1.500 ejemplares cada uno. La mayoría de las revistas se vendió en Talamanca. Algunos estudiantes universitarios de periodismo, que ayudaron en la revisión final de los artículos, también vendieron la revista en San José.

Al publicarse cada número, pequeños grupos de estudiantes talamanqueños viajaron a la capital. Allí los entrevistaron en periódicos nacionales, radioemisoras y estaciones de televisión; además, hablaron sobre su trabajo en escuelas secundarias de la provincia de Limón y en San José. El entusiasmo y el compromiso de los estudiantes con su región tan poco conocida, motivaron a varios donantes privados a hacer contribuciones monetarias para proyectos del colegio de Talamanca.

En octubre de 1982 el Ministerio de Educación invitó a los estudiantes a presentar su proyecto de historia oral en tres sitios, ante maestros de estudios sociales de la provincia de Limón que estaban analizando la regionalización del programa académico. A su vez los maestros solicitaron al Ministerio de Educación que reimprimiera y distribuyera las tres ediciones de la revista de Talamanca, como texto de estudio para todas las escuelas secundarias del país; que ampliara el proyecto de historia oral a todas las escuelas secundarias de la provincia de Limón en 1983, y que publicara los trabajos de historia oral de los estudiantes de Limón en una revista o diario de circulación nacional.

En respuesta a ello, la imprenta del Ministerio está publicando ahora una compilación de los tres números de la revista de Talamanca, para su uso como texto de estudios sociales. La ejecución de un proyecto de historia oral a nivel provincial depende de los recursos del Ministerio y de la dedicación de los maestros del área. Un maestro de Limón, que participó en el seminario, escribió:

> El trabajo que ustedes han hecho es realmente extraordinario. Es un modelo para otras instituciones del país. A mí me ha despertado un enorme interés por comenzar a trabajar con mis estudiantes en forma similar.

Aunque los fondos de la donación se agotarán a principios de 1983, el proyecto de historia oral de Talamanca continuará, bajo la supervisión de los maestros formados durante los últimos dos años. Para evitar los altos costos de impresión, pretenden circular ediciones mimeografiadas a escala regional. Para una distribución más amplia, dependerán de la colaboración del Ministerio de Educación y de los diarios nacionales.

No puede medirse exactamente el efecto a largo plazo que tiene este tipo de aprendizaje sobre las actitudes locales y la política nacional. Pero quienes hemos participado sabemos que la experiencia ha enriquecido nuestras vidas. Cuando un fornido muchacho de 16 años pide una foto de doña Apolonia para colocarla en la pared de su dormitorio, cuando un niño que vive en una casa con techo de paja recibe una carta de agradecimiento del Ministerio de Energía y Minas por las fotografías que le envió, cuando una tímida muchacha indígena se vuelve indispensable para sus compañeros de curso porque sólo ella puede traducir del bribri, cuando una alumna de 17 años —que habla castellano como segundo idioma— se para delante de 40 maestros y les explica por qué un componente de la legislación nacional es injusto para su comunidad...algo importante ha ocurrido.

PAULA R. PALMER es una consultora y escritora que colabora con ANAI —La Asociación de los Nuevos Alquimistas (San José, Costa Rica).

Capítulo 8

LA EXPANSIÓN DE LAS ACTIVIDADES ARTESANALES EN COLOMBIA

Brent Goff

Una ONG preserva las artesanías invirtiendo en artesanos y convirtiendo las escuelas rurales del país en "museos vivientes".

***

"Hace veinte años no muchas personas sabían siquiera que Colombia tuviera una tradición nacional de producción artesanal, y mucho menos que ésta estuviera a punto de desaparecer." Cecilia Duque, directora ejecutiva del Museo de Artes y Tradiciones Populares en Bogotá, habla con sosegada resolución. Conversa con nosotros en su oficina del museo, rodeada de extraordinarios ejemplos de las artes y artesanías colombianas, muchas de las cuales han dejado de producirse. Cecilia Duque, desempeñando un papel de vanguardia en la revitalización de esas tradiciones, está decidida a que el museo no sea un mero depósito de artefactos valiosos, sino que se convierta también en centro donde se resuciten las comunidades artesanales y culturas populares que gestan esos artefactos. Sin embargo, reconoce que el resultado de esta lucha dista mucho de estar asegurado.

En todo Colombia, y en gran parte de América Latina, las tradiciones artesanales son socavadas por distintos factores, entre ellos la urbanización y la creciente popularidad y disponibilidad de manufacturas de bajo costo. En un nivel los productos fabriles simplemente pueden ser más ventajosos: cubos o baldes de plástico baratos y zapatos de fabricación en serie pueden ser tan funcionales y duraderos como materas de cerámica y sandalias hechas a mano a un precio más elevado. En otro nivel, los artículos de fábrica son más atractivos ya que evocan el deseo de modernización mientras que los artículos artesanales son un reflejo de un pasado arcaico. Los artesanos, que típicamente no están organizados, cuentan con escaso capital y están marginados del mercado regional, nacional e internacional, difícilmente pueden competir con los artículos manufacturados sin reducir la calidad del producto. Artículos que incorporan normas tradicionales de artesanía y altos valores estéticos son sustituidos por artículos chapuceros, tales como ceniceros de color neón y reproducciones de molde de dioses incas, hechos expresamente para el comercio turístico. Estos factores socavan no sólo las tradiciones artesanales sino también la cultura viviente y vital de la cual las artesanías son una expresión. Si los artesanos no pueden ganarse el sustento con su trabajo y no tienen el respeto de su comunidad, entonces sus hijos no seguirán su pasos. Cuando una tradición artesanal muere, la comunidad y el país pierden un vínculo vital con su pasado y una parte de su identidad.

La tendencia general puede ser irreversible, pero hay síntomas esperanzadores de mejora en Colombia. En el centro de ese cambio figura la Asociación Colombiana de Promoción Artesanal (ACPA), una institución singular que ha formulado una estrategia integral para resucitar las tradiciones artesanales durante estos dos últimos decenios. La ACPA se concentró primero en informar al público colombiano de su legado cultural a través del Museo en Bogotá, esperando así aumentar la demanda de artesanías de calidad y crear una amplia base de apoyo a la producción artesanal. Una segunda etapa entrañó trabajar directamente con grupos artesanales locales en todo el país para ayudarles a reavivar y preservar sus tradiciones artesanales y mejorar su bienestar socioeconómico. Un tercer nivel de actividad se está desarrollando ahora a medida que la ACPA une fuerzas con el Ministerio de Educación y otras instituciones públicas y privadas para diseñar y

El Conjunto Instrumental del Programa Bosconia/La Florida (Bogotá, Colombia) tocando música clásica y popular durante una gira por Estados Unidos en 1990. La música es un elemento clave de este programa de la Fundación de Servicio Juvenil que ofrece oportunidades de formación y capacitación para muchachos de la calle. ((Emma Rodríguez))

ejecutar un programa innovador de formación rural cimentado en la cultura local y regional. En el presente artículo se analiza cada una de estas tres etapas y se describe la forma en que, con el tiempo, fue posible ampliar el enfoque de la ACPA.

Cimentar las bases

La ACPA nació de una organización voluntaria privada anterior, la Unidad Femenina, que consolidó asociaciones de mujeres de las clases media y alta de distintos puntos del país bajo un solo techo a fin de abordar algunos de los problemas socioeconómicos más apremiantes de Colombia. Aunque la Unidad Femenina se disolvió en 1966 su comité de artesanías siguió funcionando y pronto se reorganizó como la Asociación Colombiana de Promoción Artesanal.

Tal como aclara Cecilia Duque, la ACPA tuvo ventajas organizativas singulares desde el principio. "Nuestra fuerza emanó de los comités regionales que habían sido organizados con anterioridad. Sabíamos que era importante llamar la atención del país sobre parte de su cultura que estaba a punto de desaparecer antes de que pudiera incluso dejarse constancia de ella. Se decidió celebrar exposiciones en Bogotá, y los comités regionales permitieron celebrarlas. Documentaron a los artesanos en cada departamento y recorrieron las zonas rurales buscando artesanos más viejos que aún practicaran técnicas tradicionales y que pudieran enseñar a otros. Recaudaron fondos de gobiernos locales y encargaron obras para exposición y venta en Bogotá. De esta forma, esperaban no sólo preservar el legado cultural del país sino también crear empleo."

Las exposiciones tuvieron un éxito rotundo. Durante los tres años siguientes, se celebraron varias exposiciones en distintos lugares de la capital, entre ellos el Museo del Chicó, el Museo Nacional y la Caja Agraria. Los participantes recuerdan estas ocasiones como festivales. En cada una de ellas se expusieron las artesanías de un determinado departamento y se ofrecieron a la venta muchas de singular belleza. Para subrayar que éstos eran productos de una tradición viviente, se invitó a los artesanos a que demostraran cómo hacían su trabajo, y grupos folclóricos realizaron danzas y cantaron canciones. A la apertura de las exposiciones asistieron la primera dama de Colombia, el gobernador del departamento representado y muchas personalidades locales. La cobertura por los medios de comunicación fue extensa y entusiasta. Tal como advierte Berta Llorente de Ponce de León, miembro fundador de la ACPA y presidenta de su junta directiva, "por vez primera, la gente comenzó a ver las artesanías como un arte".

Pronto se comenzó a buscar un lugar de exposición permanente para consolidar ese éxito. Con un enorme esfuerzo de voluntarios y el apoyo del gobierno de Colombia, la ACPA adquirió y restauró un convento en deterioro del siglo XVIII en el distrito colonial de Bogotá y lo transformó en el Museo de Artes y Tradiciones Populares. Abierto en 1971, constituye una gema arquitectónica, un tesoro nacional y el primer museo de artes y artesanías de Colombia. Mediante exposiciones permanentes y exhibiciones especiales, promueve la conciencia pública de las artesanías tradicionales en el contexto de las costumbres y vida diaria de las comunidades que las producen. La tienda del museo proporciona un lugar de venta en el que los artesanos ofrecen sus productos y el personal remite a los compradores interesados directamente a los artesanos principales.

Aunque el museo pronto se convirtió en punto central para los artesanos de todo el país, Duque y su junta directiva comenzaron a comprender que se necesitaría un nuevo nivel de participación para que la institución no se convirtiera en un mero depósito de reliquias. El apoyo a unos cuantos artesanos principales mediante la preservación y comercialización de sus obras no contribuía nada a ampliar la base de producción a fin de que las tradiciones artesanales no murieran con esta generación cada vez más vieja.

De la investigación a la acción

Desde el principio, la ACPA consideró que era importante no convertirse "meramente en otro comprador" de artesanías. Por un lado, Artesanías de Colombia, la organización de artesanías del gobierno, ya estaba tratando de estimular al sector artesanal en su conjunto, mediante la compra de grandes cantidades de artículos para reventa en el país y en el extranjero. Por otro, la ACPA había comenzado a preguntarse si la creación de demanda artificial era el remedio adecuado para las tradiciones artesanales debilitadas del país. El enfoque comercial del gobierno no aseguraba la preservación de técnicas y diseños tradicionales, y al efectuar compras fortuitas de sólo unos cuantos artesanos en cada localidad, tendería a fragmentar aun más comunidades ya divididas.

En consecuencia, la ACPA decidió adoptar un enfoque radicalmente diferente. Trataría de utilizar sus recursos limitados para obtener una ventaja máxima organizando a comunidades de artesanos para que se ayuden a sí mismas. "Decidimos", afirma Cecilia Duque, "que la crisis en la producción artesanal estaba profundamente arraigada y que hallar una solución significaba concentrarse primero en los propios artesanos más que en su producción." A partir de 1977 con una donación de la Fundación, la ACPA lanzó un intenso programa para ayudar a comunidades de artesanos a crear sus propios programas de desarrollo. Se adoptaron tres criterios para proporcionar la ayuda a los grupos artesanales: el valor estético y cultural perdurable de una determinada tradición artesanal, el peligro de su desaparición sin ayuda externa, y sus posibilidades de viabilidad económica. La experiencia de la ACPA en la documentación de tradiciones artesanales le ayudó a identificar candidatos probables para la ayuda y proporcionó contactos valiosísimos en las comunidades para comenzar la labor de organización.

La primera etapa del programa de la ACPA está dedicada a la investigación aplicada junto con la propia comunidad. "No es posible ir a una comunidad y esperar hallar respuestas a menos que se esté dispuesto a escuchar", advierte Duque. "Pero se trata de escuchar activamente aspirando a ayudar a las personas a descubrir lo que pueden hacer por mejorar su situación." Duque recalca que ésta no es una labor de académicos faltos de interés, sino de personas capaces de evaluar la información en términos de promoción de la comunidad. Los equipos de investigación han de reunir una combinación de aptitudes: instinto para las relaciones humanas, algún conocimiento de las metodologías de las ciencias sociales y conocimiento íntimo de las técnicas artesanales.

Tras obtener la aprobación del proyecto de las autoridades municipales, el equipo de extensión de la ACPA visita a artesanos locales en sus hogares para recopilar datos sobre el ingreso, salud, técnicas de producción, rendimiento, materia prima, relaciones con los compradores y otras condiciones económicas y sociales pertinentes. Duque advierte que "es importante que estos contactos iniciales sean informales, casi un diálogo. Esta etapa requiere mucha paciencia y tacto. No es probable que las personas que se consideran objeto de escrutinio sean inspiradas por su interlocutor a tener más confianza en sí mismas o en sus artesanías." En las conversaciones participa de ordinario toda la familia. La producción artesanal es típicamente una empresa familiar y Duque aclara que, al dar a todos los miembros de la familia la posibilidad de participar en la conversación desde el principio, es mucho más probable que la familia en su conjunto comparta los beneficios y decisiones de la participación futura en un programa de acción de la comunidad.

Esta etapa inicial puede durar seis meses o más. Entonces comienzan a brotar las semillas. Se convoca una serie de reuniones en las que los artesanos pueden tratar los problemas en común. Para estimular el debate en estas reuniones, la ACPA ha creado una extensa colección de folletos y materiales audiovisuales centrados en cuestiones clave para las comunidades artesanales. Sin embargo, una vez roto el hielo, los promotores tienen cuidado en no imponer soluciones. Alvaro Chaves, destacado antropólogo y miembro del personal técnico de la ACPA, dice: "Estamos muy conscientes del peligro del paternalismo. Hemos de recordarnos a nosotros mismos que no estamos aquí para enseñar. Somos invitados a las comunidades para aprender algo de ellas."

El planteamiento de problemas comunes en las reuniones de la comunidad da un poderoso ímpetu para la organización de soluciones comunes. La mayoría de las comunidades artesanales están muy fragmentadas, a veces debido a disputas familiares o políticas, pero las más de las veces porque los artesanos compiten en condiciones desfavorables por obtener acceso al mercado. En la mayoría de los casos, de esta situación se aprovechan los intermediarios que compran las artesanías en consignación o a cambio de un poco de dinero en efectivo y suficiente materia prima para mantener en marcha la producción. La organización de los artesanos como precooperativa que entraña menos requisitos legales que una cooperativa, es una forma de eliminar algunos de estos impedimentos y aumentar la producción. Al combinar los recursos en un fondo de crédito, una precooperativa puede comprar materia prima al por mayor, proporcionando a sus miembros un suministro regular y económico de insumos para aumentar la producción. A veces, la ACPA accede a comprar el primer inventario de un grupo, bien para promover la formación de una pre-cooperativa o para ayudarle a capitalizar su fondo de producción. Este primer inventario pudiera venderse por conducto del museo en Bogotá. Sin embargo, en general la ACPA ayuda a los grupos a formular su propia estrategia de comercialización directa a fin de proporcionar una mayor tasa de rendimiento a los miembros y promover la independencia del grupo. Típicamente la precooperativa es administrada por una junta de cinco miembros, elegidos cada año.

El grado de participación directa por la ACPA en la nueva organización varía según el historial y capacidad del grupo. Al principio, la ACPA puede ejercer una influencia considerable sobre las políticas y actividades del grupo, de ordinario a través de miembros electos a la junta de la precooperativa que acceden a consultar a la asociación y representarla en el seno de la junta. Cecilia Duque explica: "Mantenemos relaciones muy estrechas con cada comunidad. Ponemos capital en un fondo para la nueva organización cuando se forma, habitualmente como préstamo, pero a veces como donación si el grupo se muestra responsable pero está necesitado de dinero en efectivo. Nuestra representación en su junta directiva se reduce paulatinamente a un miembro. El grupo debería madurar después de cinco años. Después de 10 años, se espera que el grupo sea independiente."

Para ayudar a una organización nueva a mejorar su capacidad gerencial, la ACPA tramita cursos de capacitación en contabilidad, comercialización, relaciones humanas y otros temas pertinentes. La directora técnica de la ACPA, Ligia de Wiesner, organiza talleres para mejorar los métodos de producción, materiales y diseños. Aunque la asociación está comprometida a preservar las tradiciones artesanales, no es purista en el sentido de rechazar todos los cambios sin mayor consideración. De Wiesner explica que "...las artesanías evolucionan naturalmente y debería promoverse la modificación de un diseño o técnica de producción para mejorar la calidad. A veces esos cambios entrañan un retorno a normas estéticas superiores anteriores, y otras veces entrañan la actualización de un artículo para satisfacer gustos modernos. La tensión entre mantener la tradición y atender la demanda del mercado no tiene necesariamente que ser destructiva; si se le hace frente de forma adecuada, también puede promover la capacidad creadora." A título de ejemplo, cita a los tejedores de cáñamo de Guacamayas, que por generaciones produjeron bellas alpargatas o sandalias y pequeños cestos utilizados como platillos en pesas manuales. Aunque ambos eran productos extraordinarios, el mercado para ellos estaba desapareciendo. Por tanto, los técnicos de la ACPA sugirieron utilizar las mismas técnicas de producción tradicional para tejer cestos más grandes. Los nuevos productos se hicieron populares, reavivando la tradición y las posibilidades de los artesanos simultáneamente.

Sin embargo, no todas las artesanías son preservables. De Wiesner afirma, encogiéndose de hombros, que "...algunas tradiciones desaparecerán inevitablemente. Antes de intervenir, hemos de sopesar distintos factores: el valor artístico de la artesanía, sus usos prácticos, el hecho de si es comercializable. A veces, las mejores intenciones no pueden salvar una artesanía, pero incluso entonces podemos al menos documentar la tradición de forma que no desaparezca sin dejar huella." Hacia tal fin, la ACPA está recopilando descripciones, dibujos y fotografías detalladas de tecnologías y productos artesanales para un centro de archivos en un museo en Bogotá.

Los barnizadores de Pasto

Desde 1977 la ACPA ha ayudado a nueve grupos artesanales, con distintos grados de éxito. Quizás el más notable haya sido el de los barnizadores de Pasto. Este grupo relativamente pequeño, integrado principalmente por hombres, practica un arte singular cuyos orígenes se remontan a la época precolombina. Utilizando un proceso complicado, los artesanos convierten la goma del mopa-mopa, un arbusto tropical, en láminas delgadas de material teñido, o barniz, que aplican libremente a bandejas, cajas y figuras de animales y otros artículos de madera. El producto resultante se asemeja a los objetos de laca japonesa, pero son en realidad singulares.

Cuando la ACPA comenzó a ayudarles en 1979, los barnizadores estaban experimentando grandes dificultades. Duque declara: "De todos los grupos con los que hemos trabajado, éste parecía el que tenía menos posibilidades de sobrevivir." Generalmente se observa que los "pastuzos se comen a los pastuzos" —con el significado de que la gente de Pasto tienden a echarse tierra recíprocamente— y los barnizadores no eran una excepción. Un intento por formar una cooperativa a principios de los años setenta había fracasado ya, metiendo el dedo en la llaga e inflamando rivalidades tradicionales. Varios artesanos habían logrado vender su producción a través de Artesanías de Colombia, pero la mayoría estaba a merced de unos cuantos intermediarios que encargaban curiosidades baratas para el comercio turístico las cuales eran un triste reflejo de las obras producidas en el pasado. Los barnizadores también sufrían faltas de continuidad en los suministros de goma mopa-mopa, la materia prima esencial para su artesanía. La única fuente era una zona relativamente pequeña en la selva del Putumayo, a 12 horas por autobús de Pasto. Había una enorme fluctuación en los precios, en parte debido a que los intermediarios trataban ocasionalmente de controlar el mercado. Se necesitaba un mejor sistema de suministro para asegurar la supervivencia de los barnizadores, pero para ello tenían que organizarse y formar un fondo de capital, cosas que no parecían probables.

Durante tres años el grupo de especialistas de la ACPA trabajó pacientemente con los barnizadores, escuchando sus problemas y buscando formas de unirlos. Un momento decisivo ocurrió cuando de Wiesner encargó obras de varios artesanos para presentación en una reunión en grupo. Se impuso el requisito de que la obra había de expresar la capacidad creativa de cada artesano. Libres de tener que producir para los intermediarios tradicionales, muchos barnizadores fabricaron objetos de extraordinaria belleza. Al pedírseles que comentaran sobre la producción de sus colegas, artesanos que no se saludaban en la calle, comenzaron a expresar sentimientos de admiración contenida que pronto suscitó preguntas sobre cómo se había logrado un determinado efecto. Una reunión se convirtió en un taller.

En 1982 el taller se convirtió en una precooperativa de 18 barnizadores. Con una donación de la Fundación, la nueva organización dio su primer paso hacia la regularización del acceso a la materia prima. Se estableció un fondo para asegurar un suministro continuo de goma mopa-mopa del Putumayo. El grupo también concertó arreglos con talladores locales de madera para obtener un suministro confiable de objetos para decoración y abrió su propio taller. Cada miembro recibió insumos gratuitos, pero las obras acabadas habían de ser presentadas a un comité de control de la calidad para el pago. Cuando se aceptaba una obra, había que restar 5% del pago para el fondo de capital de la precooperativa. Otro 5% se destinaba al fondo de solidaridad del grupo, del cual pueden obtenerse préstamos sin intereses para atender necesidades médicas o familiares. El precio del producto se aumentaba entonces en un 60% para sufragar los gastos de la materia prima y los gastos generales y administrativos, y se ofrecía a la venta.

Con ayuda de la ACPA, el grupo abordó luego el problema de la comercialización. Varios miembros asistieron a ferias de artesanías en distintos puntos de Colombia y en otros países y se preparó un folleto en el que se detallaba la historia del grupo y se promovía el arte de sus productos. En 1986 el grupo utilizó un préstamo de la ACPA para comprar una vieja casa colonial en la zona central de Pasto a fin de proporcionar espacio de oficinas y reunión, una galería y una tienda para la venta al por menor de artículos acabados. Después de un año de renovaciones, la Casa del Barniz abrió sus puertas a los clientes. La tienda de la Casa se ha convertido en la principal fuente de ingresos de la precooperativa, y las ventas han sido numerosas. El ingreso de los artesanos ha aumentado notablemente, casi cuadruplicándose en ocho años en que el grupo se ha mantenido unido. En 1988 los ingresos por persona rondaban alrededor de los 80.000 pesos por mes o unos US$ 250, más de tres veces el salario mínimo nacional. Varios barnizadores ganan considerablemente más.

Al preguntárseles cómo han cambiado sus vidas, los miembros no dudan en mencionar las mejoras. "Las cosas marchan mejor ahora, sin duda alguna", declaró un joven barnizador mientras trabajaba inclinado añadiendo con destreza capas de barniz dorado a un bello joyero. "Hace unos cuantos años, la mayoría de nosotros hubiéramos aconsejado a nuestros hijos que no optaran por esta profesión. Ahora deseo que mis dos hijos la aprendan."

Comiendo en un restaurante local con otro miembro que rondaba los cuarenta años, éste lo resumió de la siguiente manera: "Hoy nos sentimos más seguros. Yo solía resistirme a la idea de organizarnos, de capacitarnos y de trabajar en las relaciones humanas. Ahora veo que estaba ciego, que el trabajo en colaboración es la clave para el progreso."

La mayoría de los miembros poseen ahora sus propias viviendas; trabajan menos horas por semana pero tienen una fuente de ingresos asegurada; y pueden recurrir a un fondo de solidaridad en busca de ayuda cuando alguien se enferma en la familia, sufre un accidente o fallece. Pero lo más importante de todo, se observa un gran orgullo en su trabajo, en su habilidad para convertir tallas ordinarias de madera en objetos de una belleza compleja y espectacular.

Aunque éstos son resultados reales, y el grupo ha sido aplaudido en los medios de comunicación locales y nacionales como modelo de organizaciones artesanales, hay síntomas preocupantes que hacen dudar acerca de la permanencia y extensión de ese éxito. Las hendiduras de las diferencias personales y profesionales son profundas y todavía se dejan sentir periódicamente movimientos de escisión. Aunque se requiere que los miembros vendan sus productos por conducto de la precooperativa, algunos siguen entendiéndose con intermediarios externos, dando lugar a recriminaciones. Y lo que es más preocupante, algunos artesanos se han marchado y el grupo se ha visto reducido a 16 miembros. Muchos otros barnizadores quisieran unirse al grupo, pero éste se muestra reacio a admitirlos por miedo de que la producción exceda a la demanda o de que los nuevos miembros minen la solidaridad y normas de producción. Sin embargo, esta situación no puede persistir indefinidamente ya que las leyes colombianas limitan la duración de las precooperativas y para convertirse en una cooperativa de pleno derecho se requieren al menos 25 miembros.

Al ayudar a la formación de organizaciones de artesanos, la ACPA espera no sólo preservar tradiciones artesanales en peligro de extinción sino generar puestos de trabajo. Aunque la precooperativa de barnizadores ha revitalizado la producción de calidad, sigue siendo dudoso si el mercado en su conjunto ha experimentado o no una expansión suficiente para mantener a más de unos cuantos artesanos. En tal caso, las mejores intenciones de la ACPA sólo habrían logrado separar a los ganadores de los perdedores, creando un gremio en vez de una empresa cooperativa.

También se puede estar produciendo un segundo resultado no pretendido. Los barnizadores han prosperado tradicionalmente añadiendo valor a los productos de talladores locales. A medida que la precooperativa de barnizadores se ha ido enriqueciendo, ha surgido resentimiento en un grupo local de talladores que consideran que los precios de sus productos principales no han aumentado al mismo ritmo. Los acuerdos entre los dos grupos han fracasado y los talladores temen que los barnizadores esperan neutralizarlos completamente, mediante el establecimiento de su propio taller ampliado para trabajar la madera. Los barnizadores afirman que el nuevo taller asegurará una corriente continua de materiales de bajo costo y, al mismo tiempo, dará trabajo regular a talladores "interesados".

Los alfareros de Ráquira

También pueden verse las limitaciones y ambigüedades de tratar de reavivar las tradiciones artesanales mediante la organización de los artesanos entre los alfareros de Ráquira en el departamento de Boyacá. La ACPA comenzó a trabajar allí en 1982 para preservar algunos de los estilos tradicionales de cerámica, tales como los famosos caballitos de cerámica que estaban desapareciendo. La producción de cerámica en la región se remonta a la cultura muisca precolombina, pero la relación se ha debilitado en estas dos últimas décadas. Las colinas que se elevan por encima de la población han sido desmontadas de árboles para ampliar la producción de trigo y alimentar los pequeños hornos construidos en la parte posterior de muchas casas. La modalidad de producción artesanal se ha desviado de forma progresiva hacia hornos mayores de carbón equipados para alojar grandes cantidades de materas y figuras de animales en serie, principalmente cerdos, que han sido producidos en moldes conforme a las especificaciones de intermediarios en Bogotá. Han surgido en torno a la población unas 30 pequeñas fábricas de cerámica, que producen una densa capa de humo negro que se cierne sobre el valle como resultado de la combustión del carbón.

Duque recuerda: "Cuando llegamos a Ráquira y comenzamos a hablar a los alfareros acerca de la posibilidad de resucitar algunos de los diseños más antiguos, la gente quedó sorprendida. Los productores de objetos de alfarería tradicionales ocupaban el nivel más bajo en la comunidad y sus hijos se avergonzaban a menudo de admitir que sus padres trabajaban con la arcilla. Pero cuando convencimos a los artesanos de que habíamos venido a ayudarles, comenzaron a abrirse y hablar de sus necesidades. Con el tiempo, vimos incluso a los niños comenzar a emprender de nuevo el oficio."

Al igual que en Pasto, los alfareros de Ráquira sufrían las consecuencias de no estar organizados. Los alfareros, dependientes de la comercialización a través de intermediarios que a menudo sólo aceptaban sus obras en consignación a precios de saldo, encontraban que era cada vez más difícil pagar el costo creciente de la materia prima. Muy necesitados de dinero en efectivo, se hallaban cada vez más endeudados. El grupo técnico de la ACPA comprendió que la formación de una precooperativa similar a la de Pasto era la respuesta evidente para reducir el costo de la materia prima y obtener acceso directo a los mercados de consumo.

Lamentablemente, los artesanos de Ráquira están aún más divididos que los de Pasto, principalmente debido a la política. Durante los años cuarenta y principios de los cincuenta, Colombia fue sacudida por La Violencia, un período de conflicto continuo entre los partidarios de los partidos conservador y liberal. La región alrededor de Ráquira quedó profundamente marcada, dejando un amargo legado de luchas encarnizadas entre familias locales que queda todavía por cicatrizar. La ACPA comprendió que el nivel de animosidad personal, complicado por las diferencias entre los productores grandes y pequeños, era una brecha demasiado grande para que pudiera llenarla una cooperativa. En vez de ello, la asociación decidió abrir un pequeño museo como espacio neutral donde los alfareros pudieran reunirse, aprender más acerca de sus propias tradiciones cerámicas y, posiblemente, comenzar a descubrir bases comunes para acción conjunta.

El museo está albergado en una casa colonial en la plaza principal de la población. Fotografías de alfareros locales y textos que describen su labor adornan las paredes, y los estantes de exposición presentan ejemplos de estilos antiguos y más actuales de alfarería tradicional. Hay una pequeña tienda, un almacén que vende objetos de cerámica al costo y un estudio para celebrar talleres y demostraciones. Distintas exposiciones de trabajos locales y competiciones periódicas ante jurado han convertido al museo en un punto de contacto oficioso para los alfareros y ha promovido vínculos más estrechos entre los residentes de la localidad y los de las zonas rurales circundantes. Las exposiciones y talleres han animado a los alfareros locales a ser más creativos mediante la exploración de nuevas técnicas y diseños. Ha surgido una nueva forma de arte popular —diminutos figurines humanos y animales enmarcados en escenas populares típicas— para los que existe un mercado creciente.

Aunque el museo representa un paso adelante para los artesanos locales, dándoles un mayor orgullo en su trabajo e incluso renovando el interés en algunas tradiciones, tales como los caballitos antes citados, la situación pecuniaria básica de los alfareros no ha mejorado. El costo elevado de los materiales y los precios bajos de los productos acabados contribuyen a hacer que la producción en pequeña escala no sea viable. Tal como lo expresa un alfarero: "Lo que yo hago es más un deporte que un trabajo." La ACPA sigue buscando alternativas que reduzcan los costos de producción, tales como formas de convertir los hornos para que admitan una combinación más económica de carbón y madera. Pero incluso ese paso modesto parece tropezar con dificultades, puesto que muchos artesanos se muestran reacios a exacerbar la contaminación atmosférica que ya ahoga al valle. Un progreso económico más tangible no se producirá hasta que los alfareros resuelvan sus diferencias y organicen métodos eficaces para trabajar en colaboración.

La compleja combinación de las cuestiones culturales y de desarrollo que la ACPA ha encontrado en sus esfuerzos por ayudar a comunidades artesanales, tales como las de Pasto y Ráquira, han promovido la comprensión de que los programas de autoayuda, incluso cuando pueden aprovechar el apoyo técnico y de promoción de una ONG interesada, son sólo parte de la solución para reavivar las tradiciones artesanales y hacerlas económicamente viables. Como resultado, la ACPA ha tratado de ampliar su efecto buscando asociaciones con otras agencias públicas y privadas tales como las universidades, ministerios del gobierno y la Federación de Cafeteros, red influyente de productores de café.

Uno de los primeros esfuerzos que ayudó a establecer un precedente para este patrón fue el relacionado con los talladores cholos de la selva tropical de Chocó. Este grupo enfrentaba distintos problemas de desarrollo que hacían esencial la colaboración con cierto número de organizaciones. Por esa razón, la ACPA trabajó directamente con el propio gobierno tribal de los cholos, así como con grupos de la Universidad Javeriana y del Ministerio de Salud.

Otro ejemplo más reciente es un proyecto para ayudar a los barnizadores a obtener acceso a suministros regulares de goma mopa-mopa. Muchos de los árboles que producen esta resina son ahora viejos y se han hecho menos productivos, y la zona en la que crecen está asediada por actividad guerrillera y tráfico de drogas. Por algún tiempo, los barnizadores han tratado de obtener apoyo para la creación de una reserva en la que se controle el cultivo y explotación de este árbol. Hasta hace poco, la idea tuvo poco éxito. Ahora, sin embargo, se ha creado un consorcio apoyado por varias instituciones colombianas importantes -entre ellas INDIRENA, el instituto de recursos naturales del gobierno- para resolver el problema. La ACPA ha desempeñado un papel vital en facilitar este esfuerzo.

Expansión y creación del conocimiento

En el curso de los años, la ACPA ha llegado a comprender que sus programas de desarrollo de la comunidad pudieran contener las simientes de un enfoque más sistemático apropiado para adaptación por otros. Para asimilar lo que ha aprendido y formular formas más eficaces de ayudar a las comunidades artesanales, la ACPA inició en 1984 un proyecto denominado el Centro de Estudios Artesanales. El Centro, como actividad global que combina al personal antiguo como Ligia de Wiesner, con el personal nuevo, constituye grupos temporales de investigación idóneos para realizar estudios específicos, incluyendo investigación sobre tipos particulares de producción artesanal, sobre comercialización y producción y sobre las condiciones subyacentes que contribuyen al éxito o fracaso de las organizaciones artesanales. Estos estudios no sólo proporcionan datos para los programas de desarrollo de la comunidad en curso de la ACPA sino que están siendo cada vez más utilizados para influir en la política del gobierno hacia el sector artesanal. Por ejemplo, la ACPA ha presentado al gobierno del departamento del Tolima un plan para la construcción de hornos de gas en la comunidad productora de cerámica de La Chamba, donde está generalizada la deforestación, y una propuesta para reconstruir el taller de artesanías en la prisión penitenciaria de Ibagué. En Quindío ha recomendado la apertura de una escuela artesanal para reavivar la producción local de artesanías y promover el empleo. Y en Bolívar, ha propuesto la creación de una microempresa de artesanías en la Zona de Libre Comercio en la costa atlántica. La ACPA espera que los cambios recientes en la ley colombiana que dictamina la elección directa de los alcaldes y la delegación de una mayor autoridad presupuestaria a los niveles locales, permitan una mayor cooperación y diálogo con los municipios.

El centro también ha ampliado el papel educativo de la ACPA y los servicios que puede proporcionar a los grupos de artesanos. Los especialistas han elaborado programas de capacitación orientados a las necesidades de los artesanos y se han producido folletos y manuales que tratan de formas de agilizar la producción y mejorar la comercialización, gestión y mantenimiento de registros financieros. Además, la unidad audiovisual del Centro ha producido numerosas videocintas, diapositivas y audiocintas de tradiciones artesanales y folclóricas colombianas. Es la única instalación en el país dedicada a la producción de esta clase de material y ha recibido numerosos contratos y donaciones de instituciones públicas y privadas, así como de la Organización de los Estados Americanos. Entre las producciones figura una serie de televisión de 12 partes, para proyección en horas de mayor sintonía, sobre la cultura tradicional que fue transmitida en 1989; una serie de programas por radio nacional sobre la historia oral de distintas regiones de Colombia; y una serie de cintas de audio sobre las canciones y juegos tradicionales de los niños colombianos. El Instituto Colombiano de Bienestar Familiar ha hallado que esta última producción constituye una herramienta valiosísima para vincular la conciencia cultural con la educación en la primera infancia, y ha distribuido las cintas a través de las Madres Educadoras, una red de guarderías infantiles de la comunidad, situadas en los barrios pobres en distintos lugares del país.

Sin embargo, quizás la expansión más importante de las actividades de la ACPA sea la relacionada con su decisión de trabajar a través del sistema de escuelas nacionales. A principios de la década de 1980, Cecilia Duque acudió al Ministerio de Educación con una propuesta para incorporar elementos de la cultura popular tradicional en los textos escolares y programas de estudios. La labor de la ACPA con las comunidades de artesanos ha producido abundantes ejemplos de la ingeniosidad autóctona de los artesanos colombianos, conocimiento que podría ayudar a promover un mayor sentido de identidad cultural entre los alumnos. Cecilia Duque afirma con una triste sonrisa que "ha sido importante trabajar con los artesanos, pero considerábamos que teníamos que llegar a los jóvenes para tener realmente posibilidades de preservar estas tradiciones para generaciones futuras".

Se cuenta un relato en la ACPA que ilustra lo arraigado que está el problema que hay que resolver. Hace algunos años en una exposición de alfarería en el museo de Ráquira, varios de los alfareros quedaron desconcertados cuando se les sirvió el café en tazas de arcilla fabricadas localmente. Meneando la cabeza, anunciaron que preferían las hechas en fábrica. Duque y sus colegas habían fundado el Museo de Artes y Tradiciones Populares casi 20 años antes con el fin de corregir la ceguera de muchas personas que no les había permitido ver que Colombia poseía una rica tradición artesanal nacional, hasta que ésta casi había desaparecido. Sin embargo, ésta era una ceguera cultural tan generalizada que afectaba incluso a la gente que producía las artesanías, impidiéndoles ver la belleza que habían fabricado con sus propias manos.

La respuesta inicial del Ministerio de Educación a la propuesta de Duque fue negativa. "Nadie había pensado antes en combinar la cultura popular y la educación, sólo la cultura de la elite", afirma Vicky Colbert, entonces viceministra de educación. Sin embargo, después de varios años de esfuerzos y con el apoyo de Colbert, finalmente se firmó un acuerdo entre la ACPA y el minis-

Auspiciado por la Fundación para la Investigación y el Desarrollo de Sucre (FIDES), Wilmer Arias enseña a jóvenes colombianos a tocar música tradicional en gaitas y tambores. De esta manera la juventud de 20 comunidades del departamento de Sucre puede fortalecer su identidad y el orgullo de su patrimonio cultural. (Véase CO-403 en el Apéndice.) ((Miguel Sayago))

terio en 1984. La ACPA formó un grupo de especialistas técnicos y, con el apoyo de una donación de la Fundación, comenzó a preparar materiales del currículum para un programa de educación nacional en rápida expansión, conocido como Escuela Nueva.

La Escuela Nueva había sido iniciada en 1976 para revitalizar el sistema de escuelas rurales del país haciéndolo más flexible y pertinente para las necesidades e intereses de sus estudiantes. Casi 40% de los alumnos de las escuelas rurales de Colombia han permanecido fuera de la escuela al menos parte del tiempo para ayudar a sus familias con el trabajo agrícola. Con anterioridad, estos alumnos quedaban atrasados y no se les promovía. Con el programa de la Escuela Nueva, en el que participan principalmente las escuelas primarias, el sistema de grados es fluido y se permite a los alumnos proseguir a su propio ritmo. Se hace un gran hincapié en la interacción en el aula más que en el aprendizaje de memoria, y la escuela se extiende a la comunidad. Los temas tradicionales, que antaño guardaban poca relación con las vidas cotidianas de los alumnos, se incorporan ahora en su contexto local y regional. Se anima a los alumnos a investigar el mundo a su alrededor, a comprender cómo los relatos y leyendas locales pueden ser ejemplos de historia y literatura y a reconocer las artesanías como formas de arte popular. En pocas palabras, el programa está concebido para ayudar a los jóvenes a ver su comunidad como aulas valiosas para estudio y a encontrar dentro las semillas para el desarrollo de la comunidad.

La primera tarea de la ACPA en el desarrollo de los componentes culturales del programa consistió en preparar materiales para una zona en la que la Escuela Nueva estaba ya establecida: el área a lo largo de la Costa del Pacífico en Colombia con su rico legado de cultura negra. El grupo técnico de la ACPA gastó meses recogiendo información sobre la música, danza, artes plásticas, rituales, relatos populares y vestimenta de la región que pudieran adaptarse a materiales para el aula a través de medios múltiples. Estos materiales se ensayaron luego en las escuelas y se revisaron tomando como base las reacciones de los maestros y alumnos. Este procedimiento se ha ampliado desde entonces a otras regiones del país y la ACPA está en vías de crear paquetes estandarizados integrales —de libros, folletos, artículos audiovisuales y juegos— que puedan utilizarse en todo el país en combinación con materiales especializados concebidos para las regiones.

El currículum de la Escuela Nueva, arraigado en la cultura popular y orientado pragmáticamente, está destinado a promover la participación y fomentar un sentido de autovalía e identidad que es la piedra angular del desarrollo de la comunidad. Los alumnos comienzan trabajando con los conceptos de la cultura y la identidad personal, y luego pasan a las aptitudes manuales, tales como la fabricación de artesanías. Se anima a los niños a pensar en la familia como una unidad productiva, como una microempresa, y se les insta a que contribuyan o ayuden a iniciar pequeñas empresas familiares. El programa culmina con el establecimiento de un Museo Vivo en el que los alumnos y sus padres pueden crear exposiciones que ponen de relieve las artesanías, costumbres y tradiciones locales.

El programa de la Escuela Nueva está ahora establecido en más de la mitad de las 26.000 escuelas rurales del país y beneficia a unos 500.000 alumnos. Aunque los materiales de la ACPA no han llegado aún a todos ellos, los resultados iniciales han sido alentadores. "La respuesta de los alumnos, maestros y padres ha sido enorme", informa Marina Solano, coordinadora del proyecto de currículum de la ACPA. "La gente descubre que la cultura está en todas partes a su alrededor, no sólo en los museos y salas de conciertos, y que es la esencia de la vida."

Desde la introducción de este programa de estudio en la Costa del Pacífico hace cuatro años, los maestros en la región han declarado un aumento en la asistencia y un mayor interés y confianza en sí mismos entre los alumnos. Incluso los maestros afirman que tienen mayor interés en la cultura local. El programa ha sido aplaudido y apoyado por el Banco Mundial, la UNESCO y el UNICEF, y ha sido estudiado por funcionarios de 46 países. Todo parece indicar que el programa continuará, y con él, la participación de la ACPA. De acuerdo con Vicky Colbert, "podemos esperar una unión aún más estrecha entre la ACPA y la Escuela Nueva en años venideros. La expansión de este proyecto está asegurada porque funciona, y el gobierno lo sabe."

A pesar de esta creciente influencia sobre la política nacional, los directores de la ACPA están conscientes de que su organización ha dado un giro completo en su evolución. Recuerdan cómo su meta de preservar las tradiciones artesanales despertando la conciencia del público, les llevó a formular estrategias para ayudar a los propios artesanos y cómo el conocimiento que han acumulado en el proceso ha profundizado la comprensión por el país de lo que necesita promoverse. Cecilia Duque dice: "No vamos a abandonar la obra ya realizada porque el éxito depende de integrar nuestro pasado con nuestro porvenir. Seguiremos trabajando a ambos niveles —ayudando a grupos locales y forjando un proceso de educación nacional— porque se necesitan ambas actividades si queremos que cualquiera de ellas tenga éxito." El reto de la ACPA al nivel local consiste en crear organizaciones fuertes, que se vitalicen y sostengan a sí mismas. Su reto al nivel nacional es ayudar a la gente a comprender que esta vitalidad es un reflejo de la pujanza nacional.

BRENT GOFF es escritor y productor de radio (San Francisco, California, EE.UU.).

Capítulo 9

TURISMO CONTROLADO POR CAMPESINOS EN EL LAGO TITICACA

Kevin Benito Healy y Elayne Zorn

La isla de Taquile, una mancha remota en el lago Titicaca, en el sur del Perú, es una tierra de veredas de piedra, ranchos con techos de paja, vistas panorámicas de montañas, vívido colorido y antiguas costumbres. Poco había cambiado allí con el curso de los siglos hasta que la isla fue descubierta no hace mucho por una nueva clase de turistas: los jóvenes e intrépidos trotamundos que andan a la búsqueda de lo "intacto". Pero Taquile no se ha convertido en el clásico paraíso turístico. Contrariamente a lo que suele ocurrir en otros lugares del Tercer Mundo que atraen visitantes, en esta isla los mismos habitantes se las han ingeniado para explotar el turismo con sus propios medios. Hasta ahora los taquileños han dominado el comercio turístico y han recogido sus beneficios económicos. Pero el éxito nunca está exento de costos y riesgos, ni siquiera el éxito relativamente limitado de Taquile.

Taquile no parecía hecha para el turismo, ubicada como está en el altiplano andino. En los años treinta se hizo fugazmente famosa por confinarse allí a prisioneros políticos, entre ellos el presidente depuesto Sánchez Cerro; fuera de esto, la isla pasó cientos de años sumida en la oscuridad.

Es una isla pequeña, de unos cinco kilómetros de largo y un kilómetro y medio de ancho, con el extremo sur torcido como la cola de un pez. El paisaje es rocoso y agreste, con chozas de barro y algunos eucaliptos y arbustos. Los senderos sinuosos que bordean terrazas de estilo incaico, campos sembrados de papas y parapetos de piedra conducen hasta las antiguas torres funerarias en la cima de las montañas. El lado oriental mira hacia más de 65 kilómetros de agua profunda, azul y cristalina. En el horizonte, bajo una inmensa cúpula azul celeste y nubes majestuosas, se yerguen los picos nevados de Bolivia. Por la noche, el cielo andino se llena de estrellas rutilantes y el brillo de una luna de plata reverbera de vez en cuando en las aguas del lago Titicaca.

Los habitantes de Taquile son indígenas de habla quechua que por innumerables generaciones han subsistido con las papas, la cebada y las habas que cultivan en parcelas de propiedad privada distribuidas en terrazas en las laderas de las montañas. La isla se hallaba dividida a la manera tradicional en seis *suyos* o secciones, cada uno con un monocultivo que se rotaba cada seis años. Las chacras de Taquile producían pequeños excedentes y los modestos almacenes tenían poca mercadería. A diferencia de otras comunidades andinas, los isleños tenían muy pocos animales para compensar las malas cosechas. Los habitantes más pobres se ganaban la vida a duras penas pescando desde sus barcas de cañas en las profundidades del lago, y para ganar un poco de efectivo los hombres trabajaban como peones temporales en las haciendas de la costa, en las minas de cobre del sur y en una variedad de ocupaciones en las ciudades aledañas.

En la costa occidental del lago está el centro comercial más cercano: la ciudad portuaria de Puno, de unos 60.000 habitantes. Para llegar hasta allí, los isleños viajaban de ocho a doce horas en barcas de madera, cada una propiedad de diez o doce familias. Los hombres se turnaban para navegarlas. Aunque a mediados de los años sesenta muchas otras comunidades del lago empezaron a cambiar las barcas de remo por lanchas de motor, los taquileños eran demasiado pobres para permitírselo. Tímido, chapurreando español y vestido con ropas de ciudad demasiado holgadas sobre el atuendo tradicional, el taquileño que llegaba a un pueblo personificaba el atraso rural del Perú.

A pesar de la pobreza extrema, Taquile contaba con algunos recursos. El antropólogo peruano José Matos Mar ha dado cuenta de cómo la comunidad comenzó ingeniosamente a movilizar sus ahorros durante los años treinta a fin de comprar la isla a los hacendados en un plazo de 20 años. En los años cuarenta, los taquileños se organizaron para construir veleros de madera.

Más aún, los estupendos tejidos hechos a mano en Taquile sólo tienen igual en un puñado de comunidades. Todos los isleños -hombres, mujeres y niños- sabían tejer. Los hombres tejían con dos agujas unos gorros elegantes (*ch'ullus*) y las mujeres hacían cinturones (*chumpis*), bolsas (*ch'uspas*), chales (*lliqllas y 'unkhuñas*), ponchos y bufandas en telares horizontales sobre el piso. Los varones, tanto niños como adultos, también hilaban telas para confeccionar camisas, chalecos, faldas y pantalones. Los tejedores comerciaban con los pastores de las inmediaciones del lago Titicaca para proveerse de lana de alpaca y oveja. Acostumbrados como estaban a hacerlo desde niños, los taquileños hilaban sin cesar, entre una tarea y otra y en cualquier parte de la isla.

Taquile era una de la pocas comunidades del lago donde tanto mujeres como hombres tejían y usaban prendas tradicionales. Los vestidos rojos, blancos y negros se destacaban luminosamente contra el paisaje seco y rocoso. Los atuendos y las técnicas de tejido reunían en sí el estilo arcaico de la España medieval y el acervo andino.

Aunque los taquileños vendían ocasionalmente textiles a los viajeros en Puno, tenían poca experiencia con la venta organizada de los mismos. En 1968, con la asistencia de Kevin Healy, uno de los autores del presente artículo y a la sazón voluntario del Cuerpo de Paz de los Estados Unidos, los isleños fundaron una cooperativa basada en la estructura de mando tradicional para comercializar los tejidos. El apoyo de la comunidad a esta empresa llegó a regañadientes; los isleños decidieron adoptar la idea sólo después de una exitosa campaña de desratización realizada conjuntamente con el Cuerpo de Paz. Los *jilakatas* (ancianos que representan la autoridad tradicional de la isla) recolectaban tejidos nuevos y usados para tratar de venderlos en Cuzco, a un día de tren o autobús desde Puno. Estos artículos se vendían en consignación en una tienda patrocinada por el Cuerpo de Paz donde se vendían productos de las numerosas cooperativas de artesanos del sur del Perú. Cuando las ventas experimentales arrojaron una ganancia de US$150, que se distribuyó entre unas 70 personas, empezó el "auge" comercial. Gradualmente, los isleños comenzaron a viajar regularmente a Cuzco para vender.

Como la tienda del Cuerpo de Paz cobraba solamente una modesta suma para gastos administrativos y las ganancias restantes iban directamente a los artesanos, los isleños aprendieron a conocer el valor comercial de sus productos. Las ventas pusieron de relieve que los tejidos de uso cotidiano atraían a los forasteros y sobre todo a los turistas, y que podían obtener entradas regulares en efectivo.

Lamentablemente, tres años después la tienda de Cuzco se cerró. Un gerente local malversó los fondos y los artesanos de Taquile sufrieron grandes pérdidas cuando se cerró el negocio y los tejidos dejados en consignación desaparecieron. Pero no todo estaba perdido. Los isleños habían descubierto en Cuzco un mercado turístico en rápido crecimiento y sabían que sus tejidos estaban entre los mejores del sur del Perú. Los taquileños, que al principio sólo entregaban la mercadería a la cooperativa, comenzaron a aplicar sus conocimientos del mercado vendiendo sus tejidos directamente a los turistas en las calles de Cuzco. También encontraron compradores y exportadores interesados en la ciudad meridional de Arequipa y en Lima, la capital. Hacia mediados de los años setenta, compradores del exterior y exportadores limeños vendían los *chumpis y ch'uspas* rojos de Taquile a una clientela exigente de Europa Occidental y Estados Unidos.

A pesar de su belleza, Taquile había quedado fuera del circuito turístico y a la sombra de la principal atracción de la zona: las islas flotantes de cañas habitadas por una población indígena decreciente, situadas a unos 20 minutos de Puno en lancha. La única manera de llegar a Taquile era en uno de los veleros de madera de propiedad colectiva. Sólo los viajeros más audaces estaban dispuestos a bajarse del tren de la tarde en Cuzco y pasar toda la noche navegando en el lago con frío, viento y a menudo lluvia. Todo eso cambió, sin embargo, en 1976, cuando en una guía turística de gran circulación (*South American Handbook*) se describió a Taquile como una isla virgen apartada en el lago Titicaca. Empezaron a llegar turistas al muelle de Puno, donde trataban de reservar pasaje para Taquile. Muy pronto, varios lancheros de Puno y sus alrededores agregaron la isla al recorrido turístico del lago. (Diez años después aparecieron artículos sobre el turismo en Taquile en el *New York Times*, el *Washington Post* y el *Boston Globe*.)

En 1977, los taquileños habían mancomunado sus ahorros y habían comprado motores de camión usados para las barcas de vela. El viaje entre Puno y la isla se redujo de 12 horas a tres y media y el tráfico de turistas aumentó. A principios de 1978 se formaron nuevas cooperativas para el transporte lacustre y de 30 a 40 familias encargaron embarcaciones a armadores locales. Aunque algo rústicos, los nuevos barcos tenían cabinas y eran más seguros, atractivos y grandes y podían transportar cómodamente hasta 20 turistas. Con una donación de la Fundación Interamericana, institución estadounidense que apoya actividades de desarrollo en pequeña escala en América Latina, los taquileños compraron piezas de repuesto y motores para las embarcaciones de seis grupos. La Capitanía del Puerto y el Ministerio de Turismo de Perú autorizaron a los taquileños para transportar pasajeros y establecieron reglamentos y tarifas para los pasajes.

Los isleños demostraron que podían competir con los lancheros privados de Puno y obtuvieron el monopolio del transporte con la aprobación oficial. En 1982, el número de cooperativas de transporte había aumentado a 13.

En noviembre de 1982, el pasaje de ida y vuelta entre Taquile y Puno, establecido por la Capitanía del Puerto y el Ministerio de Turismo de Perú, costaba aproximadamente cuatro dólares. Como los precios de los repuestos, el combustible, el mantenimiento y el reemplazo de motores y barcas de madera son muy altos, las embarcaciones han estado funcionando con pequeños márgenes fluctuan-

tes entre pérdidas y ganancias insignificantes. Pero el control local del tráfico lacustre produce otros beneficios, además de la entrada de dinero: subvenciona el costo del transporte de los taquileños
que van y vienen de Puno. En 1982, 435 personas (que representaban
prácticamente a todas las familias) compartían la propiedad y las
responsabilidades del manejo de los 13 barcos. Actualmente, las
familias tienen a su alcance transporte económico. El comercio y
las comunicaciones de Taquile con tierra firme han mejorado
apreciablemente.

El creciente tráfico lacustre también ha brindado nuevas
entradas a los habitantes y la oportunidad de capacitarse en el empleo. Los tres tripulantes que realizan cada viaje de ida y vuelta a
Puno reciben jornales regulares por su trabajo. La adición de nuevos barcos significa que los armadores de la isla deben producir
más cascos y accesorios. En los últimos cinco años, los tripulantes
han adquirido conocimientos prácticos valiosos en materia de repa-
ración y mantenimiento de motores, a veces a costa de los turistas,
arreglando desperfectos mecánicos en medio del lago.

Taquile ofrece un ambiente acogedor sólo a los viajeros más
recios. Allí no hay prácticamente ninguno de los servicios turísicos
habituales, como excursiones, tiendas, servicios médicos o vehículos de motor. En realidad, no hay electricidad ni sistema de a-
bastecimiento de agua potable o instalaciones sanitarias. En la isla
hay pocas camas, y nada que se aproxime siquiera a un hotel de tercera categoría. Los visitantes son, en su mayoría, mochileros de 20
a poco más de 30 años que viajan con un presupuesto limitado.
Pronto se dan cuenta de que, en Taquile, "rústico" significa austero.

La isla está a 4.000 metros sobre el nivel del mar, altura a la
que pocos visitantes están acostumbrados. Después de viajar tres horas y media en barco, hay que subir durante 30 minutos por una
escalera de piedra que serpentea por la ladera de la montaña. Ya en
la cima, un comité de recepción campesino da la bienvenida a los
recién llegados, anotándolos en un registro en el cual indican la
edad, duración de la estadía y nacionalidad. El comité describe la
configuración de la isla, las atracciones principales --algunas
torres funerarias de interés arqueológico, por ejemplo-- y distribuye

Toribio Huatta Cruz, de la Isla Taquile del Lago Titicaca, en la frontera entre Bolivia y Perú, construye un barco para que el Comité de Turismo de Taquile (véase PU-093 en el Apéndice) pueda transportar turistas a la isla con el propósito de que visiten el museo comunitario, compren tejidos locales y coman y pernocten en casas de los campesinos, aumentando de esta manera los ingresos familiares y a la vez reforzando las tradiciones populares. ((Elayne Zorn))

a los recién llegados entre los ranchos de adobe de las familias del lugar. Como todos los taquileños, los turistas duermen en esteras de caña extendidas sobre el piso de tierra o sobre plataformas de piedra.

En 1978, las autoridades locales autorizaron a 68 familias para alojar en su casa a visitantes extranjeros. En agosto de 1982, el número de familias se había elevado a 207, es decir, todas las familias de la isla. Ese mes, el número de visitantes alcanzó la cifra sin precedentes de 1.800. Llegan turistas de América del Norte y del Sur, Australia, Nueva Zelandia, Japón, Israel y, sobre todo, Europa occidental. Según los registros comunitarios, entre enero y agosto de 1982 visitaron Taquile 5.300 turistas, o sea un promedio de más de 750 por mes. Casi todos los visitantes permanecieron sólo dos o tres días. Aunque el movimiento turístico ha aumentado de manera constante, a veces pasan semanas en que los visitantes son escasos.

Los taquileños manejan el comercio turístico por medio de diversos comités: de alojamiento, tejidos, alimentación y transporte, por ejemplo. Ciertas tareas especiales, como la construcción o el mantenimiento de servicios públicos, están a cargo de grupos de trabajo formados por voluntarios y establecidos por los comités. En los últimos seis años, los isleños han establecido reglamentos y precios que tanto ellos como los turistas deben respetar.

Todo el pueblo se reúne los domingos para una asamblea informal en la plaza. En Taquile, como en muchos otros lugares de los Andes, el sistema indígena y el español se combinan. Los isleños eligen autoridades tradicionales y funcionarios políticos modernos, pero los líderes tradicionales, como los "jilakatas", van perdiendo autoridad frente a los funcionarios públicos. Los ancianos asesoran a las autoridades y al pueblo en general.

Durante la primera estación turística se inauguraron dos restaurantes de propiedad privada de taquileños que retornaron a la isla después de vivir muchos años en Lima. Actualmente funcionan en la plaza de urbanización del pueblo siete restaurantes cuyos propietarios y administradores son grupos o familias. La comida que ofrecen es algo más variada que la de las familias campesinas: tortilla española, panqueques y pescado, además de sopa, papas y mate. De costumbre, los isleños no habían sido en su mayoría ávidos pescadores, pero la demanda de pescado por los turistas ha estimulado la formación de dos cooperativas, una de 21 pescadores y la otra de 50. También se compra pescado a los pescadores de los pueblos lacustres vecinos.

El ingreso potencial y real proveniente del turismo ha estimulado la introducción de mejoras en las casas, como cuartos adicionales, mesas, bancos, manteles, lámparas de querosén, palanganas para lavarse y ropa de cama tan básica como esteras de caña y mantas de lana. Las mejoras deben ser aprobadas por una comisión de la isla. En las tiendas locales se vende papel higiénico y cerveza, que son una novedad en Taquile y en general son las comodidades máximas permisibles que se consideran compatibles con una "auténtica experiencia andina". Cada casa aprobada recibe directamente del turista el pago por alojamiento y, en la mayoría de los casos, por la comida. En noviembre de 1989, el alojamiento por una noche costaba US$0,60, y una cena de pescado, US$0,70.

A fines de los años ochenta, los taquileños realizaron obras de infraestructura en varios lugares públicos y hubo un mini auge de construcción de retretes y arcos. Estos arcos de piedra y cemento de unos cuatro metros de altura (ocho según el último recuento) dan a la isla el aura de una civilización antigua y misteriosa. Asimismo, los taquileños han aprovechado la mano de obra comunal para construir un camino de piedra de varios metros de ancho donde antes había un camino de tierra en malas condiciones, sembrado de piedras y escombros. Este camino se ha convertido en algo parecido a una "calle principal" que cruza la isla a lo ancho, comunicando la plaza del pueblo con uno de los muelles principales. En la plaza, los dueños de los restaurantes han colocado mesas de piedra y sillas al aire libre para que los turistas puedan sentarse a conversar y disfrutar del aire puro y el sol andinos. Las oficinas públicas de la plaza se han mudado y se han reconstruido los edificios a fin de dar una imagen de gobierno comunitario local.

Con el dinero ahorrado proveniente del transporte en lancha también se han realizado obras de infraestructura "moderna" en tierra firme. Durante varias generaciones, como los isleños no podían pagar ni el hotel más barato, hacían carpas con las velas para pasar la noche en sus lanchas en los muelles de Puno. Los isleños construyeron un edificio con una oficina y dormitorios. Una importante adquisición para la oficina fue el teléfono privado, que tiene un gran simbolismo y utilidad práctica para competir en el mercado turístico de Puno.

Cuando en 1976 el turismo cobró impulso en Taquile, la comercialización de los textiles también cambió. Hasta entonces casi toda la producción de los artesanos se vendía en Cuzco, Arequipa y Lima a través de intermediarios de Taquile, pero ahora podían venderse en la misma isla. Los tejedores de Taquile abrieron finalmente una tienda de artesanías administrada por la comunidad en la que podían vender su variada y creciente producción. Con la eliminación de los intermediarios, los ingresos de los artesanos aumentaron.

La administración de la tienda está a cargo de un comité, cuyos miembros son elegidos por la comunidad, en tanto que los hombres de la isla se turnan para trabajar voluntariamente de vendedores. El comité de artesanías se reúne una vez a la semana para fijar los precios según la calidad y la cantidad de trabajo puesto en los productos. La fuerza laboral sigue siendo como en el Taquile precomercial de los años sesenta. Todos los hombres, mujeres, adolescentes y niños mayores de ocho años ganan dinero con la producción de artesanías.

En los últimos años, el promedio mensual de ventas de la tienda se aproximó a los US$ 2.500, con un máximo de US$5.700 durante julio y agosto, los meses de mayor movimiento turístico. Además, desde agosto de 1982 se realiza una feria anual de artesanías de dos semanas a la que se a dado gran publicidad. A estas ferias van turistas que, de paso por la isla durante unas pocas horas, compran tejidos por valor de varios miles de dólares.

Trece años de contacto con mercados y turistas han influido en lo que se produce en Taquile. En repuesta a la demanda, los taquileños han creado nuevos productos derivados de la vestimenta tradicional de la isla. En la actualidad, la tienda de la comunidad tiene una gran cantidad de camisas, chalecos y pantalones hechos con tela de fabricación casera en colores naturales y en una variedad de texturas. Las camisas "campesinas", sobre todo, gozan de gran popularidad entre los jóvenes turistas. Los tejedores han adaptado las técnicas y los diseños de los gorros de punto para crear un chaleco músico con hileras de dibujos multicolores, brillantes y muy elaborados. De los telares de las mujeres siguen saliendo hermosas bolsas y cinturones de diversos anchos, colores y motivos. Una innovación relacionada con el turismo es el mayor uso de colores naturales en las bolsas y los cinturones.

A pesar de las bajas tasas de rendimiento, que normalmente son bastante inferiores a un dólar por día, la producción textil de Taquile y de los pueblos aledaños ha aumentado notablemente en los últimos años. Una de las razones es que, a pesar de su baja rentabilidad, el tejido se puede hacer en cualquier momento libre, cuando no hay ningún otro trabajo que ofrezca entradas en efectivo. Muchos taquileños se quedan toda la noche tejiendo a la luz de la lámpara de querosén. Los taquileños también han comenzado a dar algunas tareas a personas de pueblos aledaños y a vender textiles de Amantaní y Capachica en la tienda cooperativa de la isla.

Aunque no se puede negar que la calidad de algunos de los textiles producidos en Taquile ha mermado desde que se comenzó a comercializarlos en mayor escala, el deterioro no es muy grande en comparación con lo que ocurrió en otros lugares. Es cierto que el mayor uso de fibras hiladas y teñidas comercialmente va en detrimento de la calidad del producto y es cierto también que los hombres ahora tejen los ch'ullus con menos detalles, dibujos más grandes y más espacios vacíos que antes, pero por otra parte, los tejedores ahora recurren mucho menos que antes a motivos repetitivos y han incorporado una gama más amplia de temas extraídos de la cultura local y de la vida cotidiana. Más aún, los gorros de punto siguen caracterizándose por su belleza, suavidad y riqueza de colores, a pesar de que se están comenzando a usar máquinas de tejer. Las mujeres han adoptado medidas similares a fin de reducir el tiempo que les lleva confeccionar cinturones y bolsas, pero aún tejen maravillosamente, a pesar de la calidad inferior de las fibras.

Alejandro Flores Huatta, de la Isla Taquile en el lago Titicaca, muestra un cinturón tejido a mano y explica los símbolos precolombinos del dibujo, y su significado en relación con las épocas de siembra y cosecha, a los visitantes del Festival de la Vida Folclórica, que la Institución Smithsonian celebra anualmente en Washington, D.C. (Véase PU-093 en el Apéndice.) ((Ron Weber))

El movimiento constante de turistas da motivo a que los taquileños usen sus propios tejidos en un despliegue publicitario. Si bien el turismo fomenta el trabajo más rápido y barato, también refuerza el orgullo local en la vestimenta, la mano de obra y las tradiciones autóctonas. Los taquileños todavía reservan los mejores tejidos para uso personal y para las fiestas. Con todo, tanto los tejidos tradicionales como los destinados a los turistas se encuentran todavía entre los mejores de todo el Perú.

Con la asistencia de Elayne Zorn, coautora de este artículo, tejedora y antropóloga, los taquileños organizaron un museo de la comunidad donde se conservan y exhiben los textiles más preciados y antiguos. A fin de ayudar a mantener los tejidos taquileños en la comunidad, la Fundación Interamericana contribuyó a un fondo destinado a comprar magníficas piezas antiguas de familias de Taquile. Sin embargo, la idea del museo rústico no tuvo aceptación hasta que un grupo de taquileños regresó de un viaje a Europa patrocinado por una organización cultural europea, en el cual vieron exposiciones sudamericanas en museos etnográficos.

La manera de encarar el turismo en Taquile contrasta sobremanera con las experiencias de otros pueblos del Tercer Mundo donde los beneficios de esta industria, en el mejor de los casos, llega a las bases con cuentagotas y quedan anulados por el control externo, la erosión de la integridad cultural y el trastocamiento de la vida tradicional. Los seis años de administración del turismo en Taquile demuestran que un pueblo es capaz de establecer las condiciones para el desarrollo del turismo y quedarse con la mayor tajada.

Desde el primer momento en que se lanzaron en esta empresa de manejar el turismo en su tierra, los taquileños tuvieron ciertas ventajas: genuina simpatía personal, costumbres folclóricas sumamente conspicuas y llenas de colorido, una floreciente artesanía tradicional y un paisaje espectacular. El mayor inconveniente de la isla -su aislamiento- se transformó en doble ventaja. En primer lugar, la lejanía de Taquile atrajo a turistas que disfrutaban la aventura del viaje en barco y se deleitaban con la autenticidad del lugar; pero más importante todavía quizá sea que el aislamiento de

Taquile permitió a los isleños mantener a prudente distancia a los empresarios de afuera, mientras que ellos instalaban servicios y recibían capacitación administrativa.

Los taquileños pueden considerarse afortunados, pues en varios e importantes aspectos el turismo no ha destruido las costumbres tradicionales, sino que las ha reforzado, como se nota en los tejidos, por ejemplo, que han florecido. Los isleños están contentos de poder hacer y vender un producto que es, además, un símbolo de su cultura y sus valores tradicionales. Es una labor que puede realizarse entre una tarea y otra en cualquier momento del día y que por lo tanto hace más fructíferas las horas que de otro modo no rendirían mucho. A los niños se les continúa enseñando de manera estricta el arte del tejido, y el respeto que se atribuye a la calidad de la producción textil permanece, como ésta, intacto.

Las embarcaciones de Taquile han sido siempre de propiedad colectiva, y no privada. El turismo se ha basado en esta tradición, lo cual ha producido varios beneficios. En primer lugar, el control del tráfico de las lanchas de motor permite a la comunidad regular el flujo de turistas, distribuyéndolos equitativamente entre las casas de los isleños. En segundo lugar, las lanchas nuevas son más grandes y proporcionan a los taquileños acceso más cómodo, seguro y frecuente a tierra firme. En tercer lugar, con el manejo del transporte lacustre, los isleños han aprendido mucho sobre administración de empresas y sobre operación y mantenimiento de maquinarias. Por último, la construcción de embarcaciones ha pasado a convertirse en una microindustria. Los constructores locales proyectan y arman todas las lanchas de motor grandes y han enseñado el oficio a aprendices más jóvenes. En la actualidad, muchos pueblos lacustres vecinos encargan embarcaciones de Taquile.

Por otra parte, las mujeres no han recibido una justa proporción de los beneficios del auge turístico y su situación general no ha mejorado. Las mujeres están excluidas de los nuevos comités directivos que manejan las diversas empresas de la isla. Los hombres producen las artesanías más populares y lucrativas, y es posible que muchas mujeres se queden sin trabajo a medida que los productos hechos por los hombres vayan ganando más aceptación en el mercado. Sin embargo, los tiempos están cambiando. La Iglesia Católica ofrece ahora un programa de educación alternativa para mujeres en la localidad.

La agricultura siempre fue difícil en las tierras agrestes de Taquile. Con el crecimiento del turismo, la producción agropecuaria aumentó y se dispone de más dinero para intensificar los cultivos. Los chacareros taquileños ofrecen sus productos directamente a los consumidores, recibiendo entradas que normalmente retendría el intermediario. Además, la ganancias derivadas del turismo sirven de protección contra los riesgos de las sequías periódicas, el granizo y las heladas. Estos recursos les ayudan a amortiguar los efectos de una mala cosecha, como en 1982 y 1983, años de terrible sequía en el altiplano.

Pero la capacidad productiva de la agricultura tradicional en tierras áridas y erosionadas quizás esté por alcanzar el límite. No sólo hay más turistas en Taquile, sino también más taquileños. Desde principios de los años cincuenta, la población prácticamente se ha duplicado, pasando de unos 640 habitantes a 1.250. Las mayores oportunidades económicas han estimulado la emigración de la ciudad al campo, en dirección inversa a la habitual. Muchos taquileños regresan a la isla natal trayendo consigo conocimientos y hábitos de consumo adquiridos en la ciudad. Si la producción local de alimentos no logra mantenerse a la par de la demanda de los isleños y los turistas, puede muy bien ocurrir que la tradicional agricultura de autosuficiencia dé paso a la dependencia de las importaciones.

El carácter igualitario de la sociedad taquileña se debe en parte a la pobreza colectiva. Para comprar la isla a los hacendados en los años cuarenta y cincuenta, los isleños tuvieron que mancomunar fondos y actuar en forma colectiva. Asimismo, 40 años atrás nadie disponía del capital y de la mano de obra necesarios para mantener un velero, de manera que las familias se reunieron y adoptaron reglas para proteger los derechos individuales dentro de los grupos.

El turismo ha reforzado esta tradición comunal (a través de las cooperativas de transporte lacustre, por ejemplo) y al mismo tiempo la ha debilitado. Con los nuevos tipos de oportunidades económicas, la estratificación social ha aumentado. Los propietarios de los restaurantes y las tiendas, los intermediarios textiles y algunos propietarios de lanchas han desarrollado servicios especializados. Al prosperar económicamente, sus necesidades y obligaciones tienden a diferenciarse de las del resto de la comunidad. Hasta ahora, sin embargo, las normas que rigen la conducta social han reglamentado la competencia, y en Taquile los beneficios económicos continúan distribuyéndose con notable equidad. Todos -jóvenes y ancianos, hombres y mujeres, los más pobres y los más prósperos- se han beneficiado de alguna manera con el turismo. Aunque existe indudablemente una disparidad creciente entre la conducta ideal y la real, los taquileños siguen dando gran importancia al concepto del bien común.

Los taquileños de hoy transitan por una senda muy angosta entre la tradición y el cambio. El turismo es una fuerza que empuja en ambas direcciones. Hasta ahora han mantenido una especie de equilibrio, pero el flujo de turistas ha sido relativamente pequeño.

Nadie sabe cuál es el límite entre la adaptación y la destrucción cultural. Los extranjeros han pasado a formar parte del paisaje. En las primeras horas de la noche se les ve reunidos tocando música y bebiendo en los restaurantes, escenas que evocan las tabernas y los cafés europeos. No hay ceremonia o festividad religiosa importante donde no estén, cámara en mano, registrando lo que allí ocurre. La vida de la comunidad continúa, pero ¿en qué momento los ritos y las fiestas se convertirán en meros espectáculos para turistas, y la comunidad, en un simple escenario?

La vida en Taquile ha cambiado. Quince años atrás no se sabía lo que era echar llave a una puerta y no se podía beber en público. En los últimos seis años se han visto casos de robos y embriaguez relacionados con los turistas, así como cultivos pisoteados, bañistas desnudos y consumo de drogas. La eliminación de desechos es un problema creciente debido a la mayor cantidad de gente y al aumento del consumo y los desperdicios.

Muchos lugareños han comprado bienes de consumo: relojes de pulsera, tocadiscos, radios, grabadores y prismáticos. En un restaurante local se ven incluso televisores a pila. Al mismo tiempo, los problemas de salud y nutrición siguen siendo tan graves como siempre. La mortalidad materna por complicaciones del parto es elevada, así como la mortalidad infantil. Los niños siguen sufriendo desnutrición, gastroenteritis y diarrea.

Los servicios creados para los turistas no siempre se extienden a la comunidad. Los siete restaurantes del pueblo colaboraron recientemente con las autoridades locales para instalar el primer sistema de abastecimiento de agua potable de la isla, pero hasta ahora el suministro no llega más allá de los restaurantes. Cuando le preguntaron sobre la falta de electricidad en la isla, un dirigente respondió que "un generador eléctrico produciría mucho ruido y arruinaría la tranquilidad que los turistas tanto desean".

La población es pobre y las tentaciones son muchas. Una de las principales preocupaciones actuales es cómo complacer al turista. Después de unas pocas horas con un visitante extranjero, algunas de las familias de Taquile suelen pedirle que les salga de padrino para crear así una relación de compadrazgo con los "gringos" ricos.

Al mismo tiempo, los isleños están aprendiendo sobre los países y las costumbres del resto del mundo. No es raro que se entablen amistades duraderas. Los viajeros a veces envían paquetes de regalos con utensilios para el hogar, publicaciones y medicamentos, y muchos taquileños reciben tarjetas postales, cartas y fotografías de amigos de todo el mundo. Lo que es más, a fines de los años ochenta algunos taquileños viajaron al hemisferio norte. Once fueron a París, representando al Perú en un festival de baile folclórico. Saborearon vinos y quesos franceses y contemplaron la vida urbana europea desde lo alto de la torre Eiffel. Un isleño fue a Londres y otro a Kansas (Estados Unidos) para organizar exposiciones y dictar conferencias sobre el arte étnico de Taquile. Seis viajaron a Washington, D.C., para participar en el Festival del Folclore Americano. En 1990 se instaló el primer teléfono en la isla, mejorando aún más su comunicación con el mundo.

La isla está volviéndose famosa en todo el mundo por los textiles y el turismo, después de pasar siglos sumida en la oscuridad a nivel nacional e internacional. En Taquile se han filmado programas para la televisión de países exóticos, como Brasil y Japón, y se ven estudiantes que llegan desde muy lejos, como el nordeste de los Estados Unidos, para hacer excursiones y observar la vida de los campesinos de los Andes y el turismo manejado por los lugareños.

Al contemplar el futuro, la comunidad debe enfrentar dos problemas. Primero, ¿puede la comunidad continuar adaptándose al turismo y aprovechar sus beneficios sin que termine devorándola? ¿Puede una cultura fuerte continuar floreciendo? ¿Seguirá la comunidad del futuro sintiéndose orgullosa de sí misma?

El segundo problema puede ser aún mayor. El pueblo todavía maneja el turismo, pero al aumentar los intereses en juego no puede darse por sentado que esta situación se prolongará indefinidamente. La experiencia de los últimos años demuestra que los taquileños se enfrentan con grandes desafíos, pero también que están a la altura de las circunstancias cuando actúan colectivamente.

Durante tres años se desarrolló una lucha intrigante entre los empresarios de taquile, empresarios de otros lugares y funcionarios del gobierno. Las incursiones de lancheros privados que operaban en colusión con las autoridades públicas habían socavado el control comunitario del transporte en lancha. Un pequeño círculo de la elite local de Puno, formado por funcionarios del ministerio de turismo, la guardia costera, agencias de turismo locales y una asociación de propietarios de lanchas, se había empeñado en socavar la posición comercial de Taquile, entregando a lancheros privados la mayor parte del negocio del transporte de turistas a Taquile. De esta forma, durante la temporada turística una compañía privada podía utilizar tres lanchas de motor muy veloces para llevar unos setenta turistas al día a Taquile, causando grandes pérdidas a los isleños. Esta modalidad de transporte también aumentó el número de turistas que iban a Taquile a comprar textiles, pero no pernoctaban. Eso es un problema, porque el alojamiento y la comida son fuentes importantes de ingresos para los isleños. Además, el propietario de las lanchas a menudo insultaba a los taquileños, llamándolos "brutos" e "indios".

Terencia Marca Willi, Alejandro Flores Huatta, Paula Quispe Cruz y Alejandro Huatta Machaca, de la isla Taquile, Perú, ejecutan un baile tradicional para los visitantes del mismo Festival de la Vida Folclórica. Estos bailes animan las fiestas comunales y familiares y también los eventos del ciclo productivo, como las mingas (trabajo comunitario), para sembrar, limpiar o cosechar. ((Rick Vargas))

A fin de fortalecer su empresa de transporte a Taquile, los lancheros privados de la asociación recurrían a mestizos que hablaban español en el medio urbano y culto de Puno. Como los boletos para el viaje en lancha se venden en trenes, hoteles y agencias de viajes, a los taquileños, que son indígenas estigmatizados, les resulta difícil penetrar en esos mercados. Por ejemplo, atreverse a entrar a un hotel turístico puede ser una aventura riesgosa y humillante para ellos. Los lancheros que les hacían la competencia contrataban muchachos mestizos, generalmente estudiantes, para "jalar gringos" y venderles boletos de ida y vuelta en lanchas que no pertenecían a los taquileños.

En abril de 1989, a fin de salvar la empresa de transporte, que iba de mal en peor, los taquileños organizaron una huelga y bloquearon los cuatro muelles de la isla para impedir que las lanchas privadas cargadas de turistas atracaran. Cientos de taquileños se movilizaron, incluso niños. En primera fila estaban las mujeres, que con pértigas apartaban a las lanchas de los muelles. Esta explosión de coraje femenino quizás haya sido el aspecto más sobresaliente de esta acción de protesta colectiva; aparentemente se debió a los programas de concientización de la Iglesia Católica en la isla. Los hombres, munidos de hondas, se amontonaban en las colinas próximas a los muelles.

Todos corrían en tropel de un muelle a otro en distintos puntos de la isla para bloquear los sucesivos intentos de desembarque. Varios días después, permitieron que los turistas desembarcaran en la isla, obligando a los lancheros a irse a fin de proporcionar ellos mismos el transporte para el viaje de regreso.

Posteriormente se suspendió el tráfico de lanchas privadas que iban a la isla pero que no pertenecían a taquileños, con lo cual los isleños recuperaron el control del transporte. Los taquileños invocaron la "ley de comunidades" como argumento jurídico para su acción. Las leyes peruanas otorgan a la comunidad control absoluto sobre el suelo y el subsuelo (con la excepción de los yacimientos minerales), que en el caso de la isla incluye los muelles. Con la ayuda de un abogado de la Iglesia Católica, los taquileños entablaron juicio contra la asociación de propietarios de lanchas, al mismo tiempo que iniciaban los trámites en la capital para obtener *reconocimiento oficial* como "comunidad indígena".

Entretanto, en represalia contra la huelga y el bloqueo, la asociación de lancheros privados demandó al principal dirigente de la isla, acusándolo de ser un "agitador" empeñado en destruir sus legítimos intereses comerciales. La medida judicial fracasó en pocos meses. En julio de 1989 se perfilaban grandes tormentas con la nueva temporada turística que comenzaba en julio y el silencio de la burocracia peruana en cuanto a la solicitud de condición jurídica de comunidad indígena. No obstante, al menos por un tiempo los isleños habían recuperado el control de una parte importante de las actividades redituables y se habían integrado más en la industria del turismo nacional en el Perú por medio de convenios oficiales con las agencias de turismo locales.

Mientras tanto, los turistas llegan y se van, más cada año. Los taquileños han demostrado que el turismo, al menos en pequeña escala, no necesita estar en manos ajenas a la comunidad ni ser culturalmente destructivo. A pesar de un futuro bastante incierto, los isleños continúan desarrollando una industria comunitaria basada en la participación popular y la distribución equitativa de los beneficios.

KEVIN BENITO HEALY es representante para la Región Andina de la Fundación Interamericana (Arlington, Virginia, EE.UU.).

ELAYNE ZORN es estudiante de postgrado en antropología en la Universidad Cornell (Ithaca, New York, EE.UU.).

Capítulo 10

TRABAJO Y TRADICIÓN

María Chumpí Kayap, Miguel Jempékat,
Carlos Moreno y Charles David. Kleymeyer

Introducción

La conexión entre el trabajo y la expresión cultural es fundamental para mejorar el bienestar humano. En la medida en que la expresión cultural y las tradiciones culturales en general están relacionadas con la cantidad y la calidad del trabajo y con la mejora de las estructuras productivas, es procedente realizar un análisis de esta conexión. Lo mismo ocurre cuando la pérdida de las tradiciones, inevitable o no, tiene repercusiones negativas en la capacidad de un pueblo para realizar su trabajo o en la calidad, idoneidad o utilidad del producto.

Los casos que se exponen en este capítulo tienen grandes similitudes -ambos son grupos indígenas, ambos son del Ecuador- pero también presentan diferencias. El caso de los shuares demuestra la conexión entre el trabajo (el trabajo de la mujer en la huerta y la cacería de los hombres) y las tradiciones orales que están desapareciendo. Según María Chumpi, esta pérdida de las tradiciones se debe tanto a la penetración de culturas foráneas como a los cambios internos y es muy similar al desafío de la desaparición de las tradiciones con que se enfrentan los kunas del capítulo de Mac Chapin. El caso de los quichuas, además de transcurrir a una altura de 2.500

a 3.700 metros mayor que el caso de los shuares, llega hasta la trama misma de la sociedad indígena del altiplano y, por necesidad, tiene mayores probabilidades de supervivencia. Demuestra la forma en que la expresión cultural refuerza las modalidades de trabajo tradicionales, tanto en la agricultura comunal como en los proyectos de obras públicas, que de por sí también son formas de expresión.

Las tradiciones orales de los shuares

El Instituto Normal Bilingüe Shuar está en el corazón del territorio shuar, en la región amazónica del Ecuador. En 1985, la escuela agregó un programa de conservación cultural a su currículo. Los alumnos que vuelven a sus caseríos alejados en medio de la selva para pasar las vacaciones llevan una grabadora sencilla y recogen tradiciones orales de todo tipo de sus mayores. Cuando regresan a la escuela, las cintas se transcriben y se publican, y se usan en las clases bilingües que se transmiten por radio, para las cuales muchos de los alumnos trabajarán algún día[1].

Miguel Jempékat, rector shuar del Instituto Normal, presenta una justificación elocuente de estas actividades de conservación de la cultura. A continuación, María Chumpí Kayap, que preparó una antología de cantos sagrados ("anents"), explica el papel fundamental de la mujer en la agricultura shuar y la función decisiva de estas canciones en la ejecución del trabajo. Su exposición conlleva en forma implícita una reafirmación del nexo entre la música vocal tradicional (contenido y forma) y el trabajo.

Ninguno de los dos autores pretende indicar la postura que los shuares deberían tomar con respecto al uso futuro de esas canciones, sino que se limitan a rescatar esta tradición oral shuar para "devolverla al pueblo". Al final, incumbirá al pueblo shuar colectivamente abordar la cuestión de si es posible mantener viva esta manifestación de su patrimonio cultural, entre otras, y cómo.

Las modalidades de trabajo quichuas

En el contexto andino, cabe destacar la importancia de las modalidades de trabajo tradicional, colectivo o recíproco (*minga, ayni, randinpac, uyari y maquita mañachi*). Si estas modalidades de trabajo desaparecieran durante los años venideros, el efecto en la vida económica y cívica andina sería enorme. Las contribuciones que los mismos campesinos realizan a su bienestar socioeconómico por medio de estas modalidades de trabajo exceden en gran medida a las contribuciones de los programas nacionales e internacionales de desarrollo. Por lo tanto, estas modalidades de trabajo deberían conservarse y extenderse, no sólo entre las comunidades indígenas, sino también entre otros pueblos que estén dispuestos a adoptarlas y a adaptarlas a su idiosincrasia. Por ejemplo, algunas colectividades no indígenas del Ecuador han adoptado modalidades de trabajo colectivo, como la minga, a la cual se refieren incluso con el mismo término.

La fuerza de estas modalidades de trabajo colectivo emana de sus raíces culturales tradicionales (que se remontan a la época preincaica) y se renueva y reafirma en parte por necesidad y oportunidad, y en parte mediante formas contemporáneas de expresión cultural, como la música, la danza, los cuentos, la comida y la ropa. Esta reafirmación es mutua: las modalidades de trabajo tradicional, colectivo o recíproco, como la minga, ayudan a perpetuar las diversas formas de expresión cultural que las rodean y son perpetuadas por ellas.

Muchos antropólogos y otros observadores han descrito y analizado estos sistemas de trabajo y sus raíces históricas en los Andes. Sin embargo, los expertos en desarrollo, y especialmente los activistas culturales, tienen una perspectiva singular de este fenómeno y de la forma en que encaja en el contexto general del desarrollo andino.

Carlos Moreno, que ha vivido y trabajado toda su vida en los Andes ecuatorianos centrales, ha observado cientos de mingas y formas de trabajo colectivo y ha participado en ellas. Además, ha sido educador y activista durante más de 25 años, basándose a

menudo en estas modalidades de trabajo al llevar a cabo programas
en campos tan diversos como la alfabetización, la reforestación y el
establecimiento de panaderías comunitarias y talleres de artesanías. Fue uno de los fundadores y dirigentes de la Feria Educativa, el Servicio Ecuatoriano de Voluntarios - Chimborazo y la
Unidad de Educación para el Desarrollo[2].

-- Charles David Kleymeyer

LOS 'ANENT'
EXPRESIÓN RELIGIOSA Y FAMILIAR DE LOS SHUAR[3]

PREFACIO

Hay cosas que la vida nos exige y nos cuesta realizar, y prácticamente las soportamos, pero hay otras que nos vienen como ani-
llo al dedo. La monografía que hay que presentar para obtener el
título de bachiller en el Instituto Normal Bilingüe Intercultural
Shuar pudo haber sido para nosotros un trabajo tedioso, pero en
realidad nos cayó de perlas.

Nosotros, los shuar, desgraciadamente no hemos tenido tiempo para reflexionar sobre nuestra cultura, y menos para escribir
esas reflexiones. El contacto con otras culturas nos hace sentir ava-
llasados y apenas tenemos la posibilidad de seguir pensando y sintiendo como shuar; por ese motivo, de lo mucho que se ha escrito
sobre nosotros, es muy poco lo que podemos presentar diciéndonos
autores.

Eso es lo que han hecho nuestros estudiantes: todos han escrito
cosas de su cultura. Son verdaderos trabajos de investigación, obras
totalmente originales que demuestran la identidad y conciencia,
puesto que no hay mejor trabajo que éste para un shuar, que por
desconocimiento no valorábamos.

Así dispuestos hemos lanzado a nuestros alumnos a los centros (así llamamos a nuestras comunidades) a enfrentarse cada
uno consigo mismo y con sus mayores.

Dificultades y problemas han sobrado. Hemos constatado cuánto nos apartamos de nuestra cultura, practicando cosas que no son de nosotros con el seudónimo de integración, civilización y educación.

Pues al final nos hemos encontrado con un documento de 80 o de 100 hojas. Son cosas sencillas, como sencilla es la vida. Estarán tal vez un poco mal expresadas en castellano, pero son hechos, que es lo importante.

Y ahora toca la segunda parte: devolver al pueblo lo que él nos ha entregado. Queremos que esas ideas lleguen a las manos y al corazón de los shuar, que las lean y comiencen a confrontar, a afirmar, a negar lo que dicen sus hermanos. Por eso empezamos la publicación de algunos de esos trabajos y nos queda la esperanza de que donde más se lean sea en las familias shuar.

Entonces podremos decir que no somos ajenos a nuestro pueblo, que el Instituto Normal Bilingüe Intercultural es pueblo shuar y sirve al pueblo shuar.

-- Miguel Jempékat

PRÓLOGO

1 Nosotros, los jóvenes, ya no practicamos el canto de los anent. En su lugar, hemos optado por apreciar la música occidental.

2 Los jóvenes de hoy desconocemos la cultura shuar, porque no existe comunicación entre el grupo tradicional poseedor de la cultura pura con la generación actual.

3 El tema era desconocido para mí, y tuve que indagar sobre los motivos, momentos y lugares de expresión de los anent.

Para realizar este trabajo tuve la oportunidad de entrevistar a mayores como Rosario Putsúm, Teresa Chinkiamai, Pedro Awak y Juana Ipiak, grandes personas, poseedores de aquella sabiduría, y a ellos expreso mi reconocimiento, admiración y respeto.

Creo que el trabajo es incompleto y por ello espero que otros jóvenes lo amplíen y profundicen, como parte de una cultura viviente que debe ser reconocida y mantenida por todos los que nos llamamos shuar.

LOS ANENT

Los anent son plegarias mediante las cuales el shuar se comunica con el mundo divino; son versos o creaciones literarias acompañadas de música cuyo contenido demuestra lo que uno desea adquirir espiritualmente.

Existen otras composiciones que el shuar usa para expresar sus sentimientos humanos; para ello no utiliza los anent, sino los nampet, que tienen otro estilo musical. El anent viene a ser un canto sagrado.

Actualmente, nosotros, los shuar, conservamos un repertorio bastante vasto de nampet, pero casi hemos olvidado por completo los anent y los ujaj (anuncios que dan fuerza y valor al guerrero), razón por la cual les he dado mucha importancia en esta investigación.

Los anent son plegarias dirigidas a los espíritus para que ayuden a los hombres. Lo importante no es tanto el contenido literal de los anent, sino más bien la actitud espiritual que logra crear y sobre todo los efectos o fuerzas que desencadenan, por lo cual la mujer o el hombre shuar que los cantan logran que se realice lo que dicen en el anent.

ANENT DE LA HUERTA

El papel de la mujer

La mujer tiene un número determinado de trabajos, pero ayuda también al hombre en ciertas tareas, como botar las ramas cuando se desmonta un terreno y abastecer de chicha y comida a los que se dedican a trabajos pesados, en la fiestas y en algunas expediciones de cacería.

El campo principal de actividad de la mujer es la huerta. La mujer es la que siembra casi la totalidad de los productos, menos el maíz, el plátano, los oritos y todo lo que puede sembrar un hombre; le toca también escardar y cosechar.

Los anent que figuran a continuación se dirigen a Nunkui, el ser superior que enseñó a las mujeres a cultivar las plantas de la huerta y que las hace crecer y multiplicarse.

EL SIGNIFICADO DE NUNKUI

El nombre "Nunkui" quiere decir tierra; es la semilla que da vida a las plantas desde el seno de la tierra. Es una fuerza misteriosa que da fuerza a toda semilla.

Por eso las mujeres ponían en la huerta las piedrecitas de Nunkui llamadas Nantar; oraban cantando para que esa fuerza misteriosa y creadora diera vida a los vegetales y comida a los hombres.

Nunkui es considerada como un hada de las cosechas. Se cree que Nunkui es responsable de empujar los cultivos para arriba, a través de la tierra, para que crezcan. Sin su ayuda, una mujer no puede esperar tener éxito, por eso trata por todas maneras de atraer a Nunkui a un huerto y hacer que se quede.

Estas prácticas se basan sobre todo en la creencia de que Nunkui exige dos cosas principales de los shuar:
- que le den un lugar para bailar, y
- que le provean de niños.

Si la mujer responsable de la huerta no la limpia bien, Nunkui se retira a las profundidades de la tierra y se traslada a una parcela más limpia de otra mujer, llevándose la cosecha y también haciendo que la maleza prolifere de improviso en la huerta que dejó. Por ese motivo hay que limpiar la huerta con mucho cuidado.

La mujer canta un canto de propiciación a Nunkui para evitar que se entierre más profundamente.

Anent para la siembra

La siembra es trabajo exclusivo de la mujer. Cuando va a la chacra, canta los anent de propiciación para tener un trabajo exitoso.

Nunkui (tierra)

Porque soy mujer, Nunkui,
llamando la comida estoy
sembrando con suavidad,
voy sembrando;
de entre la oscuridad
llamo la comida.
Porque soy mujer, Nunkui,
en mi huerta limpia
parada en la oscuridad
de todo llamo.

Voy colocando la semilla
porque soy mujer, Nunkui,
llamo la comida,
de todo llamo.

Con mis manos frías colocando la semilla
voy;
la cubro con la tierra,
de esta forma siembro
el camote de la mujer shuar;
botando la mala semilla,
llamo la comida,
de todo llamo.
Todas las mañanas
en esta tierra fértil
con mis manos frías
voy colocando la semilla.

(Rosario Putsúm)

Se canta este anent en el momento de sembrar las semillas en la huerta para que se desarrollen bien durante la etapa de crecimiento.

Shukém (boa)

Imitando la cola de la boa
cruzad, cruzad,
cruzad alargadamente
dentro de la tierra
imitando el grosor de la cabeza (de la boa)
Porque soy mujer, Nunkui,
de todo llamo:
imiten la cola de la boa
todas las mañanas os suplico,
entrad en la tierra.

La semilla de la mujer, Nunkui,
la coloqué en la tierra
todas las mañanas,
la limpio de malezas.
A las que me calumnian
les envío todas las malezas;
a las que, agarrándose en mí,
me suelen calumniar
les coloco en sus manos
todas las malezas,
porque soy, mujer, Nunkui,
parada en esta tierra fértil
de todo llamo.

(Rosario Putsum)

Anent para la escarda

Es tarea de la mujer mantener la huerta limpia de malezas; la realiza con machete, sacando las hierbas de raíz. La hace todos los días por las mañanas. Los niños ayudan a botar la basura. La mujer va a la huerta antes de la salida del sol; cuando el sol comienza a calentar, regresa a la casa para preparar la comida y la chicha para el regreso del esposo. Se canta este anent para que las malezas no crezcan rápido.

Jempe (colibrí)

Siendo yo sola
mujer colibrí,
siendo yo sola
soplo a las plantas.
Porque soy mujer, Nunkui,
yo les soplo,
soy mujer colibrí.

Porque soy mujer colibrí
soplo a las plantas.
Soy mujer, Nunkui;
siendo yo sola
mujer colibrí,
soplo a las plantas.

(Rosario Putsúm)

Anent para hacer crecer a las plantas

La mujer canta este anent parada en la huerta cuando las plantas de la huerta se mueren y no dan buenos productos. Pide a Nunkui que elimine las plagas que afectan a las plantas de la huerta y haga renacer nuevas plantas.

Paki (sajino)

Porque soy mujer sajino,
llamo la comida,
porque soy mujer sajino
vengo llamando a gritos
de entre lo marchito;
porque soy mujer, Nunkui,
de loma en loma vengo;
porque soy mujer sajino,
de entre las hojas secas
llamo la comida;
de los montones de hojas secas
llamando vengo,
de todo llamo.
Porque soy mujer sajino
vengo llamando a gritos.

(Rosario Putsúm)

Se canta este anent pidiendo a Nunkui que conceda la abundancia de alimentos.

Nunkui (tierra)

Porque soy mujer, Nunkui,
llamo la comida;
parada llamando estoy,
siendo yo sola,
llamando la comida estoy,
junto con el hombre Shakaim,
a la comida
llamando estoy.
Tú, hombre Shakaim,
tú también llama la comida
no tengas temor de mí.

Llama la comida
todos mis hijos,
ustedes también,
llamen la comida,
no tengan temor de mí.
Porque soy mujer, Nunkui,
llamando la comida estoy;
siendo yo sola
llamando la comida estoy.

(Teresa Chinkiamai)

La mujer canta este anent parada en el centro de la huerta donde se han sembrado los plátanos, para que retoñen rápidamente y no se mueran. Se les canta asemejándolos a las plantas llamadas "tumpar".

Nantar

Asemejándolos a estas plantas
los transformé
porque soy mujer, Nunkui
como tumpar,
las transformé
cada mañana,
aquí los transformé.
Como tumpar que resisten a la muerte
los hago nacer,
como tumpar
Porque soy mujer, Nunkui,
de todo llamo

(Rosario Putsúm)

Anent para animales domésticos

En su mayoría, los animales domésticos fueron introducidos en épocas no muy remotas por el contacto con otros pueblos, como se deduce de los nombres quechuas o españoles: atash (gallina), patu (pato), popuu (pavo), kuchi (chancho), cuy (cuy), waka (vaca o ganado).

Se canta este anent para que los pollitos recién nacidos crezcan y no se mueran. Se los asemeja a las perdices.

Las gallinas

Mis gallinas perdices
hacen sonar, rompiendo los palitos.
Mis gallinas perdices,
mis pequeñas perdices
que no suelen morir
hacen sonar rompiendo los palitos.

Se endurecieron mis pollitos;
mis gallinas perdices
que no suelen morir
hacen sonar los palitos.
Mis pequeñas perdices
que no suelen morir
hacen sonar los palitos.

(Rosario Putsúm)

Se canta este anent para criar puercos, especialmente cuando hay chanchitos. Se canta el anent asemejándolos a las hierbas llamadas "chirishri", para que se multipliquen como la maleza cuando se esparce por la tierra.

Los Puercos

Asemejándose a las hierbas (chirishri),
mis queridos puercos,
como la hierba (chirishri)
que se multiplica en el mismo lugar
al caer las semillas,
multiplíquense en este mismo lugar
como suele hacer la hierba (chirishri).
Multiplíquense en este mismo lugar,
mis queridos puerquitos.

(Rosario Putsúm)

Anent de la cacería

Las técnicas de cacería

Al terminarse los pájaros, Etsa (el sol) crea nuevamente las aves. Soplando en la cerbatana vence y mata a Iwia. Etsa es invencible: al final, la victoria de Etsa es total y definitiva. Etsa es presentado como un hombre de ascendencia divina. En el duelo, el que tiene fuerza divina es Etsa, que será el vencedor e instruirá al shuar sobre la vida que tendrá que llevar en esta tierra.

El pueblo se iba adaptando a la selva y vencía dificultades inmensas que la naturaleza anteponía a su actividad. Se cree que Nunkui ha dado el perro a los shuar para la caza. Se cree que la presencia de una mujer, por medio de su asociación con Nunkui, ayudará al hombre a tener mejor suerte, y ella constantemente canta a Nunkui para que el hombre encuentre la presa y también para que el perro sea protegido contra las picaduras de culebras y otras desgracias.

La cacería es trabajo exclusivo del hombre. Dos días antes de salir, prepara los objetos: limpia cuidadosamente la bodoquera (uum) con algodón (umch) y con una cuerda larga llamada japik.

Alista las saetas esparciendo veneno en las puntas de algunas, y en otras no. Abastece de ceibo la aljaba (tunta).

A los perros se les da una bebida que tiene la propiedad de prepararlos bien para la empresa: la malicoa (maikiwa). Además, se preparan los canastos (chankin), se afila el machete y se recoge la candela (jii) para prender fuego y ahumar carne.

Concluidos los preparativos, los hombres se dirigen al lugar elegido para la cacería.

Se canta este anent cuando los cazadores se van con la bodoquera al monte, para que la suerte los acompañe y tengan buena puntería al encontrar aves del monte. Al cantar este anent hay que asemejarse al gavilán.

Los pájaros

Los pájaros, trinando,
vienen en bandadas.
Yo, asemejándome al gavilán,
agachándome voy hacia ellos.

Porque soy niño pequeño
he adquirido poder (de Etsa);
agachándome entre las ramas voy.

Tengo mi alma inmortal,
y en realidad así lo soy;
soy el hijo de Shakaim,
porque así lo soy.

Mis flechas son infalibles,
apuntando voy;
yéndome solo a la selva,
mostrando mi bodoquera voy.

(Pedro Awak)

Se canta este anent en el momento de salir de cacería para que las culebras no causen daño a los perros.

Los perros

A mis perros satam
les protejo de los peligros;
porque son muy cazadores
les he dado de beber malicoa.

Querido cuñado (culebra):
no muerdas a mis perros;
si causas daño, te quitaré la vida.

No muerdas a mis perros,
llevo a mis perros de cacería.
Junto con ellos voy yo,
protegiéndome de los peligros.

(Pedro Awak)

Este anent se canta cuando se va de cacería con los perros, para que no tengan mala suerte y puedan encontrar animales de caza.

Los perros

A mis perros satam,
suelta los perros.

Tú, que eres mujer, Nunkui,
suelta los perros;
yo iré llamando.
Dirijámonos a esa montaña.
A mis perros satam
llamando voy,
a mis perros satam.

Tú, que eres mujer, Nunkui,
piensa y suplica con tu canto,
para no tener mala suerte;
voy llamando a los perros.
Tú, que eres mujer, Nunkui,
llevando tu chankin
junto a tu cabeza
ven tras de mí.
Voy llamando a los perros,
a mis perros satam.

Dirijámonos a esa montaña.
Tú, que eres mujer, Nunkui,
llevando el guineo en la chankin
cargando ven,
ven tras de mí.

(Rosario Putsúm)

Los cantos tradicionales que quedan en la actualidad son simplemente los nampet o cantos profanos; los anent se están perdiendo.

Si los llegamos a perder en su totalidad, quedará un inmenso vacío en nuestra cultura. Los mayores crearon esos anent para que, por medio de ellos, la divinidad les concediera los deseos.

Hay anents para cada una de las actividades que se realizan, y estas expresiones sirven de súplica para que aquello que se expresó en los anent dé resultado. Actualmente, los jóvenes shuar ya no practicamos, estamos perdiendo esa comunicación con la divinidad por medio de los anent.

Los mayores cantaban los anent con un fervor intenso, creían en lo que decían en el anent, así como ahora se reza o se dialoga con Dios. Es cierto que con la evangelización impuesta por los colonizadores, el shuar considera el anent como algo inferior a la oración que trajeron los colonizadores.

Ojalá que mi esfuerzo, aunque sea incompleto, sirva de estímulo para que los demás jóvenes shuar empiecen a practicar y a redescubrir estas manifestaciones culturales tan importantes y formativas, que para nuestros mayores eran actividades que vivificaban cada momento de su vida.

-- María Chumpí Kayap

LA COSECHA DE PAPAS EN LLINLLÍN

El rincón de la provincia de Chimborazo conocido por el nombre de "Columbe" contiene una pequeña población que fue fundada en las primeras décadas de la conquista española. Situada al sur del cantón Colta, esta población está circundada por cuarenta comunidades indígenas que la caracterizan como uno de los pueblos con más quichuas en Chimborazo, provincia ecuatoriana de más de mil comunidades indígenas.

Lo que es hoy Columbe era, en los tiempos preincaicos, asiento de una de las parcialidades indígenas que conformaban el reino de los puruháes. Una de sus comunidades principales es Llinllín, que ha tomado el nombre de uno de los árboles típicos de la zona.

Son pocos los lugares que conservaron su nombre aborigen cuando los españoles se repartieron las tierras y la vida de los indios que en ellas habitaban. La mayoría fueron rebautizadas con nombres españoles, dentro del agresivo proceso de colonización al que los sometieron.

La historia habla de la resistencia del pueblo aborigen de los llinllines, que no escapó a la conquista de los incas, de quienes absorbieron como es sabido sus costumbres y su lengua. El trabajo en la propiedad común es el lazo social que mantuvo con vida por generaciones a este pueblo que supo preservar sus costumbres ancestrales, sus características étnicas y el espíritu indómito de trabajo hasta que el dominador español, después de explotar las riquezas de estos pueblos, decidió repartirse las tierras, iniciándose entonces la etapa de la encomienda. Ya para 1709, la hacienda de Llinllín figura como propiedad del general Bernardo Dávalos.

Cuenta la leyenda que, para recorrer la hacienda de Llinllín de un extremo a otro, se necesitaban dos días a caballo. De ahí que se asegura que la extensión aproximada de esta hacienda era originalmente de unas 20.000 hectáreas. Más adelante, debido a diferentes circunstancias, la hacienda se fue reduciendo hasta quedar en lo que es hoy: 4.500 hectáreas.

Podemos afirmar entonces que, durante siglos, los indígenas de Llinllín, así como los de otras haciendas que circundaban el pueblo de Columbe, sirvieron a los patrones bajo leyes y reglamentos establecidos desde la época de los encomenderos. De allí que el indio, que no tenía derecho al salario, debió servir al amo a cambio de un pedazo de tierra del huasipungo para vivir. Si se ponía en venta una hacienda, el aviso decía: "Se venden 5.000 hectáreas con 1.000 indios". Aunque los indígenas podían irse si querían, tanto con su familia como solos, sus únicas alternativas eran el aislamiento social y otras penurias o instalarse en barriadas urbanas o en haciendas similares en el altiplano.

En estas circunstancias semifeudales encontramos a la hacienda de Llinllín con una serie de conflictos a partir de la década de 1970, época en la cual los indígenas presentaron algunos reclamos al dueño de la hacienda, que consistían en el pago de un salario adecuado y el reconocimiento de algunos derechos civiles. Como sus peticiones fueron rechazadas reiteradamente, los indígenas finalmente depusieron sus implementos agrícolas y el arado y se negaron a trabajar. A petición del patrón, las autoridades sitiaron la hacienda. Al cabo de considerables penurias y violencia, y después de un largo proceso durante el cual se fortaleció su organización de base, los indígenas de Llinllín finalmente lograron que el gobierno nacional, que era más progresista, interviniera. Poco después, el Instituto Ecuatoriano de Reforma Agraria y Colonización (IERAC) compró las tierras y las adjudicó de acuerdo con las leyes a 1.050 familias de comuneros de Llinllín.

Es de creer que un pueblo que ha sido sometido a la explotación más inhumana durante siglos haya perdido sus valores culturales. Sin embargo, ahora que la gente de Llinllín es libre y dueña otra vez de sus tierras, hemos podido constatar que sus valores culturales perduran. Durante la época de servicio a los patrones, esos valores se habían mantenido solamente en la medida en que los patrones querían, y como un instrumento para lograr más eficiencia en el trabajo agrícola y pecuario. Ahora que los indígenas son dueños de sus tierras, sus valores culturales empiezan a cobrar vida y sus costumbres ancestrales vuelven a tener vigencia prácticamente en todas las manifestaciones de su vida.

De peones pasan a ser propietarios, y después de haber trabajado colectivamente en beneficio exclusivo del patrón, surge con fuerza solidaria una forma social de producción de la tierra en beneficio de todos.

Para quienes hemos estado cerca de esta comunidad durante muchos años, es muy fácil observar la diferencia que existe entre las formas de trabajo en calidad de peones dependiendo siempre del patrón y la forma actual de participación en todas las labores indicadas por los dirigentes de la comunidad.

Un ejemplo de este cambio se puede ver palpablemente en todo el proceso de siembra y cosecha de las papas en Llinllín. Ya no es ni el látigo ni el insulto lo que impone la tarea, y ya no tienen ni mayordomo ni mayoral, representantes del amo muchas veces de su misma raza que, a caballo y látigo en mano, castigaban a quienes supuestamente no cumplían con el trabajo ordenado. En la cosecha de papa siempre sorprendían a campesinos escondiendo entre sus ropas una papa grande para llevar a su hogar como "guanlla", y ese hecho era duramente castigado. De igual manera, las chaladoras, que generalmente eran las esposas o hijas de los peones y se encargaban de recoger las papas que quedaban en la tierra, eran víctimas inclusive de un morboso manoseo por parte del mayordomo o del amo con el pretexto de recuperar las papas "robadas" que suponían que las mujeres ocultaban.

Esto es una muestra de las formas feudales de explotación en que vivieron por siglos los indígenas de Llinllín. Hoy, a pesar de que aún existen rasgos de la mentalidad colonial, del concepto de indio, la situación es diferente y hemos podido constatar que el indio de Llinllín, pese a esas circunstancias, nunca perdió ni su dignidad ni su orgullo, y si lo hizo, hoy los está recuperando.

Actualmente, nadie controla a nadie durante la cosecha de la papa; sin embargo, todos trabajan, sin la presión del amo. Mientras unos extraen las papas de la tierra, otros cargan los sacos llenos que depositan en un gran montón, de donde varios escogen las papas que servirán de semilla para la próxima siembra y las que se repartirán y venderán.

Un hecho muy interesante que revela fielmente la nueva actitud de la gente es que, mediante acuerdo previo al que se llega espontáneamente, cada familia tiene derecho a la guanlla de hasta un quintal diario, de las mejores papas, aquellas papas por las que el amo antes los castigaba. Cuando le preguntaron a un dirigente por qué permiten que se lleven tanta papa, contestó: "Toda la vida fuimos maltratados por llevarnos una papa. Ahora que la tierra es nuestra, que la siembra es nuestra, tenemos ese derecho como recompensa por tanto sufrimiento".

La cosecha de papas en la hacienda de Llinllín y en muchas otras comunidades de Chimborazo y del país es casi un rito. Es un período en el cual se ponen en evidencia muchas manifestaciones culturales. Como todas las cosas del hombre están ligadas al proceso vital de la tierra, se observan ciertas circunstancias para la cosecha, como la fase de la luna, y cuando se inicia siempre hay una ceremonia para dar gracias a Dios, o mejor dicho, para dar gracias a la madre tierra, a la Pachamama, en nombre de Dios. Luego, durante la cosecha, se puede observar una serie de manifestaciones y hechos culturales que representan vestigios de su cultura que, pese a las circunstancias en que vivieron, nunca han olvidado.

Para los indígenas de Llinllín, el trabajo y la expresión cultural forman un todo: un grito, un canto, un silbido, un gesto o el lanzamiento de una papa a la chica soltera, son un conjunto de expresiones de su cultura que, mezcladas con el trabajo, hacen que éste no sea ni un sacrificio ni un martirio, sino un acto prácticamente de alegría, y aunque el trabajo sigue siendo duro ya no es denigrante. Hoy su trabajo es un acto de solidaridad. La cosecha es suya porque la tierra también es suya.

De hecho, estamos frente a un proceso que, habiéndose iniciado con el rescate de la tierra, está conduciendo a hechos que tienen un significado muy importante dentro del sistema social del indígena. Se trata de una recuperación auténtica de los valores culturales que durante siglos habían sido trastocados bajo la influencia colonial y respondían siempre a los intereses de los grupos dominantes, y no a la auténtica manifestación de su cultura y su tradición. Con tal de sacar provecho del trabajo del indígena, a estos grupos no les importaba que, por ejemplo, la minga (el día tradicional de trabajo colectivo) perdiera su propio sentido de participación y esfuerzo social para convertirse en el resultado del autoritarismo del blanco, que le dio connotaciones muy diferentes.

Para la gente de Llinllín, la minga ya no es una imposición de la autoridad y del patrón; es casi un hecho espontáneo y solidario de reciprocidad determinado por sus intereses comunitarios, sin la distorsión de su simbolismo autóctono, que implica el beneficio común y destierra el sentido de gratuidad al que lo sometió el hombre blanco.

En Llinllín, la minga entonces toma su verdadera dimensión y establece la relación directa entre la cultura contemporánea y la Pachamama (madre tierra) de los puruháes, que retribuye con creces el esfuerzo solidario de toda la gente que se moviliza con un solo objetivo, el bien común.

Vemos, por ejemplo, que durante la minga para la cosecha de papas se dan varias manifestaciones de la cultura popular, especialmente ahora que ya no están ni el amo ni el mayordomo para impedir que el joven corteje a la "guambra" (chica) de sus sueños, ya sea lanzándole una piedra o la papa más grande para que la lleve de guanlla. O la comida comunitaria, que es una de las más ancestrales manifestaciones de su cultura, a la cual cada familia aporta alimentos que trae desde su hogar para compartirlos con los demás. Es como un hecho simbólico de lo que la tierra es capaz de producir, en esta mezcla de trabajo y entretenimiento que forma parte de su ser y de su manera de ser.

En la minga, es muy común también escuchar a los niños entonando alguna canción mientras cuidan los animales de su familia, y hasta hace algún tiempo se podía escuchar una melodía en el rondador que generalmente era improvisada. De igual manera, las mujeres mientras pastorean improvisan alguna canción, cuya letra por lo general cuenta algo de su propia vida, mientras van tejiendo hábilmente con sus manos una "shigra" (bolsa) o hilando la lana de borrego para la confección de sus bayetas o el poncho de su marido.

Como se puede ver, en Llinllín hay una simbiosis entre el trabajo y la expresión artística o el entretenimiento. Eso no significa que se descuide el trabajo. Por el contrario, en el entretenimiento la gente encuentra un estímulo y el impulso necesario para hacer de su duro trabajo un acto de alegría.

Durante la cosecha de papas se dan manifestaciones culturales que revelan por sus múltiples formas toda una estructura del ser indígena. Igual podemos ver que, durante la cosecha de la cebada o el trigo, cuando se trata de grandes extensiones, hay una manifestación cultural que es mucho más evidente. Se canta el "jahuay", que es un canto tradicional difundido prácticamente en todas las comarcas indígenas de la sierra. El jahuay es un canto coral interpretado por toda la gente que participa en la cosecha. Un hombre, el "paqui", hace las veces de solista, y canta una estrofa que es la narración de los hechos de su propia vida. Todos los demás repiten el estribillo con un grito estridente y jubiloso.

En muchas ocasiones hemos escuchado en este canto versos que, por un lado, significan queja, dolor, angustia, rebeldía frente a la opresión. Casi podríamos decir que es el origen de la canción de protesta andina. Desde luego, no se descuida en ese canto el verso dedicado a la mujer, el verso dedicado al amor. Como ilustración tenemos los siguientes versos:

JAHUAY

Cunanca caparishun
Urqucunan chimapuragta,
Tucui cuna jahuaynishun
Cebadita cutsichashpa.

Gritemos ahora
hasta que oigan los
páramos.
Jahuay, diremos todos,

cosechando la cebada.

Jacu jaculla huambrita	Huambrita, vamos, vamos
Jaculla cebadita cuchunamunhai.	a cosechar la cebada, vamos

¡Ay jahuaihua jahuaihua!	¡Ay, jahuaihua jahuaihua!
¡Ay jahuaihua!	¡Ay jahuaihua

Huasquitata aparingui huambrita	Huambrita, carga la soguita.
umintaitulla apari huambrita.	Huambrita, carga la hoz.

¡Ay jahuaihua..........!	¡Ay, jahuaihua........!

Muru manquita aisangui huambrita.	Huambrita, jalaraste una olla de barro.
Huira machquita agara huambrita.	Huambrita, carga la má chica con manteca.

¡Ay jahuaihua..........!	¡Ay, jahuaihua.........!
Cunanca cebadita parvajcaj	Gritemos ahora, hasta que
runa marcharisha ucu urita	el hombre que hace la parva de cebada
singuita caparichy.	asustado caiga al suelo.

Lamentablemente, estas costumbres ancestrales han ido desapareciendo a raíz de la presencia de sectas religiosas que consideran al jahuay como un canto pagano que no puede ser interpretado por el cristiano. Sin embargo, en algunas partes han vuelto a entonar el jahuay, ya sea durante la cosecha del trigo o la cebada, o cuando durante una fiesta hacen una interpretación folclórica del mismo.

En la comunidad de Llinllín, como en muchas otras comunidades del Ecuador, hay otras manifestaciones culturales que ligan las expresiones de la vida diaria con el proceso productivo y, por lo tanto, con el trabajo. Entre las principales manifestaciones culturales vinculadas con el trabajo podemos señalar las siguientes: *randinpac, uyari y maquita mañachi.*

Randinpac. Aunque el significado de la palabra "randinpac" es "para comprar", la connotación correcta es la participación solidaria de la comunidad en la construcción de una casa. Especialmente cuando se trata de una casa para recién casados, todos participan en la construcción de diferente forma, a cambio de la comida y la invitación a la fiesta de inauguración, que en nuestro medio se conoce en quichua como el "huasipichay".

El "randinpac" es un acto de solidaridad y sobre todo de reciprocidad; podríamos decir que es un acto gratuito: si todos han de tener su casa tarde o temprano, es lógico entonces que el beneficio será para todos.

Antiguamente, mientras se ponía el techo de la casa, había músicos que alegraban el trabajo cantando y tocando música tradicional inclusive en quichua. Nuevamente en este caso se pone de manifiesto cómo el entretenimiento expresivo y el trabajo están siempre juntos en la cultura quichua, a diferencia de lo que sucede en la cultura mestiza o blanca, en las cuales se cree que no se pueden mezclar los dos.

Uyari.-Como el indígena tenía que trabajar todo el día en la hacienda, en el poco tiempo que le quedaba debía buscar formas de trabajo comunitario que beneficiaran a sus amigos, a sus vecinos o a sus familiares. El "uyari", por lo tanto, es la participación en trabajos pequeños, de manera absolutamente voluntaria pero con la esperanza de que algún día el beneficiario pueda retribuir de la misma manera. Generalmente, el "uyari" consistía en ayudar a labrar la tierra de algún pequeño huasipungo, a esquilar la lana de las ovejas o a cosechar papas o cebada, tareas que normalmente tenían que hacerse fuera de las horas de trabajo en la hacienda. De ahí que era muy común que para el "uyari" la gente se levantara a trabajar a las cinco de la mañana para poder estar a las siete en el trabajo de la hacienda. De todas maneras, el patrón nunca se perjudicaba con este trabajo, pero los indígenas siempre encontraban el tiempo necesario para colaborar con su propio pueblo.

Maquita Mañachi.- Frente a un trabajo de emergencia, que podía ser el arreglo de un camino que había sido dañado por una avalancha, la cosecha de una pequeña parcela de cebada antes que llegaran las lluvias o el arreglo de una casa que estaba a punto de caerse, era muy común solicitar la mano de la gente amiga para cubrir esta emergencia.

Antiguamente, este acto, como los otros, era motivo de un pago recíproco en situaciones similares, pero los mecanismos de dominación feudal degeneraron estos procesos culturales y obligaron que el "maquita mañachi" se pagara en especie o en animales. En la actualidad, la práctica del "maquita mañachi" subsiste como un acto cultural recíproco.

Finalmente, podemos afirmar que el trabajo y la expresión cultural en el mundo quichua, y muy particularmente en el caso de Llinllín, están completamente mezclados. Casi se podría afirmar que el trabajo depende de la expresión cultural o que la expresión depende del trabajo. Pero no se puede admitir un trabajo comunitario en donde no estén presentes las prácticas culturales que hemos mencionado, que hacen que este trabajo se convierta en un acto de alegría, en un acto de fe, en un acto de un pueblo que ha estado ligado a la tierra por siglos y que también está obligado a rendir a esta tierra el homenaje y la gratitud que le debe por permitir su subsistencia.

La gran diferencia que existe entre el trabajo del mundo occidental y el trabajo del mundo quichua radica fundamentalmente en esta mezcla de la expresión cultural y la producción, por un lado, y la separación del entretenimiento y el trabajo, por el otro.

Siendo el canto durante el trabajo una de las expresiones culturales favoritas del pueblo indígena, muchos escritores han considerado que ese canto es triste, concepción que está totalmente fuera de la realidad, pues tanto la música como la letra de sus canciones son nada más que una expresión cultural en homenaje a la tierra, en homenaje al pueblo mismo, cantada de tal manera que se vuelve un himno de fe y de esperanza de este pueblo.

-- *Carlos Moreno Maldonado*

MARÍA CHUMPÍ KAYAP *fue alumna del Instituto Normal Bilingüe Intercultural Shuar y ahora es profesora de escuela (Macas, Ecuador).* MIGUEL JEMPÉKAT *fué rector del Instituto Normal Bilingüe Intercultural Shuar (Bomboisa, Ecuador) y ahora es el director provincial de Educación Intercultural Bilingüe de Morona Santiago (Macas, Ecuador).* CARLOS MORENO *es el presidente y confundador de COMUNIDEC -- Sistemas de Investigación y Desarrollo Comunitario (Quito, Ecuador).*

CHARLES DAVID KLEYMEYER *es representante para la Región Andina de la Fundación Interamericana (Arlington, Virginia, EE.UU.).*

NOTAS:

1 Véase EC-148 en el Apéndice.
2 Véanse EC-053 y EC-165 en el Apéndice, y el capítulo de Kleymeyer y Moreno.
3 Extraído de María Magdalena Chumpí Kayap, *Los "Anent": Expresión religiosa y familiar de los shuar.* Quito: Instituto Normal Bilingüe Intercultural Shuar (Bomboiza) y Ediciones Abya-Yala, 1985.

Capítulo 11

EN COMUNIÓN CON LA TIERRA
Etnicidad y desarrollo en Chile

Alaka Wali

En la pequeña aldea de Rulo Gallardo, escondida en el seno de las ondulantes colinas de la región meridional de Chile, un grupo de hombres y mujeres mapuches se han reunido en la casa de asamblea del comité para hablar con un antropólogo acerca de cómo los valores y costumbres tradicionales afectan sus vidas. Rompe la embarazosa situación de silencio un joven que habla español y recuenta la historia de sus primeros días en la escuela pública, la humillación que siguió cada vez que hablaba mapundungu, el lenguaje mapuche. Es una historia que comparten otros jóvenes en la habitación; uno a uno olvidan sus inhibiciones y hablan del asedio sufrido de maestros y otros alumnos que finalmente les obligaron a dejar de hablar su lengua materna. Al percibir el dolor en las palabras de estos niños, las viejas mujeres en la sala se lamentan en voz baja, utilizando una mezcla de español y mapuche, por no haber transmitido sin titubeos su idioma ancestral. Sintiendo el legado perdido, los reunidos en la sala niegan al principio que la cultura tradicional cuente ya para mucho, pero lentamente se perfila el hilo de otra historia que ilustra las creencias religiosas y los conceptos del bien y del mal que hacen a estos pueblos mapuche.

Casi 1.930 kilómetros al norte, en un marco totalmente diferente de montañas accidentadas con picos cubiertos de nieve y altas mesetas desoladas, un grupo de hombres y mujeres aymaras se reúnen unas pocas semanas después para hablar de su cultura. Reacios a demostrar sus propias creencias y tradiciones, indagaron curiosamente acerca de la cultura de la visitante (procedente ella de la India) y, en el proceso, intercambian relatos, dando una idea de lo que significa ser aymara.

Los mapuches, que cultivan los fértiles campos verdes del sur, y los aymaras, que explotan hábilmente *econichos* en las más altas estribaciones andinas del Norte Grande de Chile, tienen poco en común salvo siglos de lucha para mantener el control sobre sus recursos frente a una sociedad nacional que ejerce su dominio mediante decretos legales, asimilación cultural forzada y conquista militar. En años recientes, la lucha por los recursos se ha configurado como un debate acerca del desarrollo. Muchos de los esfuerzos de América Latina por modernizarse desde la Segunda Guerra Mundial se han concentrado en homogeneizar a las poblaciones, basándose en la teoría de que esto impulsaría el desarrollo económico. En este escenario se consideró que la cultura local y las diferencias sociales eran obstáculos que había que superar, no oportunidades que había que aprovechar. Las deficiencias de este enfoque, expuestas durante la época pasada de crisis económica y ambiental, han llevado a algunos teóricos y practicantes a buscar otros posibles métodos que espoleen un *desarrollo sostenible*. Han defendido la idea de que el crecimiento de largo plazo depende más de una cuidadosa gestión de los recursos que de una explotación más intensa de los mismos. Cada vez más, los ejecutivos consideran que la clave para la concepción y ejecución de una gestión eficaz de los recursos significa no sólo permitir diferencias locales, sino promoverlas para aprovechar los sistemas locales de conocimiento. Una considerable evidencia indica que los pueblos autóctonos han logrado proteger y mantener ecosistemas frágiles durante cientos de años en tanto consiguen niveles de vida relativamente altos. Esto ha dado lugar a la hipótesis de que las formas orgánicas de organización social local son un requisito para el desarrollo eficaz.

Esta hipótesis descansa en dos premisas. Primero, los patrones de organización social local, influidos por contextos económicos y políticos cambiantes, constituyen la base de la identidad étnica. La etnicidad, pues, no es meramente la diferencia externa en vestimenta, música, danza e incluso el idioma: se forja a medida que las comunidades responden a través de sus instituciones locales (tales como patrones de intercambio, relaciones familiares y sistemas religiosos) a los problemas de la adaptación. Segundo, la participación local eficaz en un proyecto de desarrollo puede ocurrir preservando y tomando como base esta identidad étnica. Si se busca la participación mediante la imposición de estrategias culturales no autóctonas, el proyecto pone en peligro el control por la comunidad de los recursos locales.

Entre los mapuches y los aymaras, esta hipótesis acerca del desarrollo sostenible la están sometiendo a prueba dos organizaciones no gubernamentales (ONG) apoyadas por la Fundación. Aunque trabajan en contextos diferentes y hacen frente a problemas distintos, ambas ONG utilizan estrategias que refuerzan la identidad étnica, y los resultados en ambos casos son una mayor producción y un mayor control local sobre el terreno y los recursos.

El éxito en dos proyectos, independientemente de lo encomiable que sea, no es una fórmula que se pueda duplicar simplemente en otros lugares. Las ONG que trabajan con los mapuches y aymaras tienen intereses programáticos singulares que las hacen diferentes la una de la otra. Sin embargo, un análisis más a fondo de las actividades y metodologías de los proyectos pone de manifiesto tres factores comunes en el éxito de ambas que son transferibles a otros programas. La autonomía, aceptación y responsabilidad de la comunidad contribuyen en su propio modo a reforzar la identidad del grupo, a promover la estima de sí mismo y a potenciar a los participantes en el proyecto.

La comunidad asume control

El éxito de la Sociedad de Profesionales para el Desarrollo Rural (SOPRODER) en trabajar con los mapuches y el Taller de Estudios Rurales (TER) en trabajar con los aymaras se debe en gran medida a su estrategia común de permitir a las comunidades definir el temario y establecer el ritmo para el desarrollo. Su distinta forma de poner en práctica la estrategia es el producto de dos ONG con diferentes antecedentes institucionales que interactúan con dos culturas indígenas diferentes, cada una de ellas con su propia historia.

Los mapuches de hoy son descendientes de un pueblo nómada, fiero aunque libremente organizado, que detuvo al Imperio Inca en su avance y resistió a los españoles por trescientos años antes de someterse finalmente a la *pacificación* a mediados del siglo XIX. Posteriormente, circunscrito a reducciones, o mini reservas, asignadas a caciques que eran jefes de familias ampliadas, los mapuches se vieron obligados a abandonar la vida de cazadores y recogedores de frutos de la tierra para dedicarse al pastoreo y, finalmente, a la labranza.

La vida en las reducciones, aunque difícil, ofrecía cierto grado de autonomía. Persistían las creencias religiosas indígenas y surgieron nuevas formas de organización social basadas en obligaciones mutuas a las familias y la comunidad. Las comunidades, bautizadas de acuerdo con una característica geográfica local tal como un río, incluían con frecuencia varias reducciones. Fueron estas comunidades las que configuraron la identidad étnica, haciendo a los mapuches distintos de los chilenos que se asentaban con rapidez en el campo a su alrededor. Para fines de siglo, dentro de los límites de sus comunidades, los mapuches vivían en casas dispersas, sin calles principales ni plazas en la aldea. Algunas viviendas incorporaron con el tiempo materiales de construcción de afuera, tales como láminas de madera o techos de metal acanalado, pero muchas tienen paredes de caña o de corteza de madera y gruesos techos de paja. Los pastos se mantenían en común y aunque cada familia nuclear tenía derechos de usufructo de parcelas individuales de tierra, éstas no podían ser adquiridas o vendidas. Aun cuando los mapuches ahora compran y venden artículos en los mercados externos, los intercambios recíprocos de recursos y mano de obra prevalecen dentro de cada comunidad. Estas formas autóctonas de cooperación ayudan a los mapuches a redistribuir los recursos y proteger tierras frágiles. La relación entre la comunidad y la tierra, a su vez, refuerza la identidad.

Un siglo de discriminación sistemática y de usurpación de sus tierras ha dejado a los mapuches sumidos en la pobreza. El uso excesivo ha esquilmado el terreno y la escasez de tierra laborable ha obligado a los jóvenes a emigrar. Más de la mitad de los 900.000 mapuches de la región meridional de Chile viven ahora en zonas urbanas donde no son completamente asimilados y se hallan en peligro de convertirse en una subclase permanente. En 1979 se promulgó una ley que obligaba a la familia a registrar su propio título de propiedad, privatizando la tierra de la comunidad y transformándola en un producto comercial. Esta ley demostró ser la amenaza más peligrosa hasta la fecha para la comunidad mapuche debido a que ocasionó una mayor emigración y deshizo la compleja red de obligaciones mutuas que definían la identidad étnica.

El año antes un grupo interreligioso llamado DIAKONIA, en un esfuerzo por contrarrestar la pobreza y la emigración, inició un proyecto entre los mapuches alrededor de la ciudad de Temuco que ayudó a aprovechar las energías latentes de la etnicidad fortaleciendo la comunidad. SOPRODER es una ONG no religiosa que surgió de esta actividad; tres empleados de su dotación de diez han estado trabajando con los mapuches por más de una década, ayudando a organizar comunidades locales para ejecutar actividades de proyectos; tres de los empleados son mapuches. Cada comité, que puede representar a más de una comunidad mapuche, celebra reuniones dos veces por semana y es visitado de ordinario cada semana por un equipo técnico de SOPRODER.

Cada comité establece sus propias metas dentro de un programa integral concebido para mejorar los niveles de subsistencia, aumentar los ingresos familiares y resolver los problemas domésticos y sociales. El comité para la comunidad de Rulo Gallardo, por ejemplo, está integrado principalmente por mujeres de más edad y su actividad se ha concentrado mayormente en el desarrollo de artesanías tales como las de coser y tejer, y en un proyecto de salud. Sin embargo, a través de los años, los participantes también han adoptado muchas de las técnicas agrícolas promovidas por los agentes de extensión de SOPRODER, que han conducido a un aumento espectacular en la producción de trigo y lenteja. Ahora, en vez de escaseces persistentes, las familias tienen en realidad un superávit. En contraste la comunidad de Leufuche, que entró a formar parte del programa en fecha reciente, fue incapaz de aprovechar inicialmente el programa agrícola. El comité de Leufuche ha subrayado en vez de ello la labor social para ayudar a combatir la alta incidencia de alcoholismo, desintegración familiar y emigración por los jóvenes de la zona.

El deseo de SOPRODER de dejar que la comunidad marque el ritmo del desarrollo ha dado a los participantes mapuches un sentido de control sobre la dirección del cambio. En vez de decirles lo que tienen que hacer y cuándo han de hacerlo, son ellos quienes deciden los elementos del programa que mejor responden a sus necesidades. Entre los pueblos que han perdido control sobre tantos aspectos de la vida, el recuperar un sentido de autonomía ha sido un paso clave para reforzar la identidad y la integridad de la comunidad.

Esto puede verse en Rulo Gallardo, donde el comité tuvo que hacer frente a la tarea de seleccionar a un monitor para que participara en un nuevo programa de salud que combinaba la capacitación en primeros auxilios básicos con la recogida y prescripción de remedios a base de hierbas tradicionales. A medida que tenía lugar la charla, el primer impulso del comité fue seleccionar a un joven que supiera leer y escribir. Sin embargo, no se pudo encontrar a esa persona y pronto surgió el criterio de que se había excluido de un trabajo activo a las mujeres de más edad en el comité. Una mujer de edad se ofreció entonces como voluntaria para el cargo de monitora y otras accedieron a ayudar con partes del trabajo que requería saber leer y escribir. El comité reconoció el valor del conocimiento acerca de las hierbas medicinales, y los jefes del comité convinieron en ayudarle con los materiales escritos. En el proceso de seleccionar a un monitor, el comité equilibró el valor de la alfabetización con la necesidad de preservar el conocimiento tradicional, reafirmando la capacidad de los ancianos para contribuir a sus comunidades y la pertinencia de las tradiciones orales en los tiempos modernos.

El programa realizado por TER entre las comunidades aymaras mucho más dispersas del norte de Chile ha tenido desde el principio por meta principal la preservación de la etnicidad autóctona. La mayoría de los aymaras viven en las regiones andinas del Ecuador, Perú y Bolivia, y menos de 30.000 viven en el Norte

Tres niñas indígenas chilenas ensayan música tradicional en un programa de Folil-Che Aflaiai, Organización de Mapuches Residentes en Santiago, que procura reafirmar y mantener la cultura tradicional de los mapuches que han emigrado a la ciudad. (Véase CH-398 en el Apéndice.) ((Miguel Sayago))

Grande de Chile, que fue tomado hace un siglo de Perú y Bolivia durante la Guerra del Pacífico. Todavía existen tensiones en la región y el gobierno se ha esforzado por *chileanizarla* mediante programas de educación, cruzadas cívicas y estrictos controles fronterizos.

El auge en la explotación de guano y nitrato que siguió a la guerra promovió un rápido crecimiento en las poblaciones costeras de Iquique y Arica y alteró profundamente la vida entre los aymaras. El patrón de intercambio que prevaleció en la región comenzó a descomponerse a medida que los aymaras que cultivaban los valles bajos se integraban en la nueva economía de mercado y perdían su idioma y sus costumbres. Los aymaras del altiplano, que eran principalmente pastores de llamas, perdieron su acceso al maíz y otros cultivos alimenticios producidos a elevaciones más bajas y muchos comenzaron a emigrar en busca de una mejor forma de ganarse la vida.

Quienes permanecieron en el altiplano mantuvieron su idioma, sus estructuras sociales y sus afiliaciones familiares hasta adentrada la década de 1970. La base para la etnicidad aymara radica en sus creencias religiosas que reflejan fuertes vínculos con el medio ambiente, una estrecha asociación con las aldeas locales y el concepto de ayllu, un sistema de linaje que asigna la distribución de los recursos y la mano de obra. Sin embargo, cuando el gobierno de Augusto Pinochet creó una zona de libre comercio en Iquique a mediados de la década de 1970 y se intensificó el interés en la minería, se dejaron sentir sobre el altiplano nuevas presiones. Las comunidades se estratificaron cada vez más a medida que algunos hombres aymaras comenzaron a acarrear mercancía a tiempo completo para los comerciantes que enviaban artículos importados de Iquique a través del altiplano hasta Bolivia y Perú. A fin de comprar una camioneta, estos hombres vendieron sus ganados, abandonaron gradualmente sus obligaciones con sus comunidades y se urbanizaron cada vez más. Al mismo tiempo, el éxodo a tierras bajas de los jóvenes aymaras siguió sin interrupción hasta que un 70% de todos los aymaras chilenos se habían asentado en zonas urbanas.

TER surgió de un grupo de expertos en ciencias sociales que estudió a los aymaras del altiplano bajo los auspicios de la Universidad de Tarapacá en la década de 1970. Este grupo pronto vio que su investigación necesitaba una aplicación práctica. El personal actual de TER, integrado por diez profesionales con diversas aptitudes, está convencido de que la supervivencia del altiplano ambientalmente frágil como región productiva depende de la supervivencia de los aymaras como pueblo. Por consiguiente, TER selecciona sus proyectos de desarrollo no sólo teniendo en cuenta su capacidad de incrementar la producción sino también su capacidad de promover la unión de las comunidades.

Con objeto de realzar el sentido de autonomía de las comunidades de los valles altos, la mayoría de los proyectos de TER se han concentrado en mejorar la infraestructura, inclusive la construcción de dos canales modelos de riego y dos baños por inmersión para las llamas. Los planes actuales contemplan la construcción de otro canal y un depósito para el almacenamiento de agua, un proyecto de construcción de un molino de viento, un canal, y una escuela. Aun cuando los proyectos no constituyen novedades técnicas, el grado de control de la comunidad sobre ellos ha sido inusitado y ha constituido un elemento central para su éxito.

Por ejemplo, es evidente que la comunidad de Chapicollo necesitaba producir cultivos más diversificados para reemplazar a aquéllos que ya no podía obtener de los agricultores a elevaciones más bajas. El personal de TER consideró que la solución obvia sería modificar la antigua tecnología de canales de valles bajos construidos por los incas con arena y piedra para transferirla al altiplano donde predominaban métodos arriesgados alimentados por la lluvia. En vez de imponer esta solución ofreciendo la construcción de la estructura, TER utilizó la idea de un canal para fomentar un debate por la comunidad, con lo que se prepararía el camino para una organización local más fuerte.

El primer paso consistió en celebrar reuniones regulares de la comunidad en las que se plantearía cada aspecto del proyecto: la ruta que seguiría el canal, la división del trabajo y los tipos de materiales de construcción. Pronto surgieron algunas controversias. Algunas de las familias aymaras habían comenzado a emigrar estacionalmente al valle más bajo, dedicándose allí a la agricultura durante parte del año en tanto mantenían sus rebaños de llamas en el altiplano mediante una serie complicada de arreglos de aparcería, alquiler de la tierra y relaciones familiares. Estas familias resentían la demanda de mano de obra comunitaria dictada por el ayllu, puesto que tenían que aportar dicho trabajo en una época en la que sus campos en el valle inferior requerían una atención considerable. El lugar más apropiado para el canal también parecía ser el más controvertido, con lo que se reavivaron las disputas sobre el terreno entre los pueblos de Chapicollo y sus vecinos en Inquelga y Aravilla que habían estado latentes desde que el gobierno de Chile instituyó un proceso de títulos de propiedad instituido a vueltas de siglo.

A medida que el pueblo resolvía estos conflictos y llegaba a soluciones de compromiso con sus vecinos y familiares fuera de la comunidad, no sólo comprendieron la utilidad que seguían teniendo los métodos autóctonos de colaboración, sino que además adquirieron confianza en adoptar sus propias decisiones y en llevarlas a la práctica. Facilitando las deliberaciones y manteniendo una vigilancia cuidadosa desde fuera hasta que producían fruto, el personal de TER reforzó la organización social local. Con el tiempo, los familiares que vivían en asentamientos precaristas en el valle inferior decidieron regresar y aportar su trabajo. Los residentes de las aldeas vecinas también decidieron ayudar a construir el canal, algunos porque tenían reivindicaciones matrimoniales sobre el terreno fértil en la zona, otros porque esperaban que el pueblo de Chapicollo les ayudase algún día a construir su propio canal.

Debido a la naturaleza prolongada de la negociación de estos arreglos, la construcción del canal duró más de tres años. TER se limitó a proporcionar cemento para complementar la arena y piedra recogida localmente, a facilitar el transporte y a dar asesoramiento técnico. Al llegar la estación agrícola de 1988, el canal estaba listo para que lo utilizaran algunos de los residentes. Las familias utilizaron el agua para aumentar su producción de papa y quinua, un grano de alto contenido proteínico cultivado en toda la región de los Andes, y por primera vez recogieron ajo y otras legumbres que nunca se habían cultivado en el altiplano. TER tenía ahora la confianza de que las formas autóctonas de acción que fortalecían la economía de la comunidad también eran compatibles con una tecnología tradicional modificada.

La comunidad ha de estar de acuerdo

Cuando SOPRODER y TER insistieron en hacer que la comunidad controlara el ritmo del desarrollo, implícitamente se limitaron a técnicas y tecnologías que fueran aceptables para la comunidad.

SOPRODER sólo introduce tecnologías fáciles de adaptar. Algunos de estos métodos nuevos son versiones modificadas de prácticas autóctonas. Recomienda técnicas de cultivo como la del abono compuesto (aprovechamiento de desechos) y nuevos métodos para plantar y arar; tecnologías tales como un nuevo arado que ahorra tiempo, el arado de cincel, cuyas tres cuchillas están inclinadas en ángulo para evitar remover la capa superior de la tierra y ayudar a conservar elementos nutritivos; e insumos tales como fertilizantes orgánicos que son simples, poco costosos y fáciles de aplicar. Como resultado, los agricultores mapuches han reducido su necesidad de productos agroquímicos costosos en tanto aumentan la producción. En cada caso, la nueva técnica fue analizada minuciosamente con los agricultores, modificada tomando en cuenta sus sugerencias y sometida a prueba en pequeña escala antes de introducirla ampliamente. La nueva técnica de labranza es un ejemplo. Los empleados Ana Mella y Augusto Gallardo experimentaron en la finca modelo de SOPRODER con un método que entraña un laboreo extenso de los campos de trigo cuando las nuevas plantas miden unos 75 milímetros y las malas hierbas están comenzando a echar raíces. Aunque se desarraiga a las malas hierbas, la técnica parece ser muy contraproducente ya que caen encima del trigo, pero dos semanas después el trigo reaparece más robusto que nunca. Para eliminar los temores de los agricultores, SOPRODER demostró técnicas en pequeñas parcelas prototipo de las comunidades, esperando que la gente se sentiría motivada, debido a los resultados, a plantar en campos más grandes. Sin embargo, algunos agricultores siguieron mostrándose desconfiados.

Tal fue el caso en la comunidad de Calof donde un agricultor se había ofrecido a permitir que su campo se labrara conforme al nuevo método. Unos cuantos días antes de la demostración programada, un agente de divulgación agrícola del gobierno lo visitó y le aconsejó que no permitiera el procedimiento. En su lugar, encareció al agricultor a que aceptara herbicidas *gratuitos*. El agricultor estaba dividido entre su lealtad hacia el programa de SOPRODER y su renuencia a ofender al gobierno o rechazar insumos gratuitos. En vez de hacer al agricultor responsable de la decisión, Mella sugirió tratar la mitad del campo con herbicidas del gobierno y el resto de acuerdo con el nuevo método de laboreo. Esto permitiría a los agricultores locales determinar los resultados directamente antes de comprometerse a un método de control de malas hierbas. Mella comprendió que esta nueva técnica ofrecia la posibilidad de hacer a los mapuches menos dependientes de los recursos externos, pero también entendía que la independencia tendría poco valor si no se podía confiar en los mapuches para que adoptaran sus propias decisiones. Como resultado de este experimento, la mayoría de los agricultores en la zona están utilizando el método de laboreo de SOPRODER.

La labor realizada por TER en un proyecto de textiles en tres comunidades aymaras realza la importancia de la aceptación por la comunidad para promover la confianza y autoestima requeridas para dar otro paso en el desarrollo. El proyecto está concebido para preservar técnicas de tejido tradicionales y aumentar los ingresos familiares haciendo participar a la mujer en la labor de hilado de la lana y confección de textiles para la venta. Las mujeres son propietarias de la empresa y, con ayuda de la empleada de TER Lucila Pizarro, están aprendiendo a administrarla.

Las mujeres de cada comunidad eligen líderes que coordinan la producción, la cual se vende en una pequeña tienda alquilada por el proyecto en la ciudad de Iquique. La tienda es atendida por mujeres aymaras jóvenes que han emigrado a la ciudad. Ganan ingresos adicionales utilizando la lana hilada en el altiplano para confeccionar algunas de las chompas que venden en el establecimiento. Si bien la tienda sirve como museo para educar a los turistas y la gente de la ciudad en cuanto a las técnicas de tejido de los aymaras y el significado de los diseños, también ha inspirado un pequeño renacimiento en el altiplano. Las mujeres de la aldea de Cotasaya, por ejemplo, han recurrido a sus madres para profundizar sus conocimientos de los patrones de tejidos tradicionales.

Motivadas por la posibilidad de obtener precios más elevados para la lana que han hilado y los textiles, las mujeres aymaras cuidan mejor de sus rebaños de llamas para obtener una materia prima de mejor calidad. Esto ha aumentado el apoyo para el programa de TER de administración mejorada de los rebaños y ha conducido a la demanda de baños antisépticos por inmersión. En este caso, la aceptación por la comunidad de un proyecto ha llevado a la aceptación de otro. Al igual que los mapuches, los aymaras están descubriendo que las ganancias que obtienen en la producción guardan relación con su creciente autoestima.

La comunidad es responsable

SOPRODER y TER han administrado el proceso de ayuda al desarrollo de forma que ha dado a las comunidades mapuches y aymaras el deseo, la confianza y la capacidad para asumir una mayor responsabilidad de sus propios destinos. Los pueblos indígenas se están identificando cada vez más con sus propios problemas y están tratando de darles sus propias soluciones.

La técnica primordial de SOPRODER para conseguir este resultado ha sido la de capacitar a monitores. Los monitores, seleccionados por comités locales, reciben instrucción especializada en una determinada aptitud tal como la producción de trigo, la horticultura, la cría de animales o la salud. Los monitores se hacen luego responsables de capacitar a otros en su nueva especialidad.

Este programa ha tenido varios efectos positivos. Se anima a los monitores a trasladarse a otras comunidades para ofrecer asistencia técnica; celebran seminarios para intercambiar información, y se han convertido en foco del orgullo y autovalía de los mapuches. Esto último es especialmente importante debido a que la anulación sistemática de la etnicidad mapuche de las escuelas públicas ha privado a los mapuches de modelos autóctonos que no sólo comprendan tecnologías modernas sino que sean capaces de enseñar a su propia gente cómo utilizarlas.

Una reunión reciente del comité en Leufuche es ilustrativa. Dos empleados de SOPRODER asistieron a la reunión acompañados de dos monitores de otras comunidades locales. Como parte de la reunión, SOPRODER proyectó establecer una parcela de demostración para ver cuál de cinco variedades de trigo era más productiva en el microclima de la zona. El agente de extensión de SOPRODER, Ricardo Sánchez, inauguró la sesión mostrando cada variedad y describiendo previamente sus características, pero rápidamente cedió la palabra a uno de los monitores visitantes, Francisco Curiñir, especialista en trigo. El monitor dirigió entonces un animado debate, distinguiendo las variedades detalladamente, explicando el cuidado requerido por cada variedad y citando las posibilidades para interfertilización. Entretanto, Sánchez se fue silenciosamente a cavar la parcela de demostración para su laboreo. A un lado del centro de la atención, otra monitora visitante, Mercedes Curimil, que es especialista en huertos y cría de animales, estaba atareada hablando de la última información sobre los árboles frutales de huerta con su colega de Leufuche. Toda persona familiarizada con los proyectos de base podría percibir el efecto subliminal de los técnicos de SOPRODER que voluntariamente adoptaban un papel secundario y dejaban el centro de la atención a los "expertos" mapuches.

La confianza que han adquirido estos expertos al trabajar unos con otros y el conocimiento que han obtenido acerca de los problemas comunes que afrontan los mapuches les ha llevado a formar Rayen Koskulla, una organización pancomunitaria independiente de SOPRODER, aunque constituida bajo sus auspicios. Los dos monitores que visitaron Leufuche son el presidente y el secretario de esta organización. Inicialmente, Rayen Koskulla, nombre mapuche de la flor de copihue, la flor nacional de Chile, era un órgano coordinador sin fuente de fondos y programa de acción propio, aunque su junta era controlada y elegida por todos los miembros del comité. Pero los líderes de Rayen y los propios comités estaban descontentos con este papel limitado y comenzaron a pedir más autonomía. A principios de 1988, Rayen obtuvo personería jurídica como asociación gremial que es similar a una cooperativa rural. Espera ejercer más control sobre el fondo de crédito rotatorio que ahora administra SOPRODER y establecer una red de comercialización para obtener precios más elevados para los cultivos comerciales.

Entre los aymaras, TER ha trabajado activamente promoviendo seminarios dentro de la comunidad y entre las distintas comunidades, los cuales incorporan la capacitación técnica con un debate más amplio de la naturaleza y metas del desarrollo y su relación con las necesidades y problemas de la comunidad. Los encuentros entre las comunidades fueron las primeras reuniones generales de representantes en muchos años en las que se debatieron problemas comunes y se exploró el significado de la identidad aymara.

Esta serie de reuniones de tres días, muchas de las cuales se concentraban en formas de fortalecer la organización local, con el tiempo dieron lugar a Aymar Marka o *el pueblo aymara*, una organización general dedicada a defender la etnicidad aymara mediante la promoción de su cultura y la provisión de servicios a las comunidades del altiplano. En fecha reciente, Aymar Marka emprendió una lucha jurídica por proteger los derechos de la comunidad al agua y a la tierra contra las demandas de las compañías mineras.

Tanto Aymar Marka como Rayen Koskulla afrontan graves problemas a medida que Chile vuelve a un gobierno democrático. Primero, los integrantes de ambos grupos siguen siendo principalmente los beneficiarios de los proyectos de SOPRODER y TER, sólo una fracción de las más numerosas poblaciones mapuches y aymaras. Para que cualquiera de estas organizaciones logre alcanzar su meta de combinar la preservación étnica con el desarrollo económico, ha de ampliar sustancialmente el número de sus miembros. Esto puede ser difícil para Rayen puesto que la estructura de comités en la que descansa es un invento de SOPRODER y todavía no ha logrado la participación de los caciques y otros líderes de la comunidad. Sin embargo, Aymar Marka ha hecho algún progreso mediante su participación en la federación de organizaciones aymaras en el norte. En segundo lugar, siglos de opresión sistemática y asimilación forzada han minado tanto las formas autóctonas de organización social que su configuración original es apenas perceptible. Los intentos de SOPRODER, TER, Rayen Koskulla y Aymar Marka por renovar estas formas son importantes, pero al final quizás hayan llegado demasiado tarde.

Por último, las organizaciones autóctonas, como sus progenitoras las ONG, están conscientes de que existe una considerable estratificación interna entre los mapuches y los aymaras. Nadie sabe todavía si la dependencia de cuestiones sociales y prácticas indígenas que hacen hincapié en modalidades igualitarias de uso de los recursos, permitirán evitar una mayor estratificación a medida que una creciente producción conduce a una integración más estrecha en la economía del mercado nacional. Igualmente, las ONG afrontan problemas debido a que dependen grandemente de fondos de donantes internacionales más exiguos.

Hitos para el futuro

No es probable que los mapuches o los aymaras logren mantener su etnicidad si se les obliga a modificar su relación fundamental con la tierra. Para los mapuches, esto significa hallar nuevas formas de contrarrestar las presiones hacia regímenes de tenencia individual de la tierra en vez de comunitaria. Los aymaras han de proteger sus derechos de agua y hallar una forma de preservar la frágil ecología del altiplano de presiones externas para explotar los recursos locales. El propio Chile tiene mucho en juego en estas luchas. Si los mapuches de las zonas rurales pierden sus tierras y su identidad, y emigran a las ciudades donde no son bien recibidos, pueden crear una subclase que constituye una carga permanente para la sociedad nacional. Si los aymaras no logran proteger la ecología del Norte Grande, la fuente del agua para los valles más bajos y ciudades costeras en esta región árida también peligrará.

Afortunadamente, el retorno a la democracia ha creado una nueva oportunidad para ampliar los logros de SOPRODER, TER y las organizaciones que han surgido entre los beneficiarios. El gobierno de Chile ha decidido en fecha reciente establecer una corporación descentralizada llamada Comisión Especial de Pueblos Indígenas (CEPI) para administrar las cuestiones indígenas y canalizar préstamos y recursos a comunidades locales. Todavía no se han consignado los fondos pero CEPI ya está bajo la dirección de José Bengoa, un antropólogo que ha trabajado extensamente con los mapuches y fue consultor de la Fundación para el proyecto SOPRODER. El mandato de CEPI incluye trabajar en estrecha asociación con las ONG para formular la política hacia los pueblos indígenas.

La vuelta a la democracia también puede permitir una cooperación más estrecha entre las poblaciones indígenas y las ONG que las ayudan, haciendo posible para un grupo aprender de la experiencia de los otros. TER, por ejemplo, podría beneficiarse de los conocimientos técnicos que SOPRODER ha desarrollado para aumentar la producción agrícola. Ahora que las comunidades aymaras reciben el riego de su nuevo canal por vez primera, cultivarán la tierra más intensamente y pueden requerir acceso a servicios de crédito y de extensión que TER no está equipada para proporcionar en la actualidad. SOPRODER, por el contrario, podría beneficiarse de hacer explícitos algunos de los components étnicos no expresados en los que se basa su programa. Una investigación aplicada y sistemática, siguiendo la trayectoria introducida por TER, podría permitir a SOPRODER adquirir una visión más profunda de la etnicidad mapuche que trascienda del mantenimiento de formas culturales tales como la vestimenta, la música y las artes. La mayoría de las organizaciones de base experimentan dificultades en hacer la transición hacía una mayor autonomía de las ONG que les ayudaron a nacer, y Rayen Koskulla y Aymar Marka no son una excepción. Pero al responder a las demandas de las organizaciones de un mayor control de los recursos de los proyectos, SOPRODER y TER tienen la oportunidad de ayudar a los pueblos indígenas de Chile a formar organizaciones que den a los valores tradicionales una nueva forma. Esto está ocurriendo en el contexto del nuevo despertar político entre los pueblos indígenas de Chile que ha llevado a la formación de su propio partido político, el Partido Tierra e Identidad (PTI).

Nadie sugiere que cualquiera de estos síntomas esperanzadores sea una panacea. El proceso de mantener la etnicidad fomentando la autonomía, aceptación y responsabilidad de la comunidad resulta claramente en un ritmo de desarrollo económico más lento que el que algunos teóricos hallarían aceptable. También puede entrañar compromisos mayores de tiempo del personal y recursos de parte de las ONG. Sin embargo, estos proyectos han aprovechado la oportunidad para continuar creciendo de forma sostenible debido a que han respondido a las normas de la comunidad y han conseguido la participación comunitaria. Indican que esos grupos autóctonos también pueden desenvolverse en un mundo cambiante si se les habilita para explorar las posibilidades de sus propias tecnologías e instituciones sociales y las adaptan a las necesidades del desarrollo. Los beneficios no sólo constituirán una mayor riqueza y diversidad en las culturas nacionales sino una posibilidad mayor para preservar los recursos de un planeta cada vez más pequeño.

ALAKA WALI es profesora de antropología de la Universidad de Mayland (College Park, Maryland, EE.UU.).

Capítulo 12

APRENDIENDO DEL FRACASO
Se recupera la creatividad
sikuani en Colombia

Xochitl Herrera y
Miguel Lobo-Guerrero

Las mujeres no nos hacen caso, no quieren barrer las
casas ni hervir el agua. Las abuelas dicen que ellas
nunca hirvieron el agua y todavía no se han muerto.
Cuando hay un enfermo grave, en la comunidad dicen
que el promotor debe pagar todos los costos de transporte
y alimentación del enfermo en el pueblo, que para eso
ganamos buen dinero.
No nos creen cuando hablamos de los parásitos y los
microbios; ellos piensan que todas esas enfermedades
son por brujería.

Estas fueron algunas de las respuestas que con dificultad
logramos obtener durante nuestra primera reunión con un grupo de
15 promotores de salud sikuani, en diciembre de 1984. Habíamos
ido a la población de Cumaribo, en el Vichada, enviados por la
Fundación ETNOLLANO (Fundación para el Etnodesarrollo de los
Llanos Orientales de Colombia) para ayudar al Servicio Seccional
de Salud a superar los obstáculos que enfrentaba en el trabajo con
los promotores sikuani, de quienes se había esperado demasiado.

Aunque nuestra primera pregunta, cuáles eran los problemas
más importantes que tenían en su trabajo diario con la comunidad,

nos parecía muy natural, el desconcertante silencio de los 15 jóvenes promotores indicaba que para ellos no lo era; tal vez nadie se la había formulado anteriormente, o tal vez cada promotor, en su interior, pensaba que los obstáculos cotidianos eran más bien el producto de incapacidades personales que debían ocultarse.

Por eso no nos debería haber sorprendido que empezaran a responder solamente cuatro horas después de que hiciéramos la pregunta, y luego de haber buscado diversos recursos para romper la tensión e incomodidad que ella produjo. Estos promotores indígenas eran unos de los 34 sikuani seleccionados por sus respectivas comunidades para que recibieran capacitación del Servicio Seccional de Salud de la Comisaría del Vichada. Los más antiguos habían sido preparados en el hospital urbano en Puerto Carreño, la capital de la Comisaría; los más recientes recibieron los cursos en la zona de Cumaribo, un pueblo de colonos cercano a las comunidades indígenas que se encuentran dispersas por el sector medio del río Vichada. El contenido de los cursos seguía los principios establecidos por el Ministerio de Salud para todo el país, fundamentados en la situación de las zonas urbanas y campesinas del interior de Colombia. El énfasis en técnicas de enfermería, manejo de medicamentos básicos, instalación de letrinas y acueductos para sanear el medio ambiente, y promoción del régimen alimenticio, determinadas de antemano para todo el territorio colombiano, dificultaba a los promotores sikuani cuestionar las causas de los problemas de salud que enfrentarían en sus comunidades de los llanos. La educación en salud asumía en estos cursos un papel secundario y debía impartirse de acuerdo a normas y programas formulados en Bogotá.

Es por esto que esa mañana de diciembre nuestra pregunta obtuvo inicialmente sólo débiles respuestas, afirmando que todo estaba bien, que las comunidades estaban muy contentas, y que ellos sólo necesitaban mayor capacitación en enfermería, más medicamentos y equipo, mejor transporte y láminas de zinc para los techos de los puestos de salud. El Servicio Seccional de Salud del Vichada había manifestado en varias ocasiones su preocupación por los escasos efectos positivos de la capacitación que ofrecía a los promotores indígenas. La deserción era muy alta, de un 60%, y parecía que los promotores que permanecían laborando lo hacían atraídos más bien por el anzuelo del sueldo mínimo estatal que recibían.

En ese momento comprendimos que eran demasiado ambiciosos los objetivos que nos habíamos propuesto cumplir, encaminados a lograr una real participación de la comunidad en el control de sus problemas de salud. La meta a la cual había que apuntar debía centrarse más en el promotor mismo, en sus contradicciones como miembro de una comunidad indígena y como funcionario estatal dentro de ella. Se trataba, en últimas, de eliminar las barreras que impedían dar rienda suelta a la creatividad del promotor de salud para trabajar como sikuani, y no solamente como representante de una entidad estatal.

Les propusimos entonces que se tomaran todo el tiempo que necesitaran para pensar sobre los problemas que ellos enfrentaban en su trabajo, y que discutieran las diferentes opiniones en su propia lengua. Nosotros no teníamos prisa y podíamos esperar las respuestas todo el tiempo que fuera necesario, con la condición de que alguien del grupo nos tradujera lo que habían hablado entre ellos. El ambiente se transformó, y aunque la participación dentro del grupo llegó a tomar la apariencia de un desorden incomprensible para nosotros, al final de la mañana obtuvimos las primeras respuestas sobre algunos de los obstáculos reales que estas personas enfrentan diariamente en su trabajo. El programa de investigación participativa que íbamos a desarrollar con ellos durante 24 meses comenzó a formularse a partir de estas respuestas.

Los diagnósticos iniciales mostraron claramente que los problemas de salud de estas poblaciones estaban más relacionados con los cambios ecológicos y socioculturales recientes, que con factores estrictamente médicos.

Tres decadas de cambio para los Sikuani

Los sikuani, pertenecientes a la familia lingüística Guahibo, forman uno de los casi 70 grupos indígenas diferentes que habitan en Colombia. Su población asciende actualmente a cerca de 20.000

individuos que viven en pequeñas aldeas dispersas por las sabanas de pastos naturales de la Orinoquia, principalmente en el departamento del Meta y la comisaría del Vichada.

Como muchos otros grupos de la Amazonia y la Orinoquia, hasta los años cincuenta los sikuani habían logrado mantener sin cambios significativos la forma de vida seminómade que les había permitido superar, con relativo éxito, las ofensivas militares de la Conquista y la Colonia, los intentos de los jesuitas por convertirlos y asentarlos permanentemente, y las incursiones de los indígenas caribes que en los siglos XVII y XVIII recorrían la zona buscando esclavos para comerciarlos con los holandeses en las Guayanas. Vivían de la cacería, la pesca y la recolección de productos silvestres, y de una agricultura de roza y quema basada principalmente en el cultivo de la yuca amarga. Construían sus casas con hojas de palma y se vestían con telas de corteza de árbol. Eran en gran medida autosuficientes, aunque solían intercambiar algunos productos con otras comunidades indígenas, dentro de una red comercial que unía los Andes con las Guayanas y la Amazonia, que contaba con su propia moneda de conchas pulidas, la *quiripa*. Su forma de vida seminómade había logrado incluso disminuir entre ellos la severidad de las muchas epidemias de sarampión, viruela, influenza y otras enfermedades que vinieron con el conquistador y el colono, que ocasionaron en buena parte la casi total desaparición de grupos sedentarios, antaño numerosos y pujantes como el de los achagua.

En las últimas décadas, sin embargo, la penetración de la colonización agrícola y ganadera en las tierras indígenas y la acción de las misiones católicas y protestantes cambiaron sustancialmente este panorama. En un principio, ante la nueva amenaza colonizadora propiciada por la migración de campesinos de otras regiones del país, la táctica indígena fue la de desplazarse cada vez más hacia el oriente huyendo de los frentes de colonización. Pero al oriente, sobre el Orinoco, se encontraron con un proceso similar que se originaba en Venezuela y les cerraba el paso. A medida que sus tierras disminuían, los sikuani se vieron poco a poco obligados a reducir su movilidad y a emprender la defensa de las pocas sabanas y selvas que aún les quedaban.

Un aspecto que se vio rápidamente afectado fue el de la alimentación. Al reducirse la movilidad se cortó el acceso a las fuentes tradicionales de proteína; los animales de caza, insectos, gusanos, raíces, nueces, huevos de tortuga y frutos silvestres estaban desapareciendo junto con su hábitat. El paso de la nueva generación por los internados de los misioneros trajo además un cambio de actitudes. En las comunidades donde abundaban alimentos nutritivos tradicionales, como el gusano de la palma, el caracol de agua dulce y otros animales y frutos silvestres, pasaban ahora a ser alimentos de indios salvajes para la nueva generación, que prefería la pasta y el arroz de los blancos, menos nutritivos y no siempre fáciles de obtener. La consecuencia ha sido una dieta cada vez menos variada y más baja en proteínas, centrada en el consumo de la yuca amarga.

Los efectos de la malnutrición se han empeorado con las nuevas enfermedades ocasionadas por el contacto con los blancos, al mismo tiempo que la concentración de la población en las aldeas favoreció la proliferación de numerosas enfermedades. La formación de poblaciones permanentes también ocasionó otros problemas. La acumulación de basura y excretas, que no ocurría antes con la vida nómade, y la presencia de animales domésticos (reses, gallinas, cerdos y perros), cada vez más numerosos, contribuyó rápidamente a la contaminación de los riachuelos de los que se obtiene el agua de consumo doméstico, pasando éstos a constituirse ahora en una de sus mayores fuentes de enfermedad. A la malnutrición se une ahora una elevada incidencia de parasitismo intestinal, tuberculosis y otras enfermedades respiratorias, paludismo y afecciones de la piel.

Al mismo tiempo, el reemplazo de prácticas sikuani que antes promovían la salud, tales como la lactancia materna, el uso de plantas medicinales y una variada dieta de alimentos locales, con productos tales como la fórmula de lactancia infantil, los medicamentos y los alimentos enlatados hacen a los pobladores cada vez más dependientes de la economía de mercado. Este cambio no solamente ha empeorado con frecuencia la situación como ocurrió en el caso del régimen alimenticio y como se verá en el caso de la alimentación infantil, sino que bajo las circunstancias tiende a debilitar una cultura que ya está gravemente afectada, menoscabando el fundamento de su identidad que es una importante fuente de la salud y el bienestar del individuo.

Pero el proceso vivido por los sikuani en los últimos 30 años no logró afectar profundamente su tradición cultural. Ella mantiene aún gran parte de su riqueza, principalmente a través de la población adulta que no pasó por los internados. Su medicina tradicional sigue vigente e igual sucede con su tradición oral, su lengua y su acervo ritual. Con el apoyo de la Organización Nacional Indígena de Colombia (ONIC), los cabildos y organizaciones de la región vienen desde hace algunos años impulsando un interesante proceso creativo de reafirmación cultural, que busca consolidar la solidaridad social de las comunidades en torno a la defensa de sus tierras y al fortalecimiento de los valores morales, espirituales y materiales de la sociedad sikuani. Los chamanes o médicos tradicionales han tenido una activa participación en este proceso.

Desafortunadamente, los promotores de salud habían permanecido totalmente al margen de este proceso organizativo. Tal pareciera que los valores aprendidos durante su niñez, de sus padres y familiares, se hubiesen relegado al olvido luego de tres meses de formación en enfermería. Los microbios, las bacterias y los virus parecían haber desplazado de sus mentes a los espíritus del agua y de la tierra, a los rezos y conjuros; el trabajo de agricultura, la cacería y la pesca perdían igualmente su sentido, y las actividades de muchos promotores se limitaban a la espera diaria de pacientes solicitando algún medicamento. Muchos, con el salario que recibían mensualmente del gobierno, habían terminado por aislarse de las actividades productivas cotidianas de sus comunidades y comenzaban a formar parte de una naciente e improductiva elite indígena. No faltaban desde luego los reclamos de cabildos y capitanes, quienes en algunos casos llegaron incluso a confiscar el salario del promotor para invertirlo en tareas comunitarias.

La investigación participativa resuelve la ambivalencia

Nuestra investigación preliminar y la primera reunión con los promotores sikuani nos convencieron de que una estrategia que habíamos usado anteriormente en la vecina región de Arauca (elaborando un manual de salud culturalmente apropiado para uso de los auxiliares de salud) no sería eficaz aquí. El gran aislamiento cultural de esta remota área exigía mayor participación comunitaria para poder identificar los problemas locales de salud, y luego formular medidas apropiadas y eficaces para resolverlos. En primer lugar, el trabajo se encaminó a motivar la participación activa de los promotores en los proyectos de los cabildos y a promover una acción en salud más adecuada a la realidad y a la cultura indígena.

Hubiera sido sin duda más sencillo empezar el programa con nuevos promotores, pero resultaba lamentable pensar en los esfuerzos y presupuestos que se habían invertido en los ya capacitados. La tarea era pues reorientarlos con una metodología que, en lugar de alejarlos de la perspectiva de sus comunidades, lograra capacitarlos para trabajar a partir de los recursos propios de ellas, dentro del espíritu de lograr cada vez más una mayor autonomía comunitaria en el control de los problemas de salud. La investigación participativa parecía ser una buena estrategia para lograr estos propósitos. Esta metodología, que combina investigación, educación/aprendizaje y acción, se adapta muy bien a la perspectiva del etnodesarrollo, en la medida que permite involucrar a los beneficiarios del programa en la generación de conocimientos. De acuerdo con esta metodología, la comunidad participa en todo el proceso de la investigación, desde la formulación del problema, pasando por la identificación de recursos y necesidades de capacitación o de acción, hasta la interpretación de los resultados y la discusión de las soluciones. Los participantes se benefician así en forma inmediata y directa, en la medida que aprovechan no sólo los resultados sino el proceso mismo de la investigación, con lo cual desarrollan su capacidad de relacionar por sí mismos los problemas y de iniciar nuevos procesos tendientes a encontrar soluciones.

La Fundación Interamericana, el Servicio Seccional de Salud del Vichada, la Prefectura Apostólica del Vichada, Colciencias, la Fundación para la Educación Superior (FES), ETNOLLANO y la comunidad misma aportarían apoyo financiero y en especie.

Puesto que la comunidad constituye la base del proceso, la primera tarea que se emprendió fue la de lograr el respaldo de los cabildos y de las organizaciones locales en este nuevo tipo de trabajo. Era indispensable cambiar la imagen que se tenía del papel que el promotor de salud debía desempeñar. Luego de varias reuniones, se llegó a una fórmula que parecía muy oportuna. Serían los cabildos los que decidirían qué aspectos de la cultura y la medicina tradicional podrían investigarse y cuáles no. Tres grandes temas se han abordado hasta ahora en la investigación: la historia y situación actual de la comunidad, la medicina sikuani y la alimentación tradicional.

El programa comenzó a desarrollarse mediante una serie de reuniones con los 15 promotores indígenas de salud que operan en el área, quienes entre una y otra reunión recogían en sus comunidades, bajo la orientación de los antropólogos y del personal del Servicio, la información pertinente sobre cada uno de los temas de la investigación. Esta información era luego transformada en proyectos comunitarios, cartillas y otros materiales de educación en salud para las comunidades. Las reuniones periódicas de evaluación con las comunidades y cabildos permitían asegurar al programa una orientación que correspondiera efectivamente con las necesidades y expectativas de la población.

Al comienzo no fue fácil lograr lo que se quería. Los promotores tenían en la mente la imagen de los cursos formales que habían recibido, en los cuales ellos aprendían de los médicos y enfermeras. Estos, por su parte, estaban acostumbrados a enseñar. Pero a medida que el tema de las reuniones se centraba cada vez más en el estudio de las comunidades, de su historia, sus costumbres y su medicina tradicional, comenzó a observarse un cambio importante. Definitivamente quienes podían saber algo de estos temas eran los promotores; ellos eran los que tenían que enseñar. Las reuniones tomaron entonces un aspecto muy poco familiar para el personal médico que allí participaba pues comenzaron a girar en torno a los promotores. Ellos eran los personajes centrales y el sikuani pasó a ser la lengua de las discusiones importantes. En lugar de enseñar, o además de eso, ahora debían escuchar admirados largas discusiones en sikuani que un promotor iba traduciendo al español. Muchas veces, luego de varios días de discusión sobre un tema particular, los promotores llegaban a la conclusión de que era necesario ir a las comunidades a entrevistar a otras personas, mujeres, ancianos o médicos tradicionales que supieran más sobre el tema. Médicos, enfermeras y antropólogos pasaron a asumir el papel de asesores. Además de aprender, ellos se encargaban de alimentar el proceso con información, ideas, técnicas o procedimientos que podían resultar oportunos.

Un tema que resultó particularmente importante, y que ocupó un buen número de reuniones, fue curiosamente el de la historia de los sikuani. Al principio los promotores comenzaron a entrevistar a las personas de la comunidad en torno a preguntas muy sencillas: ¿Era mejor la situación de salud hace 20 años que ahora?, ¿Consideraban ellos que la gente comía entonces mejor que ahora?, ¿Qué había cambiado en la forma de vida de los sikuani en estos últimos 20 años?, ¿Cómo habían esos cambios afectado a la salud y la alimentación? Con preguntas como éstas fue poco a poco reconstruyéndose un interesante panorama histórico y social de la enfermedad, que se complementó con la información proveniente de los escritos de viajeros, cronistas o etnógrafos que habían visitado la zona en distintas épocas, y que era resumida por los antropólogos en las reuniones.

Cada promotor fue así preparando una monografía de su comunidad, en la que no sólo aparecía la historia sino la situación de salud y morbilidad, y las opiniones de la gente sobre sus problemas. Esas monografías fueron leídas y discutidas en reuniones en las comunidades, y promovieron interesantes debates en torno a los problemas que debían considerarse como más importantes, y a sus causas y posibles soluciones.

Nosotros habíamos hecho énfasis en que los sikuani tenían una gran riqueza de recursos culturales que se estaban perdiendo y que era deseable rescatar para tener éxito en el proceso de desarrollo autónomo que ellos querían alcanzar. En su investigación, sin embargo, los promotores encontraron varios ejemplos que ponían en entredicho nuestros puntos de vista: ¿Proponíamos nosotros que debían volver a utilizar las casas mosquitero que el antropólogo Gerardo Reichel-Dolmatoff había descrito en 1945 y que los ancianos recordaban como cosa del pasado? ¿Sugeríamos que debían volver al nomadismo como medio para evitar algunas enfermedades y descontaminar las aguas de los ríos?

Largas discusiones se centraron entonces en torno a los conceptos de progreso, tradición y paternalismo, pero ya no en abstracto, sino sobre la base del proceso de cambio vivido por los sikuani, que los promotores habían documentado y estudiado durante el trabajo con sus comunidades. El objetivo era disminuir los índices de morbilidad y mortalidad con acciones que partieran de una reflexión sobre las necesidades sentidas y que incorporaran nuevos elementos solamente a medida que la comunidad estuviera en capacidad de controlarlos y ponerlos a su disposición. Pero, ¿tenían que ser tradicionales esos elementos para que pudieran ser adoptados por las comunidades?

Programa de agua potable aclaró conceptos de Tradición / "Progreso"

Un programa de agua potable contribuyó notablemente a esclarecer la forma en que la tradición y el progreso podían articularse. La historia que los promotores estaban reconstruyendo mostraba claramente que un efecto notable de los cambios ocurridos en los últimos 20 años había sido el aumento en la contaminación de los riachuelos de los cuales se obtiene el agua para consumo doméstico. Con la vida sedentaria, la concentración de la población en las aldeas y la presencia de animales domésticos era perfectamente comprensible que estos riachuelos comenzaran a ser peligrosos transmisores de enfermedades. Analizando los registros de morbilidad que llevan los promotores en cada comunidad, se vió también que la diarrea constituía ahora una de las primeras causas de enfermedad sobre todo en los niños.

Para los indígenas no resultaba extraña la idea de que el agua pudiera ser una causa importante de enfermedad, aunque no fueran iguales sus razonamientos a los de los médicos. "Muchas enfermedades vienen de tomar el agua sin rezar", nos decía uno de los promotores, y nos aclaraba que los sikuani en sus viajes jamás toman agua en otro río sin haberla purificado ritualmente.

Los promotores iniciaron en sus respectivas comunidades una reflexión sobre las posibles alternativas técnicas y los aportes que podía hacer la población. Pero, poco a poco, se hizo claro que era necesario obtener también algunos recursos externos. Para extraer el agua del subsuelo, que parecía la mejor alternativa, se necesitaban bombas manuales, tubería y otros materiales que las comunidades no podían costear.

Los promotores debían aprender a formular un proyecto con su justificación, objetivos y actividades, de modo que fuera financiable. Se dedicaron muchas horas a la redacción de un proyecto que entre reunión y reunión era corregido y ampliado en las comunidades.

Las mujeres se convirtieron en un importante sector de apoyo al programa. Ellas veían que esos pozos y esas bombas que se proyectaba instalar podían disminuir considerablemente el esfuerzo que todas las mañanas debían hacer para transportar el agua sobre la cabeza, desde riachuelos que en algunos caseríos se encontraban a más de un kilómetro de las viviendas. Pero, ¿querían realmente las mujeres dejar de ir al riachuelo todas las mañanas?, ¿no era también este trabajo matinal un buen pretexto para reunirse, para conversar, para pactar noviazgos? Se decidió que las bombas darían agua suficiente para beber y cocinar en las aldeas, y el baño y el lavado de la ropa seguiría en el riachuelo, donde las reuniones matinales continuarían en torno a estas actividades.

Pero había todavía muchas cosas que discutir y analizar antes de decidir sobre el programa, y los promotores se dedicaron de lleno a dirigir estas discusiones: ¿Debía rezarse el agua de los pozos?, debían rezarse también las bombas de mano que irían a extraer el agua?, ¿hasta qué punto alterarían los pozos la costumbre matinal de ir al riachuelo? Al final se logró concretar un proyecto en el que las comunidades aportaban no solo su trabajo, sino también su capacidad organizativa a través de la constitución de fondos comunitarios para la adquisición de materiales y repuestos y el mantenimiento de los acueductos.

El reto era ahora obtener fondos para adquirir un total de 36 bombas manuales y para pagar a un técnico que, además de instalarlas, debía capacitar a dos miembros de cada comunidad para que ellos pudieran mantener y reparar esos equipos que irían a suplir las necesidades de 30 aldeas sikuani atendidas por los promotores. Se tenía ya lo más importante, un proyecto escrito que había sido ampliamente discutido y analizado en las comunidades. Con el apoyo del Centro de Cooperación al Indígena (CECOIN), una fundación sin fines de lucro que presta asistencia técnica a estas comunidades en diversos campos, y del INCORA (Instituto Colombiano de Reforma Agraria), se lograron ya instalar 21 de estos acueductos. Otros 15 más se instalarán el próximo verano.

Paralelamente con estos trabajos el promotor realiza actividades educativas sobre el problema del agua, con carteles en sikuani preparados durante las reuniones de investigación participativa. A diferencia de otros intentos anteriores que habían fracasado, esta vez las comunidades lograron formular este trabajo como una alternativa propia. Además, al saber reparar y mantener los equipos, la comunidad los controla y en cierto modo se los apropia. Parecía claro ahora a los promotores que lo importante no es tanto si los recursos que se utilizan para mejorar la salud son tradicionales o no, lo importante es, en todo caso, que queden bajo el control social de las comunidades. Cuando un programa se discute bastante con la comunidad, las innovaciones técnicas resultan más fáciles de asimilar y controlar.

La falta de discusión y de control local ayudan también a explicar por qué los servicios médicos institucionales disponibles en la zona están subutilizados. La medicina facultativa dispone de recursos valiosos que pueden beneficiar en gran medida a las comunidades. Pero muchos de estos recursos se pierden precisamente porque, aunque la población los necesita, ésta no ha tenido los elementos indispensables para conocerlos y reflexionar sobre la forma más conveniente de incorporarlos a su desarrollo. Así, el resultado de las encuestas y entrevistas a las 30 comunidades mostró que el servicio de los promotores se solicitaba solamente durante los días siguientes a la llegada, trimestral o semestral, de medicamentos al caserío o en los casos de enfermedad avanzada que el médico tradicional no podía solucionar. En estos últimos casos, ni el promotor ni el Centro de Salud que recibía al paciente ya grave podían asegurar el éxito del tratamiento.

Las historias clínicas que los promotores hicieron durante su investigación permitieron identificar además muchas otras situaciones en las que las recomendaciones del médico se ignoran al no tener correspondencia con las expectativas creadas por los valores tradicionales de la población sikuani. El tratamiento para la tuberculosis se abandonaba por considerar los pacientes que los síntomas de este mal eran producto de la brujería, las dietas de recuperación nutricional prescritas por la medicina institucional en ciertos casos de enfermedad contradecían toda la lógica del pensamiento médico tradicional, y las campañas de rehidratación oral y lactancia materna realizadas durante muchos años por los promotores parecían no haber hecho ninguna impresión en las madres. Los conflictos entre la medicina tradicional y la prestación de servicios estatales de salud se hicieron evidentes en el análisis hecho por los promotores, lo que llevó a que el programa se dedicara entonces a abordar y esclarecer esta problemática.

Clasificando las enfermedades en términos de la medicina tradicional

Desde 1981 algunos programas se han preocupado por aplicar la resolución 10013 del Ministerio de Salud de Colombia, que regula la prestación de servicios en comunidades indígenas y promueve la articulación de la medicina tradicional con la institucional. Pero en la práctica estos intentos no siempre han dado buenos resultados en la medida en que se cree que la medicina tradicional utiliza dos niveles para explicar las causas de la enfermedad, el nivel natural y el nivel sobrenatural. Se entiende por enfermedad natural toda aquella que requiera un tratamiento ajustado a relaciones de causa-efecto, comprensibles por la lógica científica de la medicina oficial. Por el contrario, se consideran sobrenaturales todos los conceptos tradicionales de enfermedad que caen bajo valores espirituales o religiosos, considerados dentro de relaciones mágicas o de brujería.

En su investigación, los promotores lograron cambiar esta idea dedicando varios meses de trabajo a entender la razón y la lógica interna de las prácticas y creencias médicas que sus padres y abuelos les habían enseñado en la niñez. El trabajo se volvió realmente apasionante cuando los promotores comenzaron a descubrir que los conocimientos de su cultura podían ordenarse de acuerdo con categorías o grupos. La medicina tradicional dejó de ser un conjunto de nombres de enfermedades, o una serie de tratamientos arbitrarios a la usanza antigua, y pasó a constituirse en un complejo sistema médico, con la estructura y la dinámica propias de la situación y la historia del pueblo sikuani.

La noción misma de clasificación requirió de muchos ejercicios prácticos para ser comprendida. Primero se preparó una larga lista con todos los nombres sikuani de las enfermedades, luego se inició *el juego de las cajitas*, como lo llamaron los promotores, para tratar de determinar cuáles enfermedades estaban incluidas en otras y, poco a poco, obtener las agrupaciones mayores hasta llegar a una aproximación preliminar del esquema nosológico sikuani. Los promotores llevaban a sus comunidades grandes cuadros en papel preparados por ellos en las reuniones, los cuales regresaban corregidos de acuerdo con la información proporcionada por los pobladores de los caseríos. Se dedicaron muchas horas del programa a confirmar si una determinada enfermedad correspondía a la *cajita* o al grupo que los promotores le habían asignado, y aún ellos mismos sostenían largas discusiones conceptuales en torno a las agrupaciones.

El personal médico del Servicio de Salud, que asistía permanentemente a las reuniones, fue tal vez el más sorprendido: "Se me cambió la imagen de la medicina tradicional. Yo siempre pensé que los indígenas tenían muchas supersticiones y que la medicina de ellos era sólo hierbas y rituales mágicos. Creo que de ahora en adelante podemos entendernos mejor porque podré comprender y respetar los diagnósticos que traen los pacientes cuando vienen a consulta", nos decía hace poco en Cumaribo el médico rural.

"Este trabajo —señalaba la auxiliar de enfermería— me ha servido para entender por qué los enfermos no quieren venir a veces al Puesto de Salud, o por qué se escapan en la mitad del tratamiento para ir donde el médico tradicional. Yo antes regañaba a los promotores porque pensaba que ellos eran culpables de que las cosas no funcionaran bien. Ahora pienso que el problema no es tan fácil de resolver y que más bien tengo que apoyarlos para que puedan trabajar mejor con la medicina tradicional."

En una reunión de evaluación, estos y otros comentarios motivaron a todo el grupo a pensar en la necesidad de establecer mecanismos concretos que aseguraran una mejor comunicación entre los médicos y los auxiliares, los promotores y la comunidad. Fue así como se diseñó un modelo bicultural de historia clínica, que el promotor hace ahora llegar al médico con cada paciente que remite, en la cual anota todos los detalles sobre la enfermedad de acuerdo con el diagnóstico sikuani y la forma como ésta ha sido tratada en la comunidad, tanto por el mismo promotor como por el médico tradicional. Un cuadro de la clasificación de las enfermedades en sikuani cuelga ahora en una de las paredes del Centro de Salud de Cumaribo y de los puestos de salud en los caseríos, con el fin de que el personal médico pueda entender mejor el relato de cada paciente y buscar alternativas de tratamiento que tengan en cuenta las acciones prescritas por la medicina tradicional.

Este esfuerzo conjunto permitió consolidar mejor la participación de los promotores en el programa, quienes comprendieron que, como sikuani, tenían también conocimientos valiosos que aportar. Esto les dió la confianza que necesitaban para abrir una nueva vía de comunicación con los médicos y enfermeros que supervisan su trabajo. Muchas de las contradicciones individuales comenzaron a aclararse por el simple hecho de poder hablar y ser comprendidos, y porque las limitaciones y obstáculos que encuentran en su trabajo diario dejaron de ser "problemas de pereza o vagancia", como en alguna ocasión escuchamos decir.

Llegados a esta etapa del programa, los promotores tenían ya claro que representar a la institución médica no debía significar para ellos perder la fe en su propia medicina. De hecho, habían ya demostrado que conocían y respetaban los conocimientos del médico tradicional y los valores de su cultura. Tampoco se trataba ahora de que ellos se volvieran médicos tradicionales, sino de que pudieran analizar las diferencias entre los dos sistemas y buscar los distintos caminos que podían servir para adaptar mejor los servicios del sistema nacional de salud a las comunidades sikuani.

A medida que las dudas e inquietudes se aclaraban, podíamos notar que comenzaba a darse una relación directa entre el incremento de la participación de los promotores y el ajuste de los contenidos del programa a los problemas concretos que estas personas enfrentaban en su trabajo diario con las comunidades. Esto se hizo evidente cuando los promotores intentaron aclarar el concepto tradicional de una enfermedad llamada en sikuani *amibeje*.

El tomar decisiones estimula la creatividad

Una de las campañas más intensas que ha promovido el Ministerio de Salud en Colombia ha sido la de la lactancia materna y el promotor de salud rural ha sido la persona mejor capacitada para llevar este mensaje a las comunidades. Sin embargo, las mujeres sikuani nunca pensaron que recomendar la lactancia materna podía ser una función lógica del promotor de salud.

El estudio realizado por los 15 promotores sikuani con madres de las 30 comunidades permitió obtener datos realmente preocupantes sobre la alimentación del niño en su primera infancia. Los resultados más relevantes de las encuestas y entrevistas mostraron que el destete se hacía a los 6 meses de edad como promedio, y que el biberón se introducía en muchos casos cuando el niño tenía apenas dos día de nacido. Esta situación fue discutida en las primeras reuniones. Los promotores comentaron que las mujeres consideraban muy cómodo el uso del biberón, y nosotros apoyamos al médico y a la enfermera cuando reafirmaron la urgencia de intensificar la lactancia materna, y de mostrar a las madres las desventajas económicas y sanitarias que traía consigo el biberón, ese nuevo elemento ajeno a la cultura tradicional. Se ofrecieron varias charlas a los promotores sobre cómo tratar este problema, y ellos asumieron la tarea de llevar un registro sobre el número de madres que quitaban el pecho a sus hijos antes del primer año de edad, con el objeto de poder trabajar más intensamente con ellas.

Meses después, cuando el entusiasmo se centraba en la sistematización de la medicina tradicional, la categoría de *amibeje* volvió a incluir el tema de la lactancia materna y permitió a los promotores formular la pregunta que antes no se habían sentido capaces de formular: "¿Qué podemos hacer nosotros cuando las mujeres insisten en usar el biberón? Hemos hablado con ellas y hemos estudiado ese problema, pero no podemos obligarlas a ignorar los consejos del médico tradicional. Ellas tienen sus razones, y nosotros las comprendemos."

El programa centró entonces su atención en la necesidad sentida por el promotor de compaginar su trabajo con los valores de la comunidad, y se logró entre todos el diagnóstico sociológico de un problema que traspasaba los límites de una simple campaña educativa sobre la lactancia materna. Programas anteriores habían fallado porque en ellos se ignoraban los cambios ocurridos en el trabajo de la mujer, los cambios en las relaciones entre hombres y mujeres, y las ideas tradicionales sobre algunas enfermedades de la primera infancia. Así se pudo establecer que el sedentarismo de estas poblaciones hasta hace 30 años seminómades, los recientes programas de ganadería y los procesos de educación bilingüe en la cual participan hombres y mujeres han producido rápidos cambios en la sociedad sikuani.

Si anteriormente las mujeres debían caminar 15 ó 20 minutos para llegar al *conuco* (cultivo), hoy éste, debido al ganado y a la permanencia de las aldeas en un mismo sitio, queda a dos o tres horas de camino, dificultando a la mujer llevar a su niño, sobre todo cuando al regreso debe volver cargada con los productos agrícolas.

El biberón ha significado en este sentido una gran comodidad para la madre, ya que le permite dejar al niño en la casa con la abuela, las hermanas u otros parientes. Sin embargo, la fórmula de lactancia infantil es costosa, por lo cual se la diluye al máximo, al tiempo que el biberón es un implemento que en las condiciones locales de higiene aumenta considerablemente el riesgo de que el niño contraiga infecciones gastrointestinales.

Paralelamente a estos cambios en la forma de trabajo está transformándose la tradicional y estricta división de las funciones y relaciones interpersonales e interétnicas que los hombres y mujeres asumían en la sociedad sikuani. El paso por la escuela y el manejo del español han permitido una mayor libertad a la mujer en sus relaciones con los hombres de su comunidad y con los blancos, aumentándose los problemas de celos y de amores.

Lo anterior explica por qué la población sikuani atribuye la elevada mortalidad infantil por diarrea y vómito a un aumento de la categoría de enfermedad denominada *amibeje,* un concepto tradicional que podría traducirse como "seno brujeado", y que produce en la leche de la madre una enfermedad que afecta a sus niños. La enfermedad se produce cuando un hombre, herido en sus sentimientos de amor, toca disimuladamente el pecho de una mujer enviando una oración con este acto. Los hijos que esa mujer tenga en el futuro enfermarán y morirán al tomar la leche materna. El *amibeje* no sólo define la enfermedad del niño y explica el efecto preventivo o terapéutico del temprano destete ante la alta incidencia de infecciones gastrointestinales relacionadas con el uso del biberón, sino que actúa como un control impuesto por los valores morales tradicionales. El peligro de enfermar se convierte en un mecanismo para canalizar culturalmente el desorden en las relaciones sexuales producido por un proceso de cambio tan acelerado que la población no puede asimilar y sistematizar.

El análisis de un problema concreto como éste mostró que los obstáculos para articular la medicina tradicional con la institucional no son tan fáciles de superar. Los promotores así lo comprendieron y tomaron su propia decisión, esta vez en representación de la comunidad: "Por ahora necesitamos aprender a preparar correctamente un biberón para enseñar a las madres cuando éstas no puedan dar el pecho a sus hijos."

A partir de ese momento, la campaña de lactancia materna tomó otro enfoque. Dejó de ser campaña y se transformó en un estudio más detallado de los problemas de nutrición, que permitirá ofrecer a las mujeres datos que les son de interés sobre la relación entre mortalidad infantil, higiene en la preparación de alimentos y economía familiar. Para esto se están revisando algunos materiales escritos y audiovisuales producidos por otros programas en América Latina, Africa y Asia, con el fin de que los promotores obtengan ideas para preparar materiales de trabajo con sus comunidades y abordar de la forma más conveniente este problema. Además se ha iniciado el estudio del régimen alimenticio tradicional de estas comunidades a fin de rescatar algunas de las muy variadas dietas locales que debido al cambio cultural se han desechado prematuramente.

Una nueva perspectiva para la solución de problemas

Dos años después de haberse iniciado este programa de investigación participativa era claro que los promotores habían dejado de ser los alumnos pasivos que encontramos en esa primera reunión de diciembre de 1984. Los cabildos los han invitado a que expliquen su trabajo y a que aporten ideas sobre cómo enfocar mejor las acciones de salud con las comunidades. Ellos mismos iniciaron la última reunión con el fin de comunicarnos que, con el apoyo de los cabildos, habían creado su propia organización de promotores, la Organización Promotor de Salud Rural Indígena del Vichada (OPROSRIVI), por medio de la cual se han propuesto asumir y dar continuidad al programa de investigación participativa. En febrero de 1988 se organizó el Consejo Regional Indígena del Vichada (CRIVI) para defender y fomentar los intereses de la población indígena de la zona. La OPROSRIVI se unió al CRIVI para formar el Comité Permanente de Salud. Ya tienen un proyecto escrito, en conjunto con el personal de enfermería local, para investigar el índice de desnutrición y las pautas de crecimiento y desarrollo de la población infantil sikuani. Además, han comenzado a participar directamente en la capacitación de nuevos promotores. Invitado por el Servicio Seccional de Salud, uno de los promotores del programa está actualmente orientando la formación de un nuevo grupo de promotores de salud en el campo de la investigación participativa.

Hasta qué punto ha cambiado la actitud del personal médico no indígena que trabaja en la zona es algo difícil de medir, pero cuando una enfermera decide dejar de lado las cartillas de higiene hechas en Bogotá para pedir a sus alumnos en la escuela local que recojan plantas medicinales y que pregunten a sus padres sobre los usos de estas plantas, algo sin duda ha cambiado.

Sin embargo, el programa está aún lejos de poder ser asimilado integramente por las comunidades. La idea de que el Estado tiene la obligación de solucionar todos los problemas a los indígenas obstaculiza el sentido de responsabilidad que deben tener por su propio desarrollo. Asimismo, como el programa tuvo que centrarse más en el promotor que en la comuniad, muchos interrogantes quedan aún por responderse: ¿Cómo enfocar el trabajo con las mujeres, exponiéndose los promotores, como hombres jóvenes, a los celos de los esposos?, ¿cómo incorporar más directamente a los médicos tradicionales, generalmente ancianos, en su nueva forma de trabajo?

Estas son algunas de las inquietudes que se suman a la necesidad de mejorar aspectos técnicos de la prestación de servicios de salud en esta apartada región del Vichada, tales como el transporte de enfermos graves, la permanencia de un mismo médico en el Centro de Salud local, el control y envío oportuno de medicamentos a los caseríos, y la regularidad de las visitas de orientación al promotor.

Sin embargo, se ha dado un paso importante para buscar solución a estos problemas. La comunidad ha recuperado al promotor de salud, y éste, al valorar nuevamente su indentidad y sus tradiciones, ha desarrollado su capacidad de tomar decisiones por sí mismo. Dejan de existir los que saben y los que no saben, las culturas inferiores y las superiores, y las razones para proponer actividades en salud podrán ahora ser discutidas desde distintos puntos de vista en un marco de respeto y comprensión.

XOCHITIL HERRERA es codirectora de ETNOLLANO -- Fundación para el Etnodesarrollo de los Llanos (Bogotá, Colombia). MIGUEL LOBO-GUERRERO es codirector de ETNOLLANO -- Fundación para el Etnodesarrollo de los Llanos (Bogotá, Colombia).

Parte 3
Conclusiones

Capítulo 13

EXPRESIÓN CULTURAL Y DESARROLLO DE BASE

Charles David Kleymeyer

"La cultura es como un árbol", afirma Mariano López, dirigente tzotzil del municipio de Chamula, en Chiapas, México. "Si las ramas verdes —el lenguaje de un pueblo, sus leyendas y costumbres— se cortan sin cuidado, las raíces que unen a la gente a su lugar en la tierra y entre sí también comienzan a marchitarse. El viento, la lluvia y los elementos se llevan el humus, y la tierra se convierte en desierto."

Más de dos mil kilómetros al sur, a lo largo de la costa verde y exuberante del norte del Ecuador, el folclorista negro Juan García se hace eco de ese sentido de urgencia y a la vez ofrece una solución. Señala que "no puede haber rescate cultural sin desarrollo de la comunidad. El opuesto también tiene su lógica".

Muchos expertos en desarrollo han pasado por alto esta relación entre cultura y desarrollo, entre tradición y cambio. Tal como señala David Maybury-Lewis en el prefacio a este libro, cuando la base de recursos que alimenta la economía industrial del mundo parecía inagotable se podía pensar en el "desarrollo" en términos mecanicistas, como un problema de escala, en vez de un problema de valores. La tecnología era la llave maestra para liberar "la riqueza de las naciones", y se suponía que tanto los bienes de capital como el marco institucional para utilizarlos era otro conjunto de productos de consumo para la exportación que salían de una línea de montaje en el Norte. A fines de los sesenta, ese optimismo había menguado y muchos teóricos del desarrollo culpaban a las culturas tradicionales, que miraban hacia atrás, por la falta de progreso.

En América Latina, tal como señala la antropóloga Alaka Wali en el capítulo 11, esta crítica se internalizó con frecuencia, especialmente en los países con profundas divisiones étnicas que se remontan a la época de la conquista. Se pensaba que la homogeneización cultural que expresaba los valores y las necesidades de la elite urbana modernizante era un requisito para impulsar "el crecimiento económico... [y] ...la cultura local y las diferencias sociales [eran vistos] como obstáculos que había que superar, no oportunidades que había que aprovechar". La modernización, fuese capitalista o socialista, era un producto que había que importar del extranjero e imponer desde arriba.

Wali agrega que la crisis de la deuda de la década pasada, que debilitó la economía de los países en desarrollo, y la crisis ambiental que se perfila amenazadoramente en todo el mundo revelan las limitaciones de este enfoque. Ahora se están buscando otros métodos para fomentar el "desarrollo sustentable", en el cual se supone que el crecimiento económico a largo plazo depende de un aprovechamiento más cuidadoso de los recursos, y no de una explotación más intensiva. Ello exige una nueva manera de pensar sobre los problemas, que ponga de relieve la diversidad y trate de aprovechar los aspectos positivos de las culturas autóctonas, considerándolas como ricas depositarias de conocimientos acumulados a lo largo de siglos de "convivencia con la tierra".

Al examinar las experiencias de distintos programas de desarrollo de los mapuches y los aymaras de Chile, Wali señala dos razones urgentes para apoyar las culturas indígenas locales. En primer lugar, cuando se arranca del campo a un pueblo como el mapuche del sur de Chile como consecuencia de una política pública mal concebida, pierde no sólo sus tierras, sino también su identidad cultural, es decir, la combinación de valores, relaciones sociales y conocimientos que constituyen la base de su productividad. Lo más probable es que emigren a las ciudades, donde al carecer de medios de sustento corren el riesgo de convertirse en una subclase permanente, agobiando aún más a una sociedad nacional que ni siquiera es capaz de proporcionar servicios básicos a la población urbana. En segundo lugar, en muchos casos los pueblos indígenas posiblemente sean los mejores guardianes de los frágiles ecosistemas en que habitan. Cuando los aymaras del Norte Grande, en los Andes chilenos, luchan para defender sus derechos de uso del agua para la agricultura frente a la usurpación de las compañías mineras que extraen nitratos, están reafirmando su intención de que las tierras sigan siendo habitables mucho después que se agoten las riquezas mineras. Al insistir en este enfoque a largo plazo, están protegiendo no sólo los medios que sustentan su forma de vida, sino también la cuenca hidrográfica que abastece de agua a los valles inferiores y las ciudades costeras de esta árida región.

Debido a la opresión socioeconómica a que han estado sujetos durante generaciones, es improbable que los aymaras o los mapuches triunfen en su lucha penosa para salvar sus tierras, a menos que reciban asistencia de fuentes externas, pero Wali recalca que los programas de desarrollo no dan resultado en los pueblos indígenas a menos que se basen en las características de organización comunitaria que constituyen el núcleo de la identidad étnica y las fortalezcan. Eso significa que hay que presentar distintas opciones a estos pueblos, para que ellos mismos establezcan el orden de su propio desarrollo y seleccionen tecnologías que robustezcan la cohesión comunitaria, en vez de socavarla.

Sin embargo, la conexión entre el destino de la cultura indígena y el medio ambiente no ha sido en ninguna parte tan clara como en el caso de los kunas de Panamá. El capítulo 2, "Identidad y autoestima", concluye con la observación de que la creación de un parque destinado a estudios científicos demuestra la capacidad de los kunas para "escoger de entre lo que la cultura occidental les ofrece y seleccionar las ideas y las técnicas que les parecen útiles, adaptándolas luego a sus propias tradiciones". El parque, que se creó como una barricada para impedir que los colonos invadieran las tierras tribales, se convirtió en un proyecto de gran alcance para descifrar los conocimientos populares de los kunas sobre su ecosistema, a fin de descubrir métodos de agricultura sustentable que fuesen apropiados para la selva. Patrick Breslin, autor de dicho capítulo, señala que es el firme sentido de identidad cultural de los kunas (saber quiénes son y de dónde vienen) lo que permite que un experimento de tal magnitud salga adelante, y presenta la experiencia de este pueblo como ejemplo de la confianza en sí mismo necesaria para que *cualquier* proyecto de desarrollo de base tenga éxito.

Por eso resulta inquietante lo que dice Mac Chapin en el capítulo 5: que la cultura kuna tradicional quizás esté desapareciendo a pesar de uno de los esfuerzos más enérgicos y conscientes que haya realizado jamás un grupo indígena de las Américas para controlar el proceso de cambio. Los nuevos conocimientos necesarios para coexistir con el sistema político y la economía monetaria de Panamá han separado lentamente la educación de las costumbres laborales tradicionales, interrumpiendo la transmisión de las creencias a los jóvenes y socavando las ideas tradicionales sobre el funcionamiento del mundo y el lugar que deben ocupar los seres humanos en el mismo. Los kunas comenzaron a abrir escuelas de tipo occidental hace más de cincuenta años, y ahora algunos de ellos son abogados, biólogos y graduados universitarios de otras disciplinas. Algunos de estos profesionales ayudaron a establecer el parque científico. Según Chapin, concibieron el proyecto como un receptáculo en el cual se transportaría la antigua cultura para después combinarla con la ciencia occidental y crear una aleación más firme. Sin embargo, sus planes de catalogar la rica tradición oral del pueblo, de llevar especialistas en rituales kunas al parque para que identificaran la flora y la fauna, y de que los ancianos trabajaran codo a codo con los técnicos del proyecto en el estudio de la base científica de los sistemas de silvicultura tradicionales no se han concretado.

En parte, ello se debe a problemas de logística. La sede del parque está muy lejos de los poblados costeros donde vive la mayoría de los miembros de mayor edad de la tribu, y de la ciudad de Panamá donde trabaja la mayoría de los jóvenes del equipo para que coordinen la asistencia técnica y los fondos de fuentes externas. Sin embargo, esta separación geográfica refleja también una brecha generacional entre los kunas en lo que atañe a la índole de la cultura en sí. Para los mayores, la cultura kuna es un acervo de conocimientos heredados que se renueva por medio del contacto íntimo de cada generación con los arrecifes, los estuarios y la selva de San Blas; es la savia de un árbol vivo. Para los jóvenes que han pasado por un proceso de transculturación, la cultura es un indicio de lo que significa ser un "kuna auténtico", una solución al acertijo de la identidad que plantea la modernización; es el duramen inmenso e inerte que mantiene a un árbol en pie en medio del vendaval.

El escaso progreso que se ha realizado en el parque científico refleja las limitaciones del consenso generacional. El propósito principal del parque no era servir de crisol para forjar una nueva identidad, sino formar una coalición con terceros que simpatizaban con la causa para reducir el peligro inminente de la devastación de las tierras por extraños. El parque ha dado a los kunas un respiro temporario, pero Chapin se pregunta qué ocurrirá si con este proyecto o con otro no logran renovar el espíritu de la antigua cultura antes que se reduzca a un cuenco ornamental exquisitamente tallado. ¿Surgirá alguna variante de la ecología occidental que llene el cuenco con alguna substancia nutritiva o será el receptáculo del vacío que se siente al no ser ni panameño ni kuna? La respuesta es incierta, y eso plantea un acertijo aún más espinoso. Si uno de los pocos pueblos indígenas de las Américas que sobreviven en el siglo XX con su cultura, identidad y autonomía político-económica relativamente intactas no puede resistir los embates de la modernización, ¿qué perspectivas tiene el desarrollo basado en la cultura en cualquier parte?

Los quichuas del Ecuador proporcionan un indicio, que se describe en el capítulo 10. Ellos no sólo mantienen la tradición de la *minga* o trabajo colectivo, sino que esta tradición se ha fortificado con una labor de promoción del desarrollo que utiliza la *minga* en la preparación de los campos para la siembra y en la reforestación de las laderas desnudas. Otro indicio, que Paula Palmer explica en el capítulo 7, nos llega de la costa de Talamanca, en Costa Rica. Los alumnos de Palmer tomaron prestadas las técnicas que sus compañeros de los Apalaches de los Estados Unidos utilizaron para producir los libros de la serie *Foxfire* (véase Wiggington en la bibliografía) a fin de documentar el pasado de su región singular, que se estaba desvaneciendo, aprovechando la energía cultural de la comunidad y sentando las bases para futuros proyectos de desarrollo.

Octavio Paz, mexicano ganador del Premio Nobel de Literatura dijo que la calidad esencial del modernismo es el cambio, y su dinamo es una "desconstrucción" crítica del pasado inmediato que requiere la reinvención de la identidad (Paz, 1974). Esta "crisis de identidad" es una enfermedad crónica que afecta tanto a naciones como a individuos. Cuando Breslin destaca la capacidad de los kunas de Panamá para "acercarse a la cultura occidental como compradores precavidos en una gran tienda y no como primitivos deslumbrados", se refiere a una técnica moderna básica de supervivencia. En su ensayo, Chapin se explaya sobre este concepto, señalando que la supervivencia requiere también la capacidad para ir de compras con cautela por el propio pasado; es decir, el único antídoto contra la duda corrosiva sobre uno mismo que acompaña a la modernización es la autocrítica constructiva.

Los activistas culturales usan la expresión cultural no sólo para desencadenar la acción social, sino también para ofrecer a la gente un espejo para que examine su cultura desde adentro. Este espejo puede tener la forma de los sociodramas que presenta la Feria Educativa en el Ecuador (véase el capítulo 3, de Kleymeyer y Moreno) o de los esfuerzos de los auxiliares médicos indígenas para explicar la lógica profunda de la medicina tradicional. En el capítulo 12, Herrera y Lobo-Guerrero presentan una crónica de la concientización por medio de las investigaciones basadas en la participación popular, que proporcionaron a los sikuanis un instrumento eficaz para resolver sus problemas, dando rienda suelta a la creatividad latente en su propio patrimonio, y conciliar la tradición con el progreso. Los sikuanis han institucionalizado este proceso en el cual los mitos son una base de datos, enseñando a una segunda generación de auxiliares médicos a orientar a la comunidad en la realización de investigaciones participativas para resolver otros problemas, paralelamente al surgimiento de una organización política representativa para defender los intereses de los sikuanis frente al resto de la sociedad.

Lo mismo está ocurriendo con otras etnias de las Américas, como los shuaras y los quichuas del Ecuador que se describen en el capítulo 10. Cabe destacar que este activismo cultural no es una gesta romántica para restablecer un pasado ideal y quizás imaginario. Tampoco es un intento de consagrar "lo primitivo", concepto que podría reflejar la nostalgia occidental de revivir su propio pasado perdido por medio de substitutos del mundo en desarrollo. Es, más bien, un intento de explicitar lo que está implícito en todo proyecto de base, el vínculo entre la cultura y el desarrollo al que Juan García aludía al comienzo de este capítulo.

Los casos que se presentan en este libro muestran que ese vínculo se manifiesta en la energía cultural generada por la expresión cultural. Esta energía cultural a su vez impulsa la acción social de individuos, grupos y comunidades, lleva a la gente a unirse en un esfuerzo colectivo y a asistir a reuniones noche tras noche, anima a los voluntarios a trabajar muchas horas en proyectos comunitarios, estimula su imaginación y sus ansias de transformar su vida, y refuerza su confianza y su coraje para hacer frente a los desafíos que se presentan.

La energía cultural ayuda a la gente a encontrar en lo más recóndito de su ser la fuerza y la resolución que no estaba segura que poseía. Cuando el coro del evangelio rompe a cantar, cuando las notas de las zampoñas se entremezclan con el viento del altiplano, cuando el actor triunfa sobre la adversidad con un solo batir de palmas, cuando el ritmo de los tambores echa a rodar, la gente se siente inspirada, reafirmada, ligada a los demás integrantes de su grupo y capaz de llegar hasta el borde de sus sueños y aun más allá.

La gente común genera energía cultural por medio de la expresión creativa cotidiana, en el trabajo y en lo que los occidentales llaman "entretenimiento", separación que muchos no occidentales no hacen. La energía cultural surge también de la acción concertada de activistas culturales que ponen en práctica iniciativas de base. Los casos que se exponen en este libro demuestran que ellos son los que están más dispuestos a aprovechar conscientemente esta fuente de energía y encauzarla hacia metas socioeconómicas (idealmente constructivas). Aunque la magnitud de su labor es difícil de medir con exactitud, es evidente y palpable. La capacidad de estas personas para mantener su activismo es fundamental para muchos tipos de acciones en pro del desarrollo.

En resumen, hemos aprendido que de la presencia o ausencia de energía cultural pueda depender que un proyecto se inicie o no, que sea sustentable o no, que dé resultado o no. La energía cultural puede ser una fuerza poderosa para la creación y el fortalecimiento de la solidaridad y el compromiso colectivos, la eficacia de la organización, la participación y el espíritu voluntario.

Por consiguiente, la expresión cultural es una fuente primordial de energía que puede aprovecharse para el desarrollo humano. Las personas y los grupos que se describen en este libro demuestran el poder y la eficacia de la expresión cultural como parte *de* la vida real, y no separada de ella. Se trasluce en la melodía, la letra, el ritmo, el movimiento, la imagen, los dibujos y los colores, en una canción, un baile, una leyenda, un poema, una obra de teatro, un tejido o un mural. Más aún, la energía cultural que se genera es renovable. No sólo mueve a la acción, sino también se repone y crece con ella. A medida que los pueblos utilizan la energía cultural para alcanzar sus metas, toman mayor conciencia de esta fuente de energía que llevan dentro de sí en forma individual y colectiva. Por lo tanto, en vez de agotarse, la fuente de energía cultural tiende a aumentar con el uso, y la gente que utiliza este método siente que *el esfuerzo la llena de energía.*

No obstante, en estos tiempos modernos las formas tradicionales de expresión cultural corren constantemente el riesgo de perderse, de distorsionarse o de ser expropiadas. De ello se deduce que el eslabón fundamental entre la expresión cultural y la generación de energía cultural —y, por consiguiente, los componentes resultantes que conducen al éxito en la labor de promoción del desarrollo— también corre el riesgo de desaparecer. Los casos que se presentan en este libro plantean la necesidad de evitar esa desaparición, pero no sólo eso: plantean también la necesidad de fortalecer y ampliar el vínculo apoyando el activismo cultural y aprovechando la energía cultural como parte de las actividades de desarrollo de base.

La necesidad imperiosa de establecer un vínculo entre la cultura y el desarrollo se ha observado incluso en proyectos de base que comenzaron como una tarea de recopilación y archivo. Aunque el pleno efecto del trabajo de recopilación del folclore afro-ecuatoriano realizado por García dependerá de la reacción de las generaciones futuras, su presencia ha sido fundamental para la consolidación de numerosas cooperativas de pescadores artesanales de su provincia natal de Esmeraldas, que culminó en el surgimiento de una federación de cooperativas sin precedentes. Los Masis, el conjunto musical quechua que Breslin describe en el capítulo 2, no sólo ha revitalizado la música andina tradicional en la región de Sucre, Bolivia, sino que también ha comenzado a trabajar con un pueblo de indígenas tarabucos para ayudarles a abordar los problemas de la pobreza y el desarrollo rurales. El trabajo de Paula Palmer, que impulsó a los jóvenes a investigar la diversidad cultural de una zona aislada de Costa Rica y a utilizar la "tecnología de la autoestima", precedió los esfuerzos de un grupo local para formar una organización con el fin de establecer viveros experimentales de árboles a fin de diversificar la producción de cultivos alimentarios y comerciales de los negros, los indígenas bri bri y los mestizos de la zona (véase Carroll y Baitenmann, 1987).

Sin embargo, la mayoría de estas actividades se han realizado en forma aislada, tanto geográfica como culturalmente, y no sería justo decir que constituyen la base de un enfoque cultural del desarrollo definitivamente integrado u orquestado. Tampoco podría decirse lo mismo de los 215 proyectos que se describen brevemente en el apéndice.

Irónicamente, la más clara indicación de que la recuperación cultural puede comenzar a surtir efecto a nivel nacional proviene de una institución que los activistas culturales a menudo reciben con mucho escepticismo porque consideran que es un instrumento de la opresión sociocultural: las escuelas rurales. La diferencia es que gran parte del material didáctico del programa de la Escuela Nueva que se usa en casi la mitad de las 26.000 escuelas rurales de Colombia se basa en la "investigación participativa" y su fin es impulsar a los alumnos a aplicar las mismas técnicas a su propia vida y en su pueblo. Tal como señala Brent Goff en el capítulo 8, el programa de estudios, "arraigado en la cultura popular y orientado pragmáticamente... está destinado a promover la participación y fomentar un sentido de autovalía". Ciertos conceptos abstractos, como la cultura y la identidad personal, se vuelven concretos por medio de actividades prácticas tales como la confección de artesanías. La investigación del mundo que los rodea revela que las artesanías populares han estado arraigadas tradicionalmente en las empresas familiares, que ofrecen un modelo para la producción, y anima a los alumnos a participar en esas actividades o a colaborar en su puesta en marcha. La comunidad en sí se convierte en un "aula valiosa para estudio... [donde se encuentran]... las semillas para el desarrollo de la comunidad". Los paquetes de materiales normalizados para distribución nacional contienen audiovisuales y material impreso dirigidos a las culturas regionales, ofreciendo a la próxima generación de ciudadanos la idea de que, juntos, podrán crear un modelo colombiano de desarrollo.

El programa ha despertado mucho interés y ha recibido apoyo de organismos internacionales, entre ellos la UNESCO, el Banco Mundial y la Fundación Interamericana (véase CO-306 en el apéndice). Lo han estudiado funcionarios de 46 países, puesto que es considerado como un nuevo modelo prometedor para la educación rural. Este grado de interés en un proyecto de desarrollo con una base cultural es muy desacostumbrado e indica dos cosas: una conciencia creciente respecto de la necesidad de un nuevo paradigma del desarrollo y la falta general de conocimiento de las técnicas comunes que hacen que el modelo funcione.

El hecho de que las grandes instituciones de asistencia para el desarrollo sepan tan poco sobre el proceso es, en sí, revelador. Se tardó casi veinte años en perfeccionar el componente cultural del programa de la Escuela Nueva de Colombia, tarea que se hizo con

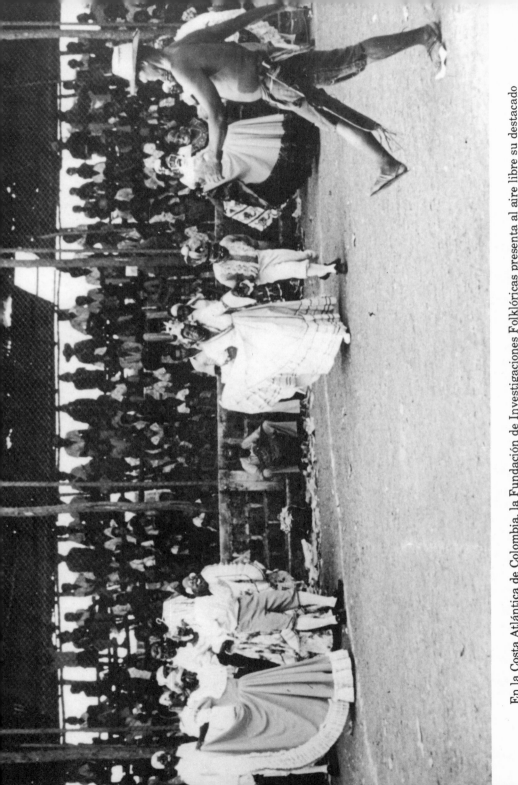

En la Costa Atlántica de Colombia, la Fundación de Investigaciones Folklóricas presenta al aire libre su destacado drama histórico, "Rambao". Una historia oral sirvió de argumento para su montaje.

ayuda mínima de fuentes externas. Al igual que muchos de los diversos proyectos que se reseñan en el apéndice, comenzó con voces locales que decidieron responder a las necesidades locales. El hecho de que grupos tan diferentes de todos los rincones de las Américas hayan sentido esta urgencia y adoptado esta estrategia a pesar de la falta general de apoyo externo indica que existe una fuente de energía común para impulsar el desarrollo de base. Es imprescindible dejar constancia de estas experiencias, buscar un marco analítico que se ciña a los perfiles de lo que se está viviendo, para que sea posible perfeccionar los conocimientos, divulgarlos y transmitirlos, para que las enseñanzas fundamentales no se limiten a las personas que viven dentro del radio de alcance de las voces del proyecto, para que las enseñanzas no desaparezcan cuando un proyecto concluya. Lo que todos estos esfuerzos tienen en común es la capacidad para generar energía cultural y utilizarla con el propósito de impulsar el desarrollo de base. En resumen, los casos que se presentan en este libro demuestran que la energía cultural conduce al esfuerzo, al sacrificio y a la adaptación necesarios para efectuar cambios sociales en las bases.

Los problemas

Uno de los principales aspectos positivos del enfoque cultural del desarrollo de base es la índole local del trabajo, que se inicia en las bases. Generalmente es idea de las mismas personas desfavorecidas o de los expertos en desarrollo que trabajan con ellas, y no la última moda importada de los países desarrollados. Ofrece una alternativa frente a la creencia de que el desarrollo es sinónimo de modernización, que a su vez es lo mismo que occidentalización. Según este enfoque diferente, hay varios caminos hacia el desarrollo, y cada sociedad debe descubrir el propio. Los cambios tal vez sean convenientes, pero son también perturbadores. Cuando el pueblo participa en la determinación de la forma, la dirección y el ritmo del cambio, cuando eso sale de adentro y no es impuesto desde afuera, es más probable que sea constructivo y duradero y que la gente lo acepte.

Algunos sostienen o dan a entender que las tradiciones culturales y los cambios sociales son mutuamente excluyentes, o incluso diametralmente opuestos, y que los grupos marginados deben elegir uno u otro. Por el contrario, tal como ejemplifica este libro, los activistas culturales creen que la tradición y el cambio están íntimamente relacionados y se refuerzan mutuamente. Es más, la ausencia de una faceta cultural en los programas de desarrollo puede conducir a tensiones debilitadoras entre un programa de desarrollo y sus beneficiarios, hecho que debería hacer reflexionar a los pragmáticos.

Para desarrollarse y sobrevivir, todas las culturas toman elementos prestados de otras culturas, y también reforman y reinventan su propio patrimonio. El problema es, entonces, *quién controla* el proceso, y no si deben producirse cambios o no. ¿Serán los cambios instigados e impulsados desde adentro o desde afuera? La respuesta a esta pregunta plantea posibles problemas para la formulación, el financiamiento y la ejecución de programas de acción cultural.

Los estudios de casos que se exponen en este libro muestran que a menudo se necesita ayuda externa oportuna y apropiada para que un grupo hostigado pueda recobrarse y movilizar sus propios recursos en pro del desarrollo. Aunque las etnias son quienes mejor pueden determinar lo que debe conservarse y lo que debe cambiar, las tradiciones no deberían considerarse como algo necesariamente benigno o intocable. Algunos ejemplos son la costumbre de quemar a la esposa en la hoguera, la circuncisión femenina y la matanza indiscriminada de animales en peligro de extinción para vender ciertas partes de su cuerpo. A veces, la tradición y la identidad cultural entrañan una denigración u odio de otros pueblos. Estos casos son relativamente inequívocos y es improbable que consigan o merezcan apoyo externo. ¿Pero qué sucede con las decisiones culturales en las cuales los juicios de valor son relativos, en que las ganancias y las pérdidas se miden sobre la base de puntos de vista fluctuantes? ¿En qué casos es conveniente que una etnia deje de lado o transforme sus tradiciones? ¿Para conseguir trabajo? ¿Para beneficiarse de los conocimientos occidentales sobre la salud y la enfermedad? ¿Para aumentar el rendimiento agrícola o introducir cultivos comerciales a fin de obtener los ingresos que necesita desesperadamente? No hay respuestas fáciles para la mayoría de estas preguntas, y ni siquiera existe un acuerdo en cuanto a cuáles son las más importantes.

Tal como explica Chapin en su análisis de los kunas (capítulo 5), los grupos a menudo son objeto de las transformaciones a pesar de los esfuerzos que hacen para controlar el proceso. Evidentemente, todavía no se sabe el veredicto en cuanto a si el rescate cultural y el mantenimiento de las tradiciones serán viables a largo plazo. La expresión cultural está relacionada con el significado, y esta relación se manifiesta en sociedades *vivas*. A veces, un género completo de expresión cultural ya no representa esa realidad viva, y es necesario inventar otros significados y formas de expresión más apropiados para la nueva situación.

A principios de los ochenta, Ariel Dorfman recorrió varios de los proyectos culturales comprendidos en este estudio y se preguntó si sobrevivirían momentos de crisis económica y si esas voces, por más nobles que fuesen, se escucharían por encima del ruido ensordecedor de los medios de comunicación de masas (Dorfman, 1984). Se trata de una pregunta crucial, porque los esfuerzos vecinales o comunales para progresar con el esfuerzo propio pueden parecer inútiles si las únicas imágenes que se ven de personas prósperas son los actores norteamericanos o europeos de las series de televisión, o si la solución para los problemas se presenta sólo en términos de consumo masivo. Apenas un puñado de proyectos, como Radio San Gabriel en Bolivia y Radio Latacunga en el Ecuador (EC-136), han conseguido espacio en la radio para difundir programas de educación popular con un alto contenido cultural a pueblos rurales muy dispersos. Su experiencia indica que las mismas tecnologías modernas que amenazan socavar las manifestaciones culturales tradicionales pueden aprovecharse para conservarlas y renovarlas.

Juan García afirma que la radio y la televisión han hecho más daño a la cultura negra de su Esmeraldas natal en los últimos treinta años que tres siglos de esclavitud. Sin embargo, es uno de los primeros en reconocer que las nuevas técnicas pueden ser también instrumentos de supervivencia. Otros activistas culturales y él han utilizado hábilmente grabadoras, cámaras y técnicas de impresión de bajo costo, como imprentas, offset, mimeógrafos y foto-copiadoras. Estas tecnologías ofrecen un enorme potencial de uso participativo e interactivo, que debe examinarse y aprovecharse más a fondo.

Algunos críticos sostienen que no se justifican inversiones de ese tipo en una época en que los recursos para el desarrollo son escasos porque los proyectos de acción cultural redundan en beneficios muy limitados, en comparación con los proyectos que se centran en necesidades humanas "básicas", como alimentos, viviendas y servicios de salud. Sin embargo, las mismas personas marginadas tienen un concepto más amplio de necesidades básicas y privaciones. Comprenden muy bien la ira, la degradación y la vergüenza paralizante causadas por los estereotipos sociales negativos. La reversión de ese proceso puede transformar la cultura de un grupo en los cimientos para erigir estructuras sólidas a fin de satisfacer las necesidades básicas. Aunque los casos que constituyen el meollo de este libro son relativamente pocos, son proyectos que surgieron espontáneamente de las bases en las Américas. En estos casos, los pobladores de bajos ingresos decidieron asignar sus propios recursos escasos (como tiempo, materiales, dinero y energía) a actividades culturales. La diversidad y el alcance de esta experiencia muestran que el desarrollo de base es más firme cuando se construye sobre una sólida base de identidad y orgullo colectivo, y a su vez se alimenta de la energía cultural que surge de la expresión creativa.

En un momento en que los teóricos de todas las tendencias están de acuerdo en que se necesita una gran participación local para aprovechar al máximo los nuevos recursos destinados al desarrollo y para que esos recursos tengan un efecto multiplicador, este vínculo se pasa por alto con demasiada frecuencia. La medida en que se integra la cultura en un proyecto ofrece a los proveedores de fondos un indicio fundamental del grado de participación real. La medida en que se manifiestan elementos de la cultura popular es un indicador condensado de si se ha permitido y fomentado la participación de la población local en el proyecto.

Sin embargo, a pesar de todos estos aspectos positivos, el enfoque cultural no es una panacea para los males de los marginados o de las sociedades plagadas por tensiones étnicas o sectarias arraigadas. Presentarlo como tal es un error porque da la idea de que los pueblos marginados pueden superar por sí solos fuerzas históricas y socioeconómicas poderosas que en realidad requieren soluciones estructurales en el marco de la sociedad en general. Aunque un enfoque cultural no puede por sí solo provocar cambios de tal magnitud, prepara el camino para el cambio y complementa otros esfuerzos, como demuestra el caso de la Feria Educativa. El enfoque cultural es un instrumento útil que hay que incluir en la gama de recursos para fomentar el desarrollo. Su utilidad dependerá de la habilidad de quien lo utilice y de la magnitud del problema que se aborde. No debería exagerarse su eficacia, pero tampoco debería desecharse por obsoleto ni archivarse como antigüedad.

Si la acción cultural se usa indebidamente, puede profundizar las divisiones entre los pueblos. Algunos críticos afirman que la acción cultural inevitablemente refuerza el separatismo o la "balcanización", o fomenta el racismo inverso, promoviendo la actitud o percepción de "nosotros contra ellos". Es importante recordar que el separatismo y el racismo tienen una larga historia que está profundamente arraigada en la economía política subyacente. La acción cultural puede utilizarse para aliviar o exacerbar estas bases estructurales del conflicto, pero las manifestaciones culturales no son, de por sí, la causa de los conflictos.

En ninguno de los casos analizados para este estudio se ha tolerado el separatismo o el racismo inverso. De hecho, en los casos en que se produjeron conflictos a menudo fue como consecuencia del éxito del proyecto. Cuando el gobierno u otras autoridades consideran estas actividades como un desafío a su potestad y cierran un teatro, blanquean una pared donde se había pintado un mural o prohíben una canción de protesta, eso se debe a la eficacia de estas formas de expresión cultural.

Ello indica que con frecuencia no es necesario forjar un vínculo entre expresión cultural y desarrollo porque ya existe, aunque quizá corra el riesgo de perderse. En esos casos entran en juego las estrategias de rescate y revitalización de la cultura. Se están redescubriendo técnicas de supervivencia que han dado resultado durante varias generaciones; el cambio constructivo no consiste en convertirse en algo diferente, sino en retomar el rumbo.

Las actividades culturales más difíciles de justificar tal vez sean las que presentan un interés y un valor intrínsecos pero ningún fin práctico cierto, por lo menos a corto plazo. Por ejemplo, los cuentos tradicionales y la poesía oral recopilados por Juan García entre los afroecuatorianos en los años ochenta quizá no se comprendan cabalmente o no se utilicen hasta la próxima generación. Pero si no se hubiese recopilado ese material cuando se hizo, habría desaparecido junto con sus portadores. Esta nueva antología de la literatura oral es una parte valiosísima del patrimonio de todos los ecuatorianos y será fundamental para que los negros ecuatorianos mantengan un firme sentido de identidad, que constituye los cimientos sobre los cuales se apoyarán en parte sus esfuerzos futuros en pro del desarrollo. Su función actual posiblemente sea mínima en comparación con el papel que pueda llegar a desempeñar en el futuro, que sería prematuro prever por el momento.

Independientemente del alcance de sus metas (inmediatas o a largo plazo), las actividades de expresión cultural normalmente se enfrentan con los mismos desafíos que los proyectos de desarrollo de base en general: fortalecer la base institucional, fomentar la democratización, establecer prioridades a largo plazo, proporcionar orientación y enseñar administración, contabilidad y comercialización. Enfrentan los mismos problemas y escollos ocultos para mantener la continuidad y la cohesión del grupo, resolver los conflictos internos, compensar las deficiencias de los dirigentes y administradores, defenderse de las intervenciones externas y de la dependencia, encarar los desafíos de la autosuficiencia económica y la comercialización de los productos, y superar el aislamiento social o geográfico.

Aunque algunos de estos problemas son únicos en su género y requieren soluciones especiales, la mayoría refleja la necesidad de capacitación, asistencia técnica, evaluación participativa, experiencia en autogestión y establecimiento de redes; en resumen, desarrollo de recursos humanos y fortalecimiento de organizaciones. Otros problemas, como la discriminación étnica sistemática y el hostigamiento político, requieren soluciones a nivel de la sociedad y en gran medida están fuera del alcance de los grupos locales.

Al fin y al cabo, el apoyo a un enfoque cultural del desarrollo de base requiere que los gobiernos, las instituciones financieras y las organizaciones privadas de asistencia para el desarrollo manifiesten un grado desacostumbrado de confianza y respeto por los pueblos desfavorecidos. Estas entidades deben estar dispuestas a ceder el control y a responder a las iniciativas y la gestión de las bases. Los ejemplos que se presentan en este libro dejan entrever lo que podría lograrse si se fomentaran más sistemáticamente estos esfuerzos.

Plan de acción

El material casuístico y los análisis que se presentan en este libro indican muchas formas en que podría fortalecerse el desarrollo de base con un enfoque cultural. Se recomienda el siguiente plan de acción para quienes deseen facilitar la consolidación y el progreso de esta manera de encarar los desafíos del desarrollo:

Incrementar el apoyo directo a las actividades de expresión cultural. Es preciso encontrar la forma de distribuir los recursos en forma más amplia y justa entre los activistas culturales y sus organizaciones, y siempre que sea posible poner esos recursos directamente en manos de quienes llevan a cabo las actividades. Cuando se trata de recursos financieros, hay que proporcionarlos en forma juiciosa y apropiada. Aunque el dinero puede causar conflictos en un grupo cualquiera que sea el monto, demasiado dinero puede abrumar al grupo, distorsionándolo y volviéndolo ineficaz.

Asimismo, los donantes deben fijarse metas acordes con la realidad, sin exagerar los objetivos del proyecto ni retirar su apoyo justo cuando un grupo está por consolidar su labor. Y mientras todos estamos de acuerdo en que se deben evitar la intervención y el paternalismo, el otro extremo sería un estilo *laissez faire*. Un atento seguimiento de los fondos es saludable para todas las partes y puede llevar a un aumento tanto de la eficiencia y eficacia como de la calidad del aprendizaje. Proporcionar asistencia constructiva es un arte, y debe encararse con cuidado y sensibilidad.

Al considerar la posibilidad de brindar apoyo a actividades culturales, sería aconsejable adoptar un enfoque amplio y ecléctico, en vez de ceñirse al puñado de ideas o métodos que estén de moda. Asimismo, es muy común que uno o dos grupos de una región se conviertan en los preferidos de los organismos de desarrollo y reciban asistencia (a veces superflua) de todas partes. Sería preferible que el apoyo de los donantes fuese tan polifacético y amplio como el pluralismo que a menudo pretenden fomentar.

No es sorprendente que, por su imaginación y claridad de expresión, los activistas culturales sean unos de los mejores autores de proyectos en el mundo del desarrollo de base. No es necesario plantearles ideas. Hay varias categorías de actividades que proponen con frecuencia y que son especialmente merecedoras de apoyo. Una es la conservación del patrimonio étnico por medio de lo que a menudo se denomina "el rescate cultural" (por ejemplo, la recopilación y grabación de material) y "el mantenimiento cultural" (por ejemplo, el trabajo de archivo y las actuaciones). El paso siguiente es la "revitalización cultural", que comprende actividades tales como la recuperación de formas expresivas que se han perdido o que están desapareciendo, así como los esfuerzos para utilizar las manifestaciones tradicionales de manera nueva y desarrollar formas totalmente nuevas para expresar la realidad actual. Este esfuerzo de "recreación cultural" plantea el desafío continuo de encontrar maneras apropiadas de introducir cambios sin socavar los valores fundamentales de la identidad comunal.

Muchas de estas actividades requieren un apoyo externo mínimo, porque son realizadas principalmente por voluntarios dedicados, la mayoría de los cuales forman parte del grupo o la comunidad. A veces, aunque no siempre, necesitan apoyo para pagar el sueldo de coordinadores a tiempo completo, materia prima, transporte para intercambios y eventos culturales, publicaciones y otras formas de divulgación. Teniendo en cuenta los riesgos inherentes a las tecnologías modernas (en especial de los medios de comunicación de masas), los activistas culturales pueden utilizar muchas de las tecnologías más sencillas para llevar a cabo sus actividades de rescate, mantenimiento y revitalización cultural. Algunos ejemplos son grabadoras, equipos de fotografía y video, mimeógrafos y prensas offset, que son demasiado costosos para muchos grupos.

Ofrecer otras formas de apoyo por medio de instituciones intermediarias o redes. Sería útil intensificar los esfuerzos para fortalecer la autosuficiencia, tanto financiera como de otra índole, de los grupos intermediarios de apoyo (a menudo denominadas organizaciones no gubernamentales) y las redes de grupos de base que se dedican al activismo cultural. Los organismos de asistencia deben comprender que la mayoría de estos grupos, al igual que los destacados centros culturales de los países industrializados, nunca serán completamente autosuficientes. Muchos necesitarán asistencia monetaria mientras funcionen. Para promover la autonomía y la eficiencia, es importante canalizar servicios a las actividades ya mencionadas en este capítulo orientadas al desarrollo de recursos humanos y el fortalecimiento de organizaciones, especialmente con el fin de mejorar el liderazgo, la gestión y la autoevaluación.

Uno de los mayores riesgos inherentes al apoyo externo del enfoque cultural del desarrollo de base es que personas ajenas al grupo establezcan las prioridades y estrategias, dirijan su ejecución, actúen como celosos intermediarios de todo tipo de ayuda e incluso supervisen la distribución de los beneficios, relegando al grupo de acción cultural a un papel nominal. Los intentos bien intencionados de "ayudar" a las etnias a mantener su cultura o a usar la expresión cultural para promover el desarrollo pueden terminar beneficiando más que nada a extraños, tanto intereses comerciales y políticos como académicos y de las mismas fuentes de financiamiento, irónicamente reforzando las antiguas formas de paternalismo y dependencia.

A menudo, lo mejor que una institución ajena a la localidad puede hacer es buscar la manera de ayudar a los activistas culturales de base y a sus organizaciones a realizar su trabajo con sus propios fines y en sus propios términos. Eso quizá signifique proporcionarles oportunamente los recursos que necesiten (financieros, materiales y humanos). Puede entrañar también una presión a las autoridades para que introduzcan cambios en las leyes y políticas y para que defiendan los derechos humanos, económicos y culturales de los pueblos desfavorecidos. No obstante, a veces un enfoque facilitador consiste simplemente en no interponerse en el camino e instar a los demás a que hagan lo mismo, dejando a los proyectos culturales el "espacio social" y el tiempo que necesitan para dar resultado.

Una forma particularmente eficaz de apoyar a los activistas culturales consiste en facilitar la formación y el fortalecimiento de redes populares y asociaciones estructuradas de personas que trabajan con los mismos fines, a nivel local, nacional y, cuando corresponda, internacional. De esta forma, las personas que más se dediquen a actividades de conservación, revitalización, etc., podrán elaborar su propio plan de acción, trazar sus propias estrategias y llevar a cabo su propia labor apoyándose mutuamente y facilitando el trabajo conjunto. Para eso, las instituciones de apoyo deben encarar su tarea en calidad de colaboradores, *modus operandi* que requiere mucho trabajo pero que resulta muy provechoso para compartir experiencias, conceptos y metodologías.

Organizar centros de información que sirvan a las organizaciones dedicadas al activismo cultural para recaudar fondos y establecer contactos y redes. Uno de los aspectos más difíciles del enfoque cultural es conseguir fondos para actividades que los activistas culturales están dispuestos a llevar a cabo y en condiciones de hacerlo. Generalmente, esos grupos están en desventaja debido a su aislamiento geográfico y a la falta de experiencia con la obtención de donaciones. Les vendría bien contar con centros de información que los pusieran en contacto con donantes y les proporcionaran materiales bibliográficos, datos sobre proyectos similares a los suyos y otros recursos. Un organismo que desempeña estas funciones es el Fondo Internacional para la Promoción de la Cultura, órgano oficial de la UNESCO, con sede en París.

A la larga, esas instituciones podrían convertirse en proveedores de fondos en pequeña escala, canalizando la ayuda de donantes de gran envergadura que estén convencidos de la importancia y eficacia de la acción cultural pero que carezcan del personal y la experiencia necesarios para escudriñar el campo y los barrios urbanos con el propósito de seleccionar a los grupos más prometedores, y posteriormente hacer visitas de seguimiento para conocer sus logros y nuevas necesidades. Evidentemente, estas instituciones coordinadoras tendrán que ser no gubernamentales (o multilaterales), sin fines de lucro y sin fines políticos o religiosos.

Los centros de información podrían también promover el contacto y la formación de redes entre los grupos de acción cultural, contrarrestando así el aislamiento geográfico y sociocultural generalizado. A menudo, simplemente saber que existe otra organización como la propia en otro lugar da a un grupo el ánimo y la energía necesarios para hacer frente a sus propios desafíos. El contacto entre grupos también facilita el intercambio cultural y la transferencia de conocimientos entre distintos grupos desfavorecidos, algunos de los cuales pueden haber sido rivales tradicionales, como ocurrió en el Primer Festival Ecuatoriano del Folclore Amazónico (véase EC-082 en el apéndice). Puede incluso llevar a la formación de federaciones de grupos de acción cultural (véase también EC-082). Los festivales, los talleres, los intercambios y las giras artísticas son mecanismos viables para promover el contacto y divulgar información. Para todos se necesitan recursos que los grupos culturales no tienen ni pueden conseguir fácilmente.

Establecer mecanismos para garantizar que las etnias controlen sus derechos de propiedad cultural. Un problema fundamental que todavía no se ha encarado es la propiedad de las manifestaciones culturales desde el punto de vista de los derechos de propiedad intelectual y material. Durante los últimos 500 años, la propiedad cultural de los aborígenes de América Latina y el Caribe ha sido expropiada sin indemnización alguna: desde remedios tradicionales, artesanías y alimentos tales como la papa, el maíz y los frijoles, hasta canciones, dibujos y antigüedades (amén de otras clases de bienes, como tierras, agua y minerales). Por ejemplo, los dirigentes de un proyecto de recuperación de dibujos de tejidos tradicionales bolivianos (véase BO-222 en el apéndice) tuvieron que acudir a coleccionistas europeos que poseían piezas raras que ya no se podían conseguir localmente, ni siquiera en los museos.

La cuestión de los derechos de propiedad cultural, que a menudo se pasa por alto, abunda en complicaciones y ambigüedades: ¿Puede alguien sencillamente apropiarse de una canción, de una cura de hierbas, de un dibujo, de una variedad de semilla o de una antigüedad y lucrar con su venta? A nivel local, ¿quién tiene derecho a usar estas manifestaciones culturales para su propio beneficio? ¿Puede ser cualquier persona del grupo o tiene que ser la colectividad? ¿Puede ser alguien especial de afuera, como profesionales que han asumido un compromiso o los integrantes de otras etnias? ¿Quién tiene derecho a decidir cómo cambiarán estas manifestaciones culturales? ¿Una elite cultural local, a menudo autodesignada, que vuelva a escribir una canción, que ponga en escena un cuento popular o que transforme una danza o una fiesta tradicional? Es fácil decir: "Que lo decida la gente". ¿Qué gente? ¿Quién habla en nombre de la gente en estos casos?

En algunos casos, como el de la Federación Shuar-Achuar de la región amazónica del Ecuador, es un órgano representativo (la dirección de la federación) el que autoriza algunos grupos y actividades culturales y prohíbe otros. Otras organizaciones indígenas de las Américas, como los kunas de Panamá y los taquileños del Perú, están tratando de aumentar su influencia económica y jurídica en las artesanías y el turismo locales (véanse los capítulos 5 y 9). Sin embargo, en la mayoría de los casos no existen barreras que impidan la expropiación de la cultura ni un sistema de derechos de autor que canalice las ganancias hacia los grupos indígenas.

Un artesano de Cochas, en la sierra peruana, talla una calabaza empleando técnicas antiguas. Recibe apoyo en comercialización de Kamaq Maki. Esta organización, que tiene su sede en Huancayo, realiza varios programas de revitalización cultural con grupos de campesinos indígenas. (Véase PU-117 en el Apéndice.) ((Mitchell Denburg))

Los organismos nacionales e internacionales oficiales pueden hacer llamados para que la gente actúe con respeto y mesura, pero carecen de los medios para exigirlo. Además, tienden a limitarse a los litigios transfronterizos relacionados con artefactos culturales tangibles, como antigüedades, pero no intervienen en cuestiones de canciones, símbolos, turismo y técnicas artesanales. Por más complicada que sea la tarea, los representantes de dichos organismos deberían reunirse con representantes de distintas etnias para ampliar el concepto de propiedad cultural. Desde un punto de vista pragmático, en el mundo actual el patrimonio cultural debería considerarse, entre otras cosas, como un recurso que tiene legítimos propietarios, y deberían establecerse límites en cuanto a la forma y la medida en que pueda ser explotado unilateralmente por terceros. La conservación y sustentabilidad de un recurso tan rico dependerá en gran medida de que los derechos económicos concomitantes permanezcan en manos de sus creadores tradicionales.

Eso conlleva una urgencia especial en el caso de los indígenas de las selvas que corren el peligro de ser destruidas. Una parte considerable de la farmacopea moderna se basa en el conocimiento de la flora y la fauna cristalizado en la etnociencia de los pueblos indígenas. Sin embargo, no se paga por el uso de esta propiedad intelectual. Si se pagara una justa compensación, los pueblos que viven en las selvas tendrían mayores probabilidades de sobrevivir y de proteger un hábitat que contiene recursos renovables que todavía no han sido aprovechados.

Facilitar el contacto de los activistas y grupos culturales con organismos nacionales e internacionales. Un factor que influye en todas las recomendaciones precedentes es la necesidad de mejorar e intensificar el contacto de los activistas culturales y sus organizaciones con instituciones clave de la sociedad, como los ministerios de educación, las organizaciones de defensa de los derechos humanos, los órganos de las Naciones Unidas y otras entidades multilaterales, e incluso las instituciones de reforma agraria, los medios de comunicación nacionales e internacionales y las instituciones internacionales de crédito.

Un mayor contacto no basta. Los activistas culturales deben ir más allá de los donantes y otros partidarios que simpatizan con la causa si esperan surtir un efecto duradero en el empobrecimiento sociocultural y promover el desarrollo amplio de los sectores de bajos ingresos. Las barreras que impiden tal progreso incluyen la enseñanza monocultural y monolingüe, la discriminación social, las violaciones de los derechos humanos, la pérdida de la propiedad de las tierras, la destrucción del medio ambiente en los territorios ancestrales, la expropiación de las manifestaciones culturales y la negación oficial de la historia. Todos estos problemas revisten una importancia abrumadora para la supervivencia cultural. En el fondo, manifiestan la necesidad que ya ha sido claramente expresada de autodeterminación y autonomía de todos los pueblos, y no sólo las etnias. Como bien sabemos, no se trata de un asunto fácil. A menos que su voz sea escuchada por las entidades nacionales e internacionales que toman decisiones sobre las prioridades y estrategias para aliviar la pobreza y promover el desarrollo, las etnias y los sectores de bajos ingresos en general quedarán relegados al papel de suplicantes, de clientes que necesitan intermediarios y de objetos del desarrollo (o del empobrecimiento); nunca serán artífices importantes del proceso y de la distribución de sus beneficios. A menudo ellos tienen información y técnicas decisivas para resolver problemas locales y conseguir recursos locales. Es por eso que deben participar en todas las etapas del proceso.

Apoyar los esfuerzos encaminados a ampliar y fortalecer los procesos que conducen al pluralismo cultural. Crear sociedades que sean verdaderamente pluralistas desde el punto de vista cultural requiere la autodeterminación y la autogestión de las etnias para asegurar su supervivencia a largo plazo. Ello comprende el apoyo a los esfuerzos para fomentar la tolerancia entre distintos grupos, el respeto de los derechos civiles de todas las etnias y el conocimiento y la valoración generalizados de las raíces culturales, las contribuciones y la historia de las distintas etnias.

Tal como demuestran muchos de los casos que se exponen en este libro, la expresión cultural puede ser un instrumento eficaz para fomentar un pluralismo saludable y abordar los factores que promueven la atomización de la sociedad, la alineación y los conflictos sociales.

Entre otras cosas, el aumento del pluralismo cultural ofrece en todo el mundo la posibilidad de un verdadero fortalecimiento nacional basado en el consenso en vez de la exclusión. Cuando el pluralismo se caracteriza por la participación autónoma y la tolerancia mutua, puede llevar a mejorar una democracia más viable, relaciones entre las naciones y grupos de naciones, y disminuir la violencia y otras manifestaciones debilitadoras de animosidad entre individuos y grupos a nivel nacional e internacional. Al aproximarnos al final de este siglo, estamos dolorosamente conscientes de que muy pocos de los desafíos que se nos presentan son más importantes para la supervivencia y el bienestar humanos. Como vemos a diario en los medios de difusión mundiales, las relaciones entre etnias son componentes fundamentales de varios de los desafíos con que se enfrenta la comunidad mundial. Las relaciones problemáticas entre las etnias pueden ser un obstáculo importante para el progreso hacia las metas del desarrollo.

Intensificar las investigaciones y evaluaciones del desarrollo con un enfoque cultural. Habiéndose demostrado la eficacia del enfoque cultural, ha llegado el momento de perfeccionar los conocimientos existentes sobre sus métodos y divulgarlos más ampliamente. Tal como ocurre en todos los campos del desarrollo de base, eso significa realizar muchas más investigaciones y evaluaciones que hasta la fecha. Por ejemplo, menos de diez por ciento de los proyectos que se describen en el apéndice han sido objeto de evaluaciones estructuradas.

Para que las investigaciones sean útiles, es necesario adoptar mejores indicadores a fin de determinar las repercusiones y mostrar claramente las causas y los efectos. En vista de la índole de la acción cultural, estos indicadores serán necesariamente más cualitativos que cuantitativos, y para elaborarlos se necesitarán otros enfoques del desarrollo. La búsqueda debe comenzar con una reformulación de los conceptos de privación y bienestar. Muchos casos que actualmente son de dominio público demuestran que la privación sociocultural es tan importante como las privaciones materiales.

Esta nueva búsqueda de conocimientos, y especialmente de las relaciones causales, debe llevarse a cabo en colaboración directa y equilibrada con los activistas culturales, los artistas y los artesanos de distintas etnias, en vez de hacerlo por medio de estudios inoportunos de terceros que trabajan solos para su propio provecho. La colaboración permite a los analistas externos conocer el punto de vista de los integrantes del grupo, y a los encargados de la ejecución de las actividades adquirir nuevas técnicas de medición y evaluación.

En muchos casos, los mismos pueblos desfavorecidos están realizando sus propias investigaciones y autoevaluaciones, en sus propios términos y para sus propios fines. Si contaran con más recursos y oportunidades, podrían profundizar ese proceso. Con frecuencia son los observadores más innovadores e inquisitivos de su propia realidad y divulgan hábilmente esos conocimientos, apartándose a menudo por necesidad de la dependencia respecto de la palabra escrita que caracteriza a los investigadores ortodoxos y comunicando sus conclusiones por medio de las artes gráficas, el teatro popular, la canción y la narración.

Estos son algunos de los campos en los cuales se necesitan más estudios:

> *Las repercusiones de la acción cultural.* ¿Qué estrategias y métodos culturales dan mejores resultados y en qué condiciones? ¿Cuáles son los que presentan mayores probabilidades de quedarse cortos o ser contraproducentes? ¿Cuáles son los principales escollos ocultos y cómo pueden evitarse? ¿Cuáles son las características y las causas de los efectos de la acción cultural en los grupos y fuera de ellos?

El papel apropiado de las organizaciones externas para facilitar la conservación y revitalización de la cultura. ¿Qué problemas y motivos de precaución pueden surgir cuando participan personas ajenas al grupo (entre ellas profesionales urbanos de clase media del mismo país)? ¿Cuál es la mejor manera de manejar la relación entre los integrantes del grupo y la gente de afuera, y qué ventajas presenta una relación de colaboración mutuamente beneficiosa en comparación con una relación vertical y utilitaria?

Las repercusiones políticas del desarrollo con un enfoque cultural. ¿Cuándo y cómo se convierten las actividades de expresión cultural en un asunto delicado que puede terminar desprestigiando a ejecutores y donantes por igual? ¿Qué amenaza presentan las actividades de ese tipo para las autoridades constituidas y cuán inevitable es esta amenaza?

La política cultural oficial. ¿Qué repercusiones han tenido las políticas culturales nacionales modernas? ¿Qué efectos tienen las políticas más activas u orientadas a una mayor intervención, como las de México y Jamaica, y las que lo son en menor grado, como la del Ecuador? ¿Qué diferencias hay en la política de los distintos países según su estructura político-económica y cuáles son los pros y los contras? ¿Cuáles han sido los resultados de los esfuerzos oficiales por fomentar el pluralismo cultural?

Las políticas y estrategias de los movimientos étnicos. ¿Pueden los movimientos étnicos realmente alcanzar la "integración sin asimilación" a la cual se refiere el dirigente shuar Ampam Karakras? ¿Cómo abordan las acusaciones y los riesgos de discriminación inversa y separatismo? ¿Cómo colaboran con los activistas culturales externos y los organismos del gobierno (o cómo los mantienen a raya)? ¿Cuál es la mejor manera de apoyar y facilitar los movimientos culturales de base? ¿Cuáles son las posibilidades de lograr el multi-culturalismo impulsado desde abajo?

Si se avanza en estos campos de investigación, entre otros, las actividades futuras de desarrollo con un enfoque cultural tendrán una base conceptual más sólida. Una mayor información sobre los resultados de actividades anteriores, incluidos los efectos secundarios, orientará las políticas y estrategias futuras.

Divulgar la experiencia adquirida en lo que concierne al desarrollo con un enfoque cultural. Es fácil que surjan malentendidos con respecto a un aspecto muy positivo de la labor cultural: su enfoque innovador y a veces poco convencional de los problemas sociales. Los activistas culturales se enfrentan con el desafío de comunicar cabalmente el alcance y la profundidad de su experiencia a los críticos y a los aliados en potencia, tanto en su país como en el extranjero.

Además de los casos de América Latina y el Caribe, hay un sinnúmero en Africa, Asia y otros países en desarrollo, y también en países industrializados, en que se ha ensayado el desarrollo de base con un enfoque cultural. Muchos de estos casos están documentados en las publicaciones que figuran en la bibliografía de este libro y en varias bibliografías de la UNESCO sobre la cultura y el desarrollo (la más completa es *The Cultural Dimension of Development: A Selective and Annotated Bibliography*, de Luce Kellerman, que se publicó en 1986). Sin embargo, la mayoría de los casos no se han documentado. Tanto ejecutores como observadores deberían difundir más ampliamente información sobre proyectos de desarrollo de base con un enfoque cultural, no sólo por medio de monografías, sino también con fotografías, películas, videos, casetes e intercambios personales.

Este ejercicio de educación sobre el desarrollo exigirá una inversión y una gran receptividad de las instituciones que lo financien. No cabe duda de que las retribuciones potenciales son enormes. Los grupos de expresión cultural poseen la vitalidad necesaria para inspirar programas de desarrollo similares en los sectores de bajos ingresos y ayudar a los habitantes de los países industrializados a comprender que la inversión en las actividades de desarrollo de base de los pueblos desfavorecidos puede arrojar enormes dividendos.

El enfoque cultural del desarrollo de base merece más atención y apoyo que el que ha recibido hasta la fecha. Para que ello ocurra, sus precursores deben abstenerse de idealizar los pueblos marginados o el pasado. Cada cultura entraña un proceso viviente; es un árbol en medio de un bosque. Pero es un bosque vibrante, en evolución, y no un bosque petrificado. No existe un enfoque cultural único que tenga las respuestas para todos los pueblos. El desarrollo variará necesariamente de un lugar a otro. No es el resultado de un conjunto de respuestas, sino de un conjunto de preguntas.

Al ponderar la eficacia del enfoque cultural del desarrollo de base y sus técnicas singulares, por encima de todo deberíamos mantener la atención dirigida a los problemas *centrales* de la comunidad mundial: la necesidad de mejorar la calidad de vida en todo el mundo y de aliviar el sufrimiento, permitiendo que todos los pueblos desarrollen su pleno potencial como contribuyentes productivos de su sociedad. Para ello es necesario respetar sus derechos políticos, económicos, sociales y culturales.

Los científicos y los ecólogos están convenciéndonos de la necesidad de proteger el medio ambiente a nivel mundial --desde los mares hasta las selvas-- contra los grandes peligros que corre, a fin de conservar la diversidad biológica del planeta y nuestra base de recursos. La conservación de la diversidad cultural quizá sea igualmente importante para mantener el acceso al acervo de información y creatividad de las generaciones que nos precedieron. Su vínculo con la conservación del medio ambiente es bidireccional.

Estos desafíos decisivos y difíciles exigen una respuesta polifacética que posea toda la inventiva, la imaginación y la fuerza que logremos reunir. Las actividades de desarrollo de base que se describen en este libro representan un primer paso fundamental para generar y aprovechar la energía cultural y la voluntad necesarias para hacer frente a esos desafíos.

CHARLES DAVID KLEYMEYER es representante para la Región Andina de la Fundación Interamericana (Arlington, Virginia, EE.UU.).

APÉNDICE
Proyectos de expresión cultural
1973-1990

Las descripciones de proyectos que figuran a continuación fueron adaptadas de las declaraciones públicas e historias de proyectos de la Fundación Interamericana. En estas descripciones se ponen de relieve los proyectos en los cuales la expresión cultural es un medio para alcanzar un fin vinculado al desarrollo, un fin en sí mismo o ambas cosas a la vez. En varios casos, el componente cultural del proyecto complementa otras actividades, como producción, fortalecimiento institucional, educación y capacitación, etc. Las descripciones reflejan el plan original del proyecto, a menos que se hayan introducido modificaciones importantes durante su ejecución.

La lista comprende 215 proyectos con componentes de expresión cultural que, en el curso de 17 años, recibieron en total US$ 20.880.236. El monto medio de las donaciones fue US$63.740. Sin embargo, las cifras pueden ser engañosas, porque en algunos casos solo un pequeño porcentaje de los fondos se destino a la expresión cultural en sí, y en otros prácticamente la totalidad de los fondos se asignó a actividades de expresión cultural. Decidimos indicar el monto total asignado a cada proyecto porque el componente cultural constituye una parte fundamental en todos ellos.

En lo que atañe a los proyectos que continuaban después del 30 de septiembre de 1990, cabe señalar que la fecha de terminación y el monto en dólares están sujetos a cambios, puesto que en algunos

casos los convenios se enmiendan a fin de prorrogar el plazo de
ejecución o proporcionar más fondos.

Índice

América Latina

TOLA *Theatre of Latin America: 4/79-3/80; US$126.000.—* para facilitar la participación de grupos e individuos latino- americanos en la primera conferencia americana sobre teatro, organizada por TOLA. TOLA es una organización privada que pro- mueve el desarrollo sociocultural mediante el patrocinio de pro- gramas orientados a divulgar aspectos importantes del pensa- miento, la crítica y la creatividad latinoamericanos al público de América del Sur y del Norte. En la conferencia se presentaron obras de teatro contemporáneas de las Américas, y hubo una semana completa de talleres sobre el teatro y su papel en la sociedad (véase también LA-052). *(LA-046)*

TOLA *Theatre of Latin America: 2/80-12/82; US$141.225.* Con esta donación, TOLA proporcionó asistencia a una red de centros regionales dedicados al intercambio y la divulgación de conocimientos teóricos y prácticos, técnicas e información sobre el teatro en las Américas. Estableció un centro de documentación y una biblioteca y suministró capital semilla para un centro de tra- ducciones. Además, TOLA organizó talleres, actuaciones y actividades de intercambio sobre el tema de las formas culturales como fuerzas creativas de cambio social (véase también LA-046). *(LA-052)*

OEA *Departamento de Asuntos Culturales, Organización de los Estados Americanos: 7/81-11/81; US$5.000* a fin de pagar una parte de los gastos de la conferencia de planificación del proyecto de la OEA titulado "Kindred Spirits: The Art and Science of Blacks in the Americas". El propósito de este proyecto era dar a conocer la tradición cultural de los negros en las Américas, que en su mayor parte no existe en forma escrita, y fomentar la comprensión de esta cultura. El objetivo principal de la conferencia era planificar el alcance y la naturaleza de una exposición interpretativa itinerante en la cual se exploraría la afinidad cultural de los negros con otros pueblos de las Américas por medio de las artes visuales, las artesanías y las tecnologías. *(LA-070)*

Argentina

ACT—*Asociación Cultural Taiñi: 9/90-7/92; US$25.700* para promover la participación de doce comunidades wichis en actividades de expresión y preservación cultural, entre ellas talleres para enseñar a los indígenas danzas, teatro y música y por lo menos tres actuaciones en público en la región. Los objetivos de este proyecto eran fomentar la comprensión y valoración de la cultura wichi entre los habitantes no indígenas de la región y fortalecer los vínculos entre doce pueblos wichis por medio de la educación popular, utilizando canciones tradicionales, la danza e historias orales. (*AR-280*)

Barbados

YORUBA HOUSE: *9/74-10/77; US$70.880.* Esta fundación cultural para las artes creativas y escénicas construyó un escenario e instaló una imprenta a fin de crear fuentes de trabajo para los jóvenes y de ingresos para Yoruba House. Se organizó una compañía de danzas y se llevaron a cabo muchas otras actividades culturales, como programas de arte y artesanías, programas de televisión, conferencias y publicaciones. Yoruba puso de relieve la autosuficiencia y la acción comunitaria, centrando su trabajo y sus actuaciones en temas africanos y de la raza negra. (*BA-005*)

BUT—*Barbados Union of Teachers: 8/80-8/81; US$3.770.* La BUT ofreció un taller de tres semanas para maestros y promotores comunitarios de seis países del Caribe sobre el uso de técnicas teatrales para facilitar el aprendizaje. (*BA-012*)

Bahamas

Institute of the Arts: 6/80-8/80; US$10.060. El instituto llevó a cabo un programa piloto de seis semanas, llamado "Takin' the Arts to the People" ("Llevando el arte al pueblo"), que consistió principalmente en talleres de teatro y música de las Bahamas. Se promovió la participación de grupos de base de Nassau y, en menor escala, de artistas de las Islas de la Familia (véase también BAH-005). (*BAH-003*)

Institute of the Arts: 8/81-9/81; US$6.000. El instituto ofreció su segundo programa de verano de formación artística y actuaciones en torno al tema "A Natural High" ("Un 'high' natural"), con obras de teatro, conciertos y debates sobre temas tales como la vida familiar y las drogas (véase también BAH 003). (*BAH-005*)

Belice

TMCC—*Toledo Maya Cultural Council: 6/88-5/92; US$25.000.* El TMCC contrató dos indígenas (un mopán y un kekchi) para realizar una campaña en el distrito de Toledo a fin de que se conozca y se comprenda mejor a la sociedad maya y sus posibilidades de desarrollarse con el esfuerzo propio. (*BE-081*)

COIP—*Caribbean Organization of Indigenous Peoples: 9/89-3/90; US$13.000.* La COIP patrocinó una conferencia que tuvo lugar en Belice, en la que participaron delegados de comunidades indígenas nacionales de San Vicente, Dominica y Guyana, con el propósito de conversar sobre sus experiencias, proporcionar información y asesoramiento sobre cómo trabajar con los sectores mayoritarios de la población y preparar una agenda de desarrollo basada en el esfuerzo propio para los pueblos indígenas del Caribe. Los representantes visitaron pueblos indígenas de Belice para intercambiar información cultural y preparar un testimonio del lenguaje, la música y las artesanías, a fin de hacerlo circular por todo el Caribe. (*BE-086*)

Bolivia

Ayni-Ruway: 9/74-3/78; US$133.555. Una organización incipiente de Cochabamba y dos comunidades rurales llevaron a cabo un proyecto de desarrollo rural culturalmente apropiado, administrado por dirigentes locales que se conocen como kamachis. Entre las actividades cabe señalar obras de teatro en quechua, producción de artesanías, desarrollo de pequeñas empresas y utilización de sistemas de trueque tradicionales. Ayni-Ruway también trabajó con un cineasta boliviano muy conocido para producir un documental de su experiencia (véase también BO-063). (*BO-026*)

Ayni-Ruway II: 6/78-1/81; US$239.700 : para que Ayni-Ruway pudiera conseguir lana de proveedores locales a fin de aumentar el margen de ganancias de las artesanías para exportación. Ayni-Ruway abrió locales de venta en dos ciudades bolivianas importantes para dar salida al volumen creciente de artesanías. Abrió también un centro de intercambio y promoción cultural en Salta, Argentina, con el propósito de incorporar a los campesinos quechuas de las montañas en su red creciente de producción, intercambio y revitalización cultural. Además, Ayni-Ruway realizó investigaciones y aplicó técnicas tradicionales para aumentar la producción de trigo y papas, y organizó un programa de servicios de salud en el cual se combinan técnicas de la medicina tradicional y la medicina occidental (véase también BO 026). (*BO-063*)

Teatro Runa: 2/80-7/83; US$130.896. Este grupo de teatro educativo comunitario amplió su programa de divulgación y educación, principalmente por medio de talleres para estudiantes que estaban preparándose para una carrera en el campo de la enseñanza. Con estos talleres arraigados en las tradiciones andinas, Teatro Runa esperaba despertar la imaginación y la creatividad en un clima de enseñanza que con frecuencia es aburrido debido al énfasis que se da a la memorización y al conformismo. (*BO-078*)

Centro de promocion Cultural Campesina, "Ayni": 5/80-5/83; US$52.698. El Centro produjo un programa de radio diario de 15 minutos sobre la cultura aymara, difundiendo cuentos populares de campesinos de la localidad que llegaron a más de un millón de oyentes en el altiplano. Ayni ofreció también varios cursos de sastrería, costura, artesanías y cultura aymara para campesinas. (*BO-086*)

Centro Cultural Masis: 6/80-12/90; US$265.775. El centro organizó talleres de folclore, música, danzas, investigaciones culturales, arte y radiodifusión con el propósito de influir en el programa de enseñanza de las escuelas públicas. El objetivo era introducir mecanismos creativos a fin de estimular la curiosidad sobre el pasado y sobre los problemas socioculturales de la región. (*BO-087*)

Centro Cultural Guaraní-Quechua: 9/81-9/86; US$111.361. El centro organizó varias reuniones de autoridades tradicionales guaraníes y quechuas como foro para analizar los problemas regionales y buscar posibles soluciones. Además, ofreció cursos de artesanías, medicina preventiva, carpintería rural, curtido de cueros y nutrición, y produjo varias publicaciones para complementar sus programas de enseñanza y difundir los valores culturales indígenas. (*BO-119*)

Pedro Ovio Plaza Martínez y Juan de Dios Moya: 6/81-10/81; US$5.000. Con esta donación, dos de los sociolingüistas más destacados de Bolivia asistieron a un instituto lingüístico en la Universidad Cornell y participaron en varios talleres y cursos sobre el uso de lenguas indígenas en programas de enseñanza bilingüe. (*BO-121*)

Joven Teatro: 6/82-12/84; US$68.701. Con esta donación se estableció un centro cultural en un barrio marginal de Santa Cruz donde Joven Teatro produjo obras y ofreció instrucción en otras actividades artísticas a fin de que la comunidad comprendiera mejor los problemas comunes. (*BO-138*)

CIDAC—*Centro de Investigación,* Diseño Artesanal y Comercialización: *9/82-6/85; US$81.504* . El CIDAC trabajó con tres comunidades de artesanos tradicionales para mejorar y diversificar las artesanías tradicionales que producen (hamacas, sombreros de hoja de palma y piezas de cerámica) y ampliar las fuentes de materia prima y los mercados en Santa Cruz. (*BO-155*)

TIFAP—*Taller de Investigación y Formación Académica y Popular: 8/85-7/92; US$167.550* para ayudar a los dirigentes comunitarios locales que poseen conocimientos especiales de agricultura, salud y revitalización cultural a documentar sus conocimientos y darlos a conocer a otros grupos bolivianos interesados en el desarrollo de base. (*BO-209*)

ILCA—*Instituto de Lengua y Cultura Aymara: 2/85-1/88; US$117.280.* El ILCA continuó su programa de enseñanza para ayudar a adolescentes de bajos ingresos a leer y escribir mejor en aymara y fomentar la valoración de esta lengua. Como parte del programa se enseñan técnicas de educación bilingüe a maestros rurales y a otros dirigentes, que aprenden también a preparar material didáctico apropiado. (*BO-210*)

THOA—*Taller de Historia Oral Andina: 9/86-5/91; US$72.135.* El THOA amplió y consolidó un programa de investigación y educación que consistió en la recopilación de historias orales en pueblos aymaras rurales, la organización de un archivo de historias orales y la divulgación de este material por medio de publicaciones sencillas y programas de radio experimentales. El principal objetivo era reforzar un sentido positivo de la identidad étnica aymara y promover formas democráticas de organización basadas en las tradiciones comunitarias andinas. (*BO-213*)

ACLO—*Asociación Cultural Loyola: 9/85-7/90; US$242.425.* ACLO llevó a cabo un programa de capacitación para promover la producción de tejidos tradicionales de buena calidad por mujeres de bajos ingresos de la empobrecida región del norte del departamento de Chuquisaca. (*BO-222*)

El Taller de Música Arawi: 9/85-6/91; US$77.879 para un programa de capacitación y asistencia técnica en música andina tradicional dirigido a representantes de centros comunitarios y conjuntos musicales de barrios urbanos de bajos ingresos de La Paz. El propósito de los cursos era fomentar el orgullo cultural andino y fortalecer el papel de las organizaciones locales en una amplia gama de actividades de desarrollo comunitario. (*BO-225*)

CIC—*Centro de Investigaciones Cerámicas: 8/86-7/88; US$ 41.560.* El CIC consolidó y amplió sus servicios de capacitación, asistencia técnica y análisis de laboratorio para ceramistas indígenas y ofreció cursos de construcción de hornos, análisis de distintos tipos de materia prima, mejora de métodos de producción y técnicas precolombinas. (*BO-237*)

Casa de la Cultura "Raúl Otero Reiche": 9/86-12/90; US$83.460 a fin de extender la red de bibliotecas y el programa de capacitación de la Casa a cinco barrios de bajos ingresos de Santa Cruz. Los objetivos eran poner a disposición de los alumnos y del público material didáctico práctico para contribuir al desarrollo cultural y mejorar el proceso de aprendizaje. (*BO-238*)

CIDDEBENI—*Centro de Investigación y Documentación del Beni: 9/87-4/91; US$45.950.* CIDDEBENI hizo un estudio de las tradiciones culturales y de la situación de pobreza de los moxos, grupo de varios miles de indígenas seminómadas de la selva oriental de Bolivia acostumbrados a realizar éxodos mesiánicos que los obliga a refugiarse en selvas y en otras regiones inhóspitas, donde llevan una existencia muy dura. El estudio ayudará a otras entidades a formular y poner en marcha programas básicos de desarrollo para atender las necesidades de salud, ingresos y vivienda de estos pueblos aislados y empobrecidos. (*BO-247*)

Proceso: 7/88-5/90; US$83.300. Se llevó a cabo un amplio programa de capacitación en Santa Cruz para integrantes de organizaciones juveniles vecinales y promotores de organizaciones no gubernamentales de desarrollo, entre ellas la Unión de Grupos Culturales. Para la capacitación se utilizaron el teatro, los títeres, la danza y otras formas de expresión y comunicación, como folletos, audiovisuales, periódicos, libretos para programas de radio y casetes, con el propósito de mejorar los conocimientos de dinámica de grupo, organización comunitaria y análisis, y comunicación social. (*BO-259*)

HISBOL—Historia Boliviana: 2/90-12/91; US$15.500. HISBOL publicó y distribuyó una serie de libros de bolsillo de bajo costo para profesionales del desarrollo y el público en general sobre temas relacionados con la mujer y la cultura en el desarrollo, ecología, agricultura y organizaciones de desarrollo dirigidas por campesinos. (*BO-292*)

Brasil

LABORARTE—*Laboratório de Expressões Artísticas: 7/75-7/76; US$24.800* para apoyar a esta asociación de grupos juveniles que promueven la expresión de la cultura folclórica en São Luis y Maranhão. LABORARTE compró equipo y suministros para documentar y divulgar diversas formas autóctonas de arte, música y teatro que están desapareciendo gradualmente de los barrios tradicionales y de los pueblos rurales. (*BR-176*)

Grupo Olorun Baba Min: 10/76-6/77; US$15.935. El Grupo presentó espectáculos de música y danza afrobrasileñas en teatros y centros vecinales de Rio de Janeiro, con el propósito de ayudar a la gente a experimentar el drama de su propia historia, informar a la población sobre la contribución de los negros a la cultura brasileña e impulsar a los grupos vecinales a que desarrollaran formas propias de expresión de su identidad cultural. (*BR-275*)

MAEC—*Movimento Amador de Expressão Cultural: 10/76-12/77; US$24.608.* Esta asociación local de más de 20 grupos artísticos y teatrales vecinales compró equipo y un camión para montar un teatro móvil, con el propósito de promover el arte folclórico y la expresión cultural entre los residentes urbanos de bajos ingresos de São Paulo. (*BR-299*)

Gran Escola de Samba Quilombo: 12/76-6/77; US$20.000. La Escola compró máquinas de coser para hacer disfraces y uniformes escolares a fin de obtener ingresos para el grupo y compró una imprenta para producir folletos sobre cultura popular. Esta organización sociocultural trabaja para conservar las tradiciones religiosas y culturales afrobrasileñas, expresadas por medio de la música y la danza en los vecindarios, y establecer un marco para su celebración. (*BR-314*)

Instituto de Pesquisa das Culturas Negras: 4/77-4/78; US$ 82.000. Con esta donación se compraron oficinas y equipo audiovisual para esta organización voluntaria que proporciona servicios de investigación, programas educativos, medios visuales y asistencia técnica a grupos comunitarios e individuos de los sectores más pobres de Rio de Janeiro. El objetivo era que los negros valoraran su propia historia y participaran más eficazmente en la labor de desarrollo. (*BR-315*)

Mini Comunidades Oba-Biyi, Terreiro Axe Opo Afonja: 5/77-7/78; US10.000 para establecer un centro multicultural de aprendizaje infantil y organizar un programa de enseñanza escolar que pone de relieve los orígenes y las costumbres afrobrasileños. Este centro permitió a la comunidad hacer frente al proceso de absorción cultural. *(BR-341)*

Antônio Morais Ribeiro: 7/77-7/78; US$3.000. Este investigador utilizó los fondos donados para estudiar la historia, la relión, la música y la cocina afrobrasileñas y difundió sus resultados en publicaciones y programas que llevó a cabo en escuelas, centros de estudio y otras organizaciones comunitarias. *(BR-358)*

CAT—*Corporação dos Artesãos de Tiradentes: 6/83-9/85; US$42.540.* Esta corporación sin fines de lucro amplió la producción de artesanías y abrió nuevos canales de comercialización, conservando al mismo tiempo tradiciones artesanales que datan del siglo XVIII. *(BR-501)*

FGT—*Fundação Gaúcha do Trabalho: 9/83-12/85; US$144.400.* Esta organización de servicios educativos y culturales amplió su programa de desarrollo de las artesanías. Con ese fin estableció un centro de comercialización y abastecimiento de materia prima en Porto Alegre y abrió ocho centros locales de producción de artículos de cuero, lana, fibras textiles, cuernos de toro y arcilla de primera calidad. La labor de la FGT se basa en la cultura y los conocimientos tradicionales, y al mismo tiempo proporciona nuevos mecanismos de producción y ventas para crear fuentes de ingresos mayores y más estables para los artesanos. *(BR-505)*

FUNCARTE—*Fundação Casa do Artesão: 7/83-9/84; US$ 20.000.* FUNCARTE extendió su programa de desarrollo de las artesanías a la producción de muebles de mimbre, a fin de impulsar el desarrollo económico y cultural del estado de Maranhão. *(BR506)*

CARDI—*Cooperativa Regional Artesanal de Diamantina, Ltd.: 6/83-9/84; US$25.000.* La cooperativa aumentó la producción de *tapetes arraiolos* (tapetes portugueses del siglo XVII hechos a mano), que constituyen una tradición artesanal importante de la época colonial. *(BR-507)*

Cooperativa Central de Produção Artesanal Potiguar, Ltd.: 6/83-12/84; US$68.500. La cooperativa amplió sus servicios de comercialización y abastecimiento de materia prima, facilitando así el aumento de la producción de artesanías tradicionales hechas de materiales locales, como hojas de palma, sisal, arcilla, madera, fibra, arena coloreada y piedra. (*BR-509*)

FRM—*Fundação Roberto Marinho: 2/85-8/87; US$30.000.* La FRM realizó investigaciones y documentó el trabajo de los artesanos del estado de Rio de Janeiro, y después organizó un programa de capacitación y comercialización para aumentar los ingresos familiares de los artesanos tradicionales. La FRM patrocina una amplia gama de programas culturales que promueven la valoración de la expresión artística brasileña y ponen de relieve la conservación del patrimonio cultural brasileño. (*BR-567*)

CEAEC—*Centro de Estudos de Apoio às Escolas da Comunidades: 8/86-9/89; US$77.532.* El CEAEC elaboró una metodología de enseñanza para escuelas comunitarias y un programa de enseñanza de arte, y realizó una encuesta de las actividades culturales de cuatro localidades de bajos ingresos de Recife y Olinda. (*BR-624*)

CLF—*Centro de Cultura Luiz Freire: 5/87-10/90; US$243.487.* El CLF proporcionó asistencia técnica, capacitación y recursos financieros a organizaciones comunitarias que ofrecen programas de educación popular para escolares y adultos analfabetos de Recife. Al principio, el CLF se dedicaba a organizar eventos culturales, pero después extendió sus actividades a otros campos de la promoción del desarrollo. Sin embargo, siempre ha hecho hincapié en el uso de la cultura tradicional (particularmente la afrobrasileña) y de los medios electrónicos de comunicación para alcanzar metas de educación y desarrollo. (*BR-644*)

Caribe

UWI—*Department of Extra-Mural Studies of the University of the West Indies: 12/75-4/76; US$3.500.* Se organizó una conferencia de cuatro días en Santa Lucía para unos 25 dramaturgos del Caribe oriental. Uno de los resultados directos de la conferencia fue la creación del centro de información teatral Theater Information Exchange (véanse también CAR-034 y CAR-053). (*CAR-019*)

TIE—*Theater Information Exchange: 3/78-12/79; US$43.006.* Con esta donación, Ken Corsbie, dramaturgo y periodista guyanés, continuó la labor de formación de una asociación de dramaturgos caribeños. TIE se convirtió en una red de artistas que usan distintas formas de teatro para reflexionar sobre los problemas sociales y dilemas de los caribeños (véanse también CAR-019 y CAR-053). (*CAR-034*)

TIE—*Theater Information Exchange: 10/80-6/81; US$16.250* para pagar una parte de los gastos de la Tercera Conferencia de Dramaturgos Caribeños, que tuvo lugar en las Islas Vírgenes de los Estados Unidos. Alrededor de 50 dramaturgos de la región asistieron a la conferencia, que duró 15 días, y se filmó un video de 45 minutos para documentar la experiencia (véanse también CAR-019 y CAR-034). (*CAR-053*)

IOJ—*Institute of Jamaica: 3/90-2/91; US$14.900.* En colaboración con la Universidad de las Antillas y la Institución Smithsonian, el IOJ preparó un módulo de enseñanza sobre historia y cultura del Caribe para distribuir en las escuelas públicas de los países de habla inglesa del Caribe. (*CAR-088*)

Chile

ICECOOP—*Instituto Chileno de Educación Cooperativa: 2/77-2/79; US$305.200.* El Instituto divulgó información técnica, comercial, cultural y educativa por medio de la radio, periódicos y folletos, que sirvieron de foro para que los representantes de organizaciones campesinas explicaran las actividades de las federaciones de cooperativas y para que los campesinos dieran a conocer sus inquietudes, se hicieran escuchar y preservaran su cultura y sus valores rurales. (CH-071)

Los Comediantes: 12/76-3/79; US$22.000. Los integrantes de este grupo de teatro popular, que viven y trabajan en barrios, seleccionaron problemas importantes de la vida cotidiana de los residentes de los barrios y los presentaron en forma de sociodrama, tras los cuales se organizaron debates para ayudar a la gente a comprender mejor los problemas abordados en las obras de teatro y plantear posibles soluciones. (*CH-075*)

IER—*Instituto de Educación Rural y la Comunidad de Alto Chelle: 6/78-12/83; US$276.716.* Alto Chelle estableció una escuela familiar firmemente arraigada en la vida y la cultura de los pobladores rurales locales. Con este método, los alumnos alternan su trabajo entre la escuela y la granja, a intervalos que corresponden a los ciclos agrícolas. En la escuela, los alumnos siguen un programa básico y eligen temas de investigación práctica sobre los cuales trabajan al regresar a su casa. (*CH-109*)

CENECA—*Centro de Indagación y Expresión Cultural y Artística: 12/79-11/81; US$131.114* para ayudar a ocho grupos de teatro y doce conjuntos de música popular a desarrollar su arte como auténtica expresión de la cultura chilena. Se organizaron talleres para promover el contacto entre los grupos, fortalecer los lazos con la sociedad, neutralizar a los censores oficiales, reducir al mínimo la autocensura, emplear formas de expresión artística que reflejaran las características del pueblo chileno y establecer canales de divulgación más eficaces (véanse también CH-220 y CH-403). (*CH 170*)

CADA—*Colectivo Acciones de Arte - Chile: 11/80-3/81; US$4.500.* Un miembro de CADA viajó a Norteamérica y a Europa para conocer artistas, grupos culturales y organismos de financiamiento, a fin de explorar la posibilidad de financiar el establecimiento de un museo chileno de arte y cultura popular. (*CH-200*)

TIT—*Taller de Investigación Teatral: 1/81-7/81; US$5.000.* Con esta donación se pagó una parte de los gastos de una gira internacional de tres meses de la obra "Tres Marías y una rosa", dirigida por el dramaturgo chileno David Benavente. La obra, que se basa en entrevistas en los barrios, es un estudio del cambio de la función de la mujer trabajadora, en el cual influyen factores socioeconómicos, entre ellos la cesantía temporaria del cónyuge y el desempleo crónico (véase también CH-229). (*CH-207*)

CENEC—*Centro de Indagación y Expresión Cultural y Artística: 9/81-7/83; US$138.150.* CENECA hizo un análisis de la expresión artística y cultural en Chile durante los años setenta y enseñó a maestros, padres y dirigentes de organizaciones a comprender y utilizar los medios de comunicación para promover la educación y el desarrollo cultural (véanse también CH-170 y CH 403). (*CH-220*)

TIT—*Taller de Investigación Teatral: 3/81; US$1.500.* Con esta donación se pagó el alquiler de salas de teatro para la gira internacional de la obra "Tres Marías y una rosa". Se ofrecieron diez actuaciones en Nueva York a sala llena (véase también CH 207). (*CH-229*)

FREDER—*Fundación Radio-Escuela para el Desarrollo Rural: 9/82-10/85; US$98.815.* FREDER llevó a cabo un programa de desarrollo comunitario que benefició a 35 pueblos huilliches y patrocinó 24 cursos de producción agrícola, artesanías, organización comunal y lenguaje, cultura y folclore huilliches. Además, con los fondos donados se proporcionó asistencia jurídica para facilitar la obtención de títulos de propiedad de las tierras y la demarcación de terrenos. (*CH-270*)

Casa Kamarundi: 5/82-5/83; US$5.000. Con esta donación se ofreció un programa de teatro elemental a 40 niños de poblaciones, con clases de expresión facial y corporal, oratoria, mímica, actuación, historia del teatro y dinámica de grupos. El propósito era promover la educación, la organización de grupos y la revitalización cultural. (*CH-273*)

ADMAPU—*Asociación Gremial de Pequeños Agricultores y Artesanos: 6/82-11/82; US$2.000.* Esta organización mapuche que promueve la unidad y la conciencia cultural de los mapuches envió cuatro representantes a una conferencia patrocinada por el Consejo Indígena Sud-Americano (CISA). En la conferencia, los delegados analizaron el problema de la pérdida de la identidad cultural y la disolución de la estructura social de los grupos indígenas sudamericanos y plantearon soluciones (véase también CH-278). (*CH-277*)

ADMAPU—*Asociación Gremial de Pequeños Agricultores y Artesanos:*
9/82-11/83; US$36.596. ADMAPU seleccionó a ocho de sus mejores promotores para que se dedicaran exclusivamente al suministro de asistencia técnica en agricultura y a la enseñanza de

artesanías, organización comunal, atención de salud, educación y construcción de viviendas para los mapuches del centro sur de Chile. El propósito de este proyecto era ofrecer una alternativa viable a las familias mapuches que se han visto obligadas a vender sus tierras y migrar a centros urbanos, proceso que ha contribuido a la pérdida del patrimonio mapuche y a la desintegración de su estructura social (véase también CH-277). *(CH-278)*

Comité Coordinador de Talleres Femeninos de Coyaique: 6/82-6/83; US$9.935. El Comité compró equipo y contrató instructores para ofrecer cursos de artesanías, conservación de alimentos y salud e higiene familiares para los integrantes de los grupos afiliados. Se ofrecieron también seminarios de organización femenina, coordinación de talleres y formación de dirigentes. Como resultado de esta labor se formaron varios grupos femeninos nuevos en la zona, entre ellos grupos de teatro y folclore que mantienen vivas las tradiciones culturales. *(CH-279)*

Comité Artesanal, Cooperativa Campesina Nueva Esperanza: 2/83-12/84; US$28.300 para resolver el problema de la escasez de materia prima, que constituye el principal obstáculo para el aumento de la producción de artesanías de lana hechas y vendidas por mujeres. Estas artesanías han sido tradicionalmente un artículo de exportación de la economía local y representan una parte importante de los ingresos mensuales medios de las familias de la isla Maillén. *(CH-316)*

Vicaría de la Solidaridad: 5/83-10/90; US$379.140. La Vicaría llevó a cabo actividades de desarrollo comunitario y creación de fuentes de ingresos con unas 320 organizaciones comunales de Santiago. Como parte de esa labor, los talleres de la Vicaría proporcionaron asistencia a numerosos grupos solidarios en producción y comercialización de artesanías. Estos grupos producen, entre otras cosas, las famosas arpilleras chilenas con temas sociales. *(CH-324)*

Instituto de Antropología, Universidad de Tarapacá: 9/84-12/86; US$66.798. El Instituto realizó investigaciones en tres pueblos indígenas del altiplano chileno a fin de determinar su impresión y sus expectativas con respecto a la educación primaria. El propósito de este estudio era contribuir a la elaboración de un nuevo programa de enseñanza que incorporara el patrimonio cultural y las tradiciones de la población aymara local. (*CH-359*)

Vicaría Zona Norte: 9/85-12/90; US$177.740. La Vicaría ayudó a 30 grupos de padres y vecinos locales a llevar a cabo programas de recreación y desarrollo infantil para unos 5.000 niños y jóvenes de poblaciones del norte de Santiago, utilizando las artes dramáticas y gráficas para expresar la cultura democrática. (*CH-384*)

Sociedad de Tejedoras de Putaendo, Ltda.: 9/85 - 12/88; US$ 68.770. La Sociedad compró materia prima y abrió un local en Santiago para la producción y venta de tejidos tradicionales de croché. Los objetivos eran crear fuentes de trabajo, fomentar la divulgación y valoración de las artesanías locales en Chile y demostrar la importancia de la acción cooperativa femenina para aumentar los ingresos familiares y formar organizaciones autogestionarias locales. (*CH-387*)

Cooperativa Campesina Chonchi, Ltda.: 9/86-6/89; US$35.400 para mejorar los rebaños de ovejas y la producción de lana de los socios y reactivar la producción y venta de las artesanías tradicionales de Chiloé. Este proyecto piloto fue el primero dirigido por campesinos para mejorar los rebaños en esta zona de Chile. (*CH-388*)

SOPRODER—*Sociedad de Profesionales para el Desarrollo, Ltda.: 9/86-2/93; US$341.165.* Con el propósito de mejorar el nivel de subsistencia de las familias mapuches, fortalecer una asociación indígena de segundo nivel (Rayen Koskulla) y preservar la cultura mapuche, SOPRODER proporciona a los agricultores crédito y asistencia técnica en los campos de la agricultura y la pequeña empresa, forma dirigentes locales y promueve el fortalecimiento de las organizaciones mapuches por medio de proyectos de desarrollo comunitario con la participación de los beneficiarios. (*CH-397*)

Folil-Che Aflaiai, Organización de Mapuches Residentes en Santiago: 3/87-2/91; US$29.589 para reafirmar la cultura mapuche y, al mismo tiempo, proporcionar a los miembros los conocimientos socioeconómicos necesarios para adaptarse a la vida urbana. Se ofrecieron cursos de lenguaje, historia, folclore, artesanías, horticultura urbana, costura, sastrería, alfabetización y salud, se organizaron eventos artísticos y seminarios y se inició la producción de una publicación bimestral. (*CH-398*)

TER—*Taller de Estudios Regionales: 4/87-4/89; US$40.186.* El TER trabajó con cuatro grupos aymaras del norte de Chile en un proyecto cuyos objetivos eran mejorar la producción de cultivos mediante la ampliación y rehabilitación de sistemas de riego sencillos, el suministro de capacitación y asistencia técnica en materia de manejo de recursos hídricos, producción agrícola y comercialización, la promoción de organizaciones aymaras democráticas e independientes a nivel local y regional, la conservación de la cultura y la identidad étnica aymaras y la divulgación de las experiencias del proyecto en otros grupos aymaras. (*CH-402*)

CENECA—*Centro de Indagación y Expresión Cultural: 8/87-8/89; US$72.670.* CENECA realizó en seis regiones de Chile un estudio aplicado de los artesanos de bajos ingresos que producen tres clases de artesanías: tradicionales, étnicas y contemporáneas. El propósito de este estudio era analizar la comercialización, la organización, el control de la calidad y la importancia cultural de las artesanías chilenas. Como parte del proyecto se planeaba publicar un manual de artesanías y una serie de folletos instructivos breves para distribuir entre los participantes (véanse también CH 170 y CH-220). (*CH-403*)

Taller Imágenes: 12/87-7/89; US$48.717. Esta firma independiente de producción de audiovisuales dirigida por Patricia Mora Barros filmó y distribuyó una película documental de 50-60 minutos de duración, en colores, sobre los problemas de los aymaras en Chile, mostrando el punto de vista de las mujeres aymaras. (*CH 407*)

IPES—*Instituto Profesional de Estudios Superiores Blas Cañas: 4/87-2/88; US$81.250* El IPES realizó una labor de investigación y documentación de la cultura chilote, elaboró programas de enseñanza escolar y popular para divulgar los resultados del estudio en la isla y enseñó la cultura de Chiloé a promotores escolares. Además, se pusieron en marcha pequeñas empresas experimentales en cinco pueblos rurales, centradas en la producción de artesanías tradicionales, la música, la danza y las leyendas, con el propósito de determinar el potencial comercial de la cultura chilote, protegiendo al mismo tiempo su carácter singular y sus valores. (*CH-413*)

Vicaría Zona Centro: 10/87-12/91; US$105.184. La vicaría proporcionó capacitación en administración, gestión, comercialización y oficios a más de 600 mujeres pobres, jóvenes desempleados y dirigentes de organizaciones solidarias vecinales, utilizando diversas formas de expresión cultural. (*CH-417*)

TEC—*David Benavente/Taller de Comunicaciones: 3/89-8/90; US$37.400.* Con esta donación, el cineasta y productor de videos chileno David Benavente filmó un video de 45 minutos en colores junto con los participantes en dos proyectos de desarrollo de base para ayudar a los dos principales grupos indígenas de Chile: los mapuches y los aymaras. (*CH-433*)

CEDEM—*Centro de Estudios para el Desarrollo de la Mujer: 9/87-8/90; US$68.505.* El CEDEM proporcionó capacitación especializada a las mujeres mapuches de la zona de Temuco a fin de que pudieran aumentar el valor de sus tejidos tradicionales y de meollar, contribuyendo así a la conservación de la cultura mapuche (véase también CH-456). (*CH-434*)

CORDILLERA, *Programa para el Desarrollo Comunal: 5/89-3/91; US$70.684.* Se proporcionó capacitación y asistencia técnica en gestión de organizaciones, análisis de presupuestos, y planificación y ejecución de proyectos locales de desarrollo comunal a 45 comités vecinales de cinco comunas de Santiago, predominantemente de bajos ingresos, y se establecieron centros culturales para la conservación y difusión de la cultura local. (*CH-448*)

CEDEM—*Centro de Estudios para el Desarrollo de la Mujer: 5/90-5/92; US$67.080* para enseñar a un equipo de seis indígenas a administrar las actividades de producción, comercialización, fortalecimiento institucional y educación del proyecto de mujeres mapuches de Temuco. Este proyecto ayuda a 13 grupos de base, que incluyen a 170 artesanas mapuches, a vender artesanías mapuches tradicionales y a mantener viva la tradición (véase también CH 434). (*CH-456*)

TEA—*Taller de Estudios Aymara: 5/90-5/92; US$62.053* para colaborar en la mejora y la ampliación de la producción artesanal de cuatro grupos urbanos y rurales de mujeres aymaras, a fin de incrementar las ventas de artesanías, preparar a las artesanas para que se hicieran cargo de las operaciones de comercialización y preservar las técnicas y formas tradicionales. Además, el TEA promovió los productos y prácticas agrícolas tradicionales de los aymaras de los Andes chilenos. (*CH-459*)

TER—*Taller de Estudios Regionales: 5/90-12/91; US$69.544.* El TER proporcionó asistencia técnica en producción, fortalecimiento institucional y revitalización cultural a los aymaras del altiplano y valle de Camiña-Colchane y de la ciudad de Iquique. (*CH-460*)

Comisión Regional Huilliche de la Junta General de Caciques: 9/90-9/91; US$5.930. La Comisión celebró reuniones y jornadas con organizaciones de apoyo a grupos de base a fin de preparar propuestas para proyectos de desarrollo sociocultural y económico y de preservación cultural en respuesta al anuncio del gobierno chileno de que se adoptarían nuevas leyes y políticas con respecto a la situación social, cultural y económica de los indígenas chilenos. (*CH-465*)

Colombia

Teatro Identificador: 2/74-2/76; US$213.262. Con esta donación, Manuel y Delia Zapata ampliaron su labor de preservación del patrimonio cultural negro de Colombia. Estos investigadores viajaron y permanecieron bastante tiempo en pueblos alejados para documentar la expresión cultural en forma de cuentos, leyendas, danzas, ceremonias, mitos y tradiciones. Después, transformaron el material en piezas de teatro o en improvisaciones por gente de la localidad. Los investigadores produjeron también una biblioteca de cintas, diapositivas y obras originales que constituyen un recurso rico y muy usado. (*CO-046*)

USEMI—*Unión de Seglares Misioneros: 6/74-8/83; US$821.684.* USEMI formuló programas de alfabetización y estrategias de educación popular que respetan los valores y la cultura indígenas. Entre los muchos resultados importantes obtenidos por USEMI cabe señalar la primera forma escrita de las lenguas kogi y arahuaca, la publicación de más de 20 obras sobre la cultura y la historia de los kogis y los arahuacos, la elaboración de programas de enseñanza bilingüe que posteriormente fueron adoptados por el Ministerio de Educación de Colombia, la formación de maestros y trabajadores de salud indígenas locales y la colaboración en la redacción y aplicación de una ley de reforma de la educación del indígena que fue aprobada en junio de 1978. (*CO-048*)

Cabildo Kamza: 6/76-10/86; US$127.236. El Cabildo trabajó con 350 familias kamzas para obtener derechos de propiedad de varios miles de hectáreas de tierras tribales y explotarlas. Los kamzas recibieron capacitación en gestión de cooperativas, contabilidad y comercialización, y restablecieron el sistema de producción comunal a fin de reafirmar sus raíces tribales. El Cabildo también apoyó la labor de uno de los ancianos de la tribu que, valiéndose de sus estudios de antropología, recopiló y publicó cuentos, leyendas y ceremonias tradicionales de los kamzas para usar en las escuelas locales. (*CO-072*)

Fundación Colombiana de Investigaciones Folclóricas: 2/77-8/85; US$127.014. Con esta donación se financió la instalación de una radiodifusora en Córdoba, en el norte del país, que constituiría un foro para un diálogo permanente por radio entre los pueblos rurales marginados, utilizando la cultura local como fuente temática para el programa y abordando temas de actualidad desde el punto de vista de los campesinos. (*CO-098*)

ACPA—*Asociación Colombiana de Promoción Artesanal: 9/77-1/85; US$371.789.* ACPA inició un amplio programa educativo, que fue planificado con la participación de artesanos rurales tradicionales, en los campos indicados por los mismos artesanos. ACPA ayuda a sentar las bases de la organización para que los artesanos mejoren su situación económica y dirijan la atención a los problemas sociales. Se trabajó con tejedores, barnizadores, fabricantes de hamacas, talladores de madera, tejedores de canastas, kunas que fabrican artículos con aplicaciones de mola, ceramistas y sombrereros (véase también CO-306). *(CO-121)*

Fundación Cultural "Teatro El Local": 9/78-12/83; US$93.500. Con esta donación se pagó una parte de los sueldos y de la construcción de un centro cultural con sala de teatro, café, librería y un local donde los nuevos artistas pueden exponer sus obras. De esta forma, los miembros de El Local tienen más tiempo para proporcionar capacitación y asistencia a grupos de teatro de los barrios de los alrededores de Bogotá, a fin de aprovechar la energía creadora, poner de relieve ciertos problemas sociales e impulsar la acción comunitaria. *(CO-127)*

Fundación Cultural Teatro Taller de Colombia: 3/80-6/82; US$ 79.544. Teatro Taller compró y acondicionó un autobús para llevar obras teatrales con un contenido social y actividades de capacitación a barrios urbanos y localidades remotas de toda Colombia. Además, compró un local pequeño donde se realizan los seminarios de Teatro Taller y de otros grupos de teatro locales y ofreció programas especiales de divulgación para huérfanos, niños callejeros, sordos y enfermos. *(CO-180)*

Cine Mujer: 9/81-4/85; US$105.954. Cine Mujer produjo una película documental sobre la entereza y la fuerza de una artesana campesina que tejía canastas para suplementar los ingresos familiares. Esta mujer se convirtió en líder de su localidad y fue premiada por Artesanías de Colombia por la calidad de sus productos. Se espera que otras mujeres que vean esta película se identifiquen con ella y aprendan de su experiencia. *(CO-194)*

Grupo Precooperativo Artesanal, Casa del Barniz de Pasto: 9/82-3/86; US$47.333. A fin de elevar el nivel de vida de los socios, este grupo mejoró las técnicas de producción y comercialización y preservó la integridad de sus artesanías tradicionales. Estos artesanos de las montañas, conocidos como barnizadores, utilizan un procedimiento Único en su género para crear diseños por medio de baños de barniz que se ha empleado en esta región del país durante siglos con la resina del árbol *mopa mopa*, que crece en los llanos tropicales. *(CO-233)*

Dres. Nina S. Friedemann y Jaime Arocha: 8/82-7/85; *US$27.720*. Con esta donación se hizo un estudio de la población negra de Colombia, cuyo principal propósito era presentar a los negros colombianos y a la sociedad en general información exacta y objetiva sobre las contribuciones artísticas, literarias, culturales y económicas que los negros han realizado al desarrollo de Colombia. Las obras que se prepararon con los resultados de este estudio se encuentran entre las más importantes sobre la cultura negra de Colombia: *Un siglo de investigación social: Antropología en Colombia* (1984), *Carnaval en Barranquilla* (1984), y *De sol a sol: Génesis, transformación y presencia de los negros en Colombia* (1986). *(CO-236)*

Grupo Precooperativo Centro Artesanal de Morroa: 6/83-9/86; *US$63.740*. Este grupo utilizó los fondos donados para fortalecer su empresa de fabricación de hamacas, proporcionar servicios de salud a los socios y a los pobladores de la zona y construir un centro de artesanos. Inspirado por la importancia histórica y cultural de sus artesanías, el grupo ha luchado tenazmente por una participación justa en los beneficios económicos de su trabajo, sirviendo de ejemplo para otros grupos de artesanos que decidan llevar a la práctica iniciativas similares. *(CO-257)*

ACPA—Asociación Colombiana de Promoción Artesanal: 9/84-9/90; *US$378.500*. ACPA estableció un Centro de Estudios Artesanales como parte de su programa para revitalizar la producción de artesanías en Colombia, poniendo de relieve el bienestar de los artesanos. El Centro se creó con el propósito de abordar los problemas técnicos, culturales y económicos de los productores de ciertas artesanías tradicionales y de sus comunidades. Una meta a largo plazo era formular recomendaciones concretas para organizaciones públicas y privadas que trabajan para mejorar la situación y la producción de los artesanos colombianos (véase también CO-121). *(CO-306)*

Fundación para el Etnodesarrollo de los Llanos Orientales de Colombia: 9/85-2/91; *US$125.163*. ETNOLLANO, organización de investigaciones aplicadas, preparó un modelo para la capacitación de promotores de salud indígenas que trabajan con los sikuanis en el departamento de Vichada. Este programa ayudará a los agentes de extensión indígenas que trabajan con el Ministerio de Salud local a planificar y ejecutar programas de salud comunitarios adaptados a las características socioculturales de los grupos indígenas de la región. *(CO-323)*

Fundación para el Desarrollo Infantil: 9/85-9/87; US$42.000. Se recopilaron y publicaron unos 50 cuentos infantiles para usar en las escuelas públicas del departamento de Valle. Se trata de cuentos narrados por pobladores rurales y urbanos basados en aspectos de la vida comunitaria que son culturalmente relevantes para los jóvenes lectores. *(CO-325)*

Asociación Cultural de Fusagasugá: 4/86-4/90; US$187.600. La Asociación ofreció programas para adolescentes encaminados a fomentar la creatividad y la cultura en el marco de un programa más amplio de educación preescolar, atención primaria de salud, saneamiento ambiental, instrucción cívica y alfabetización del adulto. *(CO-334)*

Fundación PEPASO: 6/68-12/91; US$232.140. PEPASO llevó a cabo programas de alfabetización y desarrollo comunitario en más de 30 barrios de Bogotá, colaborando en la formación de grupos vecinales de música, teatro y danzas y organizando una serie de festivales importantes de cultura popular urbana. *(CO-335)*

FIDES—*Fundación para la Investigación y el Desarrollo de Sucre: 6/89-12/90; US$23.800.* FIDES fundó cinco escuelas para la preservación, enseñanza y difusión de la música de gaitas y tambores en cinco localidades del departamento de Sucre. *(CO-403)*

AJUSAN—*Asociación de Juventudes de Santander: 1/90 12/91; US$48.200.* AJUSAN puso en marcha un programa de capacitación y organización con el propósito de formar jóvenes dirigentes, un programa económico a fin de crear fuentes de ingresos para jóvenes y un programa cultural y deportivo orientado a promover la expresión cultural autóctona y otras actividades constructivas para unos 2.000 jóvenes de 18 municipalidades del departamento de Santander. *(CO-419)*

Fundación Habla/Scribe; 4/90-4/92; US$80.800 a fin de ampliar un método no convencional de alfabetización y comunicación popular empleando materiales de artes gráficas producidos colectivamente en comunidades negras e indígenas de escasos recursos de cuatro regiones del occidente de Colombia. El proyecto abarca la producción de un diccionario ilustrado para usar en las clases de lectura que pone de relieve escenas y símbolos culturales locales, así como un intercambio innovador sin precedentes entre los negros e indígenas de Colombia. (*CO-422*)

Resguardo Indígena Emberá de Guangui: 6/90-5/93; US$` 45.000 para construir un centro comunitario, estudiar y preservar la lengua emberá, mejorar la situación sanitaria por medio de la medicina tradicional y preventiva, y mejorar las viviendas y las instalaciones sanitarias, beneficiando así a 115 familias ampliadas de emberás. (*CO-426*)

Costa Rica

COOPETALAMANCA—*Cooperativa Agropecuaria y servicios Múltiples de Talamanca, R.L.: 9/80-8/83; US$75.410.* Esta cooperativa de productores agropecuarios de la Costa Atlántica de Costa Rica patrocinó, junto con la escuela secundaria agrotécnica local, un proyecto de investigación comunitaria coordinado por la folclorista Paula Palmer sobre la historia, la cultura y los problemas contemporáneos de la región. La información obtenida se difundió por medio de una revista (véase CR-103). (*CR-042*)

Asociación Indígena de Costa Rica: 9/81-3/84; US$137.190. La Asociación contrató una pequeña plantilla para coordinar la ejecución de programas de formación de dirigentes, asistencia técnica, apreciación cultural y planificación de proyectos. La Asociación es una federación nacional formada por siete grupos indígenas de Costa Rica, que se formó con el propósito de crear oportunidades económicas, promover los valores culturales y sociales indígenas, mejorar los conocimientos de los dirigentes locales y fomentar la solidaridad entre los grupos indígenas. (*CR 046*)

Paula R. Palmer: 4/84-3/86; US$18.680 para actualizar, ampliar y traducir el libro escrito por Palmer en 1977, titulado

"What Happen": A Folk History of Costa Rica's Talamanca Coast, la primera compilación completa de la historia oral de la región. Palmer coordinó el proyecto de historia oral, que fue llevado a cabo por alumnos de la escuela secundaria de Talamanca y copatrocinado por COOPETALAMANCA, la principal organización de productores agropecuarios de la zona, cuyos dirigentes llegaron a la conclusión de que la identidad cultural era fundamental para el desarrollo futuro de la región (véase CR-042). *(CR-103)*

ACPATP—*Asociación de Conservación y Promoción de las Artes y Tradiciones Populares: 9/88-9/90; US$57.566.* Con esta donación se llevó a cabo un programa de capacitación artesanal en 14 localidades rurales de todo el país y se proporcionó a los artesanos, entre ellos indígenas e integrantes de grupos femeninos, asistencia técnica en materia de diseño y técnicas de producción, financiamiento para la producción de artesanías y servicios de comercialización por medio de un local de San José y contactos internacionales. *(CR-239)*

Dominica

PAT—*People's Action Theater: 12/79-6/80; US$17.250.* PAT puso manos a la obra para reparar los extensos daños causados por un huracán. Con los fondos donados, PAT salió de gira para difundir información sobre la situación en Dominica y recaudar fondos a fin de reanudar sus actuaciones, y produjo y difundió por radio una serie de obras de teatro sobre temas vinculados a la reconstrucción. PAT es una organización de actores, escritores y músicos que se creó en 1970 con el fin de promover la educación y la conciencia social, histórica y cultural en toda Dominica. *(DO-048)*

MCL—*Management Consultants Limited: 1/82-5/83; US$ 17.480.* Dos artesanos haitianos muy hábiles en la producción de artesanías de fibra de banano pasaron seis meses en Dominica enseñando este arte a artesanos de la reserva de indios caribes de Dominica. *(DO-074)*

Ecuador

CEPTEL—*Centro de Producciones para la Televisión Latino-americana: 6/75-11/78; US$333.356.* CEPTEL produjo y distribuyó un teleteatro diferente para televisión, en el cual se presentan situaciones de la vida real y problemas sociales relevantes, como la reforma agraria, la migración, el machismo y la importancia social de la iglesia. Al presentar estos temas al público en una forma artística y amena, CEPTEL esperaba fomentar la reflexión y la acción sobre algunos de los problemas sociales básicos de América Latina (véase también PU-033). (*EC-023*)

UNIDAD—*Departamento de Educación Popular Permanente de Chimborazo: 9/79-10/86; US$625.540* para las actividades de educación y promoción socioeconómica de más de 1.000 grupos indígenas rurales de la provincia de Chimborazo. Entre dichas actividades cabe destacar clases de alfabetización, panaderías comunitarias, talleres artesanales, silvicultura comunitaria y el fortalecimiento de organizaciones locales a nivel de pueblo y de federación. Un componente fundamental de este amplio programa de desarrollo fue la extensión del alcance de la *Feria Educativa* de UNIDAD, que promueve la revitalización cultural por medio de espectáculos de música y danzas y fomenta la participación de los campesinos en el análisis de temas socioeconómicos y culturales pertinentes por medio de sociodramas. La *Feria* es un elemento para entrar en las comunidades indígenas locales, y a la larga impulsa a los campesinos a participar en la labor de desarrollo que realiza UNIDAD (véase también EC-165). (*EC-053*)

Programa de Antropología para el Ecuador: 3/80-12/81; US$ 66.455. Un grupo de actores estableció un taller de teatro popular en un barrio de Quito, produjo obras con un contenido social y preparó una monografía en la cual se evalúa la experiencia. Se crearon obras sobre la base de investigaciones antropológicas que identifican las raíces culturales y examinan posibles soluciones para los difíciles problemas sociales. (*EC-069*)

Etnopublicaciones: 12/80-12/86; US$99.230. Un folclorista ecuatoriano preparó una antología de expresiones de la cultura tradicional negra de las provincias de Esmeraldas y Chota, que está desapareciendo rápidamente. La meta era preservar y revitalizar el patrimonio negro local, formado por cuentos, poemas, mitos, ritos, instrumentos musicales, herramientas y artículos de uso doméstico. (*EC-074*)

Vicariato Apostólico de Esmeraldas: 9/81-12/83; US$14.400. La Comisión del Vicariato para la Promoción de la Cultura de Esmeraldas amplió su centro educativo y sala de lectura, para lo cual compró material adicional relacionado con el contexto histórico, social, cultural y económico de los negros y los indígenas de la provincia de Esmeraldas. Esto sirvió de complemento de otras actividades del Vicariato, como la organización de conferencias y seminarios, el patrocinio de estudios y publicaciones, la preparación de programas de radio y la colección de libros y documentos raros, inéditos o agotados. (*EC-076*)

Cooperativa de Producción Agropecuaria "San Pedro", Ltda.: 9/81-6/87; US$48.370 para apoyar al conocido grupo cultural Los Yumbos Chahuamangos de esta cooperativa de producción de carne vacuna en sus esfuerzos para revivir y mantener las importantes formas de expresión cultural de los quechuas de los llanos, entre ellas la música, la danza, los trajes típicos, las tradiciones, las historias orales y las técnicas de caza y pesca. Los Yumbos muestran estas formas de expresión cultural tanto a los indígenas como a los ecuatorianos que no son indígenas y ayudan a grupos culturales incipientes de la región a emprender actividades similares. (*EC 082*)

Sociedad de Sordos Adultos "Fray Luis Ponce de León": 3/83-8/89; US$83.550. La Sociedad codificó el lenguaje de gestos que se usa en el Ecuador, preparó el primer texto del lenguaje de gestos del país, organizó cursos vocacionales y de formación de dirigentes, y organizó un teatro para sordos. El objetivo a largo plazo era que los sordos se integraran mejor a la vida cultural y económica del Ecuador. (*EC-116*)

Mundo Andino: 4/84-1/91; US$68.900. Mundo Andino realizó una labor de investigación, como resultado de la cual publicó y distribuyó material didáctico culturalmente apropiado y adaptado al aprendizaje de los campesinos adultos de las montañas que han aprendido a leer y escribir. Se produjeron más de 20 folletos con lenguaje e ilustraciones de la vida diaria, en los cuales se abordan temas tales como la producción agrícola y artesanal, las creencias y costumbres tradicionales, la historia local y la organización familiar y comunitaria. (*EC-124*)

Radio Latacunga: 8/85-1/91; US$160.650. A fin de mejorar sus programas y transmisiones, Radio Latacunga contrató locutores de habla quechua, compró equipo de mejor calidad y obtuvo asistencia técnica para el mantenimiento del equipo y en el campo de la educación por radio. Como parte del proyecto, se fomentó la participación de las bases mediante la ampliación de los programas producidos por campesinos y la labor de divulgación del personal de Radio Latacunga en las comunidades atendidas. Las actividades de Radio Latacunga complementan la labor local en pro del desarrollo, mejorando los programas de radio bilingües sobre producción agrícola, protección ambiental, salud pública, desarrollo institucional y revitalización cultural. (*EC-136*)

Sociedad Salesiana del Ecuador: 9/85-8/88; US$80.000. La Sociedad fortaleció la educación bilingüe y los cursos de formación vocacional para preescolares y adultos de 46 localidades campesinas de las montañas de la provincia de Cotopaxi. Como parte del proyecto, el equipo a cargo recopiló y difundió cuentos populares, leyendas y tradiciones orales, tanto locales como regionales, para usar en sus clases y en el programa de enseñanza escolar. (*EC-146*)

Instituto Normal Fisco-Misional Bilingüe Intercultural Shuar de Bomboiza: 11/85-5/90; US$89.100. Esta donación se destinó a los programas del Instituto para preparar a los maestros para trabajar eficazmente con un sistema de enseñanza bilingüe (shuar/español) por radio y fortalecer un nuevo proyecto en el cual los alumnos shuares recopilan información sobre la historia cultural de sus propios pueblos y la divulgan por medio de material didáctico bien preparado. (*EC-148*)

José Chávez Morales: 9/85-9/89; US$15.160. Chávez hizo una antología de las tradiciones folclóricas de Imbabura (su provincia natal), las publicó en quechua y en español, y proporcionó material bilingüe impreso a instituciones que promueven la educación local, la formación de los adultos que han aprendido a leer y escribir, y la revitalización cultural. (*EC-150*)

Federación de Cabildos Indígenas de la Parroquia Cacha: 4/86-3/92; US$79.800. Esta organización de 18 comunidades campesinas indígenas de la provincia montañosa de Chimborazo fortaleció su capacidad institucional y aumentó la productividad agrícola y los ingresos de fuentes no agropecuarias. Además, trabajó para mantener el rico patrimonio cultural de la población indígena local con actividades tales como la compilación de cuentos populares, la organización de festivales regionales y la enseñanza de música, danza y artesanías a los jóvenes de la localidad. (*EC-159*)

CONFENIAE—*Confederación de Naciones Indígenas de la Amazonía Ecuatoriana: 4/86-9/92; US$185.500.* CONFENIAE establecerá un programa de educación básica bilingüe y bicultural que se ofrecerá a alumnos indígenas de la región amazónica del Ecuador, utilizando en parte las tradiciones y los símbolos locales. (*EC-160*)

UNORSAL—*Unión de Organizaciones Campesinas de Salinas: 7/86-6/91; US$52.300.* Esta federación promovió actividades para crear fuentes de trabajo y de ingresos apropiadas tanto para el medio cultural como para el medio ambiente. El principal objetivo del proyecto era promover empresas de producción de alimentos que no resultaran perjudiciales para el medio ambiente, la expansión de un proyecto de reforestación y el establecimiento de un programa para preservar el patrimonio cultural de la región mediante la recopilación de elementos folclóricos y objetos producidos con técnicas tradicionales. (*EC-163*)

SEV-CH—*Servicio Ecuatoriano de Voluntarios - Chimborazo: 9/86-11/89; US$384.790.* El SEV-CH llevó a cabo en Chimborazo un programa de educación y capacitación popular, fortalecimiento de organizaciones campesinas, asistencia técnica y promoción de la cultura tradicional. Como parte de sus actividades de revitalización cultural, el SEV-CH recopila y publica canciones, cuentos e historias orales de la localidad, y organiza festivales anuales de música y danzas. Gran parte del trabajo está a cargo de su grupo de acción cultural, "La Feria Educativa" (véase también EC-053). *(EC-165)*

Comuna y Cooperativa Indígena San Rafael: 5/87-12/88; US$ 20.500. Este grupo de agricultores de subsistencia restauró y amplió la vieja finca de lo que antes era la hacienda San Rafael, e instaló allí una sala de reuniones para organizaciones locales, un centro de capacitación, un almacén comunitario, oficinas, una carpintería, un salón de tejido y un taller de música donde los jóvenes aprenden a tocar instrumentos indígenas tradicionales fabricados en la localidad. *(EC-177)*

Grupo de Danza, Teatro y Música "Angara Chimeo": 9/88-6/91; US$14.550 El Grupo realizó un programa de preservación y divulgación del patrimonio cultural negro del valle del Chota, que comprendió diversas actividades: mejora del centro cultural que Angara Chimeo ayudó a establecer en el pueblo de Chota, obtención de asistencia técnica y capacitación para los miembros en técnicas de mantenimiento de la cultura y gestión de proyectos, y ampliación de los recursos del grupo para compilar material cultural en tres campos (danza, teatro popular y música) y ponerlo en escena. *(EC 198)*

CONAIE— *Confederación de Nacionalidades Indígenas del Ecuador: 3/90-10/91; US$81.460.* La CONAIE colaboró con la Federación Awá, que es uno de sus miembros, y con la Unidad Técnica del Programa Awá (UTEPA), del gobierno ecuatoriano, en la ejecución de programas de educación bilingüe y ambiental para 5.000 indígenas awás que viven en el noroeste del Ecuador. El proyecto comprende el establecimiento de centros de enseñanza en 17 pueblos awás, la elaboración de programas de estudios y material didáctico apropiados desde el punto de vista ecológico y cultural, la preparación de algunos awás para que trabajen de instructores bilingües y guías ecológicos, y la educación básica de adultos y niños awás tanto en awapit como en español. *(EC-205)*

AINAIS/TAIS—*Asociación Interprofesional de Artesanos Indígenas de Salasaca y Trabajadores Artesanos Indígenas de Salasaca: 9/89-3/91; US$13.050.* Estas dos organizaciones de artesanos de Salasaca, Tungurahua, pusieron en marcha un programa de capacitación y asistencia técnica para mejorar y diversificar la producción, las ventas y la capacidad institucional. Con ese fin, establecieron un fondo para capital de trabajo destinado a la compra de materia prima y recopilaron y reprodujeron información histórica y cultural para distribuir entre los salasacas y, a la larga, comercializar mejor sus artesanías. (*EC-206*)

Pre-Asociación de Educación Artesanal: 9/89-3/91; US$ 28.820. Esta organización de educadores rurales de 35 localidades del departamento de Chimborazo crearon fuentes de trabajo mediante la ampliación de la producción de ropa, tejidos e instrumentos musicales, ofrecieron cursos a artesanos locales y patrocinaron un festival de música a fin de difundir la cultura local. (*EC-215*)

El Salvador

Asociación de Empresarios Circenses: 9/87-9/90; US$104.560. La Asociación estableció un fondo rotatorio de crédito para que 30 circos itinerantes pequeños pudieran mantener, mejorar y reemplazar las carpas, los materiales y el equipo necesario para sus actuaciones, aumentando así la viabilidad de estas compañías circenses que están luchando para sobrevivir. (*ES-056*)

Patronato Pro-Patrimonio Cultural: 2/88-1/91; US$144.744. El Patronato capacitó a 400 voluntarios y contrató cuatro promotores culturales a tiempo completo a fin de buscar, seleccionar, preservar y difundir tradiciones, costumbres, el folclore, la música, la danza y otras formas de expresión cultural que fomentan la recuperación y afirmación de la identidad nacional y promueven el desarrollo nacional en las zonas de Nahuizalco y Caluco, en el estado de Sonsonate, El Salvador. Con ese fin, el Centro preparó los planes necesarios para conseguir equipo y materiales para una exposición itinerante que hará 45 giras en el curso de tres años, llegando a unos 70.000 beneficiarios. (*ES-061*)

Estados Unidos

IED— *International Educational Development Inc.: 3/75-10/75; US$45.760.*. IED organizó y puso en marcha un programa de intercambio de información entre organizaciones comunitarias estadounidenses de habla hispana y latinoamericanas que usan el teatro popular con fines de desarrollo social. La principal actividad del programa fue una conferencia a la que asistieron representantes de dichas organizaciones. (*US-067/D*)

Wayne Ewing Films: 8/75-8/76; US$23.030 para filmar las actividades de Jamaica National Dance Company, Kingston Legal Aid Clinic, Sugar Workers' Cooperative Council (Jamaica) y Castle Bruce Cooperative (Dominica), para el programa especial de Bill Moyers titulado "The Other Caribbean" ("El otro Caribe"). (*US-079/D*)

Institute for the Development of Indian Law, Inc.: 8/77; US$ 22.500 para pagar los servicios de interpretación y los gastos de viajes de 10 delegados indígenas latinoamericanos que asistieron a una reunión de planificación en Estados Unidos y a la conferencia de Ginebra titulada "Discriminación contra los pueblos indígenas de las Américas", copatrocinada por el instituto y por el Consejo de Tratados Indígenas. (*US-105*)

Centro de Arte: 8/80-11/80; US$3.132. El Centro de Arte pagó los gastos de viajes relacionados con el Segundo Festival Andino de Música Folclórica, que tuvo lugar en la Universidad George Washington, en el cual actuaron un conjunto boliviano muy conocido (el Grupo Aymara) y un grupo boliviano de Washington, D.C. (Rumisonko). Los objetivos del proyecto eran mostrar al público no andino, y principalmente a los norteamericanos, la riqueza cultural de la región andina, apoyar y promover la conservación del folclore andino y enriquecer y fortalecer el legado cultural latinoamericano en los Estados Unidos. (*US-115*)

Estados Unidos y México

Atlanta Association for International Education y Centro de Investigaciones Superiores del Instituto de Antropología e Historia: 1/75-12/78; US$111.738. Con esta donación se filmó una película titulada "Double Feature", en la cual se documentó la interacción auténtica y personal entre grupos representantes de una nación del Primer Mundo (turistas norteamericanos adinerados) y grupos representantes de naciones del Tercer Mundo (mucamas y vendedores mexicanos), y se inició un programa educativo usando la película como catalizador en un proceso de aprendizaje activo. En la película se muestran en forma vívida y artística los prejuicios, las actitudes, los sentimientos y los mitos que tradicionalmente han determinado la forma en que cada grupo percibe su relación con el otro. (*US-056/D*)

Guatemala

ARTEXCO—*Federación de Cooperativas de Producción Artesanal: 6/77-9/79; US$94.086.* ARTEXCO estableció un fondo rotatorio de préstamo para que las cooperativas artesanales miembros pudieran comprar materia prima en grandes cantidades y un fondo de garantía a fin de pagar por adelantado los productos de las cooperativas locales. ARTEXCO fue la primera federación de cooperativas artesanales de Guatemala en producir artesanías tradicionales. (*GT-054*)

Cooperativa "Estrella de Occidente", R.L.: 9/80-10/81; US$ 3.000. La cooperativa ayudó a tejedores artesanales indígenas a producir y comercializar sus trajes típicos y proporcionó capital de trabajo adicional para la compra de materia prima, con lo cual los socios lograron aumentar sus ingresos. (*GT-100*)

PLFM—*Proyecto Lingüístico Francisco Marroquín: 3/83-3/84; US$ 26.866.* El PLFM realizó las siguientes actividades a fin de colaborar en la labor de alfabetización y formación bilingüe de los indígenas guatemaltecos: publicación de diccionarios de las lenguas mayas mam, cakchiquel, kanjobal y kekchi; computadorización de los datos recopilados en otros idiomas; compilación de material para programas de alfabetización; preparación de microfilmes de encuestas lingüísticas anteriores y elaboración de mapas de Guatemala con la distribución geográfica de las lenguas indígenas (véase también GT-137). (*GT-133*)

PLFM—*Proyecto Lingüístico Francisco Marroquín: 7/85-1/87; US$ 26.500.* Con esta donación, el PLFM continuó su labor de alfabetización de los indígenas guatemaltecos, para lo cual realizó investigaciones que condujeron a la preparación de material didáctico bilingüe. Específicamente, el PLFM computadorizó los datos recopilados en varios dialectos; publicó diccionarios de ixil, kanjobal y kekchi; preparó un mapa lingüístico de la lengua cakchiquel, y diseñó y publicó material didáctico bilingüe en kanjobal, quiché y chorti (véase también GT-133). (*GT-137*)

AEMG—*Asociación de Escritores Mayances de Guatemala: 3/87-3/91; US$68.400.* La AEMG recopiló y publicó en quiché cuentos y leyendas tradicionales, así como documentos sobre derecho civil, la constitución guatemalteca, salud y nutrición, a fin de presentar a los indígenas guatemaltecos ideas nuevas y técnicas de producción. (*GT-160*)

Asociación de Artesanos "Aj Quen": 1/90-12/90; US$56.475. La Asociación trazó y aplicó una estrategia de comercialización de artesanías que incluyó la organización de un programa de educación para promover, a nivel nacional e internacional, una mayor comprensión de las diversas expresiones étnicas y culturales de los tejidos guatemaltecos. (*GT-207*)

Guyana

St. Cuthbert's Craft Centre: 1/82-8/84; US$15.340. Esta asociación de más de 60 artesanos amerindios terminó de construir un edificio para sus programas de capacitación y comercialización de artesanías. Además, realizó una labor de divulgación a fin de incorporar a otras comunidades amerindias en el programa del Centro y experimentó con el cultivo de la palma tibisiri silvestre, que es una fuente importante de materia prima para la producción de artesanías amerindias en Guyana. (*GY-008*)

Haití

CEH—*Conference Episcopal d'Haiti: 9/85-7/88; US$561.650.* La CEH patrocinó un programa nacional de cinco años para ayudar a tres millones de haitianos adultos a aprender *créole*, el idioma nacional de Haití. Con los fondos donados se pagó una parte de los gastos de personal, formación de maestros, preparación de material didáctico, compra de equipo y gastos administrativos. (*HA-094*)

Honduras

ASEPADE—*Asesores para el Desarrollo y Rafael Murillo Selva: 9/79-3/81; US$85.814.* ASEPADE trabajó con los garífunas, caribes negros que viven en la costa norte de Honduras. Los objetivos del proyecto eran concientizar a los garífunas con respecto a sus problemas socioeconómicos, promover el respeto y la preservación de su patrimonio cultural y facilitar el intercambio entre los garífunas y otros sectores de la sociedad hondureña. ASEPADE investigó las leyendas y el folclore de este grupo, hizo una antología y, con la participación de los garífunas, escribió y puso en escena la obra titulada "Theater of Identity" ("Teatro de identidad"), organizando debates abiertos después de cada actuación. Se filmó una película y una videocinta para documentar la experiencia (véase también HO-075). (*HO-046*)

Rafael Murillo Selva: 6/82-7/82; US$5.000. Con esta donación se pagaron los gastos de viajes y los viáticos del director artístico de Asesores para el Desarrollo, que realizó una gira para presentar la videocinta "Theater of Identity" ("Teatro de identidad"), de los garífunas, a educadores, a grupos de teatro y al público en general en la cuenca del Caribe y en los Estados Unidos (véase también HO-046). (*HO-075*)

Pre-Cooperativa de Tejedores Intibucanos: 9/82-5/86; US$ 19.200. Se ofrecieron cursos de administración y contabilidad

Un joven haitiano, Joel Corneille, del barrio Brooklyn en Puerto Príncipe, emplea técnicas tradicionales para producir canastos de material vegetal (de banano y palma) para la venta. Una organización local, el *Comité Artisanal Haitien,* le proporciona apoyo en la forma de control de calidad, crédito y comercialización especialmente en el exterior. ((Mitchell Denburg))

para fortalecer la capacidad de gestión de esta cooperativa incipiente y se compraron materiales y equipo para incrementar la producción de tejidos. El grupo está formado por tejedores indígenas que han revivido un tipo de artesanía que prácticamente había desaparecido de Honduras. (*HO-078*)

OFRANEH—*Organización Fraternal Negra Hondureña: 12/82; US$5.000.* OFRANEH organizó una reunión nacional para promover la consolidación de las organizaciones de los garífunas, que tradicionalmente han vivido en caseríos dispersos, con un cierto grado de cohesión social pero incapaces de consolidarse políticamente. Debido a esta desorganización, los garífunas han quedado relegados a una condición étnica marginal en Honduras y se han beneficiado de muy pocos programas sociales del gobierno. (*HO-081*)

Jamaica

MRR—*Mystic Revelation of Rastafari Community Cooperative and Cultural Centre: 3/77-3/78; US$60.407.* Los músicos y promotores culturales de este grupo utilizaron su talento y sus recursos para fomentar el desarrollo de sus barrios. Se concedieron fondos para ampliar la escuela de música y establecer un estudio de grabación de propiedad y uso cooperativos, cuyos ingresos se destinarían a otros proyectos de desarrollo comunitario. (*JA-034*)

Jamaica School of Dance/Institute of Jamaica: 2/77-1/85; US$ 147.400. Se organizó y ofreció un curso de tres años sobre la danza en la educación, al termino del cual se entregaron diplomas, a fin de preparar a 20 graduados para que trabajaran como promotores culturales en el sistema escolar de Jamaica y en programas para jóvenes que no asisten a la escuela. Con los fondos donados se financió también la publicación del libro *Caribbean Cultural Identity: The Jamaican Case*, de Rex Nettleford, director del instituto. Esta obra es considerada como una de las mejores sobre la cultura del Caribe y sus repercusiones en el desarrollo socio-económico (véanse también JA-061 y JA-062). (*JA-037*)

Sistren Theatre Cooperative: 7/79-9/80; US$8.500. Sistren aumentó el número de actuaciones en zonas urbanas y rurales de bajos ingresos, consiguió mejores salas de teatro y fortaleció sus recursos institucionales y financieros por medio de cursos de teatro, educación general y gestión de cooperativas patrocinados por el gobierno. Sistren, cooperativa de teatro popular organizada en 1977 por 13 trabajadoras de barrios urbanos de bajos ingresos, impulsa a las mujeres a reflexionar sobre su situación y a buscar formas positivas de participar en la solución de los problemas socio-económicos (véase también JA-057). *(JA-047)*

Sistren Theatre Cooperative: 4/81-9/84; US$40.988. Sistren estableció un taller de serigrafía y diseños textiles a fin de crear otra fuente de trabajo e ingresos para las socias de Sistren (véase también JA-047). *(JA-057)*

Jamaica School of Drama/Institute of Jamaica: 9/81-10/84;US$ 104.035. Se llevó a cabo un programa de tres partes para fomentar el uso del teatro en la organización comunitaria y en los programas escolares, fortaleciendo al mismo tiempo el repertorio y la capacidad de divulgación de Jamaica School of Drama a fin de que alcanzara la autosuficiencia institucional. La Jamaica School of Drama ha estado experimentando con el teatro como medio práctico de aprendizaje, no sólo en los programas corrientes de enseñanza escolar, sino también para la capacitación de grupos de base que trabajan en pro del desarrollo (véanse también JA-037 y JA-062). *(JA-061)*

Jamaica School of Arts/Institute of Jamaica: 9/81-9/82; US$ 9.038. Con esta donación se financió la publicación de *Jamaica Maddah Goose*, libro bilingüe de cuentos populares y versos infantiles en el dialecto jamaiquino y en inglés corriente. Este libro es un instrumento educativo único en su género para fortalecer la identidad cultural de los niños jamaiquinos. Se espera que la venta a los turistas promueva la valoración de la lengua y la cultura populares de Jamaica (véanse también JA-037 y JA-061). *(JA-062)*

México

IMDEC—*Instituto Mexicano para el Desarrollo Comunitario: 12/73-9/76; US$16.931.* El IMDEC extendió su proyecto de comunicación urbana a cuatro barriadas adicionales de Guadalajara. Organizó diversas actividades, como teatro comunitario, pinturas murales, un periódico y fiestas a fin de plantear los problemas y las cuestiones que afectan a la comunidad, promover un mayor sentido de identidad y fomentar la expresión cultural creativa. (*ME-015*)

Instituto de Asesoría Antropológica para la Región Maya: 10/74-10/75; US$17.585. El Instituto fundó un centro de antropología aplicada para la región maya de México, a fin de enseñar antropología al personal, promover la colaboración de los promotores del desarrollo en Chiapas y sentar las bases de una evaluación sociocultural de la labor en pro del desarrollo que se realiza en la región maya. (*ME-031*)

Diócesis de San Cristóbal de las Casas: 10/74-11/74; US$1.185. Un lingüista y un educador analizaron una serie de reuniones y un congreso estatal para promover la unificación y la solidaridad de los mayas de Chiapas. El propósito era dar a conocer esta experiencia a otros grupos indígenas de las Américas. (*ME-033*)

Asociación Cultural de Bachajón, A.C.: 9/77-8/80; US$23.068. La Asociación fortaleció, amplió y aseguró canales de venta para una cooperativa de mujeres tzeltales que producen tapices tradicionales. Se realizaron diversas actividades: cursos de cooperativismo y administración de fondos rotatorios de préstamo, promoción social, compra de materiales y comercialización de tapices, construcción de talleres y depósitos, y mejora de los conocimientos prácticos, particularmente en los diseños y en nuevas combinaciones de colores. (*ME-078*)

PRADE—*Proyecto de Animación y Desarrollo, A.C.: 9/77-9/80; US$ 114.400.* Se financiaron las siguientes actividades para apoyar el trabajo de PRADE con los nahuas de Puebla: establecimiento de una pequeña planta de elaboración de café y de una carpintería, puesta en marcha de un proyecto de apicultura, formulación de un programa experimental para la formación de jóvenes promotores de la comunidad, construcción de sistemas de abastecimiento de agua potable y baños, establecimiento de un consultorio clínico, capacitación de varios pobladores locales para tareas de enfermería y de auxiliares médicos, investigación de los aspectos socioculturales de la vida comunitaria nahua y compilación de los resultados (véase también ME-164). *(ME-086)*

Casa de la Cultura de Tlacotalpán: 6/78-12/78; US$7.800. Con esta donación, 23 mexicanos pudieron participar en el simposio "México hoy" del XII Festival Anual del Folclore, que tuvo lugar en Washington, D.C. y en otras ciudades de los Estados Unidos. La Casa de la Cultura se dedica a la documentación, la enseñanza y la divulgación del patrimonio cultural de Veracruz. *(ME-106)*

Sociedad de Artesanía Santa Lucía de Tenejapa: 7/79-5/80; US$ 43.255. La Sociedad construyó un edificio de usos múltiples en Tenejapa, Chiapas, donde funcionan un museo de tejidos regionales, un local de artículos para turistas, un taller de tejido, un depósito, una guardería y un albergue para pernoctar. *(ME-138)*

Comunidades Indígenas de Capacuaro y San Lorenzo: 10/79-12/80; US$20.500. Se instaló una carpintería y se crearon dos conjuntos musicales en Capacuaro y San Lorenzo, pueblos indígenas de la región de Sierra Tarasca, en el estado de Michoacán. *(ME-141)*

PRADE II—Proyecto de Animación y Desarrollo, A.C.: 7/81-7/88; US$155.415. Se estableció un centro para evaluar el programa de desarrollo regional de PRADE en las comunidades indígenas de Puebla, a fin de ensayar otros métodos y técnicas que beneficien a los indígenas de forma más directa. Además, PRADE publicó libros y folletos sobre métodos de enseñanza, lectura y escritura en náhuatle (véase también ME-086). *(ME-164)*

Fomento—Fomento Cultural y Educativo: 1/83-3/86; US$102.120 para continuar un programa educativo por radio para campesinos de Huayacocotla, Veracruz, con folclore, música regional, noticias, información agrícola, análisis de acontecimientos de actualidad y divulgación de experiencias de organización de distintas localidades. Un tema básico del programa de radio ha sido el reconocimiento del valor de los campesinos, su comunidad y sus organizaciones. (*ME-195*)

GADE—*Grupo de Apoyo al Desarrollo Etnico de Oaxaca, A.C.: 9/83-12/84; US$37.436.* GADE, organización dedicada al desarrollo cultural y económico de los indígenas del estado de Oaxaca, proporcionó asistencia técnica y financiera a 19 proyectos de producción en pequeña escala en campos tales como riego, mejora de las técnicas de tejido tradicionales y construcción y administración de una panadería, un taller de cerámica y una carpintería. La meta de GADE no era simplemente conseguir beneficios económicos, sino también introducir nuevas técnicas que los indígenas pudiesen controlar y mostrar a los participantes métodos innovadores y en pequeña escala para resolver problemas (véase también ME-240). (*ME-217*)

PPU—*Promoción Popular Urbana: 9/85-9/86; US$34.417.* PPU llevó a cabo un programa de desarrollo comunitario de dos partes en un barrio de bajos ingresos de Tijuana donde viven mixtecas. El proyecto tenía un componente de educación del consumidor, que consistía en informar a los mixtecas sobre los servicios que ofrece el sector público en materia de vivienda, mejoras vecinales, venta de alimentos al por menor y atención primaria de salud, y un componente de desarrollo humano, con clases de alfabetización bilingüe, educación para la salud y actividades para promover las tradiciones y la expresión cultural. (*ME-237*)

GADE—*Grupo de Apoyo al Desarrollo Etnico: 9/85-4/87; US$ 67.128.* GADE ofreció asistencia técnica y capacitación sobre gestión de proyectos productivos en 10 pueblos indígenas aislados. El propósito de estos proyectos era crear fuentes de ingresos y utilizar técnicas tradicionales en ramos tales como la producción de seda y la carpintería (véase también ME-217). (*ME-240*)

GER—*Grupo de Estudios Regionales del Estado de Oaxaca: 7/86-1/89; US$39.575.* El GER realizó investigaciones con mujeres de cuatro pueblos indígenas en lo que atañe al papel de las parteras tradicionales en el suministro de servicios de salud materno-infantil. Los objetivos inmediatos eran sistematizar los datos sobre las teorías y prácticas que emplean las parteras, mejorar sus conocimientos y divulgar esta información entre otras parteras, mujeres de la localidad e instituciones médicas y de enseñanza de Oaxaca. Se prevé que uno de los resultados a largo plazo de este proyecto será una mayor integración de la medicina moderna y la medicina tradicional a nivel comunitario. (*ME-249*)

Sna Jtz'Ibajom: 9/86-9/89; US$52.730. Esta organización cultural indígena recopiló historias orales y cuentos autóctonos de los tzotziles y tzeltales, y dio a conocer este material a los indígenas y al público en general por medio del teatro de títeres, programas de radio y publicaciones en lenguas indígenas y en español. El propósito era divulgar información y fomentar la comprensión de la historia y la cultura locales. (*ME-262*)

Músicos-Comité de la Música de la Sierra Juárez: 9/87-9/88; US$18.230. Se organizó y ofreció un curso de música, con clases de teoría, composición, adaptación y escritura, para músicos de 30 pueblos indígenas que tocan en bandas municipales. Los músicos continuaron tocando en las bandas municipales, pero el curso los preparó para enseñar a otros alumnos, reparar instrumentos, documentar la música tradicional y organizar intercambios musicales entre distintas localidades. (*ME-282*)

ADCCIO—*Asociación para el Desarrollo Cultural de las Comunidades Indígenas de Oaxaca: 9/87-9/90; US$61.740.* Tres pueblos indígenas del valle central de Oaxaca establecieron centros culturales comunitarios. Con ese fin, se realizaron investigaciones en los archivos municipales, se preparó un inventario de artesanías y objetos locales, se documentaron las historias orales, se prepararon muestras de técnicas tradicionales y se ofrecieron talleres sobre temas tales como diseños textiles, tinturas naturales, construcción y técnicas agropecuarias. (*ME-284*)

Centro de Capacitación Musical Mixe: 3/88-3/88; US$3.948. Con el fin de promover la valoración y comprensión de la cultura mexicana tradicional, un grupo de estudiantes mixes viajó a los Estados Unidos para encontrarse con bandas locales y coros en cuatro ciudades. Los jóvenes mixes estudiaban en un centro musical comunitario de un pueblo del estado de Oaxaca. (*ME-287*)

COMCAMP—*Comunicación Campera, A.C.: 6/89-4/91; US$ 89.840.* CONCAMP inició un programa de educación del adulto y proporcionó asistencia económica para la creación de empresas productivas, beneficiando a indígenas tzotziles y tzeltales de más de 60 localidades rurales de los altos de Chiapas. Con el programa de educación, los dirigentes indígenas se preparan para asesorar a las comunidades sobre problemas jurídicos. Un grupo de actores tzotziles y tzeltales presentan obras de teatro, en vivo y en videocinta, sobre problemas jurídicos, con las cuales suscitan el debate e informan a los indígenas. (*ME-314*)

Sna Jolobil, S.C.: 5/89-4/91; US$82.800. Esta organización de 700 artesanos tzotziles y tzeltales, principalmente mujeres, se capitalizó. Con los nuevos recursos, la organización aumentó su fondo para capital de trabajo, ofreció cursos de tejido tradicional a los socios nuevos, reparó un taller de teñidos y estableció un centro de artesanos en San Cristóbal de las Casas. (*ME-318*)

Sna Jtz'Ibajom (Cultura de los Indios Mayas, A.C.): 9/90-3/91; US$21.000. Esta organización de educadores, escritores y actores mayas amplió su programa de alfabetización y educación cultural. Obtuvo material nuevo para sus propios programas de instrucción, para las escuelas públicas y para comunidades rurales de los altos de Chiapas. Sus integrantes viajaron con frecuencia a pueblos rurales para distribuir el nuevo material y presentar obras de teatro y de títeres como parte del programa de educación. (*ME 338*)

Panamá

Fe y Alegría: 10/73-12/74; US$4.800. La rama de comunicación de Fé y Alegría Comunicación Social y Teatro Popular (COSTEPO) organizó 20 grupos de teatro comunitario en zonas rurales y urbanas y les proporcionó asistencia técnica, publicó un manual de teatro comunitario, planificó y convocó un congreso nacional de grupos de teatro, y realizó investigaciones sobre el folclore, los mitos y la vida cotidiana de las comunidades.

COSTEPO usó el teatro como medio de comunicación y expresión, así como para exponer los problemas sociales. *(PN-013)*

CECOP—*Centro de Comunicación Popular: 6/74-8/76; US$ 81.115.* El CECOP hizo un análisis social de los medios de comunicación de masas de Panamá, entre ellos el cine, la televisión, la radio y los periódicos; ofreció talleres de comunicación social sobre cinematografía, periodismo y fotografía; y filmó películas usando el campo y las fábricas como escenario, los agricultores y obreros como actores, y su vida como libreto. *(PN-020)*

AEK—*Asociación de Empleados Kunas: 9/83-4/87; US$498.552.* La AEK ayudó a los kunas a establecer y demarcar su reserva como parque forestal y refugio de la fauna y la flora silvestres, a fin de que los kunas pudieran controlar el acceso a sus tierras tradicionales y proteger la cuenca hidrográfica, que es muy susceptible ecológicamente, contra la deforestación. Además, se proporcionaron recursos para ayudar a los kunas a construir edificios para los científicos y los turistas en la sede del parque. Con estas actividades, los kunas están tratando de mantener su autonomía económica y cultural (véanse también PN-093 y PN-111). *(PN-078)*

Asociación Panameña de Antropología: 5/83-5/84; US$5.000. La Asociación recopiló y transcribió historias orales, leyendas y tradiciones relacionadas con dos de las ceremonias de iniciación más importantes de los guaymíes, el grupo indígena más numeroso de Panamá. La información se tradujo al español para usar en programas de educación bilingüe. *(PN-079)*

AEK—*Asociación de Empleados Kunas: 8/85-10/86; US$21.150.* La AEK filmó una película documental sobre los problemas que crea para los kunas la agricultura de roza y quema que practican los campesinos en toda la zona selvática de Panamá y a lo largo de la carretera que conecta la reserva kuna con la carretera Panamericana. En la película se muestran los métodos agrícolas de los kunas, que representan una combinación singular de técnicas tradicionales de agrosilvicultura y ecología moderna. Los kunas usan esta película para mostrar a su propio pueblo la importancia de la integración de la cultura indígena y el aprovechamiento de los recursos naturales (véanse también PN-078 y PN-111). (*PN-093*)

AEK—*Asociación de Empleados Kunas: 2/87-12/90; US$262.600*. Los kunas pusieron en marcha los programas de aprovechamiento de los recursos, educación ambiental y preservación cultural trazados en el "Plan de gestión de la reserva kuna". Se terminó de demarcar la reserva, que tiene un perímetro de 200 kilómetros, concluyó la construcción del centro para visitantes de Nusagandi, se proporcionó capacitación adicional al personal en materia de administración de recursos y prosiguieron los programas de educación ambiental para los jóvenes kunas, para los kunas en general y para los campesinos que no son kunas pero que viven en los alrededores de la reserva. La meta a largo plazo de este proyecto consiste en ofrecer a los kunas mayores oportunidades para sobrevivir como pueblo convirtiendo su reserva en un parque nacional, para lo cual recurrieron a sus tradiciones culturales (véanse también PN-078 y PN-093). (*PN-111*)

Paraguay

CEADUC—*Centro de Estudios Antropológicos: 12/74-5/76; US$ 134.379*. CEADUC, que fue fundado en 1950 por particulares preocupados por la preservación de la cultura de las tribus indígenas de Paraguay, organizó una serie de diálogos con 17 grupos indígenas a fin de estimular un diagnóstico de su situación actual y de sus posibilidades futuras. Además, CEADUC proporcionó a los grupos información sobre sus derechos y sus opciones para protegerse y desarrollarse. Asimismo, organizó una campaña de conferencias y de información por los medios de comunicación a fin de presentar al público en general los problemas de los pueblos indígenas (véase también PY-026). (*PY-011*)

Vicariato Apostólico del Pilcomayo: 1/75-6/75; US$3.908. El Vicariato publicó 3.000 ejemplares de un texto bilingüe nivacle-español para que los maestros indígenas usaran en un programa de alfabetización para adultos y niños (véase también PY-026). (*PY 015*)

Grupo Proyecto Aty-Ne'e: 7/75-9/76; US$69.083. El grupo promovió el uso del teatro como vehículo didáctico para la reflexión, el debate y el diagnóstico en las zonas rurales de Paraguay. A fin de alcanzar esta meta, el Grupo realizó investigaciones sobre el folclore paraguayo y recopiló material, presentó obras de teatro y organizó talleres de teatro (véase también PY-025). *(PY-016)*

API—*Asociación de Parcialidades Indígenas: 3/77-10/80; US$ 1.533.770.* La API realizó una campaña para unir a los grupos indígenas paraguayos y fortalecerse como organización independiente dirigida por indígenas capaz de proporcionar a éstos los medios para mejorar su situación y conservar su identidad cultural. Entre las actividades financiadas por la Fundación Interamericana cabe señalar reuniones nacionales de los socios de API y un plan económico que benefició a siete grupos indígenas. Dicho plan consistió en la compra de tierras, el establecimiento de un fondo de crédito para la producción y la comercialización, y el pago de sueldos de asesores técnicos domiciliados en cada localidad. *(PY-024)*

Grupo Proyecto Aty-Ne'e: 7/77-8/81; US$115.150. El grupo de teatro Aty-Ne'e trabajó en dos zonas rurales para proporcionar la asistencia agrícola solicitada, fortalecer las organizaciones de agricultores e introducir una forma de entretenimiento que las comunidades pudiesen adoptar y continuar. Aty-Ne'e recopiló abundante información sobre los mitos y el folclore de la región, preparó piezas cortas basadas en el folclore local que presentan los dilemas de la vida rural, presentó improvisaciones con elementos informativos sobre la agricultura y enseñó técnicas de improvisación y otras técnicas teatrales a artistas locales (véase también PY-016.) *(PY-025)*

Vicariato Apostólico del Pilcomayo: 8/77-8/80; US$6.600. El Vicariato recopiló y publicó un diccionario de nivacle-español que complementa los programas de educación y alfabetización bilingües. El diccionario es indispensable para los programas de educación bilingüe (véase también PY-015). *(PY-026)*

Alter Vida-Centro de Estudios y Formación para el Ecodesarrollo: 8/87-8/88; US$33.978. Alter Vida llevó a cabo un proyecto de tres partes en cuatro localidades de las afueras de la zona metropolitana de Asunción. Alter Vida es una asociación civil dedicada a la promoción del desarrollo económico y cultural de la comunidad con una perspectiva ecológica. Como parte del proyecto, se promovió la horticultura orgánica en una organización femenina, los jóvenes aprendieron técnicas tradicionales e innovadoras para tejer *karanda'y* (fibra de una palma autóctona) y se reactivaron las formas tradicionales del teatro popular paraguayo, a fin de utilizarlas como medio de expresión y para fomentar el debate sobre asuntos relacionados con el proyecto y con la comunidad. (*PY-118*)

Alter Vida-Centro de Estudios y Formación para el Ecodesarrollo: 11/88-8/91; US$136.407. Alter Vida llevó a cabo un proyecto de tejidos tradicionales con *karanda'y* (fibra de palma), teatro popular en guaraní, horticultura orgánica, construcción de viviendas por los beneficiarios y desarrollo comunitario en cinco localidades de bajos ingresos en la zona suburbana de Asunción. (*PY-131*)

Perú

CEPTEL—*Centro Latinoamericano de Producciones Tele-Educativas: 9/73-12/74; US$10.660.* CEPTEL preparó 50 libretos para una telenovela orientada a introducir la reflexión crítica y el conocimiento de los cambios sociales en los programas de televisión americanos (véase también EC-023). (*PU-033*)

ACP—*Acción Comunitaria del Perú: 12/78-6/81; US$154.960.* ACP ofreció capacitación técnica y comercial a 400 artesanos de Ayacucho y proporcionó asistencia a una asociación incipiente de artesanos, COOSATEX. ACP suministró capital de trabajo a COOSATEX para que pudiera comprar materia prima de vendedores mayoristas y artesanías terminadas de los socios. Además, ACP ayudó a COOSATEX a seleccionar tinturas naturales y a ampliar su uso en los productos textiles elaborados por el grupo, a incorporar diseños indígenas preincaicos en los tejidos y a iniciar un programa de reforestación con 23.000 nogales. (*PU-083*)

Comité de Turismo de Taquile: 1/79-1/86; US$67.219 para ayudar a uno de los pueblos tradicionales del lago Titicaca a responder al incremento del turismo local y a hacer frente a los intentos de intereses ajenos para controlarlo. Como resultado de este proyecto, la situación económica local mejoró y se logró salvaguardar la cultura de los isleños. Los habitantes de la isla de Taquile instalaron motores fuera de borda en lanchas fabricadas en la localidad a fin de acortar el viaje a la isla, donde los turistas permanecen en la casa de indígenas del lugar. De esta forma, los taquileños pusieron fin al monopolio del transporte de turistas en lancha desde tierra firme, con el cual se beneficiaba un pequeño grupo de empresarios que no eran del lugar. Además, los taquileños construyeron un museo dirigido por la comunidad, donde se exhiben algunas de las piezas textiles más antiguas y de mejor calidad realizadas por los isleños. *(PU-093)*

Grupo Yanapai: 4/79-2/82; US$7.000. Con esta donación se publicó, promovió y distribuyó un libro andino para niños, *El Mundo de Santiago*, y su secuela, que se usan como libros de lectura suplementarios para escolares de primero y segundo grado. Los cuentos tienen ilustraciones en colores y presentan la curiosidad, las aventuras y la cultura indígena de un niño de las montañas del Perú. El libro está escrito en español, quechua y aymara, que son las lenguas de los lectores de los Andes centrales y de los pueblos jóvenes a los cuales está dirigido. *(PU-094)*

SEPAS—*Servicio Evangélico Peruano de Acción Social: 5/80-8/84; US$249.402.* SEPAS proporcionó asistencia técnica y capacitación a la asociación de artesanos Kamaq Maki. Como parte del proyecto se creó Kamaq Maki en calidad de organización de base independiente, autogestionaria y económicamente autosuficiente, con un programa de servicios que trascendió en gran medida los objetivos originales de comercialización de artesanías. Desde el punto de vista económico, el aumento de los ingresos provenientes de la venta de artesanías ayudó a muchos pueblos a soportar un período sumamente difícil de la economía peruana. Desde el punto de vista cultural, el proyecto ayudó a los beneficiarios a valorar más sus artesanías y su patrimonio cultural. *(PU-117)*

Richard Chase Smith: 11/81-6/84; US$49.020. Este antropólogo realizó investigaciones sobre el desarrollo y los problemas que afectan a grupos indígenas de la región amazónica del Perú y que tienen repercusiones en la supervivencia física y cultural de los indígenas, así como en su bienestar. (*PU-170*)

Centro de Estudios Andinos Rurales "Bartolomé de las Casas": 8/83-6/86; US$139.250. Se estableció un centro campesino en Cuzco, que ofrece alojamiento a los campesinos que viajan a la ciudad desde lugares muy alejados para vender productos agrícolas y ocuparse de asuntos comunales. El centro funciona también como institución de enseñanza popular y fuente de asistencia técnica en comercialización y producción, salud y asuntos jurídicos. En el centro están también las oficinas y el estudio de grabación de una estación de radio que difunde programas en quechua orientados a fortalecer la identidad cultural de los campesinos, a concientizarlos y a difundir información práctica. (*PU-199*)

CEICA—*Centro de Investigación, Capacitación y Documentación: 5/83-4/86; US$64.860.* Con el propósito de mejorar el nivel de vida de los ceramistas de Simbila, que continúan una tradición que se remonta a la época precolombina, CEICA ayudó a organizar a los ceramistas y les ofreció cursos de comercialización, alfabetización, nutrición y horticultura familiar. (*PU-204*)

Asociación Civil Antisuyo: 6/83-10/86; US$147.250. Antisuyo es una organización de servicios que, con esta donación, abrió un local comercial donde se venden productos de buena calidad y a precios justos hechos por artesanos de los Andes y de la selva. Los objetivos del proyecto eran brindar asistencia técnica y capacitación en técnicas de diseño y producción a fin de restablecer la calidad de las artesanías tradicionales y mantener vivas la cerámica y las artesanías textiles tradicionales que refuerzan los valores culturales de los artesanos de todo el Perú (véase también PU-256). (*PU-205*)

CAAAP—*Centro Amazónico de Antropología y Aplicación Práctica: 9/84-6/87; US$97.880.* El CAAAP, que fue fundado en 1974 con el propósito de fomentar la comprensión de las necesidades y la cultura de los indígenas de la región amazónica del Perú, llevó a cabo un programa de desarrollo agrícola y artesanal en cinco pueblos aguarunas y doce pueblos chayahuitas del departamento de Loreto. Fue el primer programa de desarrollo integral iniciado para estos beneficiarios que viven en aislamiento. *(PU-221)*

CEPCA—*Centro de Estudios y Promoción de la Cultura Andina: 9/85-9/87; US$110.900.* El CEPCA inició y promovió programas de desarrollo socioeconómico y estudios sobre la región andina y difundió los resultados. El CEPCA estaba ayudando a los artesanos que migran a Lima, donde les resulta difícil confeccionar artesanías porque están lejos de su pueblo, de sus telares tradicionales y de las fuentes de materia prima. Con esta donación rehabilitó un terreno prestado, donde construyó instalaciones de recreación y talleres artesanales y estableció huertas y corrales para animales domésticos, a fin de ayudar a los artesanos que llegan de los Andes. *(PU-235)*

Asociación Civil Antisuyo: 9/86-3/91; US$179.782. Antisuyo continuó su labor con pueblos indígenas de la selva y de los Andes en el campo de las artesanías tradicionales, ofreciéndoles capacitación institucional, materia prima, servicios de control de la calidad y promoción de técnicas artesanales tradicionales. Antisuyo trabaja para enseñar al público las tradiciones artesanales de las culturas indígenas peruanas por medio de exposiciones, audiovisuales y publicaciones. Además, dirige un local en Lima donde se venden artesanías de unos 60 pueblos indígenas del Perú (véase también PU-205). *(PU-256)*

Centro de Investigación Antropológica de la Amazonía Peruana: 8/87-7/88; US$16.760. El centro preparó un programa de educación bilingüe culturalmente apropiado para ocho grupos indígenas de la región amazónica, en el departamento de Loreto, que fue implantado por el Ministerio de Educación del Perú. *(PU-279)*

NCTL—*Naturaleza, Ciencia, y Tecnología Local para el Servicio Social: 3/90-2/91; US$49.926.* NCTL trabajó para mejorar las prácticas agrícolas y el uso de la tierra en varios pueblos del valle del río Santa Eulalia, en Lima, coordinando con ellos la realización de experimentos, el establecimiento de parcelas modelo, el restablecimiento de terrazas y clases de conservación del suelo, agricultura orgánica, cría de animales domésticos, piscicultura, reforestación y riego. Como parte de su labor, NCTL ofreció cursos de artes gráficas, artes plásticas y música para niños de la localidad. (*PU-310*)

República Dominicana

Casa de Teatro: 3/79-11/88; US$152.250. La Casa de Teatro llevó a cabo una campaña de recaudación de fondos, programas de capacitación para artesanos locales y grupos culturales, investigaciones sobre la cultura local y un "programa de expansión cultural" en las zonas más pobres y aisladas del país. La Casa de Teatro es una institución de educación cultural que fue fundada por un grupo de educadores profesionales y artistas para recopilar y difundir material relacionado con el patrimonio cultural dominicano. (*DR-040*)

Ballet Folklórico Dominicano: 3/80-8/81; US$16.000. Con esta donación se sufragaron los gastos generales del Ballet vinculados a la grabación de dos discos de música folclórica y la publicación de un libro sobre diversas expresiones del folclore dominicano. Esta organización cultural se dedica a la investigación y difusión de la cultura dominicana por medio de la danza y la música, y está formada casi en su totalidad por niños y jóvenes voluntarios de barrios pobres. (*DR-044*)

San Cristóbal y Nieves

Nevis Crafts Studio Cooperative: 7/80-5/81; US$10.655. El estudio amplió su taller, enseñó a artesanos jóvenes a confeccionar artesanías locales y pagó los estipendios de instructores y alumnos. Además de ofrecer fuentes de trabajo e ingresos estables a los artesanos, el proyecto tenía como fin conservar las tradiciones artesanales de Nieves. Con ese propósito, los jóvenes aprendieron las técnicas de los viejos artesanos, que son los únicos que todavía se dedican a la fabricación de canastas de pandánea, alfombras y banjos, al curtido de cueros y a la decoración de calabazas. (*NV 001*)

National Handicraft and Cottage Industries Development Board: 9/82-9/88; US$280.320. En el marco de un programa de reactivación de las artesanías tradicionales y de desarrollo, se instalaron y abrieron cuatro centros de capacitación y producción, se enseñó a 100 aprendices de artesano a fabricar artículos de uso doméstico de cobre, madera, cáscara de coco y tela, se vendieron artesanías en negocios de la localidad, se abrieron nuevos mercados extranjeros y se establecieron fondos de crédito para la compra de materia prima y la venta de productos terminados. *(SK-007)*

Santa Lucía

FRC—*Folk Research Centre: 8/89-7/91; US$51.500.* El FRC compró equipo para producir videocintas y casetes sobre la cultura folclórica de Santa Lucía. Los ministerios de salud, educación y turismo usan este material para la educación popular en las escuelas y en actividades de desarrollo basado en el esfuerzo propio. El producto de la venta de videocintas en los mercados locales y turísticos se destina a los programas del FRC y a la divulgación de la cultura tradicional. *(SL-006)*

Venezuela

ADI—*Asociación de Desarrollo: 9/85-7/91; US$182.630.* ADI llevó a cabo un programa de tres años de capacitación y asistencia técnica para organizaciones femeninas, cooperativas y pequeñas empresas en Catia, vecindario de bajos ingresos en expansión ubicado en las afueras de Caracas. Además, promovió el contacto entre estas organizaciones a fin de defender los intereses de la comunidad y coordinó la labor de numerosos grupos culturales locales que ofrecieron actuaciones en Catia a fin de mantener viva la tradición de la música, la danza y el teatro indígenas. *(VZ-044)*

Promoción Socio-Cultural Churuata: 11/85-7/90; US$298.100. Churuata proporcionó asistencia técnica y económica a tres centros regionales que coordinan las actividades de más de 250 grupos culturales de Venezuela. Estos centros culturales son tal vez la forma más dinámica de organización de base de Venezuela e impulsan las actividades locales de fomento del desarrollo. Por medio de los centros, Churuata trabaja con jóvenes, artesanos y grupos de expresión cultural. Una parte de la donación se asignó a materiales y equipo para establecer talleres de cerámica, cueros, tejido y tallado en madera, así como un local de artesanías en Caracas. Churuata se fundó con el propósito de coordinar las actividades de grupos culturales y de desarrollo comunitario de Venezuela y proporcionar asistencia técnica para la creación de pequeñas empresas de artesanos. Además, promueve el intercambio cultural entre jóvenes indígenas y no indígenas de seis a doce años. *(VZ-047)*

PROANDES—*Asociación Civil Promoción Social Los Andes: 9/86-8/90; US$152.415.* PROANDES fortaleció y amplió el Centro Campesino Mucuchíes, organización del distrito de Rangel dirigida por campesinos, que estaba ampliando sus programas de comercialización, capacitación y asistencia técnica en agricultura, artesanías, expresión cultural, nutrición, salud y desarrollo institucional. *(VZ-049)*

Grupo Cultural El Carmen: 7/88-8/90; US$15.000. El grupo extendió su programa de investigación, conservación y divulgación de las tradiciones culturales de la música, la danza y el teatro, enseñó a sus miembros a producir y vender artesanías y mejoró su biblioteca para programas de alfabetización del adulto y clases de recuperación para niños. *(VZ-064)*

Fundación Televisora Cultural Boconesa: 6/88-4/90; US$ 86.000. Esta Fundación continuó su programa de enseñanza práctica de la teledifusión para unos 400 jóvenes de 6 a 18 años que viven en barrios marginados y dirigen un canal de televisión, amplió los programas educativos y culturales, incorporando programas de música y de teatro, e inició un programa de divulgación para organizaciones comunitarias de autoayuda del estado de Trujillo. *(VZ-065)*

FECECENE—*Federación de Centros Culturales del Estado de Nueva Esparta: 9/88-8/90; US$29.400.* Con esta donación, 31 organizaciones miembros recopilaron y conservaron material que documenta el rico patrimonio cultural y la historia de la isla de Margarita. Con ese fin construyeron un pequeño centro comunitario y de visitantes, donde se exhiben los materiales, se ofrecen programas educativos y se venden artesanías tradicionales, con la participación directa de unos 6.000 margariteños, principalmente jóvenes. (*VZ-068*)

FLASA—*Fundación La Salle de Ciencias Naturales: 9/90-7/91; US$17.300*. FLASA preparó un manual en el cual se explican las prácticas y hierbas medicinales de los waraos. Este manual se usa para enseñar a personal médico del gobierno, de universidades y del sector privado las costumbres de los waraos. Se planeaba traducir el manual a la lengua warao y distribuirlo como libro de lectura en las escuelas y misiones del delta del Orinoco. Actualmente, casi todas las publicaciones en warao son traducciones de cuentos en español que tienen poco que ver con la vida y la cultura de los waraos. (*VZ-077*)

Promoción Socio-Cultural Churuata: 8/90-9/93; US$157.000. Churuata continuará apoyando a su red de alrededor de 350 organizaciones culturales de Venezuela, proporcionando capacitación y asistencia técnica, administrativa y en materia de comercialización a artesanos promotores y dirigentes locales, y especialmente a los jóvenes. (*VZ-080*)

(Este apéndice fue compilado por Caryl Ricca, estudiante de postgrado en antropología en la Universidad George Washington y ahora es investigadora para la corte federal del distrito de Colorado (Boulder, Colorado, EE.UU.).

Bibliografía Seleccionada

BIBLIOGRAFÍA SELECCIONADA
Expresión cultural y desarrollo de base

Esta bibliografía se preparó con el propósito de proporcionar un instrumento útil para profesionales, estudiantes y profesores de un enfoque cultural del desarrollo de base de los sectores marginados y de bajos ingresos de América Latina y el Caribe.

Aunque presenta principalmente obras en inglés y en español sobre América Latina y el Caribe, se han incluido varias fuentes pertinentes de Asia, Africa y América del Norte a fin de que el lector pueda examinar la experiencia del desarrollo en otras regiones del mundo.

La selección de obras no refleja un análisis exhaustivo de las publicaciones en cada categoría, sino las mejores disponibles. Tampoco son las categorías mutuamente excluyentes. El lector encontrará, por ejemplo, que muchas de las obras bajo el título general "La tradición folclórica y los medios de expresión populares: Ejemplos y aplicación al desarrollo" corresponden también a algunas categorías más específicas, como "La música y la danza" o "El sociodrama, el teatro y los títeres".

Más de las tres cuartas partes de las obras citadas están disponibles en la Biblioteca del Congreso, en Washington, D.C., y varias pueden obtenerse de las instituciones patrocinantes que se indican al final de la bibliografía. Los subtemas que componen son:

Índice

I. CULTURA Y DESARROLLO

African Cultural Institute (ACI) *La dimension culturelle du développement* (acta del seminario internacional, Dakar, 20-25 de abril de 1983). Dakar: Regional Centre for Research and Documentation on Cultural Development (CREDEC). 1983

Anacleti, Odhiambo. "Cultural Emancipation as a Means of Economic Development in East and Central Africa". *Cultures* 33 (1983) : 26-46.

Ariyaratna, A.T. *A Struggle to Awaken*. Moratuwa, Sri Lanka: Sarvodaya Shramadana Movement , 1978.

— *In Search of Development: Sarvodaya Effort to Harmonize Tradition with Change*. Moratuwa, Sri Lanka: Sarvodaya Press, 1981.

Arizpe, Lourdes. "Culture in International Development". Ponencia presentada en la XIX Conferencia Mundial de la Sociedad para el Desarrollo Internacional, Nueva Delhi, India, marzo de 1988; publicada en *Development* (boletín de la Sociedad para el Desarrollo Internacional) 1 (1988) : 17-19.

Cadaval, Olivia. *Encuentro de auto-evaluación de los proyectos de mantenimiento cultural*. 6-9 de diciembre de 1984, Centro de Capacitación Bilingüe, Hospital Gatazo, Cantón Colta, Provincia de Chimborazo, Ecuador. Ecuador: Fundación Interamericana, 1985.

Camacho, Daniel. *La denominación cultural en el subdesarrollo*. San José, Costa Rica: Editorial Costa Rica, 1972.

Cao-Tri, Huynh. "Identidad cultural y desarrollo: Alcance y significación". *Cuadernos americanos* 258.1 (1985) : 105-19.

Casimir, Jean. "Culture, Discourse (Self-Expression), and Social Development in the Caribbean". *CEPAL Review,* No. 25 (1985) : 149-62.

Colchester, Marcus (ed.). "An End to Laughter? Tribal Peoples and Economic Development". *Survival International Annual Review* 44 (1985) : todo el número.

Colletta, N.J. "Folk Culture and Development: Cultural Genocide or Cultural Revitalization?" *Convergence* 10.2 (1977) : 2-19.

Colletta, N.J."Folk Culture and Development: Cultural Genocide or Reconstruction Mentality?" *International Journal of Adult Education* 10.2 (1977) : 12.

— "The Use of Indigenous Culture as a Medium for Development: The Indonesian Case". *Indonesian Journal of Social and Economic Affairs* 1.2 (1975) : 60-73.

— ed. "Folk Culture and Development". *Convergence* 10.2 (1977) : todo el número.

Colletta, N.J., R.T. Ewing y T.A. Todd. *Cultural Revitalization, Non-Formal Education and Village Development in Sri Lanka: The Sarvodaya Shramadana Movement.* Chicago: Comparative Education Review, 1982 .

Cultural Survival. "Grassroots Economic Development" *Cultural Survival Quarterly* 11.1 (1987) : número especial.

Davis, Shelton H. *Victims of the Miracle: Development and the Indians of Brazil.* Cambridge, NY: Cambridge University Press, 1977.

Dorfman, Ariel. "Arroz quemado y pan: Cultura y supervivencia económica en América Latina". *Desarrollo de base* 8.2 (1984) : 3-25.

— "Wandering on the Boundaries of Development". En Sheldon Annis y Peter Hakim (eds.). *Direct to the Poor: Grassroots Development in Latin America.* Boulder, CO y Londres: Lynne Reiner Publishers, 1988, 166-184.

Dorfman, Ariel y Armand Mattelart. *Para leer al Pato Donald.* Buenos Aires, Argentina: Siglo XXI, 1972.

Durston, John W. "Los grupos indígenas en el desarrollo social rural". *América indígena* 40.3 (1980) : 429-70.

Goodland, Robert. *Tribal Peoples and Economic Development: Human Ecologic Considerations.* Washington, DC: Banco Mundial, 1982.

Guayasamín, Oswaldo. "Cultural Identity: The Key to Development in Latin America". *Cultures* 3.4 (1976) : 69-75.

Gutiérrez, Paulina y Soledad Bianchi, "El desarrollo del campo artístico cultural". En *Una puerta que se abre: Los organismos no gubernamentales en la cooperación al desarrollo*, Taller de Cooperación al Desarrollo. Santiago, Chile: Servicio Editorial, 1989, 411-453.

Haggerty, Patricia, Robert Mashek, Marion Ritchey y .Steve Vetter "Expresión cultural y cambio social". *Boletín de la Fundación Interamericana* 3 (1979) : 1-11.

Herrera, Xochitl y Lobo-Guerrero Miguel. 1988 "Aprendiendo del fracaso: Se recupera la creatividad sikuani en Colombia". *Desarrollo de base* 12.3 (1988): 28-37.

Ideas and Action. "Culture and Rural Development". Número especial de *Ideas and Action (FAO)* 152.3-4 (1983) : todo el número.

Comité sobre la expresión cultural y el cambio social en América latina. 1978 "Expresión cultural y cambio social". *Development Digest* 16.4 (1978) :47-61.

International Fund for the Promotion of Culture. *Culture Plus* —boletín que esta subsidiaria de la UNESCO publica desde 1989.

Jensen, Lois. "Old Cultures, New Beginnings: Cultural Development Takes on a New Life in Latin America". *World Development* (boletín del Programa de las Naciones Unidas para el Desarrollo) 2.4 (1989): 4-9.

Katoke, Israel K. y Stephen A. Lucas. *Cultural Development as a Factor in Social Change.* Dar es Salaam: UNESCO, 1975.

Kazen, Felisa. *Culture and Development: An Inquiry into Policy and Practices in Selected International Agencies and Private Foundations.* Informe inédito encargado por la Fundación Interamericana, 1982, 81 páginas.

Kellerman, Luce. *The Cultural Dimension of Development: A Selective and Annotated Bibliography.* París: UNESCO. 1986.

Kirpal, Prem. "Culture and Development: The Incipient Crisis". *Cultures* 3.4 (1976) :83-89.

Langlois, Juan Carlos. "The Cultural Dimension in Development Projects". *Cultures* 7.3 (1980) : 171-76.

McCarthy, Kathleen D. "From Cold War to Cultural Development: The International Cultural Activities of the Ford Foundation, 1950-1980". *Daedalus* 116 (1987) : 93-117.

Macy, Joanna. *Dharma and Development: Religion as Resource in the Sarvodaya Self-Help Movement.* West Hartford, CT: Kumarian Press, 1985.

Maybury-Lewis, D.H.P. *The Social Impact of Development on Ethnic Minorities.* Washington, DC: Agencia de los Estados Unidos para el Desarrollo Internacional. 1980.

M'Bow, Amadou-Mahtar. "Latin America and the Caribbean: Cultural Dimension of the Development". *Cultures* 5.3 (1978) : 11-17.

Mowlana, Hamid y Laurie J. Wilson. *Communication and Development: A Global Assessment*. París: UNESCO, 1985.

Mowlana, Hamid y Laurie J. Wilson. *The Passing of Modernity*. Nueva York: Longman, 1990.

Nettleford, Rex M. "Definition and Development: The Need for Caribbean Creativity". *Caribbean Review* 14.3 (1985): 6-10.

Pascallon, P. *The Cultural Dimension of Development*. París: UNESCO, 1982.

Paz, Octavio. *Children of the Mire*. Cambridge, MA, Harvard University Press, 1974.

Peel, J.D.Y. "The Significance of Culture for Development Studies". *IDS Bulletin* 8.2 (1976) : 8-11.

Qureshi, Mahmud Shah. *Culture and Development*. Dhaka, Bangladesh: National Book Centre, 1983.

Ricca, Caryl. "Problems Encountered in Cultural Projects". Informe inédito preparado bajo contrato de la Fundación Interamericana, 1988, 23 páginas.

Rivera, Anny. *Notas sobre movimiento social y arte en el régimen autoritario*. Santiago, Chile: CENECA, 1983.

Rogers, E.M., N.J. Colletta y J. Mbindyo. *Social and Cultural Influences on Human Development Policies and Programs*. Washington, DC: World Bank Staff Working Paper No. 403, 1980.

Rojas, Luis. "Ayni-Ruway: Indigenous Institutions and Native Development in Bolivia". *Ideas and Actions (FAO)* 152.3-4 (1983) : 22-28.

Soares Pinto, Rogerio F. "Modern Development and Cultural Expression: Two Cultural Models". *Cultures* 33 (1983): 123-36.

Tagger, Jutta. *Directory of Institutions Engaged in Research on the Cultural Dimension of Development*. París: UNESCO, Sección de Políticas Culturales y Estudios sobre Desarrollo Cultural, 1989.

UNESCO, (Organización de las Naciones Unidas para la Educación, la Ciencia y la Cultura). *A Practical Guide to the World Decade for Cultural Development, 1988-97*. París: UNESCO, 1987.

— "Culture: The Neglected Dimension of Development". *UNESCO Sources* 25 (abril de 1991): 6-16.

— *Plan of Action for the Decade for Cultural Development*. París: UNESCO, 1990.

— *Strategy for the Implementation of the Plan of Action for the Decade for Cultural Development*. París: UNESCO, 1990.

van Nieuwenhuijze, C.A.O. *Culture and Development: The Prospects of an Afterthought*. La Haya: Instituto de Estudios Sociales, 1983.

Verhelst , Thierry. *Des racines pour vivre Sud-Nord: Identités culturelles et développement*. Bruselas: Duculot Perspectives, 1987. Versión en inglés: *No Life Without Roots: Culture and Development*. Londres: Zed Books, Ltd., 1990 (traducido por Bob Cumming).

Wali, Alaka. "En comunión con la tierra: etnicidad y desarrollo en Chile". *Desarrollo de base*, 14.2 (1990) : 12-20.

Ziolkowski, Januz. "Cultural Dimension of Development". *Cultures* 6.1 (1979) : 17-29.

II. IDENTIDAD ÉTNICA Y CONSERVACIÓN DE LA CULTURA EN AMÉRICA LATINA Y EL CARIBE

Barth, Fredrik. *Ethnic Groups and Boundaries*. Boston: Little, Brown and Co., 1969.

Bonfil Batalla, Guillermo y Rodríguez Nemesio. *Las identidades prohibidas: Situación y proyectos de los pueblos indios de América Latina*". Tokio: Universidad de Naciones, 1981.

Bonfil Batalla, Guillermo et al. *América Latina: Etnodesarrollo y etnocidio*. San José, Costa Rica: Ediciones Flacso, 1982.

Breslin, Patrick. "El sentido de identidad". *Desarrollo de base* 10.2 (1986): 12-21.

— "La tecnología de la autoestima: Proyectos culturales de los indígenas aymaras y quechuas". *Desarrollo de base* 6.1 (1982) : 33-37.

Bryan, Patrick. "African Affinities: The Blacks of Latin America". *Caribbean Quarterly* 17.3-4 (1971) : 45-52.

Cámara Barbachano, Fernando. "Los conceptos de identidad y etnicidad". *América indígena* 46.4 (1986) : 597-618.

Cotter, James T. "La necesidad del prestigio". *Boletín de la Fundación Interamericana* (tercer trimestre de 1979): 16-20.

Dorfman, Ariel. *The Empire's Old Clothes: What the Lone Ranger, Babar, and Other Innocent Heroes Do to Our Minds*. Nueva York: Pantheon Books, 1983.

Goffman, Erving. *Stigma: Notes on the Management of Spoiled Identity*. Englewood Cliffs, NJ: Prentice Hall, 1963.

Healy, Kevin. "Tradiciones antiguas y prácticas nuevas: Ayni-Ruway de Bolivia". *Boletín de la Fundación Interamericana*, No. 1 (1981): 2-5.

Isar, Yudhishthir Raj. Why Preserve the Past? The Challenge to Our Cultural Heritage. Washington, D.C.: Smithsonian Institution Press, y París: UNESCO, 1986.

Leon, Lydia. "Tengboche Culture Center in Nepal". *Cultural Survival Quarterly* 8.3 (1984): 69-70.

León-Portilla, Miguel. "Etnias indígenas y cultura nacional mestiza". *América indígena* 39.3 (1979): 601-21.

Moreno Fraginals, Manuel, relator. *África en América Latina*. México: Siglo Veintiuno Editores, 1977.

Nelch Roger. "The Chinchero Center for Traditional Culture". *Cultural Survival Quarterly* 6.4 (1982): 26-35.

Nettleford, Rex M. *Caribbean Cultural Identity: The Case of Jamaica*. Los Angeles: UCLA, 1979.

Organización de los Estados Americanos. *Informe final de la II Reunión interamericana sobre administración de casas de cultura popular*. Washington, DC: Secretaría General, Organización de los Estados Americanos, CIECC, 1984.

Pereira, João Baptista Borges. "Negro e Cultura Negra no Brasil Atual". *Revista de antropología* 26 (1983): 93-105.

Pescatello, Ann M., ed. *Old Roots in New Lands: Historical and Anthropological Perspectives on Black Experiences in the Americas*. Westport, CT: Greenwood Press, 1977.

Rout, Leslie B. *The African Experience in Spanish America, 1502 to the Present Day*. Cambridge, NY: Cambridge University Press, 1976.

Santa Cruz, Nicomedes. "Identidad cultural y descolonización". *Plural* 11.130 (1982): 68-71.

Shkilnyk, Anastasia M. *A Poison Stronger than Love: The Destruction of an Ojibwa Community*. New Haven: Yale University Press, 1985.

Smith, Richard Chase. "The Amuesha Cultural Center". *Cultural Survival Newsletter* 4.2 (1980): 5-6.

Sociedad para el Desarrollo Internacional. "Culture and Ethnicity". *Development: Seeds of Change* 1 (1987): todo el número.

Stavenhagen, Rodolfo. "Ethnocide or Ethnodevelopment: The New Challenge". *Development: Seeds of Change* 1 (1987): 74-78.

UNESCO. *Conventions and Recommendations of UNESCO Concerning the Protection of the Cultural Heritage.* París: UNESCO, 1983.

— "Focus: Raiders of the Cultural Ark". *UNESCO Sources* 28 (julio/agosto de 1991): 6-16.

Varese, Stefano. "Cultural Development in Ethnic Groups: Anthropological Explorations in Education". *International Social Science Journal* 38 (1985) : 201-216.

Whitten, Norman E., Jr., ed. *Cultural Transformations and Ethnicity in Modern Ecuador.* Urbana: University of Illinois Press, 1981.

III. LA CULTURA, LA POLÍTICA Y LA DEMOCRACIA

African National Congress of South Africa. "The Role of Culture in the Process of Liberation". *Education with Production* (Botswana) 1.1 (1981): 34-46.

Ardiles, Osvaldo et al. *Cultura popular y filosofía de la liberación: Una perspectiva latinoamericana.* Buenos Aires: F.G. Cambeiro, 1975.

Aronoff, Myron J. *Culture and Political Change.* Political Anthropology, Volume 2. New Brunswick: Transaction Books, 1983.

Bonfil Batalla, Guillermo. "Lo propio y lo ajeno: Una aproximación al problema del control cultural". *Revista mexicana de ciencias políticas y sociales* 27.103 (1981): 183-91.

Cabral, Amilcar. *National Liberation and Culture.* Syracuse, NY: Syracuse University, 1970.

Dorfman, Ariel. "Chile: La resistencia cultural al imperialismo". *Casa de las Américas* 17.98 (1976): 3-11.

— "Niveles de la dominación cultural en América Latina: Algunos problemas, criterios y perspectivas". *Ideologies and Literature* 2.6 (1978): 54-89.

Horowitz, Donald L. "Cultural Movements and Ethnic Change". *Development Digest* 16.4 (octubre de 1978): 62-70 (extraído de *The Annals* (The American Academy of Political and Social Sciences, Philadelphia, PA) 433 (septiembre de 1977): 7-18.

Kouassigan, Guy Adjété. *Revolution ou diversité des possibles*. París: Coll. Points de Vue, 1985.

Maybury-Lewis, David. "Living in the Leviathan: Ethnic Groups and the State," en David Maybury-Lewis (Ed.) *The Prospects for Plural Societies*, Acta de 1982 de la Sociedad Etnológica Estadounidense, Washington, 1984.

Moeckli, J.M. "Cultural Democracy". En *The Development of Cultural Policies in Europe*. Conferencia de Helsinki, 1982, Helsinki, Ministerio de Educación, 1982, 91-111.

Reilly, Charles. "Cultural Movements in Latin America: Sources of Political Change and Surrogates for Participation". En *Political Anthropology, Volume 2: Culture and Political Change*, compilado por Myron J. Aronoff. New Brunswick: Transaction Books, 1983.

Scott, James C. "Protest and Profanation: Agrarian Revolt and the Little Tradition, Part I". *Theory and Society* 4.4 (1977): 1-38.

— "Protest and Profanation: Agrarian Revolt and the Little Tradition, Part II". *Theory and Society* 4.2 (1977): 211-46.

Thiong'o, Ngugi wa. *Barrel of a Pen: Resistance to Repression in Neocolonial Kenya*. Trenton, NJ: African World Press, 1983.

Thompson, Dennis L. y Dov Ronen. *Ethnicity, Politics, and Development*. Newbury Park, CA: Sage Publications, 1986.

Whisnant, David E. *All That is Native and Fine: The Politics of Culture in an American Region*. Chapel Hill: University of North Carolina Press, 1983.

IV. POLÍTICA CULTURAL Y DERECHOS CULTURALES

(Nota: La mayoría de las publicaciones de la UNESCO en esta sección también están disponibles en español.)

A. Generalidades

American Association for the International Commission of Jurists. *Toward an Integrated Human Rights Policy: A Commentary on the Interrelationship of Economic, Social, Cultural, Civil, and Political Rights.* Nueva York: American Association for the International Commission of Jurists, 1980.

Bonfil Batalla, Guillermo et al. *Culturas populares, política cultural.* México: Museo de Culturas Populares, 1982.

Brunner, José Joaquín. *Un espejo trizado: Ensayos sobre cultura y políticas culturales.* Chile: Facultad Latinoamericana de Ciencias Sociales (FLACSO), 1988.

— *Políticas culturales para la democracia.* Santiago, Chile: CENECA, 1985.

Cultural Survival. "Intellectual Property Rights: The Politics of Ownership". *Cultural Survival Quarterly* 15.3 (1991): número especial.

"A 'Culture Bank' —The International Fund for the Promotion of Culture". *Cultures* 3.4 (1976): 182-7.

Ganji, Manouchehr. *The Realization of Economic, Social, and Cultural Rights: Problems, Policies, Progress.* Nueva York: Naciones Unidas, 1975.

Girard, Augustin y G. Gentil. *Cultural Development: Experience and Policies.* París: UNESCO, 1972.

Ifias, I. "Cultural Diversity and Development". *Cultures* 4.2 (1977): 183-88.

Instituto Histórico Centroamericano. "Zigzagueos de la cultura: Proceso de autoevaluación". *Envío* (Nicaragua) 7.87 (1988): 30-48.

International Work Group for Indigenous Affairs (IWGIA). *Declaration of Barbados.* Copenhague: IWGIA (Documento No. 1), 1972.

Konare, A.O. "La coopération culturelle entre les pays en développement". En *La culture et le nouvel ordre economique international.* Instituto para los Países en Desarrollo (Zagreb) e Instituto Cultural Africano (Dakar), 1984, 123-157.

Lewis, Sulwyn. *Principles of Cultural Co-Operation.* París: UNESCO, 1971.

Lomax, Alan. "Appeal for Cultural Equity". *Journal of Communications* 27.2 (Spring, 1977): 25-38.

Moya, Ruth. "Derechos culturales de los pueblos indígenas". En *Los derechos humanos: El caso ecuatoriano*, editado por CEDHU. Quito: Editorial El Conejo, 1985.

Organization of African Unity. *Cultural Charter for Africa, Port Louis, 1976*. Addis Abeba, Etiopía: Information Division, OAU General Secretariat, 1976.

Subercaseaux, Bernardo. *El debate internacional sobre políticas culturales y democracia*. Santiago, Chile: CENECA, 1986.

UNESCO (Organización de las Naciones Unidas para la Educación, la Ciencia y la Cultura). Bibliographie Sélective et Annotée sur les Politiques Culturelles. París: UNESCO, 1982.

— *Cultural Development: Some Regional Experiences*. París: UNESCO, 1980.

— *Cultural Rights as Human Rights*. París: UNESCO, 1970.

— *Planning for Cultural Development: Methods and Objectives*. París: UNESCO, 1976.

— *Problems and Prospects: Intergovernmental Conference on Cultural Policies in Africa, Accra, 27 October-6 November, 1975*. París: UNESCO, 1975.

— *Towards a Centre for Study, Research and Documentation on Cultural Development. Revised and Enlarged Version on the Basis of New Experiences*. París: UNESCO, 1977.

— *Towards a Documentation Centre for Cultural Development: Experiments and Suggestions*. París: UNESCO, 1975.

— *World Conference on Cultural Policies (Mexico City July 26-August 6, 1982) Final Report*. París: UNESCO, 1982.

"La UNESCO y la lucha contra el etnocidio: Declaración de San José". *Anuario indigenista* 42 (1982): 157-65.

Vitanyi, I. "Cultural Policies: Typology and Effects of Cultural Policies". *Cultures* 33 (1983): 97-107.

White, Robert A. *Políticas nacionales de comunicación y cultura*. Santiago, Chile: CENECA, 1985.

B. *Países de América Latina y el Caribe*

Alonso de Quesada, Alba. *Towards a Cultural Policy in Honduras.* París: UNESCO, 1978.

Ansión, Juan. *Anhelos y sinsabores: Dos décadas de políticas culturales del Estado peruano.* Lima: Grupo de Estudio para el Desarrollo, 1986.

Baptista Gumucio, Mariano. *Cultural Policy in Bolivia.* París: UNESCO, 1979.

Bonfil Batalla, Guillermo et al. *Políticas culturales en América Latina.* México: Grijalbo, 1987.

Brockmann Machado, Mario, et al. *Estado e Cultura no Brasil.* São Paulo: Difel, 1984.

Cardenal, Ernesto. "Democratization of Culture in Nicaragua". En *Cultures in Contention*, compilado por Douglas Kahn y Diane Neumaier. Seattle: Real Comet Press, 1985.

Castells Montero, Carlos A. *La reválida en Latinoamérica: Trabajo.* Montevideo, Uruguay: Ministerio de Relaciones Exteriores, Dirección de Asuntos Culturales y de Información, Departamento de Relaciones Culturales, 1980.

Catalán, Carlos y Giselle Munizaga. *Políticas cultural esestatales bajo el autoritarismo en Chile.* Santiago: Centro de Indagación y Expresión Cultural y Artística (CENECA), 1986.

Chaui, Marilena de Souza. *Política cultural.* Porto Alegre, Brasil: Fundação Wilson Pinheiro, 1984.

Conselho Federal de Cultura (Brasil). *Aspectos da política cultural brasileira.* Rio de Janeiro: O Conselho, 1976.

Dassin, Joan. "Cultural Policy and Practice in the Nova República". *Latin American Research Review* 24. 1 (1989): 115-123.

El Salvador. Ministerio de Cultura. *Legislación escolar, 1956-1959.* San Salvador: Ministerio de Cultura, Departamento Editorial, 1959.

FUNARTE. *Levantamento das fontes de apoio financeiro a área cultural: Nível federal.* Rio de Janeiro: FUNARTE, Núcleo de Estudos e Pesquisas, 1983.

García-Canclini, N. "Políticas culturais na América Latina". *Novos estudos* (CEBRAP, São Paulo) 2 (1983): 39-51.

Guedez, Pedro Manuel. *Temas de legislación cultural venezolana.* Caracas: Monte Ávila Editores, 1986.

Harvey, E.R. *Cultural Policy in Argentina.* París: UNESCO, 1979.

Herrera, F. "Cultural Policies in Latin America and the Caribbean". En *Cultural Development.* París: UNESCO, 1980, 71-191.

Institute of Jamaica. *Cultural Policy in Jamaica: A Study.* París: UNESCO, 1977.

— *A Guide to Cultural Policy Development in the Caribbean.* Washington, DC: Secretaría General, Organización de los Estados Americanos, 1984.

Martínez, E. *Cultural Policy in Mexico.* París: UNESCO, 1977.

Massiani, F. *Cultural Policy in Venezuela.* París: UNESCO, 1977.

Moreira, Darío. *Cultural Policy in Ecuador.* París: UNESCO, 1979.

Nicaragua. Ministerio de Cultura. *Hacia una política cultural de la revolución popular sandinista.* Managua: Ministerio de Cultura, 1982.

Núñez de Rodas, Edna. *Cultural Policy in Guatemala.* París: UNESCO, 1981.

Panamá. National Institute of Culture. *Cultural Policy in the Republic of Panama.* París: UNESCO, 1978.

Perú. National Institute of Culture. *Cultural Policy in Peru.* París: UNESCO, 1977.

Rovinski, Samuel. *Cultural Policy in Costa Rica.* París: UNESCO, 1977.

Ruíz, Jorge Eliécer. *Cultural Policy in Colombia.* París: UNESCO, 1977.

Saruski, J. y G. Mosquera. *Cultural Policy in Cuba.* París: UNESCO, 1977.

Seymour, A.J. *Cultural Policy in Guyana.* París: UNESCO, 1977. *Sobre política cultural na América Latina: 1o. Seminário Interamericano de Mudanças e Políticas Culturais, Aspen, Colorado, agosto de 1978: 3o. Curso Interamericano de Administração Cultural-Política e Gerência, CNRC, Brasília, outubro a dezembro 1978.* Ouro Preto, n.p., 1979.

Sosnowski, Saúl, comp. *Represión, exilio y democracia: La cultura uruguaya.* Montevideo: Ediciones de la Banda Oriental, 1987.

Stansifer, Charles L. *Cultural Policy in the Old and the New Nicaragua.* Hanover, NH: American Universities Field Staff, 1981.

UNESCO (Organización de las Naciones Unidas para la Educación, la Ciencia y la Cultura). *Intergovernmental Conference on Cultural Policies in Latin America and the Caribbean. Bogotá, January 10-20, 1978. Problems and Prospects.* París: UNESCO, 1978.

— *Intergovernmental Conference on Cultural Policies in Latin America and the Caribbean. Bogotá, January 10-20, 1978. Situation and Trends.* París: UNESCO, 1978.

— *Intergovernmental Conference on Cultural Policies inLatin America and the Caribbean. Bogotá, January 10-20, 1978. Final Report.* París: UNESCO, 1978.

— *Situation and Trends in Cultural Policy in Member States of Latin America and the Caribbean. World Conference on Cultural Policies, Mexico City, 26 July-6 August, 1982.* París: UNESCO, 1982.

C. Políticas y programas del gobierno de los Estados Unidos

Banks, Ann, ed. *First-Person America.* Nueva York: Knopf, 1980.

Bloxom, Marguerite D. *Pickaxe and Pencil: References for the Study of the WPA.* Washington, DC: Biblioteca del Congreso, 1982.

Coe, Linda. *Folklife and the Federal Government.* Washington, DC: American Folklife Center, Biblioteca del Congreso, 1977.

Estados Unidos. Biblioteca del Congreso. American Folklife Center. *Cultural Conservation: The Protection of Cultural Heritage in the United States: A Study.* Realizado en cooperación con el Servicio de Parques Nacionales, Ministerio del Interior; coordinado por Ormond H. Loomis. Washington, DC: Biblioteca del Congreso, 1983.

— *A Report on the Chicago Ethnic Arts Project.* Washington, DC: Biblioteca del Congreso, 1978.

Estados Unidos. Biblioteca del Congreso. Education and Public Welfare Division. *Millions for the Arts.* Washington, DC: Washington International Arts Letter, 1972.

McKinzie, Richard D. *The New Deal for Artists.* Princeton: Princeton University Press, 1973.

National Endowment for the Arts. Office of Research. *Federal Funds and Services for the Arts.* Judith G. Gault, comp. Washington, DC: Office of Education, U.S. Government Printing Office, 1967.

National Endowment for the Arts. National Council on the Arts. *Our Programs.* Washington, DC: National Endowment for the Arts, 1972.

O'Connor, Francis V. *Federal Support for the Visual Arts: The New Deal and Now; A Report on the New Deal Art Projects in New York City and State with Recommendations for Present-Day Federal Support for the Visual Arts to the National Endowment for the Arts.* Greenwich, CT: New York Graphic Society, 1971.

Weisberger, Bernard A. *The WPA Guide to America: The Best of 1930s America as seen by the Federal Writers' Project.* Nueva York: Pantheon Books, 1985.

V. LA MÚSICA Y LA DANZA

Carawan, Guy y Candie (compiladores y editores). *Sing for Freedom: The Story of the Civil Rights Movement Told Through Its Songs.* Santa Cruz, CA: New Society Publishers, 1990.

Carrasco, Eduardo. *La Nueva Canción en América Latina.* Santiago, Chile: CENECA, 1982.

"Cambodia is Putting Propaganda to Music". *New York Times*, 13 November 1977.

Chase, Gilbert. *A Guide to the Music of Latin America.* Segunda edición, corregida y aumentada. Publicación conjunta de la Unión Panamericana y la Biblioteca del Congreso. Washington, DC: Pan American Union, 1962.

Constant, D. *Aux sources du reggae: Musique, société et politique en Jamaïque.* Roquevaire: Editions Parentéses, 1982.

González, Juan Pablo. *El estudio de la música popular latinoamericana.* Santiago, Chile: CENECA, 1987.

Latif, A. "The Use of Folk Songs in Family Planning Communication (Bangladesh)". Suplemento de *IEC Newsletter* (East-West Centre), No. 20, 1975.

Mella, Luis et al. *Seminario: La canción popular chilena*. Santiago, Chile: CENECA, 1983.

Nettleford, Rex. *Dance Jamaica: Cultural Definition and Artistic Discovery*. Nueva York: Grove Press, 1985.

Ochsenius, Carlos. *Cuerpo y cultura autoritaria*. Santiago, Chile: CENECA, 1984.

Reagon, Bernice Johnson. *Voices of the Civil Rights Movement: Black American Freedom Songs, 1955-1965* (discos en tres volúmenes, con folleto). Washington, D.C.: Smithsonian Institution, Program in Black American Culture, 1980.

VI. EL ARTE Y LAS ARTESANÍAS

Agosín, Marjorie. *Scraps of Life, Chilean Arpilleras: Chilean Women and the Pinochet Dictatorship*. Trenton, NJ: Red Sea Press, 1987.

"Artesanato e Identidade Cultural". *Cultura* (Brasil) 12.42 (1984): 18-31.

Baca, Judith Francisca. "Our People are the Internal Exiles". De una entrevista con la muralista chicana realizada por Diane Neumaier, con una breve reseña del Social and Public Art Resource Center de Nancy Angelo. En *Cultures in Contention*, compilado por Douglas Kahn y Diane Neumaier. Seattle: Real Comet Press, 1985.

Berg Salvo, Lorenzo. *Artesanía tradicional de Chile*. Santiago: Departamento de Extensión Cultural del Ministerio de Educación, 1978.

Boynton, Linda L. "The Effect of Tourism on Amish Quilting Design". *Annals of Tourism Research* 13.3 (1986): 451-65.

COMUNIDEC. *Primer Encuentro de Artesanos Populares*. Conocoto, Ecuador: COMUNIDEC, 1988.

Cook, Scott. "Craft Production in Oaxaca, Mexico". *Cultural Survival Quarterly* 6.4 (1982): 18-20.

Cultural Survival. "Ethnic Art; Works in Progress?" Número especial de fin de año de *Cultural Survival Quarterly* 6.4 (1982): todo el número.

— "Inuit Craft Industry". *Cultural Survival Newsletter* 2.2 (1978): 4.

Deitch, Lewis I. "The Impact of Tourism upon the Arts and Crafts of the Indians of the Southwestern United States". En *Hosts and Guests:*

The Anthropology of Tourism, compilado por Valene L. Smith. Philadelphia: University of Pennsylvania Press, 1977.

Fernández, Adelfa. "The Ixchel Museum of Indian Clothing: Guatemalans Labor to Save Endangered Traditional Textiles". *Américas* 35.4 (1983): 8-11.

García Canclini, Néstor. *Arte popular y sociedad en América Latina*. México: Editorial Grijalbo, 1977.

— "Conflictos de identidad en la cultura popular: Bases para una política artesanal en América Latina". *Revista mexicana de sociología* 43.2 (1981): 713-26.

Goff, Brent. "Expansión de las actividades artesanales en Colombia". *Desarrollo de base* 14.1 (1990): 13-22.

Graburn, Nelson H.H. "The Evolution of Tourist Arts". *Annals of Tourism Research* 11.3 (1984): 393-419.

— ed. *Ethnic and Tourist Arts: Cultural Expressions from the Fourth World*. Berkeley: University of California Press, 1976.

Israel, Pamela. "The Amazon in Plexiglass". *Cultural Survival Quarterly* 6.4 (1982): 15-17.

Leon, Lydia. "Art, Ecology, and the Huichol's Future". *Cultural Survival Newsletter* 5.2 (1981): 10-11.

— "Artisan Development Projects". *Cultural Survival Quarterly* 11.1 (1987): 49-52.

Maguire, Robert. "Artesanía y el patois en las Antillas". *Desarrollo de base* 8.1 (1984): 54-55.

Nason, James D. "Tourism, Handicrafts, and Ethnic Identity in Micronesia". *Annals of Tourism Research* 11.3 (1984): 421-49.

New, Lloyd H. *Institute of American Indian Arts; Cultural Difference as the Basis for Creative Education*. Washington, DC: U.S. Indian Arts and Crafts Board, 1968.

Pita S., Edgar y Peter C. Meier. *Artesanía y modernización en el Ecuador*. Quito: CONADE, 1985.

Rivera, Anny. *Arte y autoritarismo*. Santiago, Chile: CENECA, 1982.

— *Transformaciones culturales y movimiento artístico en el orden autoritario. Chile: 1973-1982*. Santiago, Chile: CENECA, 1983.

Salles, Vicente. *Bibliografia analítica do artesanato brasileiro*. Rio de Janeiro: FUNARTE, Instituto Nacional do Folclore, 1984.

Schneebaum, Tobias. "The Asmat Museum of Culture and Progress". *Cultural Survival Quarterly* 6.4 (1982): 36-37.

Stephen, Lynn. "Culture as a Resource: Four Cases of Self-Managed Indigenous Craft Production in Latin America". *Economic Development and Cultural Change*, de publicación próxima, 1990.

— "Zapotec Weavers of Oaxaca: Development and Community Control". *Cultural Survival Quarterly* 11.1 (1987): 46-48.

Stevens, Jonathan. "Museums and Indigenous Peoples: Through the Display Glass". *Cultural Survival Quarterly* 6.4 (1982): 38-39.

Susnik, Branislava. *Artesanía indígena: Ensayo analítico*. Asunción, Paraguay: Asociación Indigenista del Paraguay, 1986.

Whitten, Dorothea. "Amazonian Ceramics from Ecuador: Continuity and Change". *Cultural Survival Quarterly* 6.4 (1982): 24-25.

VII. EL TURISMO

Bugnicourt, Jacques. "La otra cara del turismo: Sus efectos culturales". *Comercio exterior* 28.5 (1978): 593-595.

CEDHU (Comisión Ecuménica de Derechos Humanos). "Fiesta del Yamor: Resistencia del pueblo quichua". *En Los derechos humanos: El caso ecuatoriano*, editado por CEDHU. Quito: Editorial El Conejo, 1985.

Cultural Survival. "Breaking out of the Tourist Trap, Part One" *Cultural Survival Quarterly* 14.1 (1990): número especial.

Cultural Survival. "Breaking out of the Tourist Trap, Part Two" *Cultural Survival Quarterly* 14.2 (1990): número especial.

de Kadt, E., ed. *Tourism - Passport to Development? Perspectives on the Social and Cultural Effects of Tourism Development in Developing Countries*. Nueva York: Oxford University Press, 1979.

Esman, Marjorie R. "Tourism as Ethnic Preservation: The Cajuns of Louisiana". *Annals of Tourism Research* 11.3 (1984): 451-67.

Healy, Kevin y Elayne Zorn. "Turismo controlado por campesinos en el lago Titicaca". *Desarrollo de base* 6.2 (1982): 3-10.

"Taquile's Homespun Tourism". *Natural History* 92.11 (1983): 80-93

Lange, Frederick W. "The Impact of Tourism on Cultural Patrimony: A Costa Rican Example". *Annals of Tourism Research* 7.1 (1980): 56-68.

Noronha, R. *Social and Cultural Dimensions of Tourism*. Washington, DC: World Bank Staff Working Paper No. 326, 1980.

Smith, Valene L. *Hosts and Guests: The Anthropology of Tourism*. Philadelphia: University of Pennsylvania Press, 1977.

Swain, M.B. "Cuna Women and Ethnic Tourism: A Way to Persist and an Avenue to Change". *En Hosts and Guests: The Anthropology of Tourism*, editado por V.L. Smith. Philadelphia: University of Pennsylvania Press, 1977.

VIII. CULTURA Y MEDIO AMBIENTE

Carroll, Thomas F. y Helga Baitenmann. "La tecnología como instrumento para la organización: Un caso de Costa Rica". *Desarrollo de base* 11.2 (1987): 12-20.

Chapin, Mac. *In Search of Ecodevelopment*. West Hartford, CT: Kumarian Press, Inc., se publicará en 1992.

— "El encanto seductor de los modelos: La agricultura en chinampas de México". *Desarrollo de base* 12.1 (1988): 8-17.

Chapin, Mac y Patrick Breslin. "Ecología al estilo kuna". *Desarrollo de base* 8.2 (1984): 26-35.

Hufford, Mary. *One Space, Many Places: Folklife and Land Use in New Jersey's Pinelands National Reserve*. Washington, DC: American Folklife Center, Biblioteca del Congreso, 1986.

Lyman, Francesca. "If I Can't Sing, I Don't Want to be Part of our Revolution". *Environmental Action* (marzo de 1982): 26-29.

Palmer, Paula, Juanita Sánchez y Gloria Mayorga. *Cuidando los regalos de Dios*. San José, Costa Rica: Asociación de Desarrollo Integral de la Reserva Indígena Cocles/Kéköldi, 1991.

Reichel-Dolmatoff, G. "Cosmology as Ecological Analysis: A View from the Rain Forest". *Man* 11.3 (1976): 307-18.

Richards, P.W. *Alternative Strategies for the African Environment; Folk Ecologies as a Basis for Community-Oriented Agricultural Development*. Londres: International African Institute, African

Environmental Special Report No. 1: Problems and Perspectives, 1975.

IX. CULTURA Y EDUCACIÓN

A. *Educación escolar y popular*

Aceredo, Juan. "La historieta popular: Un Movimiento de los 70". En *Educación y comunicación popular en el Perú*, editado por Luis Peirano. Lima: Centro de Estudios y Promoción del Desarrollo, Centro de Estudios sobre Cultura Transnacional, 1985.

Amadio, Massimo, Stéfano Varese y César Picon Espinosa, comps. *Educación y pueblos indígenas en Centroamérica: Un balance crítico*. Santiago, Chile: UNESCO, OREALC, 1987.

Amodio, Emanuele, comp. *Educación, escuelas y culturas indígenas de América Latina*. Quito, Ecuador: Ediciones Abya Yala, 1986.

Cordero C., Carlos H. y Humberto Malean L. *Teatro, música y educación en Bolivia*. La Paz, Bolivia: Centro de Estudios Sociales (CENDES), 1989.

Cultural Survival. "Identity and Education". *Cultural Survival Quarterly* 9.2 (1985): número especial.

Deleon, Ofelia. *Folklore aplicado a la educación guatemalteca*. Primera edición. Guatemala: Centro de Estudios Folklóricos, Universidad de San Carlos de Guatemala, 1977.

"Ecuador: La educación no-formal: Un método de participación". Quito: Dirección Nacional Técnica, Ministerio de Educación Pública y Deportes, 1976.

Epskamp, Kees, José Matos Mar y Giorgio Alberti. *Education and the Development of Cultural Identity: Groping in the Dark*. La Haya: CESO, 1984.

Feijoó, Mary. "Gente y cuentos: La literatura en la educación popular". *El porteño* 11.18 (1983): 44-47.

Folklore y currículum: Un estudio de las culturas de tradición oral en Venezuela aplicado a la educación básica. Dos volúmenes. Caracas: Consejo Nacional de la Cultura, Instituto Interamericano de Etnomusicología y Folklore, 1983.

Freire, Paulo. *Education for Critical Consciousness.* New York: Seabury Press, 1973.

— *Pedagogy of the Oppressed.* Traducido por Myra Bergman Ramos. Nueva York: Continuum, 1986.

— *The Politics of Education: Culture, Power, and Liberation.* Hadley, MA: Bergin and Garvey, 1985.

Hilton, David (copm.). "Health Teaching for West Africa: Stories, Drama, Song". Wheaton, IL: MAP International, 1980, manual de 24 páginas.

Inter-American Center for Caribbean Cultural Development (CARICULT), Jamaican Cultural Training Centre, Institute of Jamaica. *The Potential of the Arts in Caribbean Education: Alternatives in Education IV.* Informe final del taller sobre la relevancia cultural en la preparación de programas de estudios, Kingston, Jamaica, 19-23 de mayo de 1986. Kingston: CARICULT, 1986.

La Belle, Thomas J. *Nonformal Education in Latin America and the Caribbean: Stability, Reform, or Revolution?"* Nueva York: Praeger, 1986.

Nahmad Sittón, Salomón. "Indoamérica y educación: Etnocidio o etno desarrollo?" Reunión de Expertos sobre Etnodesarrollo y Etnocidio en América Latina. San José, Costa Rica: UNESCO-FLACSO, 1982.

Non-formal Education in Ecuador, 1971-75. Amherst, MA: Centre for International Education, School of Education, Universidad de Massachusetts, 1975.

Nurcombe, Barry. *Children of the Dispossessed: A Consideration of the Nature of Intelligence, Cultural Disadvantage, Educational Programs for Culturally Different People, and of the Development and Expression of a Profile of Competencies.* A Culture Learning Institute monograph, East-West Center. Honolulu: University Press of Hawaii, 1976.

Organización de los Estados Americanos. *Alternativas de educación para grupos culturalmente diferenciados: Estudio de casos.* Washington, DC: OEA, 1983.

— *Alternativas de educación para grupos culturalmente diferenciados. Tomo III: Museos y educación.* Washington, DC: OEA, 1985.

Paco, Delfina. *Bibliografía de cultura popular y educación en América Latina.* La Paz, Bolivia: Centro Boliviano de Investigación y Acción Educativas, 1986.

Peirano, Luis, ed. *Educación y comunicación popular en el Perú.* Series: Experiencias de desarrollo popular No. 1. Lima: Centro de Estudios y Promoción del Desarrollo, Centro de Estudios Sobre Cultural Transnacional, 1985.

Román de Silgado, Manuel, Alejandro Ortíz y Juan Ossio. *Educación y cultura popular: Ensayo sobre las posibilidades educativas del folklore andino.* Primera edición. Lima, Perú: Universidad del Pacífico, Centro de Investigación, 1980.

Russell, Robert. "Cultural Groups as an Educational Vehicle". En *Non-Formal Education in Ghana: A Project Report*, compilado por D.C. Kinsey y J.W. Bing. Amherst, MA: Centre for International Education, Universidad de Massachusetts, 1978.

Tetzner, Bruno, Jürgen-Dieter Waidelich, Andreas Wiesand y Diethard Wucher (eds.). *Concept for Cultural Education: Positions and Recommendations.* Bonn: German Cultural Council, 1988.

Varese, Stéfano. "Etnias indígenas y educación en América Latina". En *Educación, etnias y descolonización.* Santiago: UNESCO, 1983: 15.

Varese, Stéfano y Nemesio Rodríguez. "Etnias indígenas y educación en América Latina". En *Diagnóstico y perspectivas en educación.* México: UNESCO-III, 1983: 7.

Werner, David. *Helping Health Workers Learn.* Palo Alto, CA: Hesperian Foundation, 1982 (Nota: Capítulo 13, sobre narración).

Zuñiga Castillo, Madeleine, Juan Ansión y Luis Cueva, eds. *Educación en poblaciones indígenas: Políticas y estrategias en América Latina.* Santiago, Chile: UNESCO, OREALC, 1987.

B. *La educación bilingüe y bicultural y los problemas del idioma*

Alford, Margaret R. "Developing Facilitative Reading Programmes in Third World Countries. A Culturally Relevant Programme for

Teaching Reading in the Mother Tongue: The Karanja Indians of Brazil". *Journal of Multilingual and Multicultural Development* 8.6 (1987): 493-511.

Atucha Zamalloa, Karmele et al. *Bilingüismo y biculturalismo*. Barcelona: CEAC, 1978.

Bennet, Louise, ed. *Jamaica Maddah Goose*. Kingston: Jamaica School of Art, 1981.

Blake, Robert. "El planeamiento lingüístico en el Perú: Antecedentes de la oficialización del quechua de 1975". *Ideologies and Literature* 1.3 (1985): 51-73.

Briggs, Lucy Therina. "On Bilingual Education". *Latin American Indian Literatures* 8.2 (1984): 104-10.

Corbera, Angel, comp. *Educación y lingüística en la Amazonía peruana*. Lima, Perú: Centro Amazónico de Antropología y Aplicación Práctica, 1983.

Corvalán, Grazziella E. de. *Lengua y educación: Un desafío nacional*. Asunción, Paraguay: Centro Paraguayo de Estudios Sociológicos, 1985.

Escobar, Alberto. *Lenguaje y discriminación social en América Latina*. Lima: Editorial Carlos Milla Batres, 1972.

— ed. *El reto de multilingüismo en el Perú*. Lima: IEP Ediciones (Instituto de Estudios Peruanos), 1972.

Fortune, David y Gretchen Fortune. "Karanja Literary Acquisition and Sociocultural Effects on a Rapidly Changing Culture". *Journal of Multilingual and Multicultural Development* 8.6 (1987): 469-91.

Giménez, Aleida. "Educación intercultural bilingüe". *América indígena* 42.2 (1982): 235-52.

Glock, Naomi. "Extending the Use of Saramaccan in Suriname". *Journal of Multilingual and Multicultural Development* 4.5 (1983): 349-60.

Hernández, Franco Gabriel. "De la educación indígena tradicional a la educación indígena bilingüe-bicultural". *Revista mexicana de ciencias políticas y sociales* 25.97 (1979): 27-39.

Hernández Hernández, Severo. "Planteamientos básicos para una educación indígena bilingüe y bicultural en México". *América Indígena* 42.2 (1982): 281-88.

Ana Meyer. "El mundo de Santiago". *Boletín de la Fundación Inter-americana* 2 (1981): 8-9.

Larson, Mildred L., Patricia M. Davis y Marlene Ballena Dávila, eds. *Educación bilingüe: Una experiencia en la Amazonía peruana.* Lima: I. Prado Pastor, 1979.

Lindahl, Carl. "Latin American Indian Literatures and Languages: A Checklist of Periodicals and Monographic Series". *Latin American Indian Literatures* 3.1 (1979): 34-49.

Macdonald, Theodore, Jr. "Shuar Children: Bilingual-Bicultural Educa-tion". *Cultural Survival Quarterly* 10.4 (1986): 18-20.

Mauviel, M. "Le multiculturalisme (Pluralisme culturel): Aspects historiques et conceptuels". Revue Française de Pédagogie 61 (1982): 61-71.

Mayer, Enrique. "Los alcances de una política de educación bicultural y bilingüe". *América indígena* 42.2 (1982): 269-80.

Methelier, Georges. *Pédagogie et bilinguisme en Haiti.* Puerto Príncipe: Universidad del Estado de Haití, 1976.

Minaya-Rowe, Liliana. "Sociocultural Comparison of Bilingual Education Policies and Programmes in Three Andean Countries and the U.S." *Journal of Multilingual and Multicultural Development* 7.6 (1986): 465-77.

Mosonyi, Esteban Emilio. "La educación intercultural bilingüe". En *Edu-cación, etnias y descolonización.* México: UNESCO-III, 1983: 219.

— "Responsabilidad del lingüista frente a los pueblos indígenas ame-ricanos". *América indígena* 42.2 (1982): 289-300.

Pierola, Virginia. *Aportes sobre educación bilingüe, 1952-1982.* La Paz: Centro Boliviano de Investigación y Acción Educativas, 1983.

Plaza, Pedro y Juan de Dios Yapita. "La discriminación lingüística y social". (Policopiado; proyecto de investigación). La Paz: INEL 1974.

"Revitalización de las lenguas indígenas". *América indígena* 47.4 (1987): todo el número.

Riester, Júrgen y Graciela Zolezzi. *Identidad cultural y lengua: La experiencia guaraní en Bolivia.* Quito: Ed. ABYA-YALA/Ayuda para el Campesino-Indígena del Oriente Boliviano, 1989.

Rodríguez, Nemesio J., Elio Masferrer K. y Raúl Vargas Vega, eds. *Educación, etnias y descolonización en América Latina: Una guía para la educación bilingüe intercultural.* México: UNESCO, III, 1983.

Sanders, Thomas Griffin. *Education, Language, and Culture among the Contemporary Maya.* Hanover, NH: American Universities Field Staff, 1979.

Varese, Stéfano. "Notas para una discusión sobre la educación bilingüe y bicultural en Latinoamérica". *América indígena* 42.2 (1982): 301-14.

Vásquez Fuller, Beatriz. "La lengua vernácula en la educación: Actitud del indígena frente a los programas de desarrollo". *Guatemala indígena* 6.4 (1971): 141-68.

Velasco Toro, José. "Educación y etnicidad: ¿Hacia la creación de una pedagogía bilingüe-bicultural?" *La palabra y el hombre*, No. 56 (1985): 29-32.

Yáñez Cossio, Consuelo. *Estado del arte de la educación indígena en el área andina de América Latina.* Ottawa, Canadá: Centro Internacional de Investigaciones para el Desarrollo, 1987.

X. LOS MEDIOS DE COMUNICACIÓN DE MASAS: LA RADIO, LA TELEVISIÓN Y EL CINE

Albo, Xavier. *Idiomas, escuelas y radios en Bolivia.* Sucre, Bolivia: ACLO-UNITAS, 1981.

Annenberg School of Communication, Universidad de Pennsylvania. "When Cultures Clash". Sección especial de *Journal of Communication* 27.2 (1977).

Beltrán, S. y E. Fox de Cardona. "Mass Media and Cultural Domination". *Prospects* 10.1 (1980): 76-89.

Brown, Jim (Dir.). *We Shall Overcome: The Song that Moved a Nation.* Nueva York: Ginger Group Productions, 1989 (documental de 58 minutos).

Chander, R. *TV Treatment of Folk Forms in Family Planning Communication.* Presentado en el Seminario y taller interregional de la UNESCO sobre uso integral de los medios folclóricos y de comunicación de masas en los programas de comunicación sobre planificación familiar, Nueva Delhi, 7-16 de octubre de 1974.

Clay, Jason. "Radios in the Rain Forest". *Technology Review*. 92.7 (octubre de 1989): 52-57.

Clearinghouse on Development Communication, Washington, DC. "Folk Culture for Radio". *Instructional Technology Report*, No. 15, 1976.

— "Health Education by Open Broadcast". *Instructional Technology Report*, No. 15. Washington, DC: Clearinghouse on Development Communication, 1976.

Corella, M. Antonieta Rebeil. "What Mexican Youth Learn from Commercial Television". *Studies in Latin American Popular Culture* 4 (1985): 188-99.

"Culture in the Age of Mass Media". *Latin American Perspectives* 5.1 (1978): todo el número.

Dublin, S. "Broadcast of Folk Messages Carries the Development Message in Malaysia". *Instructional Technology Report*, No. 13. Washington, DC: Clearinghouse on Development Communication, 1976.

East-West Communication Institute. *Using Folk Media and Mass Media to Expand Communication: Report on a Workshop in New Delhi, India, October, 1974.* Honolulu: Communication Institute, 1975.

Encinas Valverde, Orlando. "La radio al servicio de la liberación indígena: Radio Mezquital". *Nueva sociedad*, No. 25 (1976): 85-94.

Gargurevich, Juan. "La radio popular en el Perú". En *Educación y comunicación popular en el Perú*, editado por Luis Peirano. Lima: Centro de Estudios y Promoción del Desarrollo, Centro de Estudios sobre Cultura Transnacional, 1985.

Hein, Kurt. "Popular Participation in Rural Radio: Radio Baha'i, Otavalo, Ecuador". *Studies in Latin American Popular Culture* 3 (1984) 97-104.

Hosein, Everold N. "The Problem of Imported Television Content in the Commonwealth Caribbean". *Caribbean Quarterly* 22.4 (1976): 7-25.

Hoxeng, James. "Programming by the People: An Ecuadorian Radio Experiment". *Educational Broadcasting International* 10.1 (1977).

IPPF (International Planned Parenthood Federation). *Folk Media and Mass Media: Their Integrated Use in Communication Progra-*

mmes for Social Development and Family Planning. Londres: IPPF, 1974.

León, Lydia. "Shuar Bicultural Radio Education". *Cultural Survival Quarterly* 9.2 (1985): 4-5.

McAnany, Emile G. "Cultural Policy and Television: Chile as a Case". *Studies in Latin American Popular Culture* 6 (1987): 55-67.

Romero, Rocío. "Culture Andine, Culture de Résistance: La Radio au Pérou". *Amérique Latine,* No. 9 (1982): 58-61.

Skinner, Ewart C. y Richard Houang. "Use of United States Produced Media in Caribbean Society: Exposure and Impact". *Studies in Latin American Popular Culture* 6 (1987): 183-95.

UNESCO (Organización de las Naciones Unidas para la Educación, la Ciencia y la Cultura). *Folk Media and Mass Media in Population Communication.* París: UNESCO, 1982.

UNESCO/IPPF (Organización de las Naciones Unidas para la Educación, la Ciencia y la Cultura/International Planned Parenthood Federation). *Folk Media and Mass Media: Their Integrated Use in Communication Programmes for Social Development and Family Planning.* Documento de trabajo preparado para una reunión de un grupo de expertos, Londres, noviembre de 1972. Londres: UNESCO/IPPF, 1972.

White, Robert A. "Limitaciones y posibilidades de una radioemisora educativa y cultural en el proceso de desarrollo rural: Radio Santa María". *Estudios sociales* (República Dominicana) 9.8 (1976): 204-29.

Williams, Glen. *A Simple Solution: How Oral Rehydration is Averting Child Death from Diarrhoeal Dehydration.* Informe especial de UNICEF. Nueva York: UNICEF, 1987.

XI. EL SOCIODRAMA, EL TEATRO Y LOS TÍTERES

A. *Generalidades*

Adult Education and Development. "Popular Theatre: Cross Cultural Reflections". Número especial de *Adult Education and Development* 23 (1984): todo el número.

Baird, B. *Puppets and Population*. Nueva York: World Education,1971.

Bappa, Salihu. "Popular Theatre for Adult Education, Community Action and Social Change". *Convergence* 14.2 (1981): 24-35.

Bappa, Salihu y M. Etherton. "Popular Theatre - Voice of the Oppressed". *Commonwealth Arts Association* 25.4 (1983): 126-30.

Beltrán, L.R. *Puppets Go to the Country*. Visual Aids in Agricultural Extension Series. Scientific Communication Service, Instituto Interamericano de Ciencias Agrícolas. Washington, DC: Organización de los Estados Americanos, sin fecha.

Boal, Augusto. *Teatro del oprimido y obras poéticas políticas*. Buenos Aires: Ediciones de la Flor, 1974.

— *Theatre of the Oppressed*. Nueva York: Urizen Books, 1979.

Bruyn, Louise. "Theatre for the Living Revolution". In *Non-Violent Action and Social Change,* compilado por S.T. Bruyn y P.M. Rayman. Nueva York: Irvington Publishers, 1980.

Edwards, Nancy. "The Role of Drama in Primary Health Care". *Educational Broadcasting International* 14.2 (1981): 85-89.

Epskamp, Kees. "Going 'Popular' with Culture: Theatre as a Small-Scale Medium in Developing Countries". *Development and Change* 15.1 (1984): 43-64.

Espinosa Domínguez, Carlos. "Raquel Rojas: 'El teatro popular debe ser desbordamiento imaginativo y desafío a la fantasía.'" *Conjunto*, No. 54 (1982): 104-19.

Etherton, M. y Ross Kidd, eds. *Third World Popular Theatre*. Londres: Hutchinson, 1985.

Horn, Andrew. "Theatre in Community Development". *WUS News* (agosto-septiembre de 1983): 7-11.

Kidd, Ross. "Didactic Theatre". *Media in Education and Development* (British Council) 16.1 (1983): 33-42.

— "Folk Theater: One-Way or Two-Way Communication?" *Development Communication Report* 28 (1979): 5-7.

— "People's Theatre, Conscientization and Struggle". *Media Development* 27.3 (1980): 10-14.

— "Popular Theatre, Conscientization and Popular Organization". En *Methods and Media in Community Participation*, compilado por

A. Fuglesang. Uppsala, Suecia: Fundación Dag Hammarskjold, 1984.

— "Popular Theatre, Conscientization and Struggle". *IFDA Dossier* 30 (1982): 14-25.

— *Popular Theatre for Education and Development*. Nueva York: Longmans, 1985.

— "Popular Theatre and Nonformal Education in the Third World: Five Strands of Experience". *International Review of Education* 30.3 (1984): 265-87.

— *The Popular Performing Arts, Non-Formal Education, and Social Change in the Third World*. La Haya: Centro para el Estudio de la Educación en los Países en Desarrollo, 1982.

Kidd, Ross y N.J. Colletta, eds. *Tradition for Development: Indigenous Structures and Folk Media in Non-Formal Education*. Bonn: German Foundation for International Development, 1981.

Kidd, Ross et al. *The Koitta Papers: International Dialogue on Popular Theatre*. Toronto: International Popular Theatre Alliance, 1984.

Lambert, Pru. "Popular Theatre: One Road to Self-Determined Development Action". *Community Development Journal* 17.3 (1982): 242-49.

Motos Teruel, Tomás. "El sociodrama como procedimiento para solucionar creativamente problemas sociales". *Innovación creadora* 8 (1978): 3-25.

Naaraayan, B. "Puppetry as a Medium of Communication for Family Planning". Supplement to *IEC Newsletter* (East-West Centre), No. 20, 1975.

Ochsenius, Carlos. *Expresión teatral poblacional, 1973-82*. Santiago, Chile: CENECA, 1983.

— ed. *Encuentro de teatro poblacional*. Santiago, Chile: CENECA, 1982.

Ochsenius, Carlos y José Luis Olivari. *Métodos y técnicas de teatro popular*. Santiago, Chile: CENECA, 1984.

Ráez, Ernesto. "El teatro en la educación popular". En *Educación y comunicación popular en el Perú*, editado por Luis Peirano. Lima: Centro de Estudios y Promoción del Desarrollo, Centro de Estudios sobre Cultura Transnacional, 1985.

Shank, Theodore. "Political Theater, Actors, and Audiences: Some Principles and Techniques". *Theater* (Yale) 10.2 (1979): 94-103.

SONOLUX Information. "People's Theatre for Development". Número especial de *SONOLUX Information* 6 (1982): todo el número.

Suárez Radillo, Carlos Miguel. "El negro y su encuentro de sí mismo a través del teatro". *Cuadernos hispanoamericanos*, No. 271 (1973): 34-49.

UNESCO (Organización de las Naciones Unidas para la Educación, la Ciencia y la Cultura). "Puppets for Nutrition Education". *Rural Development* 1.4, 1972.

B. América Latina

Aramayo, Vicky y Gastón Aramayo. "El teatro de títeres: Dos experiencias". En *Educación y comunicación popular en el Perú*, editado por Luis Peirano. Lima: Centro de Estudios y Promoción del Desarrollo, Centro de Estudios sobre Cultura Transnacional, 1985.

Breslin, Patrick. "Puppets in the Pampas," *à Propos*. (American Centre for the Union Internationale de la Marionnette) (otoño de 1985): 8-10, 34.

Bustos, Nidia. "MECATE, the Nicaraguan Farm Workers' Theatre Movement". Basado en una entrevista con Ross Kidd. *Adult Education and Development* 23 (septiembre de 1984): 129-39.

— *Teatro ICTUS*. Santiago, Chile: CENECA, 1980.

— *Transformaciones del teatro chileno en la década del 70*. Santiago, Chile: CENECA, 1983.

Escuela Primavera, Osorno. *Documentos sobre una experiencia de teatro con campesinos huilliches*. Santiago, Chile: CENECA, 1985.

Espinosa Domínguez, Carlos. "El teatro quechua: Una tradición que se reafirma". *Conjunto*, No. 28 (1976): 4-15.

Grupo Cultural Yuyachkani. *Allpa Rayku: Una experiencia de teatro popular*. Lima, Perú: Grupo Cultural Yuyachkani, 1983.

Gutiérrez, Sonia, ed. *Teatro popular y cambio social en América Latina*. Ciudad Universitaria Rodrigo Facio, Costa Rica: Editorial Universitaria Centro Americana, 1979.

Harrop, J. y J. Herta. "The Agitprop Pilgrimage of Luis Valdéz and El teatro campesino". *Theater Quarterly* 5, 1975.

Hostetler, S. "Non-formal Education at Work in the United States: El Teatro Campesino, Farm Workers' Theater". *Instructional Technology Report*, No. 12. Washington, DC: Clearinghouse on Development Communication, 1975.

Hurtado, María de la Luz y Carlos Ochsenius *El Taller de Investigación Teatral*. Santiago, Chile: CENECA, 1980.

Hurtado, María de la Luz y Carlos Ochsenius. *Teatro ICTUS*. Santiago, Chile: CENECA, 1980.

Jaraba-Pardo, Enisberto. "Curtain Up!" *Americas* 30.9 (1979): 18-25.

Kuhner, María Helena. *Teatro popular*. Río de Janeiro: Livraria F. Alves Editora, 1975.

Leis, Raúl. "The Popular Theatre and Development in Latin America". *Educational Broadcasting International* 12.1 (1979): 10-13.

Luzuriaga, Gerardo, ed. *Popular Theater for Social Change in Latin America: Essays in Spanish and English*. Los Angeles: UCLA Latin American Center Publications, 1978.

Muñoz, Diego, Carlos Ochsenius, José Luis Olivari y Hernán Vidal. *Teatro poblacional chileno: 1978-1985 (Antología crítica)*. Minneapolis, Minnesota: The Prisma Institute - CENECA, 1987.

Murillo Selva, Rafael. "El Bolívar descalzo: Original experiencia teatral colombiana". *Repertorio latinoamericano 2.14 (1976): 10.*

Nacimiento del teatro popular chileno: Desde Chile, trabajos de los talleres culturales populares. Madrid: Ediciones Conosur, 1980.

Núñez, C. y G. Núñez. "Popular Theatre and Urban Community Organizing in Mexico". En *Tradition for Development: Indigenous Structures and Folk Media in Non-Formal Education*, compilado por Ross Kidd y N.J. Colletta. Bonn: German Foundation for International Development, 1982.

Ochsenius, Carlos. *Expresión teatral poblacional 1973-1982*. Santiago, Chile: CENECA, 1983.

—— *Teatro y animación de base en Chile (1973-1986)*. Santiago, Chile: CENECA, 1987.

—— (compilador). *Práctica teatral y expresión popular en América Latina*. Buenos Aires, Argentina: Ediciones Paulinas, 1988.

Weaver, A.J. "An Experience of Educational Theatre in Community Development in Nicaragua". *Journal of Communication* 27.2, 1977.

C. *El Caribe*

Association for Christian Communication. "Folk Media for the Caribbean". *Action* 28.7, 1978.

Corsbie, Ken. *Theatre in the Caribbean*. Londres: Hodder and Stoughton, 1984.

Ford-Smith, Honor. "Sistren: Jamaican Women's Theater". In *Cultures in Contention*, compilado por Douglas Kahn y Diane Neumaier. Seattle: Real Comet Press, 1985.

— "The Sistren Women's Theatre Collective: Process and Perspective". En *Third World Popular Theatre*, compilado por M. Etherton y Ross Kidd. Londres: Hutchinson, 1985.

— "Women's Theatre, Conscientization and Popular Struggle in Jamaica". En *Tradition for Development: Indigenous Struggles and Folk Media in Non-Formal Education*, compilado por Ross Kidd y N.J. Colletta. Bonn: German Foundation for International Development, 1982.

Gillette, A. "'Rough Theatre' Serves Literacy in Jamaica". *UNESCO Features*, No. 667, 1974.

Hill, Erroll. *The Study and Practice of Drama and Theatre in Adult Education in the West Indies*. Kingston, Jamaica: Department of Extra-Mural Studies, Universidad de las Antillas, 1956.

— *The Trinidad Carnival: Mandate for a National Theatre*. Austin: University of Texas Press, 1972.

Maguire, Robert. "El teatro y el Caribe: Una entrevista con Ken Corsbie". *Boletín de la Fundación Interamericana* 4.2 (1980): 4-11.

The Sistren Theatre Collective. "Women's Theater in Jamaica". *Desarrollo de base* 7.2 (1983): 44-52.

Wasserstrom, Robert. "Sistren: Women's Theater in Jamaica". En Robert Wasserstrom. *Grassroots Development in Latin America and the Caribbean: Oral Histories of Social Change*. Nueva York: Praeger, 1985.

D. Asia

Abrams, Tevia. "Folk Theatre in Maharashtrian Social Development Programmes". *Educational Theatre Journal* 27.3 (1975): 395-407.

Ampo. "Theatre as Struggle: Asian People's Drama". Número especial de *Ampo* (Centro de Recursos de Asia y el Pacífico, Japón) 11.2-3 (1979): todo el número.

Asian Action. "Asian Rural Drama". Número especial de *Asian Action* (Asian Cultural Forum on Development, Bangkok), No. 7 (1977): todo el número.

Crawford, R.H. y R. Adhikarya. *The Use of Traditional Media in Family Planning Programs in Rural Java, No. 2.* Ithaca, NY: Department of Communication Arts, Graduate Teaching and Research Center, Universidad Cornell, 1972.

Fernández, A. "Jargan: Theatre of the People". *Seva Vani* 6.1, 1976.

Foley, Kathy. "Drama for Development: Sundanese Wayang Golek Purwa, an Indonesian Case Study". *East-West Culture Learning Institute* 6.1 (1979): 1-6.

Gunawardana, T. "Folk Theatre in Family Planning Communication (Sri Lanka)". Suplemento de *IEC Newsletter* (East-West Center), No. 20, 1975.

How. "People's Theatre". Número especial de *How* (Nueva Delhi) 6.1-2 (1983): todo el número.

Kamm, Henry. "Burmese Theater: Outlet for Dissent". *New York Times,* 7 de octubre de 1977, página. A8.

Kidd, Ross. "Domestication Theatre and Conscientization Drama in India". En *Tradition for Development, Indigenous Structures and Folk Media in Non-Formal Education,* compilado por Ross Kidd y N.J. Colletta. Bonn: German Foundation for International Development, 1982.

Kidd, Ross y Mamunur Rashid. "Aranyak: Performing for the People in Bangladesh". *Adult Education and Development* 22 (March 1984): 101-16.

— "Theatre by the People, for the People, and of the People: People's Theatre and Landless Organizing in Bangladesh". *Bulletin of Concerned Asian Scholars* 16.1 (1984): 30-45.

Krishnan, Prabha. "Catalyst Theatre". *Indian Journal of Youth Affairs* 2.1 (1980): 27-36.

Labad, Gardy. *Towards a Curriculum for a People's Theatre*. PETA Theatre Studies No. 3. Manila: Philippines Educational Theatre Association, 1979.

Universidad de las Filipinas. "Report on the Social Role of Asian Theatre". *UP Newsletter* 5.11, 1977.

E. África

Bame, K.N. "Comic Plays in Ghana: An Indigenous Art Form for Rural Social Change". *Rural Africana* 27 (primavera de 1975): 25-41.

Blecher, Hilary. "Goal Oriented Theatre in the Winterveld". *Critical Arts* (Sudáfrica) 1.3 (1980): 23-39.

Byram, Martin y Ross Kidd. "Popular Theatre as a Tool for Community Education in Botswana". *Assignment Children* (UNICEF) 44 (1978): 35-65.

Byram, Martin et al. *Report of the Workshop on Theatre for Integrated Development (Swaziland)*. Swazilandia: Department of Extra-Mural Services, Colegio Universitario de Swazilandia, 1981.

Crow, B. y M. Etherton. "Popular Drama and Popular Analysis in Africa". En *Tradition for Development: Indigenous Structures and Folk Media in Non-Formal Education*, compilado por Ross Kidd y N.J. Colletta. Bonn: Fundación Alemana para el Desarrollo Internacional, 1982.

Etherton, M. *The Development of African Drama*. Nueva York: African Pub. Co., 1982.

Kerr, David. "Didactic Theatre in Africa". *Harvard Education Review* 51.1 (1981): 145-55.

Kgatleng District Extension Team. *Botswana-Bosele Tshwaraganang: A Popular Theatre Campaign by Kgatleng District Extension Team, 1977*. Mochudi, Botswana: Colegio Universitario de Botswana, Institute of Adult Education, 1977.

Kidd, Ross. "A Botswana Case Study: Popular Theatre and Development". *Covergence* (1977) 10.2: 20-30.

— "Liberation or Domestication: Popular Theatre and Non-Formal Education in Africa". *Educational Broadcasting International* 12.1 (1979): 3-9.

— *From People's Theatre for Revolution to Popular Theatre for Reconstruction: Diary of a Zimbabwean Workshop*. La Haya: Centro para el Estudio de la Educación en los Países en Desarrollo (CESO), 1984.

— "Popular Theatre and Popular Struggle in Kenya: The Story of the Kamiriithu Community Educational and Cultural Centre".. *Race and Class* 24.3 (1983): 287-304. También en *Cultures in Contention*, compilado por Douglas Kahn y Diane Neumaier. Seattle: Real Comet Press, 1985.

Kidd, Ross y M. Byram. "A Fresh Look at Popular Theatre in Botswana: Demystifying Pseudo-Freirian Non-Formal Education". *Rural Development Participation Review* 3.1 (1981): 19-24.

— *Laedza Batanani: Folk Media and Development —A Botswana Case Study*. Botswana: Botswana Extension College, 1976.

Mlama, Penina. "Theatre for Social Development: The Malya Project in Tanzania". *En The Koitta Papers: International Dialogue on Popular Theatre*, compilado por Ross Kidd et al. Toronto: International Popular Theatre Alliance, 1984.

Nwansa, Dickson. "Popular Theatre as a Means of Education: Suggestions from Zambia". *Adult Education and Development*, No. 16 (1981): 98-104.

— "Theatre as a Tool for Communication". *IFDA Dossier* 42, (1984): 23-32.

Pickering, A.K. "Village Drama in Ghana. *Fundamental and Adult Education* (UNESCO) 9.4 (1957): 178-82.

Theatre Research International. "Popular Theatre in Africa". Número especial de *Theatre Research International* 7.3 (1982): todo el número.

Thiong'o, Ngugi wa. "The Language of African Theatre". En *Decolonising the Mind: The Politics of Language in African Literature*, de Ngugi wa Thiong'o. Londres: James Currey, 1984.

— "Women in Cultural Work: The Fate of Kamiriithu People's Theater in Kenya". En *Barrel of a Pen: Resistance to Repression in Neo-colonial Kenya,* de Thiong'o, Ngugi wa. Trenton, NJ: African World Press, 1983.

XII. LA TRADICION FOLCLÓRICA Y LOS MEDIOS DE EXPRESIÓN POPULARES: EJEMPLOS Y APLICACION AL DESARROLLO

Caribbean Folk Arts for Communication and Education (FACE). *Report of the Caribbean FACE Production Workshop in Trinidad, June 1975, initiated and coordinated by the Folk Institute of the Antilles.*

Carvalho-Neto, Paulo de. "Historia del folklore de las luchas sociales en América Latina". *Cuadernos americanos* 189.4 (1973): 133-56.

Catalán, Carlos, Rodrigo Torres y Jaime Chamorro. *Cultura y recolección folklórica en Chile.* Santiago, Chile: CENECA, 1983.

Chonati, Irma et al. *Tradición oral peruana: I. Hemerografía (1896-1976).* Lima: Instituto Nacional de Cultura, 1978.

Chumpí Kayap, María Magdalena. *Los "Anent": Expresión religiosa y familiar de los shuar.* Quito: Instituto Normal Bilingüe Intercultural Shuar (Bomboiza) y Ediciones Abya-Yala, 1985.

CINEP (Centro de Investigación y Educación Popular). *Experiencias en comunicación popular: Contando historias, tejiendo identidades.* Bogotá: Departamento de Comunicación Popular, CINEP, 1987.

Clearinghouse on Development Communication, Washington, DC. "Folk Media in Development". *Instructional Technology Report*, No. 12 (1975): todo el número.

Clearinghouse on Development Communication. "Village Festivals and Folk Media". *Instructional Technology Report*, No. 15. Washington, DC: Clearinghouse on Development Communication, 1976.

Colletta, Nat. "The Use of Indigenous Culture as a Medium for Development: The Indonesia Case". *Instructional Technology Report*, No. 12. Washington, DC.: Clearinghouse on Development Communication, 1975.

Compton, J.L. "Indigenous Folk Media in Rural Development in South and South-East Asia". En *Indigenous Knowledge Systems and Development,* compilado por D.W. Brokensha et al. Lantiam, MD: University Press of America, 1980.

Díaz Bordenave, Juan E. *Communication and Rural Development*. París: UNESCO, 1977.

— "The Role of Folk Media: A Point of View". *Instructional Technology Report,* No. 12. Washington, DC.: Clearinghouse on Development Communication, 1975.

Dissanayake, W. "New Wine in Old Bottles: Can Folk Media Convey Modern Messages?" *Journal of Communications* 27.2 (1977): 122-24.

Ewert, D. Merrill. "Proverbs, Parables and Metaphors: Applying Freire's Concept of Codification to Africa". *Convergence* 16.1 (1981): 32-42.

Fiofori, Ferdinand O. "Traditional Media, Modern Messages: A Nigerian Study". *Rural Africana* 27 (1975): 43-52.

Folklore y currículum: Un estudio de las culturas de tradición oral en Venezuela aplicado a la educación básica. Caracas, Venezuela: Consejo Nacional de la Cultura, Instituto Interamericano de Etnomusicología y Folklore, 1983.

García Salazar, Juan. "Poesía negra en la costa de Ecuador". *Desarrollo de base* 8.1 (1984): 30-37.

— *La poesía negrista en el Ecuador.* Esmeraldas: Banco Central del Ecuador, 1982.

Gutiérrez, Paulina. *Agrupaciones culturales: Una reflexión.* Santiago, Chile: CENECA, 1983.

Hilton, David. "Tell Us a Story: Health Teaching in Nigeria". En *Practising Health for All*, compilado por D. Morley et al. Oxford: Oxford University Press, 1983.

Huerta, Jorge A., ed. *A Bibliography of Chicano and Mexican Dance, Drama, and Music.* Oxnard, CA: Colegio Quetzalcoatl, 1972.

IPPF (International Planned Parenthood Federation). *Folk Media in Family Planning Communication: Resource List, IPPF.* Londres: Information and Education Department, IPPF, 1973.

Jekyll, Walter, ed. *Jamaican Song and Story: Anancy Stories, Digging Sings, Ring Tunes, and Dancing Tunes.* Nueva York: Dover Publications, 1966.

Kleymeyer, Carlos David. *¡Imashi! ¡Imashi! Las adivinanzas poéticas de los campesinos indígenas de la sierra andina del Ecuador y del Perú.* Quito: Mundo Andino/Abya Yala, 1990.

Kleymeyer, Chuck y Carlos Moreno. "La Feria Educativa: Una fuente de ideas y orgullo cultural". *Desarrollo de base* 12.2 (1988): 32-40.

Lent, John. "Grassroots Renaissance: Folk Media in the Third World Nations". *Folklore* 91.1 (1980): 78-91.

Long, R. "The Folk Media, Their Potentiality and Role in Social Development: A Background Paper". Ponencia preparada para la reunión del grupo de expertos de UNESCO/IPPF sobre uso integral de los medios folclóricos y de comunicación de masas en los programas de comunicación sobre planificación familiar, Londres, 20-24 de noviembre de 1972. Universiti Sains Malaysia, Minden, Penang, Malaysia.

Malya, Simoni. "Traditional Oral Literature for Post-LiteracyReading Materials". *Prospects* 6.1, 1976.

Moss, William W. y Peter C. Mazikana. *Archives, Oral History, and Oral Tradition.* París: General Information Programme y UNISIST, UNESCO, 1986.

Nketia, J.H.K. "The Influence of Traditional Media on Social and Individual Behaviour". Ghana: Institute of African Studies, Universidad de Ghana, sin fecha.

Ochsenius, Carlos. *Agrupaciones culturales populares 1973-1982.* Santiago, Chile: CENECA, 1983.

O'Sullivan-Ryan, J. y M. Kaplun. *Communication Methods to Promote Grass-Roots Participation.* París: UNESCO, 1979.

Palmer, Paula R. "Historia e identidad de Talamanca,Costa Rica". *Desarrollo de base* 6.2 (1983): 27-34.

— *"Wa'apin Man": La historia de la costa talamanqueña de Costa Rica, según sus protagonistas.* Traducido por Quince Duncan y Paula Palmer. San José: Instituto del Libro, 1986.

— *"What Happen": A Folk-History of Costa Rica's Talamanca Coast.* San José, Costa Rica: Ecodesarrollos, 1977. Parmar, Shyam. *Traditional Folk Media in India.* Nueva Delhi: Gekha Books, 1975.

Patanjali, S.V. "Rural Entertainment Forms". *Kurukshetra* 25.21, 1977. *Proceedings of the Third Asian-Pacific Conference on the Preservation of Cultural Properties and Traditions—Folklore:*

November-December, 1980, Taipei. Seúl: Centro Cultural y Social para la Región de Asia y el Pacífico, 1981.

Parmar, Shyam. Traditional Folk media in India. Nueva Delhí: Gekha Books, 1975

Rangananth, H.K. *Using Folk Entertainments to Promote National Development.* París: UNESCO, 1981.

Roeder, Hans (ed.). *De Superman a Superbarrios: Comunicación masiva y cultura popular en los procesos sociales de América Latina.* Santiago, Chile: Consejo de Educación de Adultos de América Latina (CEAAL), 1990.

Roy, Rati Ranjan. "Folk Poetry in Bangladesh: Updating Traditional Forms to Carry Timely Messages". *Development Communications Report*, No. 34 (junio de 1981): 2.

Ruíz, Wilson. "Communication and Tradition". *The IRDC Reports 4.2* (1985): 19-20.

Tamu, Ahmed Tejan. *Folk Media, Theatre for Development, and Non-formal Education: A Case Study of CARE's Project "Learn" in the Pujehun District".* Freetown: Institute of Adult Education and Extra-Mural Studies, Fourah Bay College, Universidad de Sierra Leona, 1986.

Tanna, Laura. *Jamaican Folk Tales and Oral Histories*, No. 1, Jamaica 21 Anthology Series. Kingston, Jamaica: Institute of Jamaica Publications, Ltd., 1984.

Toelken, Barre. *The Dynamics of Folklore.* Boston: Houghton Mifflin, 1979.

Wasserstrom, Robert. *Grassroots Development in Latin America and the Caribbean: Oral Histories of Social Change.* Nueva York: Praeger, 1985.

Wigginton, Eliot y Margie Bennett, eds. *The Foxfire Book: Hog Dressing; Log Cabin Building; Mountain Crafts and Foods; Planting by the Signs; Snake Lore, Hunting Tales, Faith Healing; Moonshining: and other Affairs of Plain Living.* Primer libro de una serie sobre el folclore de América del Norte. Garden City, NY: Doubleday, 1972.

XIII. METODOLOGÍA: ACCIÓN CULTURAL, PROMOCIÓN, RESCATE, CONSERVACIÓN Y MANTENIMIENTO

Allen, Barbara y William Lynwood Montell. *From Memory to History: Using Oral Sources in Local Historical Research.* Nashville, TN: American Association for State and Local History, 1981.

Catalán, Carlos, Rodrigo Torres y Jaime Chamorro. *Cultura y recolección folklórica en Chile.* Santiago, Chile: CENECA, 1983.

Colombres, A. *Manual del promotor cultural: Bases teóricas de la acción.* Toluca, México: Centro Cultural Mazahua, 1980.

Cornejo Polar, J. "A Promoter of Culture of Latin America". *Cultures* 33 (1983): 159-174.

Dunway, David K. y Willa K. Baum, eds. *Oral History: An Interdisciplinary Anthology.* Nashville, TN: American Association for State and Local History in Cooperation with the Oral History Association, 1984.

Freire, Paulo. *Cultural Action for Freedom.* Harmondsworth: Penguin Books, 1972.

— *Sobre la acción cultural: Ensayos escogidos.* Santiago, Chile: Instituto de Capacitación e Investigación en Reforma Agraria, 1969.

Gebhard, Krysztof M. *Community as Classroom: A Teacher's Practical Guide to Oral History.* Regina: Saskatchewan Archives Board, 1985.

Heider, Karl G. *Ethnographic Film.* Austin, TX: Universidad de Texas, 1976.

Higgs, John Walter Yeoman. *Folk Life Collection and Classification.* Londres: Museums Association, 1963.

Ives, Edward D. *The Tape-Recorded Interview: A Manual For Field Workers in Folklore and Oral History.* Knoxville: University of Tennessee Press, 1980.

Jackson, Bruce. *Fieldwork.* Urbana y Chicago: Universidad de Illinois, 1987.

Jones, Suzi. *A Brief Guide to Folklore Collecting.* Para los archivos del folclore del noroeste, Universidad de Oregón. Eugene, OR: S. Jones, 1974.

Kyvig, David E. y Myron A. Marty. *Nearby History: Exploring the Past Around You*. Nashville, TN: American Association for State and Local History, 1982.

Lindahl, Carl, Sanford Rikoon y Elaine J. Lawless. *A Basic Guide to Fieldwork for Beginning Folklore Students: Techniques of Selection, Collection, Analysis, and Preservation*. Bloomington, IN: Folklore Publications Group, 1979.

Moeckli, J.M. "The Social Role of the Animateur". En Council of Europe, *Explorations in Cultural Policy and Research*. Estrasburgo: Consejo de Europa, 1978, 50-58.

Poujol, G. *Action culturelle, action socio-culturelle, recherches*. Marly-le-Roi: Institut National d'Education Populaire, 1983.

Renuka. "The RCDA Experience: Organizing the Poor Through Cultural Action". *How* 1.5 (1978): 17-23.

Trask, David F. y Robert W. Pomeroy, eds. *The Craft of Public History: An Annotated Select Bibliography*. Westport, CT: Greenwood Press, 1983.

UNESCO. *Educational Action, Communication, Cultural Action; International Seminar, Sornetan, Switzerland, 17-21 October, 1983*. Porrentruy, Suiza: Université Populaire Jurassienne, 1984.

Wigginton, Eliot. *Sometimes a Shining Moment: The Foxfire Experience*. Garden City, Nueva York: Anchor Press/Doubleday, 1985.

XIV. FUENTES GENERALES Y CONTEXTUALES

Annis, Sheldon y Peter Hakim, eds. *Direct to the Poor: Grassroots Development in Latin America*. Boulder: Lynne Rienner Publishers, 1988.

Berger, Peter. *Pyramids of Sacrifice*. Nueva York: Anchor Press, 1967.

Breslin, Patrick. *Desarrollo y dignidad: La Fundación Interamericana y el desarrollo de base*. Rosslyn, VA: Fundación Interamericana, 1987.

Dyal, William. "Informe del Presidente". *Informe Anual 1979*. Rosslyn, VA: Fundación Interamericana, 1980, páginas 5-6.

González Casanova, Pablo. "El colonialismo interno". En *Sociología de la explotación*, segunda edición, por Pablo González Casanova.

Ciudad de México: Siglo Veintiuno Editores, 1969. Traducido al inglés y publicado con el título "Internal Colonialism and National Development", en *Radicalism in Latin America: A Documentary Report on Left and Nationalist Movements*, compilado por Irving Louis Horowitz, José de Castro y John Gerassi. Nueva York: Random House, 1969.

Goulet, Denis. *The Cruel Choice: A New Concept in the Theory of Development*. Nueva York: Atheneum, 1971.

Herrera, Felipe. *El escenario latinoamericano y el desafío cultural*. Santiago, Chile: Galdoc, 1981.

Hinds, Harold E., Jr. y Charles M. Tatum, eds. *Handbook of Latin American Popular Culture*. Westport, CT: Greenwood Press, 1985.

Hirschman, Albert O. "El principio de conservación y mutación de la energía social". *Desarrollo de base*, 7:2 (1983): 6-8.

Hirschman, Albert O. *El avance en colectividad: Experimentos populares en la América Latina*. México: Fondo de Cultura Económica, 1986.

Kahn, Douglas y Diane Neumaier, eds. *Cultures in Contention*. Seattle: Real Comet Press, 1985.

Kleymeyer, Charles D. *Poder y dependencia entre quechuas y criollos: Dominación y defensa en la Sierra Sur del Perú*. Lima: Centro de Investigaciones Socioeconómicas del Departamento de Ciencias Humanas de la Universidad Nacional Agraria, 1982.

Minc, Rose S., ed. *Literature and Popular Culture in the Hispanic World*. Gaithersburg, MD: Hispamerica, 1981.

Ochsenius, Carlos. *Agrupaciones culturales populares*. Santiago, Chile: CENECA, 1983.

Reichel Dolmatoff, Gerardo y Alicia Reichel Dolmatoff. *The People of Aritama: The Cultural Personality of a Colombian Mestizo Village*. Londres: Routledge and Kegan Paul, 1961.

Subercaseaux, Bernardo. *Sobre cultura popular*. Santiago, Chile: CENECA, 1985.

UNESCO (Organización de las Naciones Unidas para la Educación, la Ciencia y la Cultura). *Cultural Industries: A Challenge for the Future of Culture*. París: UNESCO, 1982.

— *Cultura y sociedad en América Latina y el Caribe*. París: UNESCO, 1981.

Wasserstrom, Robert. *Grassroots Development in Latin America and the Caribbean: Oral Histories of Social Change.* Nueva York: Praeger, 1985.

Wolf, Eric R. "Culture: Panacea or Problem?" *American Antiquity*, 49:2 (abril de 1984): 393-400.

DIRECCIONES: Centro de Indagación y Expresión Cultural y Artística (CENECA)
Casilla 1348 - Correo Central
Santiago, Chile

Cultural Survival
215 First Street
Cambridge, Massachusetts 02142
EE.UU.

Fundación Interamericana (IAF)
901 N. Stuart Street, 10th floor, Arlington, Virginia 22203
EE.UU.

Organización de las Naciones Unidas para la Educación, la Ciencia y la Cultura (UNESCO)
Place de Fontenoy
75007 París, Francia

INDICE

TERCERA PARTE
CONCLUSIONES